Meisterwerke der Uhrmacherkunst

Armbanduhren

Von der Zylinderuhr bis zur Grande Complication

Anton Kreuzer

Meisterwerke der Uhrmacherkunst
Armbanduhren
Von der Zylinderuhr bis zur Grande Complication

Ein Standardwerk
für Sammler und Uhrenfreunde

Nikol Verlagsgesellschaft mbH
Hamburg

Fotografie auf dem Umschlag:
Astrolabium Galileo Galilei von Ulysse Nardin (Foto: Ulysse Nardin, Le Locle)
kleine Abbildung: Triple Complication von Audemars Piguet in Le Brassus (Foto: AP)
Fotografie auf Seite 3:
Armbanduhr von Franck Müller in Genf; Modell mit dezentraler Zeitanzeige
und Doppelzeigerchronograph mit 30-Minuten-Zähler

Armbanduhren

Lizenzausabe (1998) für Nikol Verlagsgesellschaft mbH,
Hamburg
Mit freundlicher Genehmigung des Universitätsverlages Carinthia, Klagenfurth

Umschlaggestaltung: Callena Creativ GmbH, Hamburg
Layout: S. Jesch
Druck: L.E.G.O., Vincenza
Printed in Italy

ISBN 3-933203-10-4

Beim vorliegenden Buch handelt es sich um ein Werk über die Armbanduhr, ihre Geschichte, ihre Vielfalt und ihre Schönheit. Der Autor beschreibt einerseits den Weg der Uhr am Handgelenk, den diese von den ersten Einzelanfertigungen im 19. Jahrhundert bis zu den uhrmacherischen Meisterleistungen von heute genommen hat, und bietet andererseits eine eindrucksvolle Dokumentation darüber, wie dieser kleine Zeitmesser den Markt eroberte und für jedermann zum täglichen Begleiter wurde.

„Die Armbanduhr" ist ein Handbuch für Sammler und Uhrenfreunde. Es entstand aus der intensiven Beschäftigung des Autors mit der Armbanduhr seit mehr als zehn Jahren. Sie machte ihn zu einem profunden Kenner dieses Sach- und Sammelgebietes. Seine Zusammenschau hat nicht nur die Schweizer Uhr zum Inhalt, sondern bezieht auch die französische, deutsche, amerikanische und japanische Entwicklung in die Betrachtung mit ein.

Der erste Abschnitt des Buches beleuchtet die Geschichte der Uhr am Handgelenk seit ihrem ersten Auftauchen als Serienprodukt im Jahr 1880. Dabei ging es dem Autor auch um einen Überblick über die Jahre nach 1985, die bekanntlich durch eine konsequente Rückbesinnung auf die mechanische Armbanduhr gekennzeichnet waren und zu einer ganzen Reihe außergewöhnlicher und herausragender Uhrenschöpfungen geführt haben. Außerdem wird die Literatur gestreift, die sich mit der Armbanduhr seit den zwanziger Jahren auseinandersetzte.

Der zweite Abschnitt des reich illustrierten Bandes befaßt sich mit der enormen Vielfalt an Uhrentypen, die die Armbanduhr hervorgebracht hat, und mit technischen Details, die von allgemeinem Interesse sind. In über 50 kleineren Kapiteln werden die verschiedenen Uhrenschöpfungen beschrieben, der Bogen spannt sich von der einfachen Zylinderuhr bis zur kompliziertesten Uhr für das Handgelenk, der miniaturisierten Grande Complication.

Im Nachschlagteil des Buches gibt es eine übersichtliche Zeittafel zur Geschichte der Armbanduhr, die bekanntlich zu jenen Dingen zählt, die das 20. Jahrhundert mitgeprägt haben, ein Uhrmacher-Abc mit hundert wichtigen Fachausdrücken, ein Register mit den im Buch genannten Uhrenfabriken und Manufakturen und ein Verzeichnis von Fachzeitschriften.

Autor und Verlag danken allen jenen Firmen, die bereitwilligst Dokumentations- und Bildmaterial zur Verfügung gestellt und so zum Gelingen des Vorhabens und zur Illustration des Werkes entscheidend beigetragen haben.

Die Armbanduhr und ihre Geschichte

Ab dem Ende des 13. Jahrhunderts konnten unsere Vorfahren in verschiedenen Städten Europas die Zeit bereits von Münster- und Rathausuhren ablesen. Zu diesen monumentalen Räderwerkuhren gesellten sich im auslaufenden Mittelalter die ersten Zeitmesser in den Wohnungen in Form von Wand- und Tischuhren. Dann tauchten Uhren auf, die in den Abmessungen so klein waren, daß sie am Körper getragen werden konnten. Ein solcher Besitz war eine Sensation. Jeder dieser Zeitmesser war verständlicherweise eine Seltenheit ersten Ranges, da es nur sehr wenige Personen gab, die ein derartiges technisches Wunderwerk herzustellen vermochten. Jede kleinere Räderuhr war etwas so Außergewöhnliches, daß Mitglieder fürstlicher Familien und geistliche Würdenträger oftmals darauf bestanden, mit ihrem Zeitmesser – meist eine Tischuhr, seltener eine Sackuhr – porträtiert zu werden. Hans Holbein der Jüngere entwarf nach seiner Ankunft in London 1526 übrigens auch Uhrgehäuse. Zum Zeitmesser Räderuhr schien dieser Maler überhaupt eine enge Beziehung gehabt zu haben, denn auf dem Gemälde „Die Gesandten" geben zwei Zifferblätter über Uhrzeit und Kalenderdatum der festgehaltenen Szene Auskunft.

Die Zahl der Uhrenbesitzer nahm von Generation zu Generation zu, da jedes Stück wie ein Schatz gehütet und als kostbares Familienerbe weitergegeben wurde. Außerdem erlernten immer mehr begabte Menschen die Uhrmacherei und ließen sich von ihr in den Bann ziehen. Doch erst die industrielle Massenfabrikation des 19. Jahrhunderts machte die Kleinuhr zu einem Gebrauchsgegenstand für weite Bevölkerungskreise. In Europa verbreitete Roskopf die billige Uhr, in Amerika brachten Fabrikanten die Ein-Dollar-Uhr auf den Markt.

Individualisten trugen ihre Uhr schon vor 100 Jahren bisweilen nicht in der Westentasche oder an der Halskette, sondern hatten einen extrem kleinen Zeitmesser im Spazierstock oder im Lorgnon, im Fingerring oder im Armreif bzw. Schmuckband aus Edelmetall untergebracht. Mit solchen Kreationen stellten die Uhrmacher eindrucksvoll unter Beweis, daß sie in der Lage waren, von an und für sich schon kleinen Uhren noch immer Miniaturen herzustellen und somit auf ausgefallene Kundenwünsche einzugehen.

An Vorläufern der eigentlichen Armbanduhr mangelt es nicht. Die Firma Jaquet-Droz & Leschot vermerkte 1790 im Geschäftsbuch, daß sie eine Uhr gefertigt habe, die an einem Armband befestigt war. Der Pariser Juwelier Nitot schuf 1806 für die Frau von Kaiser Napoleon, Josephine, ein Paar Armbänder, die insofern etwas Besonderes darstellten, als in sie jeweils ein ovales Uhrgehäuse eingefügt war. Das eine enthielt tatsächlich ein winziges Uhrwerk, das andere einen einfachen Mechanismus mit Zeigeranzeige für Datum und Monat. Ein beliebtes Gestaltungselement bildete um diese Zeit die spitzovale Form des Uhrgehäuses. Das Zifferblatt war dezentral angeordnet, damit daneben Platz für die sichtbare Unruh blieb. Armbandkreationen aus der ersten Hälfte des 19. Jahrhunderts weisen schon das Zylinderwerk auf, das meist in einer geschlossenen Kapsel verborgen war. Auch aus dem Haus Patek Philippe in Genf, das seit 1837 Kleinuhren fertigte, kam 1868 ein solches Armband mit versteckter Uhr. Das Zifferblatt lag unter einem quadratischen Deckel mit einem mehrkarätigen Brillanten. Die Uhr war also nicht immer der Blickfang und jener Teil des Schmuckstückes, der die Aufmerksamkeit auf sich zog. Es sind übrigens auch mehrere phantasievolle Arbeiten mit Hohlräumen bekannt, die eine kleine komplette Taschenuhr aufnehmen konnten und den Eindruck erweckten, als handle es sich nur um einen Armreif. Das Aufziehen der Uhr und das Zeigerstellen erfolgten zu dieser Zeit fast ausschließlich mit dem mitgelieferten kleinen Schlüssel. Der Kronenaufzug war zwar schon erfunden, aber er begann den Schlüssel erst im letzten Viertel des 19. Jahrhunderts zu verdrängen. Zeitmesser mit dem neuen Aufzug wurden Remontoiruhren genannt.

Künstlerisches Armband mit Uhr von J. Dent in London. Zwischen den sechs Gliedern des goldenen Bandes ist eine Kapsel eingefügt, die eine Uhr enthält. Die ganze Oberfläche der Kreation schmücken florale Emailarbeiten. (Foto: Auktionen Grassy, Madrid)

1880–1900

Die Herrenarmbanduhr hatte ihre Geburtsstunde vermutlich im Jahr 1880, als es zwischen der deutschen Kriegsmarine und der Schweizer Firma Girard-Perregaux in La Chaux-de-Fonds zu einem Geschäftsabschluß über Lieferungen einer kleinen Serie von Offiziersuhren für das Handgelenk kam. Es handelte sich um runde Uhren an einer Armkette mit 10- oder 12linigem Werk. Wie sie konkret aussahen, ist heute nicht mehr feststellbar.

Mitte der achtziger Jahre bildeten in Luzern goldene und silberne Damenarmbanduhren schon einen eigenen Verkaufsartikel. Erstanden wurden sie hauptsächlich von Reisenden, vor allem Amerikanerinnen. Die kleinen Zeitmesser verfügten über ein 9liniges Zylinderwerk und ein Scherenarmband, das sich der Stärke des Handgelenks anpaßte. Sie kamen von der Firma Kulm in Biel. Nach einer zeitgenössischen Feststellung war mit diesen Uhren ein „schöner Umsatz" zu erzielen.

In Mode kam die Braceletuhr bis zur Jahrhundertwende dennoch nicht, aber sie verschwand auch nicht mehr von der Bildfläche. Ein Wiener Uhrenhändler warb für diese Trageform schon 1891 mit einer Anzeige. Eines seiner Modelle bestand aus einer schön gestalteten Armspange mit runder Uhr, ein zweites präsentierte sich als breites Armband mit eingefügter runder Uhr. Der breitschultrige Gehäuseoberteil gestattete nur ein verhältnismäßig kleines Uhrglas und ein ebenso kleines Zifferblatt, was das Ablesen der Uhrzeit nicht gerade erleichterte. Die Zifferblattachse Stundenzahl 6 und 12 verlief nicht parallel zum Armband, sondern zeigte zur Hand, wodurch Aufzugskrone und Stundenzahl 12 seitlich in gleicher Höhe lagen. Diese Anordnung von Zifferblatt und Aufzugskrone zeigten zwei Armbanduhren, die die Londoner Firma S. Smith & Son, „Watchmaker to the Admiralty", in einem Katalog von 1900 abbildete. Die eine Kreation wurde mit Armkette, die andere mit metallenem Zugband angeboten. Das Zeigerstellen erfolgte mit Hilfe des kleinen Stifts neben der Aufzugskrone.

Alle diese Produkte waren Remontoiruhren. Die Aufgabe des Uhrschlüssels hatte die Krone übernommen.

No. 195.
14-Ct. Gold Flexible Curb Watch Bracelet, Specially Constructed Jewelled Movement ; Compensated for the Varying Positions of Wear.

No Safety Chain required.

No. 197.
The **Patent** Expanding and Contracting Watch Bracelet, admitted to be the Best and Simplest Invention of a Bracelet Without a Snap, Special Movement for the purpose.

Armbanduhren von S. Smith & Son in London aus der letzten Jahrhundertwende. Das Zifferblatt ist noch nicht verdreht. Beide Modelle haben ein sogenanntes Guichetgehäuse mit breiter Schulter und kleinem Zifferblatt. Bei den Amerikanern hatte es die Bezeichnung Sky Light Dial im Gegensatz zum Full Open Face Dial.

Die Armbanduhren traten nur zögernd ins Rampenlicht. Und als es endlich soweit war, schnallten sich viele Leute statt einer echten Armbanduhr einfach eine kleine Taschenuhr ans Handgelenk. Auf diese Weise ersparten sie sich größere Auslagen, wenn sich schon eine Anhängeuhr in Familienbesitz befand. Sie kam in eine Lederkapsel mit Lederriemen oder sie wurde mit einem Metallband kombiniert, spezielle Klammern hielten die Uhr fest.

Manche Besitzerin eines Damenührchens beließ es nicht bei dieser alternativen Tragemöglichkeit, sie suchte vielmehr einen Uhrmacher oder Juwelier auf und beauftragte ihn, aus der Taschenuhr eine Armbanduhr zu machen. Der Umbau war mit dem Entfernen von Bügelknopf und Bügel, Verkürzen der Aufzugswelle, Verdrehen des Zifferblattes um 90 Grad, damit der Handaufzug parallel zum Arm zu liegen kam, sowie dem Anlöten von Drahtbügeln für die Bandbefestigung verbunden. Dem Verlangen nach einer Uhr am Handgelenk wurden Silber- und Goldührchen ohne Rücksicht auf Guillochierung und Emailschmuck bedenkenlos geopfert. Selbst Savonnettes und Halbsavonnettes sowie Acht-Tage-Ührchen entgingen dieser Umrüstung nicht, ebensowenig feine Marken. Bei dünnwandigen Gehäusen konnte es natürlich zu bösen Überraschungen kommen, denn sie hielten den nunmehr an sie gestellten Anforderungen nicht stand und nahmen Schaden.

Amerikanische Fabrikanten brachten zunächst Taschenührchen auf den Markt, die neben dem obligaten Bügel in Höhe der 12 noch mit einer Öse bei der 6 ausgestattet waren, in sie konnte das metallene Zugband eingehakt werden. Ein Produkt der Pery Watch von 1912 hatte in Höhe der 6 im Mittelteil des Gehäuses ein Loch, in das ein kopfartiger Fortsatz

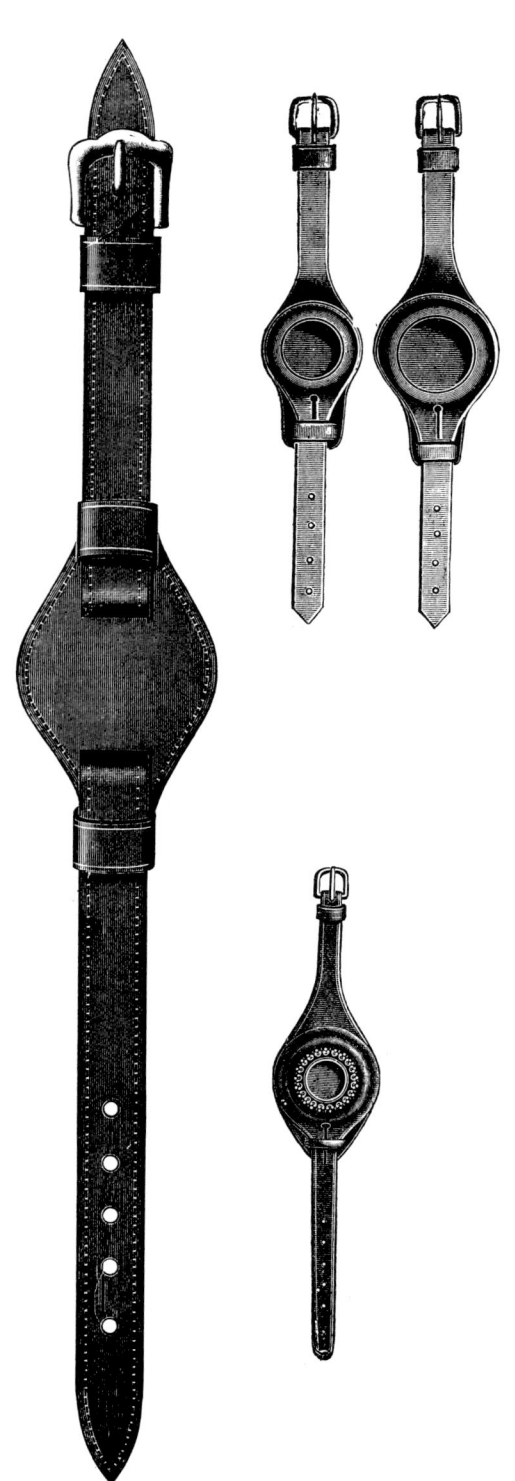

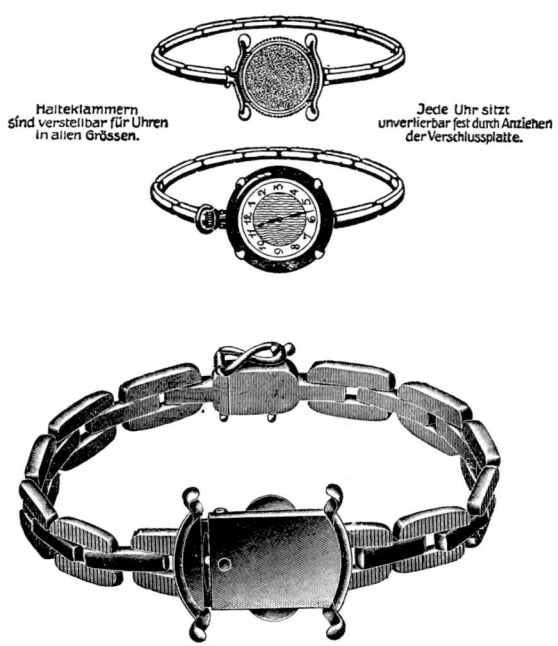

Halteklammern
sind verstellbar für Uhren
in allen Grössen.

Jede Uhr sitzt
unverlierbar fest durch Anziehen
der Verschlussplatte.

No. 966.　RU.gs

Echt silbernes, massives Tula-Armband mit fest
verstellbarer Klammer. Damenuhren aller
Grössen können ohne weiteres als Armbanduhren getragen werden, verlieren der Uhr ist
gänzlich ausgeschlossen, daher sehr praktisch
und empfehlenswert . . . . . Mk **38,25**

No. 965.　PE.sz

Echt silbernes, massives Kettenarmband mit fest
verstellbarer Klammer. Damenuhren aller
Grössen können ohne weiteres als Armbanduhren getragen werden, verlieren der Uhr ist
gänzlich ausgeschlossen, daher sehr praktisch
und **empfehlenswert** . . . . . Mk **28,50**

Lederarmband mit Unterlage für die Armbanduhr, damit
sie nicht direkt dem Schweiß der Haut ausgesetzt war, und
Lederarmbänder mit Lederkapsel zur Aufnahme einer
kleinen Taschenuhr.

Armbänder mit Vorrichtung zum Tragen einer kleinen
Taschenuhr am Handgelenk.

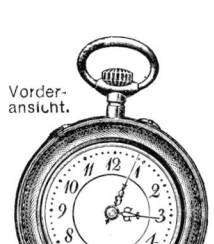

Vorder-ansicht.   Rück-ansicht.

Nr. 5693. Hochelegante, sehr vornehme Damenuhr mit feinem Präzisionswerk auf 10 Steinen (Rubis) gehend, 14 karätig, also 0,585 fein, gestempelt, Zwischendeckel hochg!änzend fein vergoldet, sehr feines, weiß emailliertes und facettiertes Zifferblatt mit arabischen Ziffern und sehr gediegener einreihiger Goldpunktierung, Zeiger vergoldet. Äußerst preiswert. Preis im Etui **Mk. 34.75.**

Je kleiner eine Anhängeuhr war, desto besser eignete sie sich fürs Tragen am Handgelenk.

***No. 971. PU.ru**
Lederarmband mit silb. Uhr, diese mit Charnier, ohne Cuvette, prima Brückenwerk, **10 Rubis**
Mk. **23,—**

Armbanduhr mit beweglichen Bügeln und einteiligem Lederband, auf dem die Uhr aufliegt.

eines in sich geschlossenen losen Bügels geschoben wurde. Durch diese Vorkehrung konnte die Anhängeuhr auch am Handgelenk getragen werden, da das Band durch den losen Bügel und den Bügel der Taschenuhr gezogen werden konnte.

Ch. L. Depollier aus Brooklyn hatte eine ähnliche Konstruktion ersonnen, die er sich 1915 auch im Deutschen Reich rechtlich schützen ließ. Die Patentansprüche erstreckten sich auf Taschenuhrgehäuse für Handgelenkuhren, „welche insbesondere zum Tragen von Armbändern bestimmt sind, gekennzeichnet durch eine zum Befestigen des einen Armbandendes dienende, fest oder drehbar am Gehäuse in einer Ausnehmung angebrach-

te Befestigungsöse, welche bei Nichtgebrauch nicht hervorsteht bzw. vollständig eingeklappt werden kann" sowie für kleine Taschenuhrgehäuse „mit der Abänderung, daß die zum Befestigen des einen Armbandendes dienende Öse als ein die Ausnehmung überbrückender Steg ausgebildet ist, dessen äußere Begrenzungsfläche mit dem Umfang des Gehäuses in einer Fläche liegt".

Für Mütter von Kleinkindern und Kindermädchen war die Uhr am Handgelenk ohne Zweifel unvergleichlich praktischer als an der Halskette, wo sie dem plötzlichen Zugriff der Kinderhände ausgesetzt oder im Wege war, wenn man sich über das Kind beugte.

Um 1913 hatte die Armbanduhr in Deutschland bereits Eingang in die Versandhauskataloge gefunden. Busse in Berlin bot schon vor dem Ersten Weltkrieg Modelle in den verschiedensten Preisklassen und Ausführungen an. Die billigste Silberuhr gab es für 8 Mark, das Lederband war ab 60 Pfennig zu haben. Eine 14karätige Armbanduhr mit goldenem Kettenarmband kam auf 81 Mark. Die besten Ankeruhren besaßen Breguet-Spirale und 15 Funktionssteine. Bei besseren Uhren lag das Werk in einem Scharniergehäuse mit Staubdeckel; wie bei den Taschenührchen gab es auch hier Aus-

Amerikanische Taschenührchen der Marke Hamilton aus dem Jahr 1915. Durch die Öse bei der 6 konnten sie sowohl an der Halskette als auch am Handgelenk getragen werden.

Montres en or de 14 carats pour bracelets.	Watches 14 troy-weight guaranteed for bracelets.

No. 980.   UM.zs

Echt 14 kar. goldenes Kettenarmband, (Glanz-
gold) mit Uhr, ohne Cuvette, Fondant-
Zifferblatt, gutes Brückenwerk, 10 Rubis
Mk. 81,—

ƒ * No. 983.   LZ xs

Echt 14 kar. goldenes Gliederarmband,
selbstschliessend, (Glanzgold) mit Uhr, ohne
Cuvette, Fondant-Zifferblatt, gutes Brückenwerk, 10 Rubis . . . . . . Mk. 90,—

ƒ * No. 986.   AK.ru

Echt 14 kar. goldenes Gliederarmband,
selbstschliessend, (Mattgold) mit Uhr, Gold-
cuvette, Fondant-Zifferblatt, prima Brückenwerk, 10 Rubis . . . . . Mk. 116,—

ƒ * No. 989.   VJ.xs

Echt 14 kar. goldenes Gliederarmband,
selbstschliessend, (Glanzgold) mit Uhr,
ohne Cuvette, Zifferblatt mit vertieftem
Mittelteil, prima Ankerwerk, Spiral Breguet,
15 Rubis . . . . Mk. 124,50

ƒ * No. 987.   PUE.zs

Echt 14 kar. goldenes Gliederarmband,
selbstschliessend, (Mattgold) mit Uhr, Gold-
cuvette, Gehäuse mit 4 echten Rubinen
und 4 echten Brillanten besetzt, Zifferblatt mit vertieftem Mittelteil, prima Ankerwerk, Spiral Breguet, 15 Rubis Mk. 222,50

ƒ * No. 991.   PVZ.sx

Echt 14 kar. goldenes Gliederarmband,
selbstschliessend, (Mattgold) mit Uhr, Gold-
cuvette, vorderer Rand mit bunter Emaille
ausgelegt und Goldverzierung, Gehäuse
mit 6 echten Brillanten besetzt, Fondant-
Zifferblatt m. vertieft. Mittelteil, prima Ankerwerk, Spiral Breguet, 15 Rubis   Mk. 252,—

Goldene Damenarmbanduhren mit elastischem Zugband bzw. Kettenarmband und Sicherheitskettchen aus dem Angebot von Busse in Berlin im Jahr 1913.

führungen in Tulasilber oder mit buntem Email. Andere Modelle wiesen Verzierungen in Gold auf oder der obere Gehäuseteil war mit einem halben Dutzend Brillanten besetzt. Die Mehrzahl der Damenmodelle hatte sehr schmale Armbänder mit federnden Metallgliedern. Bei einem starken Handgelenk bestand die Gefahr der Überdehnung, da sie in der Weite nicht verstellbar waren, sondern eine bestimmte Länge hatten. Bei den Panzerketten-Armbändern fehlte hingegen jegliche Elastizität. Verstellbar waren damals aber die meist einteiligen Lederbänder mit einer verbreiterten zusätzlichen Unterlage aus gleichem Material für die Uhr. Diese Lederbänder mit Schnalle wurden einfach durch die Bügel gezogen. Das Band für die Damenuhr gab es in verschiedenen Farben. Das Stoffband kannten die Trägerinnen von Vorläufern der Armbanduhr schon lange vor der Jahrhundertwende.

War eine preiswerte silberne Armbanduhr schon für rund 10 Mark zu haben, kostete ein Kettenarmband mit Klammervorrichtung für die Uhr bei Busse, wenn es aus massivem Silber war, anno 1913 mehr als 28 Mark.

Die Warenhäuser Franz Verheyen in Frankfurt am Main und Hans Hartmann in Eisenach hatten spätestens 1914 die ersten Armbanduhren in ihrem Kleinuhrenangebot. Verheyen verlangte für das Zugband mit verstellbaren Halteklammern aus unedlem Metall 7 Mark und 60 Pfennig. Im Katalog trug es die Bezeichnung Uhren-Passepartout-Armband. Die Gebrauchsanweisung lautete: „Das Passepartout läßt sich öffnen, wenn man die Schraubenplatte (gezackte Bodenklappe) eine Wendung nach rechts dreht, dann den Schieber herauszieht, die Uhr einspannt und die Schraube alsdann nach links festdreht." Hartmann wandte sich mit den ledernen Uhrarmbändern mit dem Hinweis an die Velocipedisten: „Sehr geeignet für Radfahrer, um sich stets schnell über die Uhrzeit zu orientieren."

Ein schönes Dokument für diesen fließenden Übergang von der Taschenuhr zur Armbanduhr schenkte uns die Sélection Watch Co. von C. Meyer-Graber in La Chaux-de-Fonds. Zwei Seiten eines Uhrenkatalogs aus einem nicht näher bezeichneten Jahr stellen das Armbanduhrenprogramm vor. Die Kollektion zeichnet sich nicht nur durch eine unwahrscheinliche Vielfalt aus, sondern zeigt in ihren Abbildungen auch, wie sich die Armbanduhrenfabrikanten nach und nach vom Althergebrachten zu lösen begannen. Da stehen neben dem Anhängeührchen mit dem winzigen zweiten Bügel bei der 6 für das Anbringen des Zugbandes, der Savonnette und Halbsavonnette mit den nach unten gebogenen Drahtbügeln zum Durchziehen des einteiligen Lederbandes und dem kreisrunden kleinen Damenmodell schon rechteckige und ovale Gehäuseschöpfungen, aber sie enthielten alle, ohne Ausnahme, runde Werke. Ein Herrenmodell wartete sogar mit 17 Steinen und Sekunde aus der Mitte auf.

Armbanduhren in Form der beliebten Savonnette- und Halbsavonnette-Taschenuhr eigneten sich hervorragend für das Militär, da das Uhrglas geschützt war. Der Erste Weltkrieg brachte die sogenannte Schützengrabenuhr, eine armierte Version einer offenen Uhr, bei der dem Glasbruch mit einem Schutzgitter aus Stahl vorgebeugt wurde. Festgehalten wurde der lose Ersatzdeckel mit eigenen Drahtbügeln vom Uhrband. Um das Ablesen der Uhrzeit zu erleichtern, wiesen die Zifferblätter dieser frühen Militäruhren möglichst große Stundenzahlen und breite Zeiger auf, die außerdem mit Leuchtmasse (Radium) versehen waren, wodurch die Uhren auch bei Dunkelheit eingesetzt werden konnten.

Seiten 16 und 17: Armbanduhren aus einem Katalog der Handelsmarke Selection. Sie bieten einen schönen Überblick über das Gehäusedesign der frühen Uhren für das Handgelenk.

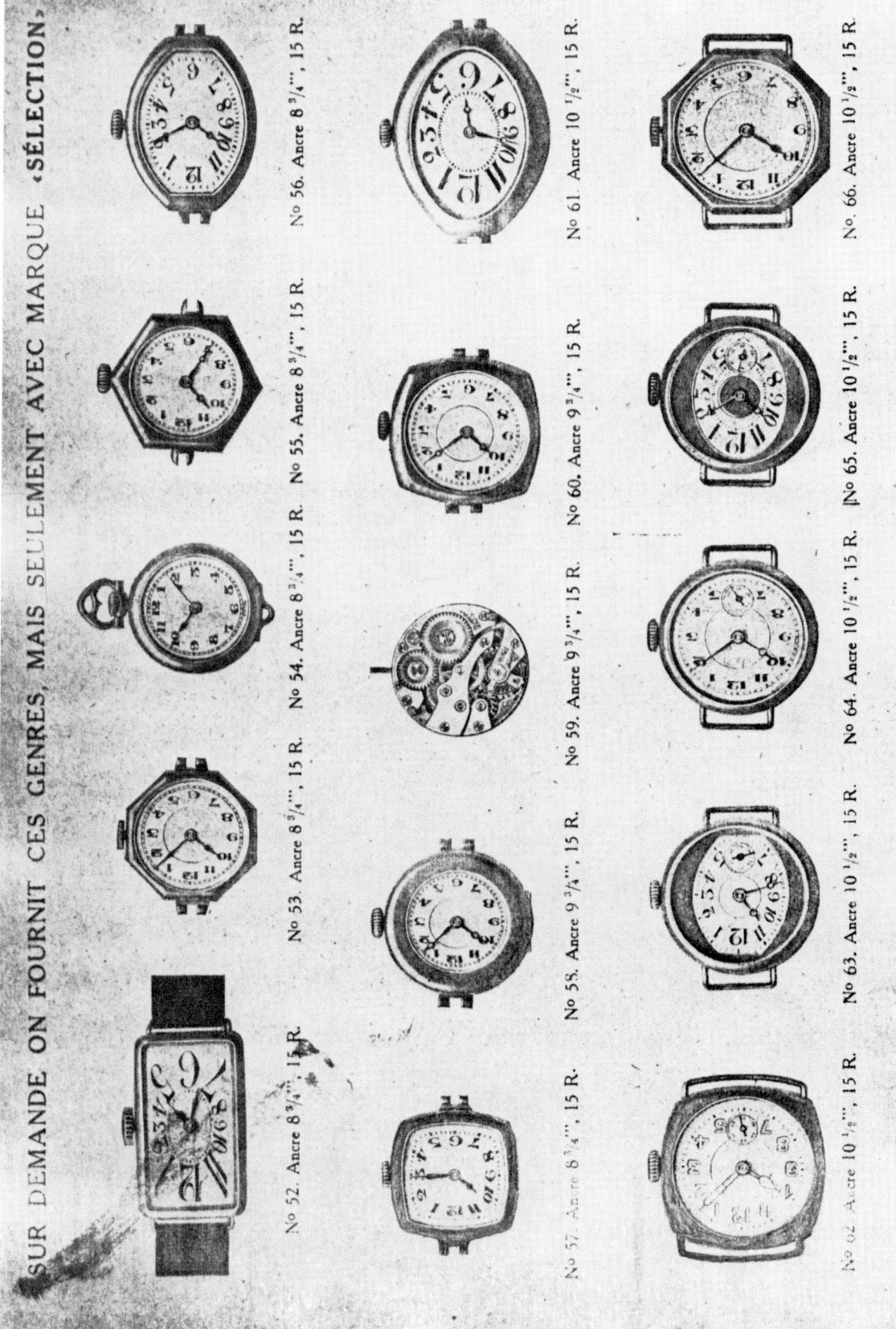

SUR DEMANDE ON FOURNIT CES GENRES, MAIS SEULEMENT AVEC MARQUE «SÉLECTION»

No 52. Ancre 8³/₄''', 15 R.

No 53. Ancre 8³/₄''', 15 R.

No 54. Ancre 8³/₄''', 15 R.

No 55. Ancre 8³/₄''', 15 R.

No 56. Ancre 8³/₄''', 15 R.

No 57. Ancre 8¹/₄''', 15 R.

No 58. Ancre 9³/₄''', 15 R.

No 59. Ancre 9³/₄''', 15 R.

No 60. Ancre 9³/₄''', 15 R.

No 61. Ancre 10¹/₂''', 15 R.

No 62. Ancre 10¹/₂''', 15 R.

No 63. Ancre 10¹/₂''', 15 R.

No 64. Ancre 10¹/₂''', 15 R.

No 65. Ancre 10¹/₂''', 15 R.

No 66. Ancre 10¹/₂''', 15 R.

SUR DEMANDE ON FOURNIT CES GENRES, MAIS SEULEMENT AVEC MARQUE «SÉLECTION»

No 69. Ancre 10½''', 15 R.

No 73. Ancre 13''', 15 R.

No 76. Ancre 13''', 15 R.

No 72. Ancre 10½, 17 R. Seconde au centre.

No 75. Ancre 10½, 15 R.

No 68. Ancre 13''', 15 R.

No 71. Ancre 10½, 17 R. Seconde au centre.

No 67. Ancre 10½''', 15 R.

No 70. Ancre 13''', 15 R.

No 74. Ancre 9¾''', 15 R.

17

Savonnette-Armbanduhr der Marke Longines aus dem Jahr 1913.

Während die Armbanduhrenproduktion in Amerika bei Waltham, Elgin und Ingersoll langsam in Gang kam, begnügte sich die Uhrenindustrie in Deutschland mit der Fabrikation von Armbanduhrgehäusen für Schweizer Uhrenhersteller. In der Schweiz bezogen indes immer mehr Fabriken und Manufakturen die Uhr für das Handgelenk in das Produktionsprogramm ein. Zu den kreativsten Pionieren zählten die aus einer jüdischen Familie stammenden Brüder Achille, Leopold und Isidore Ditesheim in La Chaux-de-Fonds, zu denen später noch der Graveur Isaac Ditesheim, ein weiterer leiblicher Bruder, stieß. In der 1905 erbauten neuen Fabrik Movado bestand das Erzeugungsprogramm auch aus Präzisionsankerwerken für Armbanduhren, für die höchstwahrscheinlich Isaac Ditesheim eine Vielzahl einfallsreich geformter Gehäuse schuf. Hiebei ist ein sehr frühes und sehr kleines achteckiges Armbandührchen entwicklungsgeschichtlich besonders interessant, denn das Gehäuse orientierte sich ganz an der offenen Taschenuhr. In Höhe der Stundenzahl 12 befand sich

nicht nur die Aufzugskrone, sondern auch ein taschenuhrähnlicher Bügel und bei der 6 ein dezenter zweiter Bügel zum Befestigen des Armbandes. Signiert war das Emailzifferblatt mit seinen arabischen Stundenzahlen in Schwarz und der 12 in Rot mit „Chronomètre Movado". Fritz von Osterhausen in seiner Firmengeschichte „Movado – immer in Bewegung" in „Alte Uhren und moderne Zeitmessung" 3/1991: „Daß die meisten dieser Damenarmbanduhren die Zifferblattaufschrift Chronomètre trugen, darf man zu dieser frühen Zeit im Hinblick auf die spätere amtliche Chronometernorm noch nicht ganz ernstnehmen. Denn in der Schweiz entstand die Definition des Chronometerbegriffs für Armbanduhren, mit Prüfungsrichtlinien und Vorschriften für die Erteilung des Prädikats ‚Chronometer', erst im Jahr 1926, und sie war damit die früheste überhaupt. Die überwiegende Mehrzahl der Werke des (Damen-)Kalibers 150 MN, vermutlich auch die des (kleineren Damen-)Kalibers 105, trägt die Aufschrift ‚4 four adjustments', sind also wahrscheinlich bei zwei Temperaturen und in zwei Lagen feingestellt worden. Anderseits war es absolut neu, daß derart kleine Armbanduhrwerke schon so früh – ab 1910 – serienmäßig in größerer Zahl so weit feingestellt wurden, daß zumindest von chronometerähnlichen Gangleistungen gesprochen werden konnte. Hier war Movado ein Pionier. Die Leistungen der Firma in diesem Punkt sind bisher noch nicht erkannt und gewürdigt worden und verdienen Respekt."

Eine uhrentechnische Leistung anderer Art bildete ein spezielles Kaliber für die auf der Unterseite stark gewölbte rechteckige Herrenarmbanduhr Polyplan, das das gesamte Gehäuse ausfüllte. Nach 1910 wurden von verschiedenen Firmen mehr und mehr Armbanduhren im großen Rechteckgehäuse auf den Markt gebracht. Da damals noch keine Formwerke existierten, waren diese bis zu 50 mm

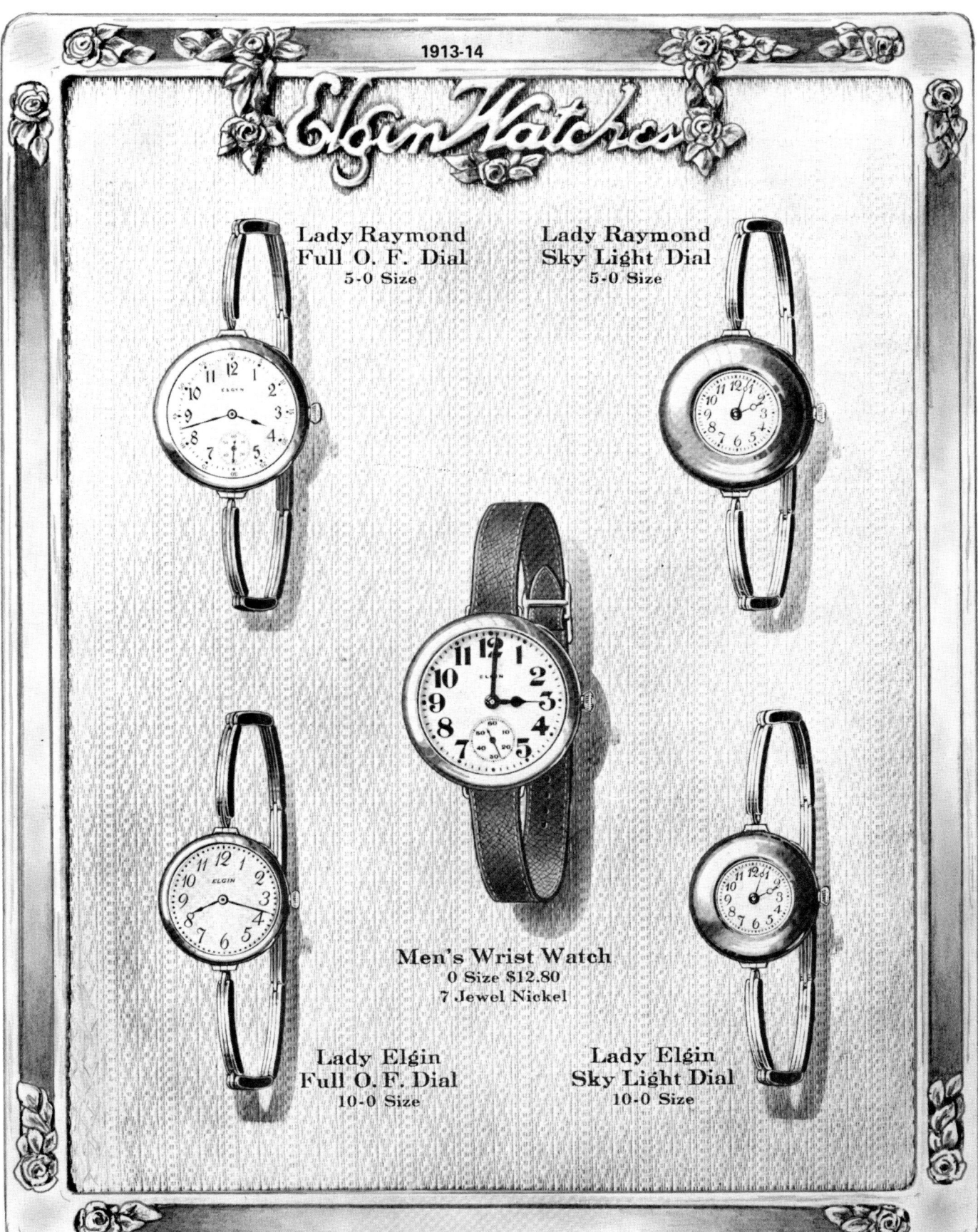

Frühe Armbanduhren der amerikanischen Marke Elgin. Aus einem Katalog von 1913.

Taschenuhren von Movado mit einer sehr frühen Damenarmbanduhr, die die Abstammung von der offenen Taschenuhr verrät. Dennoch wurde das Modell liebevoll gestaltet, wie die achteckige Form und die Ausführung der Bügel zeigen.
(Foto: Movado, New York)

Movado-Armbanduhren aus der Zeit um 1915: Damenarmbanduhr mit Kalender, Modell „Chronomètre Movado"
mit elastischem Zugband, Polyplan und Soldatenuhr mit dem aufklappbaren Schutzgitter.
(Foto: Movado, New York)

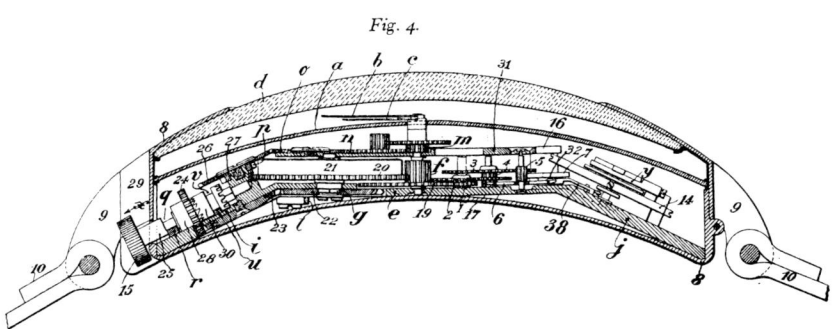

Fig. 4.

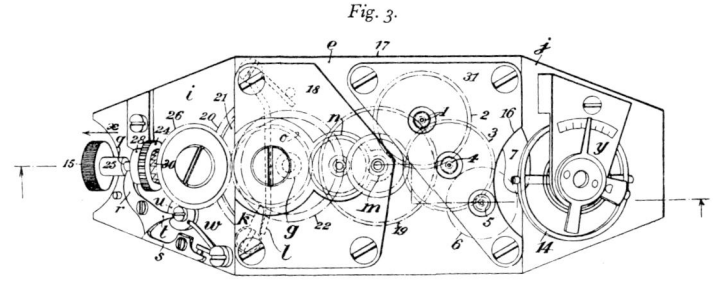

Fig. 3.

Die zeichnerische Darstellung des Polyplan-Kalibers von Movado in der Patentschrift aus dem Jahr 1912. In der Beschreibung hieß es dazu:

„Die große Platine 17 des Uhrwerkes wird durch eine zweimal stumpfwinkelig abgekröpfte Längsplatte gebildet. Ihr mittlerer Teil e, welcher zwischen zwei zu diesem geneigten Endteilen i, j liegt, trägt zwischen sich und einer kleinen fünfeckigen Gegenplatine 18 die Achse des großen Mittelrades 19, dessen Trieb f in das Rad 20 der ebenfalls zwischen 17 und 18 angeordneten Federhaustrommel 21 eingreift. Die Welle g der Federhaustrommel 21 trägt unter der großen Platine 17 das Aufzugrad 22, das mit dem Zwischenrad 23 im Eingriff ist, welches sich unter dem Platinenendteil i befindet und gewöhnlich in das auf der Aufzugstange 25 sitzende Aufzugtrieb 24 eingreift. Die Ebenen der Räder 22 und 23 stehen demnach zueinander in einem stumpfen Winkel. Unter dem mittleren Plattenteil e der Platine 17 ist die Aufzugklinke k angelenkt, auf welche die Feder 1 einwirkt.

Oberhalb der Gegenplatine 18 trägt die Achse des Mittelrades 19 das Minutentrieb m, welches durch oberhalb der Gegenplatine 18 zum Plattenteil e parallel liegende Zwischenräder n, o mit einem Rad 26 verbunden ist. Letzteres ist mit einem Zahntrieb p versehen und mit diesem in zum Endteil i der Platine 17 paralleler Stellung auf einem Zapfen 27 gelagert, der am Endteil i der Platine 17, zu diesem senkrecht gestellt, vorgesehen ist. Die Aufzugstange 25 wird einerseits in diesem Zapfen 27, anderseits in einem an dem Platinenendteil i angebrachten Lager 28 geführt. Sie endigt in einer Krone 15 in einer Ausnehmung 29 des Uhrgehäuses. Auf einem Vierkant dieser Stange 25 sitzt das bekannte verschiebbare Breguettrieb 30, welches entweder mit dem Aufzugtrieb 24 oder mit dem Zahntrieb p in Eingriff ist, je nachdem die Stange 25 sich in der Aufzug- oder in der Zeigerrichtstellung befindet. Soll das Breguettrieb 30 aus seiner in der Zeichnung angegebenen normalen Aufzugstellung in die Zeigerrichtstellung gebracht werden, so zieht man die Stange 25 im Sinne des Pfeiles x zurück, um vermittels eines in eine Ringnut q der Stange eingreifenden, von der Feder s beeinflußten Hebels r, t und einer in eine Nut v des Breguettriebes 30 eingreifenden, von der Feder w beeinflußten Schwinge u die Verschiebung des Breguettriebes zu bewirken. Alle diese Teile sind an dem Endteil i der Platine 17 angeordnet. Nach der Zeigerstellung kann das Breguettrieb durch Druck auf den Knopf 15 der Stange 25 wieder in die Aufzugstellung zurückgeführt werden. Das Rad 19 treibt vermittels der Getrieberäder 1, 2, 3, 4, 5 das Hemmungsrad 6; die Achsen aller dieser Räder sind in dem mittleren Plattenteil e der Platine 17 und in einer zu dieser parallelen, dreieckigen, mit Ausschnitt 16 versehenen Gegenplatine 31 gelagert. Der Hemmungsanker 32 befindet sich zwischen dem mittleren Platinenteil e und einer an der Platine befestigten kleinen Brücke 7 und setzt sich in einer abgekröpften Gabel 38 fort, die mit der Unruhe 14 zusammenwirkt, welche zwischen dem geneigten Endteil j der Platine 17 und einer daran befestigten Brücke y angeordnet ist."

langen Modelle nur mit einem runden Damenkaliber bestückt. Der größte Teil des Gehäuses blieb also leer. Nicht so bei der Firma Ditesheim. Sie ließ 1912 auch in Deutschland ein Formwerk patentieren, dessen Platine zweimal geknickt war und so eine Wölbung bildete. Die Mechanik war auf drei Flächen verteilt, auf zwei kleinere schräge und eine rechteckige größere in der Mitte. Die eine der kleinen, um 25 Grad abgewinkelten Werkplatten trug einen Teil des Aufzugs- und Zeigerstellmechanismus, weshalb die Krone ihren Platz bei der Stundenzahl 12 hatte. Auf dem Mittelteil waren Federhaus, Räderwerk und ein Teil des Hemmungssystems montiert, auf der anschließenden geneigten Ebene befand sich nur die Unruh. Die Verbindung stellte eine abgewinkelte Ankergabel her. Das war auch der Grund, weshalb die kleine Sekunde gleich unterhalb der Zifferblattmitte lag. Angeboten wurde diese technisch aufwendige Uhr in verschiedenen Gehäusen. Ein Modell in längsovaler Form erhielt von den Sammlern die Bezeichnung Banane.

Für die Soldatenuhr war bei Movado ebenfalls ein eigenes Kaliber entwickelt worden, das so gar nicht an die sonstigen Movado-Werke erinnerte. Es war um 1914 in Rekordzeit entstanden und wurde in verschiedenen Qualitätsstufen produziert. In der besten Ausführung hatte es vier geschraubte Chatons, außerdem 5 Adjustments. Wiesen die rhodinierten Damenkaliber in der Regel den Genfer Streifenschliff auf, wählte man für das 13linige Herrenkaliber den feinen Sonnenschliff. Das Schutzgitter war bei der Movado-Soldatenuhr durch ein Scharnier fest mit dem Gehäuse verbunden.

Das Movado-Programm konnte sich in jeder Hinsicht sehen lassen. Osterhausen in seiner Betrachtung: „Die ganze Vielfalt und Fülle der Gehäuseentwürfe von Movado für Armbanduhren zeigen die Verkaufskataloge aus der Zeit zwischen 1910 und 1921: Nicht weniger als 704 unterschiedliche Gehäuseformen für Damen- und Herrenarmbanduhren sind dort enthalten.

Weit mehr als die Hälfte, nämlich 436, tragen die Zifferblattaufschrift ‚Chronomètre Movado‘, und zwar selbst die kleinsten und verziertesten Damenschmuckuhren, häufig sogar ohne Sekundenanzeige, in denen eigentlich nur das kleine 5 ¹/₂linige Werk von 1905 oder ein ähnlich kleines Formwerk sitzen konnte. Weiters läßt sich diesen frühen Verkaufskatalogen entnehmen, daß Movado die gleichen Uhren auch unter anderen Handelsnamen anbot, und zwar den Namen ‚Ralco‘, ‚Mistral‘, ‚Tanit‘ und anderen. Ein Teil der Taschen- und Armbanduhren der Kollektion aus der Zeit um 1915 war zusätzlich signiert mit ‚Rosenberg-Wallach, Joyeros, Lima Peru‘. Vermutlich die Signatur eines peruanischen Vertreters und Großhändlers, wie zum Beispiel die Firma Gondolo & Labouriao der Vertreter von Patek Philippe im brasilianischen Rio de Janeiro war, in deren Auftrag die berühmten ‚Chronometro Gondolo‘ entstanden. Schließlich zeigen diese aufschlußreichen Verkaufskataloge die frühe und intensive Hinwendung der Firma Movado zu Armbanduhren: Schon fast die Hälfte aller angebotenen Uhren vor dem Ersten Weltkrieg sind Armbanduhren... Bei manchen frühen Armbanduhren ist aufgrund von Größe und Form nicht eindeutig zu erkennen, ob sie für Damen oder Herren gedacht waren, und dies scheint charakteristisch zu sein für frühe Movados: nämlich, daß viele von ihnen für beide Geschlechter tragbar waren.“

Ein anderer Pionier, der sich besondere Verdienste um die Verbreitung der Armbanduhr erwarb, war Hans Wilsdorf, ein Mann, der 1881 im bayrischen Städtchen Kulmbach das Licht der Welt erblickt und bei einem Uhrenexporteur in La Chaux-de-Fonds eine kaufmännische Lehre absolviert hatte. Nachdem er ein paar Jahre in einer Lon-

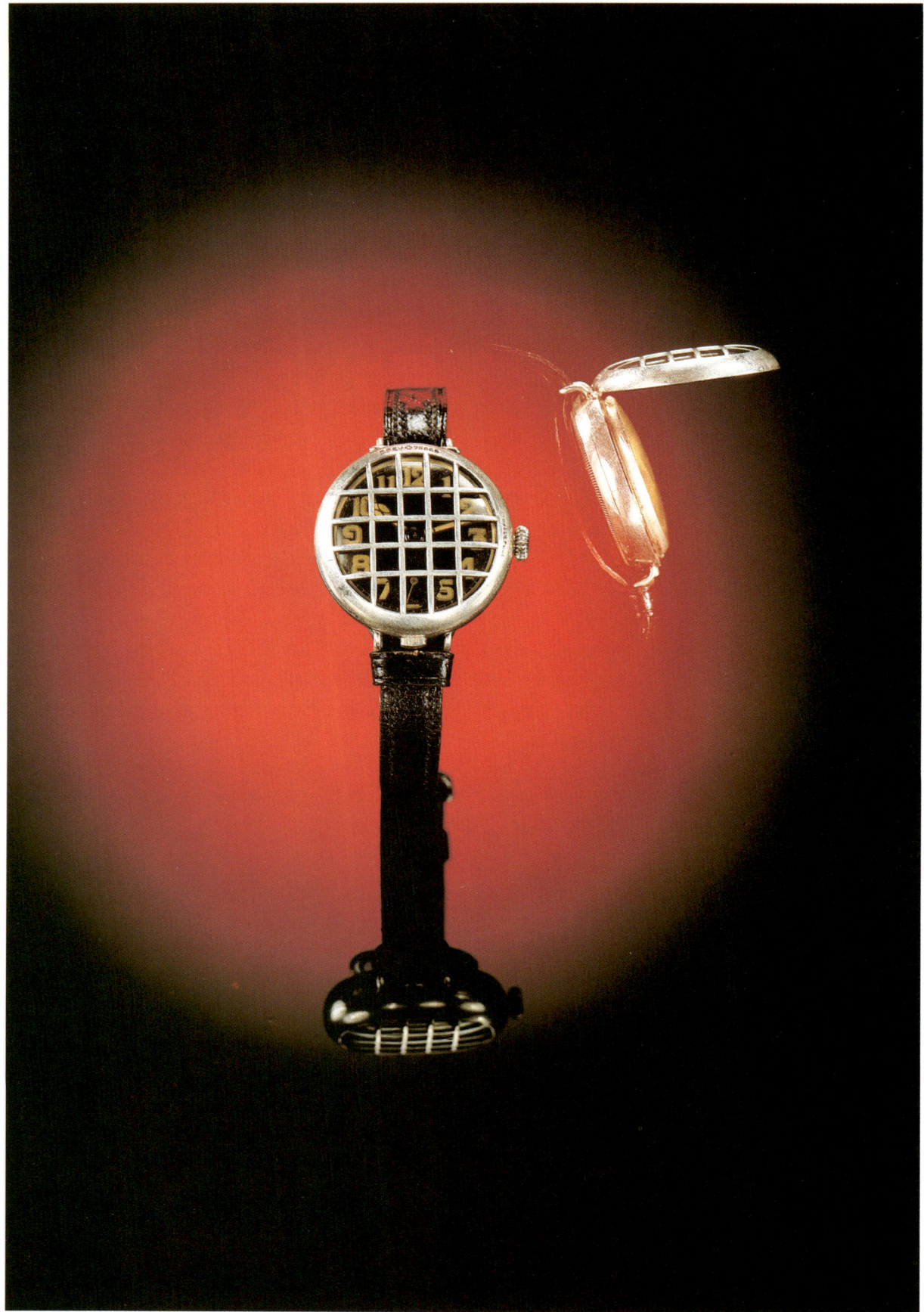

Frühe Militär-Armbanduhr mit Schutzgitter über dem Glas, von Girard-Perregaux aus La Chaux-de-Fonds.
Die 1856 gegründete Manufaktur ist nach einem ihrer Gründer benannt, nach dem Uhrmacher Constantin Girard-
Perregaux (1825–1903). Er zählt zu den Pionieren der Armbanduhr. (Foto: Girard-Perregaux)

Gelbgoldene Damenarmbanduhr „Chronomètre Movado", bestückt mit dem 10linigen runden Präzisionsankerwerk 150 MN. Typisch für die brückenseitige Ansicht der Movado-Kaliber ist der große Kloben mit seinen drei Rundungen für die verschraubten Lager von Kleinboden-, Sekunden- und Ankerrad. Die Ausführung hatte 15 Steine, eine auffallend große Schraubenunruh und Breguet-Spirale. Der Gang war in verschiedenen Lagen und vermutlich bei zwei Temperaturen (4 Adjustments) feingestellt. Die Handelsmarke Movado war ins Sperrad graviert. Die Bildmarke im Gehäuse bestand aus einer Hand mit Taschenuhr.
Zu den Ziffernkombinationen in den Movado-Gehäusen: Die sechs- bzw. siebenstellige Zahl ist die Fabrikationsnummer. Die fünfstellige Zahl gibt Auskunft über das Kaliber und das Material des Gehäuses. Die erste Ziffer hat folgende Bedeutung: 1 Stahl, 2 Silber, 3 verchromt und Stahlboden, 4 14 ct Gold, 5 Doublé und Stahlboden, 6 Doublé und Doubléboden, 9 9 ct Gold. 18-ct-Gold-Gehäuse tragen eine vierstellige Zahl. Ein R davor bedeutet Rotgold, ein G Weißgold, fehlt der Buchstabe, dann handelt es sich um ein Gelbgoldgehäuse.
Das Werk 150 MN wurde für die frühen Armbanduhren entwickelt und befand sich Ende der vierziger Jahre noch immer im Programm.
(Foto: Peter Puch, Klagenfurt)

doner Uhrenhandelsfirma gearbeitet hatte, gründete er 1905 in London die Vertriebsfirma Wilsdorf & Davis. Obwohl damals mit Armbanduhren noch nicht das große Geschäft zu machen war, setzte er dennoch auf den neuen Uhrentyp und begann 1908 einen Teil seiner Kollektion unter der Markenbezeichnung Rolex zu verkaufen. Für diese Wortschöpfung hatte er sich entschieden, da sie in den meisten Weltsprachen etwa gleich ausgesprochen wurde.

Wilsdorfs Werklieferant war Aegler in Biel, der seit 1900 kleine Ankerwerke im Erzeugungsprogramm hatte. Sie kamen in silberne und später auch in goldene Gehäuse. Seine Zielgruppe war hauptsächlich die Damenwelt, sein Markt das British Empire mit seinen riesigen Besitzungen, Kolonien und Mandaten in Amerika, Afrika, Asien und Australien. Innerhalb weniger Jahre entwickelte sich Wilsdorf & Davis zur größten Uhrenhandelsfirma auf der Insel.

Wilsdorf ruhte sich auf seinen Erfolgen keinen Augenblick lang aus, sondern arbeitete unentwegt

*Der Gründer der Uhrenmanufaktur Rolex: Hans Wilsdorf
(1881–1960).*

am Image seiner Uhrenmarke. Vor allem ging es um den Beweis, daß ein zierlicher Zeitmesser am Handgelenk es qualitätsmäßig durchaus mit einer Taschenuhr aufnehmen konnte. Die höchste Auszeichnung, die eine Uhr erreichen konnte, war das Gangzeugnis durch eine Sternwarte, eine schriftliche Bestätigung darüber, daß der Zeitmesser während seiner Prüfphase mit hervorragenden Gangergebnissen aufgewartet hatte. Doch wie sollte Wilsdorf zu einem derartigen Zertifikat kommen, wenn solche Prüfprogramme nur für Taschenuhren und Schiffschronometer existierten? Es war daher äußerst fraglich, ob man eine Armbanduhr überhaupt zu einem Präzisionstest zulassen würde.

Interessanterweise dauerte es nicht lange, bis Wilsdorf ein Chronometerzertifikat für eine Armbanduhr vorweisen konnte.

Zunächst erklärte sich das offizielle Prüfbüro in Biel bereit, eine Rolex-Armbanduhr auf ihre Ganggenauigkeit hin einer eingehenden Beobachtung zu unterziehen. Das überraschende Ergebnis führte zur Ausstellung eines Gangzeugnisses erster Klasse. Aber dieser Auszeichnung war in England wohl kein besonders hoher praktischer Werbeeffekt beizumessen, da mußte das entsprechende Gütesiegel schon vom Observatorium in Kew (westlich von London, an der Themse gelegen) kommen! Zur Sternwarte gehörte seit 1902 in Teddington (weiter stromaufwärts auf der anderen Seite der Themse in einer großen Flußschleife situierte Ortschaft) das National Physical Laboratory, in dem Uhrentests vorgenommen wurden. Natürlich gab es zu dieser Zeit auch hier keine Regelungen für Armbanduhren. Dennoch gelang es Hans Wilsdorf, daß seine kleinen Zeitmesser zur Begutachtung ihrer Gangleistungen angenommen wurden. 1913 legte er zwei Armbanduhren vor und Ende 1914 wieder zwei. Die feingestellten Ankerwerke hatten einen Durchmesser von 24,81 mm. Ihr Gang wurde während 45 Tagen in verschiedenen Lagen und bei unterschiedlichen Temperaturen beobachtet. Eine Uhr bestand 1914 die Prüfungen. Es gab einen Gangschein der Klasse A, wie er sonst nur für Schiffschronometer ausgestellt wurde. Mit diesem Erfolg erheischte Wilsdorf Aufmerksamkeit und Respekt. Als Inhaber eines Observatoriumszertifikats trat er in den Kreis der besten Uhrenhersteller; er zählte hinfort zu den angesehensten Persönlichkeiten der Branche, und das, obwohl er nur ganz gewöhnliche Uhren in den Handel brachte, kein Chronometermacher war und kein Watchmaker to the Admiralty. Noch konnte er nicht ahnen, daß er als Vater des Armbandchronometers in die Uhrengeschichte eingehen würde. In den Handel gelangte der Rolex-Armbandchronometer vorerst jedoch nicht, zumal die Voraussetzungen für eine laufende Abnahme der Gangprüfungen nicht bestanden und der Ausbruch des Ersten Weltkrieges wohl auch von solchen Zielen ablenkte. Der Krieg erschwerte den internationalen Handel zudem. Um den Zeitumständen Rechnung zu tragen, kamen auch bei Wilsdorf & Davis verstärkt Militäruhren in die Kollektion. Einmal waren es Modelle mit möglichst großen und fetten Stundenzahlen auf dem Zifferblatt, dann wieder Uhren mit strapazfähigen und speziellen Gehäusen, wie etwa mit einem vollen Schutzdeckel über dem Glas oder in Form einer Halbsavonnette oder gar mit einem zweiten Gehäuse, in das die eigentliche Uhr mit Aufzugskrone gelegt war. Diese Uhren waren in der Regel mit dem gut sitzenden Lederband versehen.

1912 hatte Wilsdorf in Biel eigene Büros eingerichtet. Als England 1915 hohe Einfuhrzölle festsetzte, kehrte Wilsdorf London nach und nach den Rücken. Neuer Hauptsitz der Firma wurde 1919 Genf, die Kaliberproduktion verblieb in Biel.

Die Industriellen Brandt hatten bald nach der Jahrhundertwende begonnen, in der Omega-Fabrik in Biel auch Armbanduhren herzustellen, die sich insofern von anderen Fabrikaten unterschieden, als ein Teil der Produktion die Aufzugskrone bei der Stundenzahl 9 hatte. Noch vor dem Ersten Weltkrieg kam auch der erste Armbandchronograph in die Omega-Kollektion. Er hatte einen 15-Minuten-Zähler und war mittels eines breiten Drückers bei der Stundenzahl 6 zu betätigen. Ein Teil dieser frühen Armbanduhren ging in den angelsächsischen Raum. Für den Uhrmacher Edwin J. Vokes in Bath mußten die Omega-Produkte ohne Zifferblattsignatur bzw. mit der Signatur des Händlers geliefert werden. Der größte Omega-Einzelhändler war damals und bis zum Zweiten Weltkrieg das Pariser

Armbandchronograph aus der Zeit vor dem Ersten Weltkrieg. Im Gegensatz zu den meisten anderen Uhren dieser Art hatte das Omega-Modell statt des 30-Minuten- nur einen 15-Minuten-Zähler.

Warenhaus Kirby, Beard & Co., dessen Signatur auf die untere Hälfte des Zifferblattes kam, während die obere Hälfte die Omega-Aufschrift trug. Bei den Militäruhren des Ersten Weltkrieges befand sich die Krone in Höhe der Stundenmarke 3. Einfache, aber kräftige und nach unten gebogene Henkel, die ans Gehäuse gelötet waren, dienten der Befestigung des ledernen Armbandes. Die Modelle waren auch mit kleiner Sekunde ausgestattet. Gegen Ende des Krieges wurden solche Uhren aus dem Haus Omega an die britische Luftwaffe und ein amerikanisches Expeditionskorps (Signatur: SIGNAL CORPS U.S.A.) geliefert.

Aus einer Anzeige von 1909 erfährt man, daß Eterna in Grenchen Anker- und Zylinderuhren für das Handgelenk fertigte. Auf die beweglichen Uhrbandbügel wurde besonders hingewiesen. Um 1914 gab es bei Eterna bereits einen Armbandwecker.

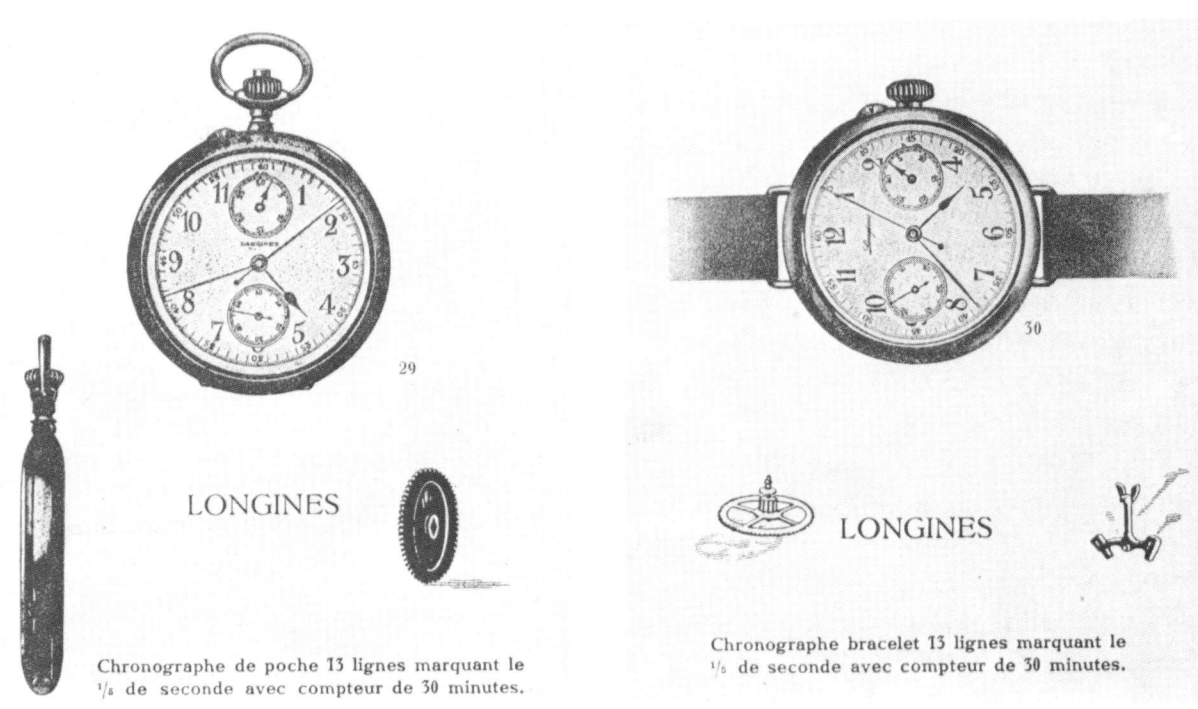

Chronographe de poche 13 lignes marquant le ¹/₅ de seconde avec compteur de 30 minutes.

LONGINES

Chronographe bracelet 13 lignes marquant le ¹/₅ de seconde avec compteur de 30 minutes.

LONGINES

Ein Longines-Prospekt aus dem Jahr 1920 zeigt auf zwei gegenüberliegenden Seiten den gleichen 13linigen Chronographen mit ¹/₅-Sekunde und 30-Minuten-Zähler, und zwar einmal als Taschenuhrmodell und einmal als Modell für das Handgelenk. Beide Varianten haben links von der Aufzugskrone den kleinen Stift für das Zeigerstellen der Uhr.

Die Firmen Paul Buhré und Henry Moser, die ihren Sitz in Le Locle hatten, unterhielten enge Handelsbeziehungen mit dem zaristischen Rußland. Auch so manche frühe Armbanduhr ging nach Petersburg, signiert meist zusätzlich in kyrillischer Schrift.

Komplizierte Uhren für das Handgelenk kamen vereinzelt von Jules Audemars und Edward Piguet, die 1875 eine Manufaktur gegründet hatten. 1910 fertigte diese 231 Repetitionstaschenuhren, davon 117 mit Minutenschlagwerk. Zwischendurch entstand bisweilen auch ein Ührchen für das Handgelenk, so 1909 ein kissenförmiges Modell aus Platin mit dem 11¹/₂linigen Kaliber SMV mit 29 Steinen und Minutenrepetition und 1911 ein Armbandührchen mit 10linigem Werk, zentraler Sekunde und Minutenrepetition. Aus der Zeit unmittelbar nach dem Ersten Weltkrieg stammt ein Da-

menmodell mit Minutenschlagwerk, das Kaliber hat einen Durchmesser von knapp 18 mm.

Der Genfer Luxusuhrenhersteller Patek Philippe verkaufte 1915 eine Damenarmbanduhr mit 5-Minuten-Repetition, und Vacheron Constantin in Genf hatte 1919 eine rechteckige Armbanduhr mit Vollkalender und Mondphasenanzeige in der Kollektion.

Zu den komplizierten Uhren wurden auch die Chronographen gezählt. Sie tauchten schon früh unter den Spezialitäten auf. Die Uhrenfabrik A. Ducommun-Müller in La Chaux-de-Fonds hatte beim eidgenössischen Amt für geistiges Eigentum 1909 einen Armbandchronographen angemeldet. Ein anderes Patent für eine solche Uhr mit Lederarmband stammte aus 1910, Inhaber desselben war Samuel Jeanneret in St. Imier. Er war einer der Gründer der Firma Moeris in St. Imier im Jahr 1893.

Der Breitling-Chronograph für das Handgelenk von 1915 wies einen 30-Minuten-Zähler auf, der massive und breite Drücker für das Ingangsetzen, Stoppen und Nullstellen des Chronographenzeigers lag bei der Stundenmarke 2. Die Armbanduhr mit Stoppfunktion von Vacheron Constantin aus dem Jahr 1917 verfügte ebenfalls über einen 30-Minuten-Zähler. Zu dieser Zeit boten auch Movado und Ulysse Nardin längst Armbandchronographen an.

1919 stellte sich der Chronographenhersteller Eberhard in La Chaux-de-Fonds mit einem Modell für das Handgelenk ein. Die sportliche Uhr mit den beweglichen Bandanstößen hatte den Drücker in Höhe der Stundenmarke 2 und sehr kleine Hilfszifferblätter für den 30-Minuten-Zähler und die kleine Sekunde.

Im Juwelier Louis Cartier begegnet uns ein französischer Pionier der Armbanduhr. Er war mit dem brasilianischen Flugpionier Alberto Santos Dumont befreundet, der 1907 in Paris einen neuen Flugrekord aufstellte. Der Flieger legte in der Luft eine Strecke von 220 m zurück. Da er sich beklagt hatte, daß eine Taschenuhr beim Steuern eines Flugapparates höchst unpraktisch sei, ließ Cartier für ihn eine flache Uhr für das Handgelenk entwerfen, die berühmt gewordene zeitlose Santos, die nach fast neun Jahrzehnten noch immer in den Cartier-Kollektionen zu finden ist. Das Werk zu dieser bedeutenden Uhrenschöpfung kam vom Elsässer Uhrenfabrikanten Edmond Jaeger. Ab 1911 befand sich die Santos im allgemeinen Verkauf. Bei Cartier in Paris ging es in der Folge Schlag auf Schlag: 1910 erfand der Juwelier einen Faltverschluß für Uhrbänder, 1912 stellte er die ersten Baignoire- und Tortue-Modelle vor, und 1917 kreierte er die rechteckige Tank. Er übernahm hierbei den Tarnnamen für die am 15. September 1916 in der Sommeschlacht von den Engländern erstmals

Der Armbandchronograph von Eberhard in La Chaux-de-Fonds, der 1919 auf den Markt kam.

eingesetzten Kampfpanzer. Uhren aus der ersten Kleinserie gingen an den Oberbefehlshaber der amerikanischen Truppen in Frankreich, General John Joseph Pershing, und hohe Offiziere aus seinem Stab. 1919 kam diese inzwischen längst legendär gewordene Uhr in die allgemeine Cartier-Kollektion. Sie hat sich dort bis auf den heutigen Tag behaupten können, ein Beweis für die schlichte und zeitlose Schönheit dieses Modells. Werklieferant war auch hier Edmond Jaeger, der später mit LeCoultre in Le Sentier eng zusammenarbeitete.

Um 1918 verkaufte die amerikanische Uhrenfabrik Elgin eine Militärarmbanduhr, die zwar nach General Pershing benannt, aber auf dem Zifferblatt nicht mit seinem Namen signiert war. Die silberne Uhr mit beweglichen Bandanstößen wurde in verschiedenen Werksausführungen (7 oder 15 Steine) verkauft. Ein gleiches Modell gab es bei Waltham und der Illinois Watch Co. In beiden Fäl-

Die „General Pershing" von Elgin, eine Militäruhr mit rundem Ankerwerk (Durchmesser 28 mm).

len trug es in der Kollektion die Bezeichnung Military Style. Die Gehäuse aller drei Uhren stammten von der Illinois Watch Case Co. Ein achteckiges Illinois-Modell mit Leuchtziffern und Leuchtzeigern war Admiral Evans gewidmet.

Die Marshall Field & Co. in Chicago, die ihre Produkte unter der Handelsmarke Solrex vertrieb, hatte gegen Kriegsende eine ganze Reihe von Militäruhren im Angebot.

Die Gruen Watch Co. in Cincinnati versah ihre Militäruhren mit einem Liberty Khaki Strap.

Zusammenfassend kann gesagt werden, daß die Armbanduhr in dieser frühen Phase nichts anderes als eine kleine Taschenuhr mit Armband war. Aber die Hersteller begannen sich in vermehrtem Maße mit dem Gangverhalten der Armbanduhr intensiver auseinanderzusetzen. Durch die geänderten Tragegewohnheiten ergaben sich nämlich durch die unvermeidlichen Stöße, Erschütterungen und Temperaturschwankungen sowie durch das

Eindringen von Feuchtigkeit und Schmutz ganz andere Betriebsbedingungen. Für einen optimalen Gang und eine lange Lebensdauer des extrem beanspruchten und miniaturisierten Zeitmessers waren daher entsprechende Voraussetzungen zu schaffen.

1920–1940

Trotz des Nachkriegselends und der tristen Wirtschaftslage bis in die frühen dreißiger Jahre stieg der Anteil der Armbanduhr an der Kleinuhrenproduktion unaufhörlich. Wieder war es auch die Damenwelt, die den Käufermarkt belebte. Und das kam nicht von ungefähr, denn die Frauen verließen den häuslichen Herd und ergriffen immer häufiger einen Beruf, waren im Büro-, im Post- und Schuldienst sowie in den Heilberufen tätig und trugen während der Arbeit eine Armbanduhr. Sie nahmen einerseits der Uhr den Charakter eines Statussymbols, indem sie diese für die Werktätigen beanspruchten, und machten sie anderseits zum Zeichen für finanzielle Unabhängigkeit. Die Lebensumstände hatten sich geändert, die archaische Lebensweise gehörte für viele Frauen der Vergangenheit an.

Da nun schon sehr kleine Modelle angeboten wurden, ergab sich die groteske Situation, daß sich viele Uhrmacher weigerten, eine nicht intakte Damenarmbanduhr zur Reparatur zu übernehmen. Sie fühlten sich überfordert, waren den gestellten Aufgaben nicht gewachsen. Die Reparaturpraxis hinkte hinter der Entwicklung her. Bezeichnend war weiters die Tatsache, daß die Damenarmbanduhr in Deutschland erst 1929 in die Liste der zugelassenen Meisterstücke aufgenommen wurde.

Dieser Misere suchte Bruno Hillmann dadurch abzuhelfen, daß er 1925 in Berlin die Schrift „Die Armbanduhr, ihr Wesen und ihre Behandlung in der Reparatur" veröffentlichte. Im Jahr darauf erschien sie in französischer Sprache auch in Biel.

Massive silberne Damenarmbanduhr mit Ankerwerk (15 Steine, in zwei Lagen reguliert) der Schweizer Fabrik Welta.
Der Gehäuseboden ist innen übersät mit Reparaturzeichen, darunter mehrere aus den dreißiger Jahren.

1937 brachte der Verlag Wilhelm Knapp in Halle an der Saale aus der Feder von Hans Jendritzki die Broschüre „Die Reparatur der Armbanduhr" heraus, die Generationen von Uhrmachern hilfreich an die Hand gehen sollte.

Der Autor stellte seinem Reparaturführer folgende Einleitung voran:

„Allgemein heißt es, die Armbanduhren sind die Schmerzenskinder des Uhrmachers. Und dann sind die schlechten Qualitäten daran schuld, daß die Zeitmeßmaschinen ihren Dienst nicht tun. Gewiß, es gibt viele verbaute Kaliber, besonders bei den allerkleinsten Werken, die außerordentliche Mühe machen, sich den Lebensodem einhauchen zu lassen. Aber dann müßten doch wenigstens die guten Uhren ein Lichtblick sein? Großenteils sind sie es auch. Aber wie sehen sie aus, wenn sie ein- oder mehrmals von ungeschickten Händen repariert sind? Wie kommt es, daß solche Uhren nach der Reparatur auch noch Fehler machen? Die min-

derwertige Qualität kann doch hier nicht als Ausrede gelten!"

Und Jendritzki fährt weiter fort:

„Aber da sind es oft Kleinigkeiten, die die Unzufriedenheit der Kundschaft hervorrufen und die bei ein wenig mehr Sorgfalt und Gewissenhaftigkeit hätten vermieden werden können. Wie häufig kommt es vor, daß sich die Aufzugwellen ganz herausziehen lassen. Mancherlei Ursache kann dies haben, aber eine schlotternde Welle führt früher oder später bestimmt dahin. Wenn nun der Uhrmacher diesen Fehler mit seinen Folgen erkennt, wird er die zu dünne Welle ersetzen, ohne daß es von dem Kunden bestellt ist? Nein, er wird an den Knöpfen abzählen, ob es nicht doch ohne diese Neuarbeit geht! Bitte, es ist tatsächlich vorgekommen! Der Kunde kann natürlich nicht wissen, wie es um die inneren Teile seiner Uhr bestellt ist, dazu ist der Fachmann da! Von allen Seiten bekommt der Kunde zugerufen: Achte auf das Fachzeichen der Uhrmacher! Es ist die größte Pflicht aller Uhrmacher und mehr als Selbsterhaltungstrieb, dieses Zeichen zu einem wahren Gütezeichen zu machen!"

Der Autor hielt dem Uhrmacher unbarmherzig den Spiegel vor: „Wenn jemand mit solchem Widerstreben an die Arbeit geht, wie eben geschildert, dann wird nicht nur die Aufzugwelle der leidtragende Teil sein! Jede Arbeit, die nur einigermaßen den schematischen Gang der ‚flotten Reinigung‘ unterbricht, wird in dieser Weise behandelt werden mit dem Erfolg, daß ‚es noch mal so geht‘. Betrachtet man aber jede Neuarbeit als Gelegenheit zum Üben, dann wird sich in solchen Arbeiten bald eine gewisse Gewandtheit einstellen, die als Folge eine immer kürzere Arbeitszeit mit sich bringt . . . Man mache sich zum Grundsatz, jede Arbeit ein wenig besser auszuführen, als sie verlangt wird. Und wenn das Gewissen sich meldet und fragt: Sollst du oder sollst du nicht? Dann lieber die Zeit noch aufwenden und die Arbeit ordentlich machen. Der Kunde wird Sie belohnen, wenn er Ihnen sagen kann: ‚So gut ging meine Uhr noch nie, Sie werden in mir einen dankbaren Kunden haben.‘"

Recht aufschlußreich sind bisweilen allgemeine zeitgenössische Hinweise, wie etwa der in der Auflage von 1948: „Obgleich für die tragbare Armbanduhr recht wenig geeignet und in vielen Ländern und Werkstätten gänzlich ausgeschaltet, finden wir die Zylinderhemmung bei uns (in Deutschland, Anm. d. Verf.) leider noch sehr oft. Gerade in der gegenwärtigen Zeit müssen wir Uhrmacher auch solche Uhren zu einem leidlich brauchbaren Zeitmesser machen. Wie jede Uhr sollte besonders eine Zylinderuhr entmagnetisiert werden, bevor sie (die Reparatur, Anm. d. Verf.) in Angriff genommen wird."

In Deutschland vermißte man nach dem Ersten Weltkrieg noch immer das im eigenen Land hergestellte Armbanduhrwerk. Die Gründung einer

deutschen Rohwerkefabrik ließ auf sich warten, die dafür nötigen Investitionen wurden auf die lange Bank geschoben, zumal die Schweizer Produkte immer preisgünstiger zu haben waren.

Über das Entstehen der deutschen Armbanduhrenindustrie gibt es eine von Wöhrle 1940 in „Die Deutsche Uhrenindustrie" in der Reihe „Deutsche Wirtschaft in Einzeldarstellungen" verfaßte Abhandlung. Darin heißt es:

„Durch die feindliche Einstellung des Auslandes in den ersten Nachkriegsjahren wurde die Pforzheimer Schmuckwarenindustrie, die vor dem Kriege beinahe zwei Drittel ihrer Produktion ausgeführt hatte, empfindlich getroffen. Außerdem hatte sich die Mode grundlegend geändert, da Uhrketten, welche bis dahin hauptsächlich hergestellt wurden, plötzlich aus der Mode kamen. So ist es verständlich, daß manche Fabrikanten den Entschluß faßten, ihre Erzeugung auf neue Artikel umzustellen. Schon im Jahre 1920 begann man mit der Herstellung von Gehäusen für Armbanduhren, nach denen ein besonders großer Bedarf war, nachdem sich im Weltkrieg an der Front die großen Vorteile dieser Uhren erwiesen haben. Abnehmer dieser ganz auf die Wandlungen der Mode eingestellten Gehäuse waren zunächst Schweizer Uhrenfabriken, welche die Vorzüge der Pforzheimer Gehäuse, gegenüber den eigenen Schweizer Erzeugnissen bald erkannten und dem Absatz von Armbanduhren damit einen mächtigen Auftrieb verschafften. Die Absatzmöglichkeiten in der Schweiz blieben allerdings beschränkt, weil die Schweizer Gehäusefabriken sich gegen eine allzu große Einfuhr deutscher Gehäuse zur Wehr setzten und durch vertragliche Abmachungen mit den Schweizer Uhrenfabriken eine Kontingentierung der Einfuhr deutscher Gehäuse erreichten . . .

Die Pforzheimer Gehäusefabrikanten beschritten daraufhin den umgekehrten Weg. Sie führten

Feine Uhren der Manufaktur Audemars Piguet aus der zweiten Hälfte der zwanziger Jahre.
(Aus: Le Livre d'Or de l'Horlogerie)

aus der Schweiz komplette Werke ein und setzten sie in Pforzheimer Gehäuse. Diese Bewegung wurde noch dadurch gefördert, daß von seiten Deutschlands bei der Einfuhr fertige Uhren mit einem höheren Zoll belegt wurden als Werke, sodaß dadurch die Einfuhr von Schweizer Werken direkt gefördert wurde."

Der Autor, der diese Entwicklung als Zeitgenosse mitverfolgt hatte, führte weiter aus:

„Die Entwicklung blieb hier nicht stehen. Man konnte nämlich in der Schweiz auch zerlegte Werke kaufen und sie in Deutschland zusammensetzen oder remontieren. Hierfür waren infolge der Struktur der Schweizer Uhrenindustrie günstige Voraussetzungen vorhanden. Verhältnismäßig wenige große Fabriken erzeugen dort die sog. Ebauches; das sind bei einem Taschen- oder Armbanduhrwerk die unbeweglichen Teile, in erster Linie also die Platine, welche die Stütze fast aller übrigen Teile des Uhrwerks ist, und auf der oberen Seite des Werkes noch einige feste Teile, die man Brücken nennt. Die meisten Ebauchesfabriken sind heute in einem großen Trust, der Ebauches A.-G. zusammengeschlossen und beziehen die übrigen Teile des Uhrwerks, die sog. Furnituren (Anker, Ankerrad, Unruhe usw.) von vielen kleinen Werkstätten bzw. Fabriken, die sich teilweise auf die Erzeugung einzelner Teile spezialisiert haben. Ebauches und Furnituren zusammen werden dann von den Ebauchesfabriken in der Regel als sog. Schablonen an Montagefabriken weiterverkauft, die also nur die einzelnen bereits verpaßten Werkteile zusammensetzen. Auf dieser Basis arbeiten viele kleine Schweizer Uhrenfabriken, die mit relativ wenig Kapital bzw. wenig Maschinen ausgestattet sind, weil die Zusammensetzung größtenteils Handarbeit erfordert. Auch Pforzheimer Fabrikanten gingen bereits während der Inflation zum Bezug von Schablonen aus der Schweiz über, um sie in Deutschland zu remontie-

ren. Das war anfänglich mit großen Schwierigkeiten verbunden, weil gelernte Uhrmacher, die als Remonteure nur in Frage kommen konnten, kaum vorhanden waren und erst in langsamer mühevoller Arbeit herangebildet werden mußten."

Nach einer schweizerischen Schätzung gingen im Jahr 1927 etwa 700.000 Rohwerke bzw. Schablonen nach Pforzheim.

Wöhrle: „Mit diesem Verfahren blieb die Abhängigkeit Deutschlands von der Schweiz in vollem Umfange bestehen, welche zudem an der Entstehung einer eigenen deutschen Uhrenindustrie kein Interesse haben konnte. Sehr bald setzte man von seiten der Ebauches A.-G. die Schablonenausfuhr in ein bestimmtes Verhältnis zur Ausfuhr fertiger Uhren, um einer weiteren Ausdehnung der Pforzheimer Betriebe einen Riegel vorzuschieben."

Diese Einschränkung und Erschwernis beschleunigte den Prozeß, der zum Aufbau einer eigenen Werkproduktion führte.

1924 erschien in der Ausgabe Nr. 32 der Zeitschrift „Die Uhrmacher-Woche" unter dem Titel „Von deutscher Arbeit" eine von Dr. Dienst geschriebene Sonderbeilage, die der deutschen Kleinuhrenindustrie gewidmet war. Sie ist für unsere Betrachtung sehr aufschlußreich und interessant, denn sie dokumentiert den damaligen Stand der Uhrenindustrie. Von den späteren bedeutenden Armbanduhrenherstellern ist zu diesem Zeitpunkt noch weit und breit nichts zu sehen. Erst im Jahr darauf unternahm die Uhrenfabrik Thiel in Ruhla einen Vorstoß: die Thüringer Firma wandte sich mit einer Werbeeinschaltung in einer Zeitung an das Publikum. Der graphisch gestaltete Text lautete: „Kennen Sie schon unsere entzückenden Neuheiten in 13''' Damen- und Armbanduhren ‚Prinzess' und ‚Lolo'? Sie sind geschmackvoll, zierlich und solide!" Das am Handgelenk der Dame abgebildete Modell war achteckig, verfügte über die kleine Sekunde und besaß ein schmales Leder- oder Stoffband. Im Gehäuse befand sich ein kleines Taschenuhrwerk einfacher Bauart.

In Glashütte hatte die Wirtschaftskrise der zwanziger Jahre zum Zusammenbruch eines großen Teils der heimischen Uhrenindustrie geführt. Staat und Girozentrale Sachsen in Dresden sahen sich genötigt, Maßnahmen zu treffen, um den Glashütter Industriezweig am Leben zu erhalten. So wurden im Dezember 1926 die Uhren-Rohwerke-Fabrik Glashütte AG. (UROFA) und die Uhrenfabrik Glashütte AG. (UFAG) gegründet. Die Aufgabe der UROFA bestand in der Lieferung von Rohwerken für Armbanduhren an die UFAG und die Pforzheimer Uhrenindustrie zur Weiterbearbeitung.

Der Aufbau einer rationellen Rohwerkefabrikation erwies sich jedoch als schwierig, obwohl man in der Schweiz eine kleine Armbanduhrfabrik gekauft und nach Glashütte verlegt hatte, um sich die Technik und das Know-how nicht erst erarbeiten zu müssen. Mangels entsprechender Erfahrung schrieben die Glashütter schon das Jahr 1930, als die ersten, in Serie gefertigten Armbanduhren auf den Markt gebracht werden konnten. Sie gelangten unter dem Namen Tutima Glashütte in den Handel. Das Geschäft mit der Pforzheimer Uhrenindustrie blieb aus, da die Pforzheimer Uhrenwerke (PUW) schneller auf den Markt gekommen waren. Die Bemühungen, in Junghans einen Partner zu finden, schlugen fehl. UROFA produzierte überdurchschnittlich gute Rohwerke. Die Krönung bildeten das Formwerk 9'''x13''' und das 15linige Chronographenwerk vom Kaliber 59. Der Armbandchronograph Tutima war die letzte vor dem Zweiten Weltkrieg entwickelte Armbanduhr. In der Uhrmacherschule der Stadt wurde das Verfeinern und Umarbeiten von UROFA-Produkten nach und nach zu einer Spezialität.

Der Groß- und Kleinuhrenfabrikant Helmut Junghans, der 1927 die Armbanduhr ins Produktionsprogramm nahm.

Das Unternehmen Junghans setzte sehr vorsichtige Schritte bei der Entwicklung eines eigenen Armbanduhrenprogramms. 1927 gab es eine erste bescheidene Kollektion für das Handgelenk. In den vier zur Auswahl stehenden Gehäusen Rond, Carré, Carré Illusion und Octogon befand sich das 13linige Stiftankerwerk mit Unruhbrücke des Anhängeührchens Miss. Die Junghans-Armbanduhr von 1927 besaß keine Sekundenindikation.

Aber richtig los ging's erst 1930, wie einer Ankündigung für den Uhrenhandel zu entnehmen ist. „Die Junghans-Armband-Uhr ist da!" hieß es in der Überschrift zu dieser Mitteilung. Sie hatte folgenden Wortlaut: „In aller Stille haben wir, trotz Ungunst der Zeit, gestützt auf die Erfahrungen unserer anerkannt hochentwickelten Junghans Taschenuhr-Fabrikation, die Herstellung von Junghans Qualitäts-Armbanduhren aufgenommen. In einer reichhaltigen Kollektion moderner, anspre-

Werbung der Hafis Watch Co. in Le Livre d'Or de l'Horlogerie.

Typische Schmuckuhren für das zarte Handgelenk: Liga-Modelle aus Solothurn. (Aus: Le Livre d'Or de l'Horlogerie)

chender und leicht verkäuflicher Gehäuseformen in Weißmetall verchromt, 900 Silber verchromt und Plaqué 20 Mikron (10 Jahre Garantie) bieten wir sie Ihnen noch so zeitgerecht an, daß Sie bei umgehender Bestellung das Weihnachtgeschäft mit dieser formschönen, guten und preiswürdigen 15steinigen Junghans Qualitäts-Armbanduhr bestreiten können." Die Auskunft zum Kaliber lautete: „Ein 10½‴ und 15steiniges Ankerwerk mit bimetallischer Unruh und flacher Stahlspirale ist nach den gewissenhaftesten Grundsätzen modernster Uhrentechnik konstruiert. Es ist dabei solid und kräftig, daher sehr widerstandsfähig und in seiner Eigenschaft als Brückenwerk sehr leicht reparierbar . . ."

Neben der vergrößerten Werkabbildung waren zehn Uhren mit rechteckigem oder tonnenförmigem Gehäuse im Bild wiedergegeben. Zwischen Damen- und Herrenmodellen wurde offenbar nicht unterschieden. Wollte eine Frau eine Junghans, mußte sie aus dem Herrensortiment wählen.

Die Gebrüder Junghans AG, Uhrenfabriken in Schramberg, Württemberg, holte sich rasch Marktanteile und begann auf dem Armbanduhrensektor Flagge zu zeigen. Das Unternehmen war bemüht, die Qualität seiner Gebrauchsuhren laufend zu verbessern. 1935 ließ sich Junghans ein Armbanduhrgehäuse patentieren, „bei dem die zur Befestigung des Werkes im Gehäuse dienende Zarge mit den Riemenbügeln aus einem Stück gefertigt" war. Die Werkzarge besaß außerdem einen Hals zur Aufnahme des Glasreifs. In der Patentschrift wurde diesbezüglich ausgeführt:

„Der Glasreif sitzt somit unmittelbar auf der Werkzarge auf, und da diese in an sich bekannter Weise in den Gehäusebodenteil eingelassen ist, gehen Glasreif und Bodenteil glatt ineinander über. Ein derartiger Aufbau gestattet, dem Gehäuse eine außen ganz beliebig abgerundete Form zu geben,

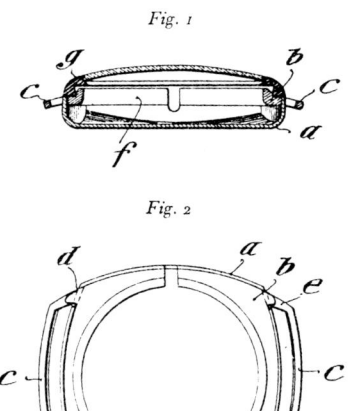

Spezialgehäuse der Fa. Junghans

was offensichtlich bei einem schachtelartig aus Ober- und Unterteil zusammengesetzten Gehäuse nicht ohne weiteres möglich ist. Das neue Gehäuse wird außerdem wesentlich weniger umfangreich als das bekannte, da seine Seitenwand nur einfache Blechstärke aufweist. Die Werkzarge wird am besten derart in den Gehäusebodenteil eingelassen, daß sie diesen nur mit den vier Seitenarmen ihrer Riemenbügel durchsetzt. Ein solches Gehäuse unterscheidet sich vorteilhaft von einer bekannten Ausführung, bei der der ganze Lappen, aus dem die Riemenöse ausgestanzt ist, in einen entsprechenden Schlitz des Gehäusebodenteiles eingelassen ist, denn letztere Ausführung erfordert, daß die Riemenösen verhältnismäßig weit vom Gehäuse abstehen, da eine gewisse Fläche über den Gehäuseboden vorstehen wird, damit die Werkzarge gut abschließt."

Bidlingmaier hatte 1928 in Schwäbisch Gmünd mit der Fabrikation eigener Werke begonnen. Niemand konnte damals ahnen, daß diese Gründung zur größten deutschen Spezialfabrik für Armbanduhren aufsteigen würde. Als Handelsmar-

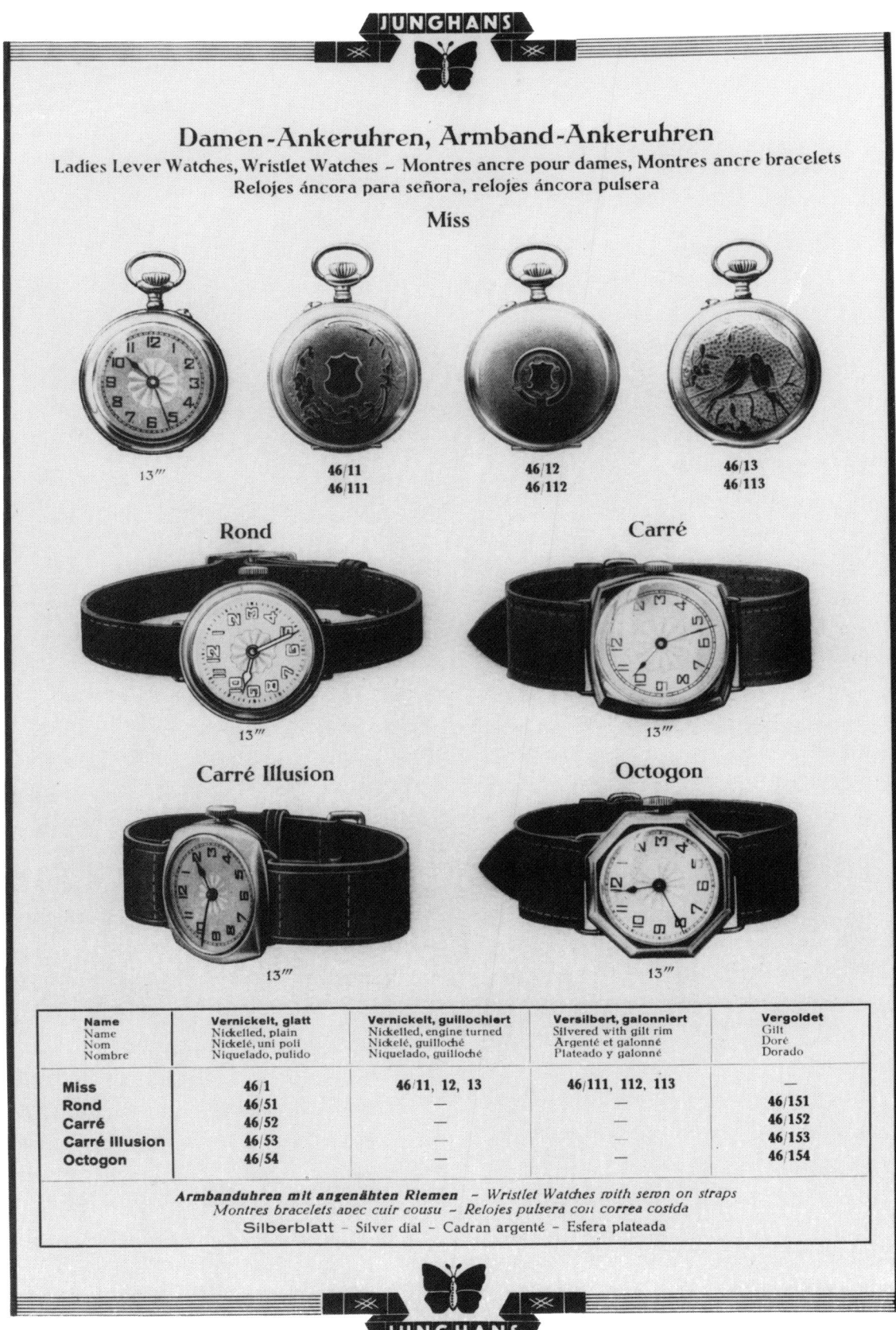

Damen-Ankeruhren, Armband-Ankeruhren

Ladies Lever Watches, Wristlet Watches – Montres ancre pour dames, Montres ancre bracelets
Relojes áncora para señora, relojes áncora pulsera

Miss

| 13''' | 46/11
46/111 | 46/12
46/112 | 46/13
46/113 |

Rond

13'''

Carré

13'''

Carré Illusion

13'''

Octogon

13'''

Name Name Nom Nombre	Vernickelt, glatt Nickelled, plain Nickelé, uni poli Niquelado, pulido	Vernickelt, guillochiert Nickelled, engine turned Nickelé, guilloché Niquelado, guilloché	Versilbert, galonniert Silvered with gilt rim Argenté et galonné Plateado y galonné	Vergoldet Gilt Doré Dorado
Miss	46/1	46/11, 12, 13	46/111, 112, 113	—
Rond	46/51	—	—	46/151
Carré	46/52	—	—	46/152
Carré Illusion	46/53	—	—	46/153
Octogon	46/54	—	—	46/154

Armbanduhren mit angenähten Riemen – *Wristlet Watches with sewn on straps*
Montres bracelets avec cuir cousu – Relojes pulsera con correa cosida
Silberblatt – Silver dial – Cadran argenté – Esfera plateada

Die erste Armbanduhrenkollektion von Junghans aus dem Jahr 1927. Im Gehäuse befand sich ein billiges Stiftankerwerk.

*Armbanduhren von A. Lange & Söhne in Glashütte waren
häufig mit sogenannten reservierten Kalibern ausgestattet. So
bezog die Manufaktur vom Schweizer Hersteller der Marke
Altus in Biel Rohwerke, die nur für den deutschen Geschäfts-
partner erzeugt wurden. Vermutlich waren genaue Liefer-
kontingente festgelegt. Abb.: Kaliber 8¾''' von Altus in einem
Goldgehäuse des berühmten sächsischen Kleinuhrenherstellers.*

*Damen-Armbanduhr von A. Lange & Söhne aus Glashütte,
um 1916. Verarbeitet wurde ein ALS-Werk;
16 Steine, Goldankerrad, Goldanker, Kompensationsunruh
mit Goldschrauben, Breguetspirale.*

ke wurde die Buchstabenkombination Bifora gewählt.

Der Fabrikant Ludwig Hummel errichtete 1933
in Pforzheim die Rohwerkefabrik DUROWE, die
1938 monatlich zwischen 20.000 und 30.000 Rohwerke verschiedener Größe produzierte.

1934 waren folgende Betriebe in Deutschland
mit der Herstellung von Werken für Armbanduhren
befaßt:

Bauer, Pforzheim:
    8¾ Linien, rund, Ankerhemmung,
    7/11/15 Steine
Bidlingmaier, Schwäbisch Gmünd:
    5¼ Linien, ovalisiert, Ankerhemmung,
    7/15 Steine
    8¾ Linien, tonneau, Ankerhemmung,
    7/15 Steine
    8¾ Linien, rund, Ankerhemmung,
    7/15 Steine
    10½ Linien, rund, Ankerhemmung,
    7/15 Steine
Durowe, Pforzheim:
    5¼ Linien, ovalisiert, Ankerhemmung,
    7/15 Steine
    8¾ Linien, rund, Ankerhemmung,
    7/15 Steine
Junghans, Schramberg:
    8¾ Linien, rund, Zylinderhemmung, 6 Steine
    10½ Linien, rund, Zylinderhemmung, 1 oder
    6 Steine
    8¾ Linien, rund, Ankerhemmung,
    15 Steine
    10½ Linien, rund, Ankerhemmung,
    15 Steine
Kasper & Co., Pforzheim:
    8¾ Linien, rund, Zylinderhemmung,
    2/6 Steine

Kienzle, Schwenningen:

   10½ Linien, rund, Stiftankerhemmung,
   4 Steine

   12 Linien, rund, Stiftankerhemmung,
   0 Steine

   13 Linien, rund, Stiftankerhemmung,
   0 Steine

Maurer & Reiling, Pforzheim:

   10½ Linien, rund, Zylinderhemmung,
   0 bis 10 Steine

Müller-Schlenker, Schwenningen:

   12½ Linien, rund, Stiftankerhemmung,
   0 Steine

Pforzheimer Uhren-Rohwerke:

   8¾ Linien, tonneau, Ankerhemmung,
   15 Steine

Schätzle & Tschudin, Pforzheim:

   9 Linien, rund, Zylinderhemmung, 10 Steine

Thiel, Ruhla:

   10 Linien, rund, Stiftankerhemmung,
   3 Steine

   12 Linien, rund, Stiftankerhemmung,
   0 Steine

Uhren-Rohwerke-Fabrik Glashütte:

   5¼ Linien, ovalisiert, Ankerhemmung,
   11/15/16 Steine

   8¾ Linien, rund, Ankerhemmung,
   11/15/16 Steine

   10½ Linien, rund, Ankerhemmung,
   7/15 Steine

Die Uhrenfabrik Hanhart in Villingen-Schwenningen nahm die Produktion von Armbanduhren 1934 auf. Das erste Werk war ein 10½liniges Stiftankerwerk für Herren- und Damenarmbanduhren. 1936 folgte ein Ankerwerk mit 15 Steinen, das Kaliber 36 (8¾ x 12''') und in den Jahren 1938 bis 1940 wurde ein Präzisions-Armbandchronograph entwickelt, das Kaliber 40 (16 Linien

Urofa-Werk, Kaliber 5¼'''/542.

Durchmesser, 17 Steine), das bei einem internationalen Wettbewerb den ersten Preis errang. Diese Uhrenschöpfung bildete dann eine beliebte Pilotenuhr, die Träger schätzten ihre Robustheit und Ganggenauigkeit.

Eine Armbanduhr mit kleiner Sekunde aus Glashütte, in Tutima-Ausführung, mit Kaliber 9 x 13'''/581.
(Fotos Seite 40 und 41: Herkner, Dormagen)

Ehr

die

formschöne und vollendete

Armbanduhr

Karl Ehrmann

Spezialfabrik für Armbanduhren

Pforzheim.

Inserat der Pforzheimer Armbanduhrenfabrik Ehrmann aus dem Jahr 1940.

In Glashütte entstand etwa zur gleichen Zeit der Tutima-Armbandchronograph. Das etwas kleinere Kaliber (15linig) hatte die Werkbezeichnung 59.

Das Spitzenprodukt, die ganz feine Präzisionsarmbanduhr, auch für die Dame, hätte von A. Lange & Söhne in Glashütte kommen müssen, doch dort zeigte man sich uninteressiert, was die Armbanduhr anlangte. Deutschland blieb ohne Nobelmarke auf diesem Sektor. War Pforzheim vor Ausbruch des Zweiten Weltkrieges das wichtigste Zen-

trum der Armbanduhrenindustrie, rührte sich diesbezüglich in Glashütte bei Dresden kaum etwas. Wenn A. Lange & Söhne Armbanduhrenwünsche befriedigte, verwendete es vielfach Kaliber, die von Altus in Biel bezogen wurden, die anderen Uhrenhersteller, wie beispielsweise die Uhrenfabrik Glashütte AG und die Nomos-Uhr-Gesellschaft Guido Müller & Co., agierten ebenfalls mehr oder weniger leidenschaftslos.

Der Uhrenhandel war zum Teil seinen eigenen Weg gegangen. Die Deutsche Uhrmacher-Genossenschaft Alpina in Berlin hatte schon in den frühen dreißiger Jahren eine größere Kollektion als alle deutschen Hersteller zusammen. Die Vereinigung, in der „nahezu 1000 der besten deutschen Uhrengeschäfte" zusammengeschlossen waren, nannte sich die Hauptvertriebsstelle der Alpina Gruen-Uhrenfabriken in Biel und Genf. Im Katalog Nr. 30 sind Dutzende von Werken abgebildet, die aus der Erzeugung von Vogt & Cie., Marc Favre, Hugenin & Cie., Aegler und Gruen, alle in Biel, stammten.

Die Alpina-Armbanduhren wurden in drei Preisklassen und folgender Zifferblattsignatur angeboten:
- Alpina Gruen („Präzisionsuhren höchster Vollendung im Preis von ca. 125–1000 Mk."),
- Alpina („Präzisionsuhren feiner Ausführung im Preis von ca. 40–50 Mk.") und
- Buchstabe A in Dreieck („Erprobte Uhren mit Spezialankerwerk im Preis von 25–150 Mk.").

Die Werksqualitäten wurden wie folgt beschrieben:

„Alpina Gruen Precision

Diese Werke repräsentieren die Spitze der Alpina-Fabrikate. Die Platinen und Kloben sind aus reinem Nickel hergestellt, die fein polierten Steinlager aus Rubin gefertigt und alle übrigen Einzelteile, vor allem die so wichtigen Gangteile – Ankerrad, Anker, Unruh und Spiralfeder – in bester Genfer Qualität vollendet. Die Ganggenauigkeit der

Werke wird in verschiedenen Lagen und Temperaturen geprüft.

Alpina und Alpina Gruen

Diese von den tüchtigsten Uhrentechnikern konstruierten Werke begründeten den Weltruf der Alpina Uhren. Nur bestes, auf seine Tauglichkeit genau geprüftes Material wird zu ihrer Herstellung verwendet. Die Werkteile werden nach einem besonderen Verfahren gefertigt, das höchste Genauigkeit und Gleichmäßigkeit gewährleistet. Deswegen kann auch ein eventuell beschädigter Teil später ohne weiteres durch einen neuen, genau passenden Originalteil ersetzt werden. Die Werke sind ausnahmslos mit geschnittener Kompensationsunruh und Breguet-Spiralfeder ausgerüstet, um genaue Gangergebnisse zu erzielen.

Marke Dreieck mit A

Diese Werke sind in etwas einfacherer Ausführung, in ihrer Konstruktion und Vollendung aber durchaus solid und dauerhaft gehalten. Die Werkteile werden ebenfalls nach dem Prinzip der Auswechselbarkeit gefertigt. Die Qualität A erfüllt in vollkommenster Weise alle Ansprüche, die man an eine gute, preiswerte Gebrauchsuhr zu stellen berechtigt ist. Dank der gewaltigen Stückzahl, in der diese Werke hergestellt werden, bieten sie in jeder Ausführung den höchsten Gegenwert."

Dem Abschnitt Herrenmodelle – sie gab es im Gold-, Doublé-, Silber- oder Nickelgehäuse – war ein kurzer allgemeiner Text vorangestellt. Er lautete: „Die Armbanduhr für den Herrn hat sich auf der ganzen Linie durchgesetzt. Sie ist zur Gebrauchsuhr des Mannes geworden, stets bequem zur Hand und darum im Beruf und beim Sport die bevorzugte Uhr. Das besondere Kennzeichen der Alpina-Armbanduhr ist ihr schnittiges, rassiges Aussehen und die erprobte Gangsicherheit ihrer Werke."

Die Auswahl an Phantasiegehäusen – mitunter aus zweifarbigem Gold – war erstaunlich groß.

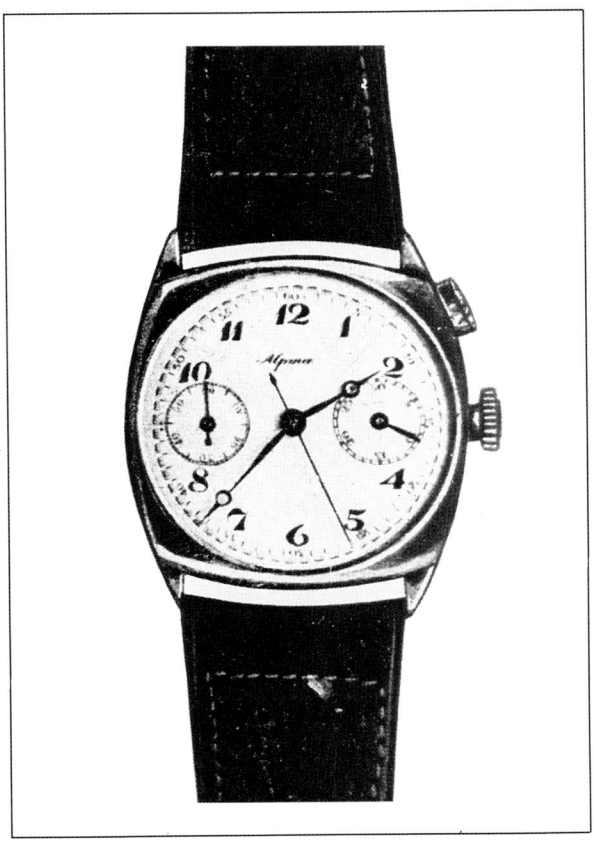

Silberner Alpina-Chronograph aus dem Jahr 1930. Der Preis betrug 135 Mark.

Zu den interessantesten Uhren zählte die rechteckige Tecno mit Dualzifferblatt (dezentrale Anzeige der Uhrzeit und großes Hilfszifferblatt für die kleine Sekunde). Der Katalog bezeichnete sie als „Sekundenuhr für Männer der Technik und Wissenschaft". In der Beschreibung hieß es: „Das Werk hat die Stärke, Robustheit und Zuverlässigkeit einer Taschenuhr und verbürgt daher besonders gute Gangleistungen. Das interessante Zifferblatt ermöglicht ein bequemes Ablesen der Zeit, auch des Ablaufs der Sekunde. Die Gehäuse sind Meisterwerke der Goldschmiedekunst."

Bestückt waren diese Modelle mit dem Kaliber 877 von Aegler.

Montre-bracelet. × Wrist Watch. × Armbanduhr.
MIMO, Græf & Cie, La Chaux-de-Fonds.

Platinum Watch,
radiator shape,
manufactured
especially
for H. M. the
King of Spain.

Platin-Uhr,
Radiateurform,
besonders ange-
fertigt für S. M.
den König
von Spanien.

Montre platine de forme radiateur fabriquée spécialement pour S. M. le Roi d'Espagne.
MIDO S. A., Bienne.

Montre-bijou. × Jewel-Watch. × Schmuck-Uhr.
LA GLYCINE, Bienne et Genève.

Werbung aus dem Jahre 1927 in Le Livre d'Or de l'Horlogerie.

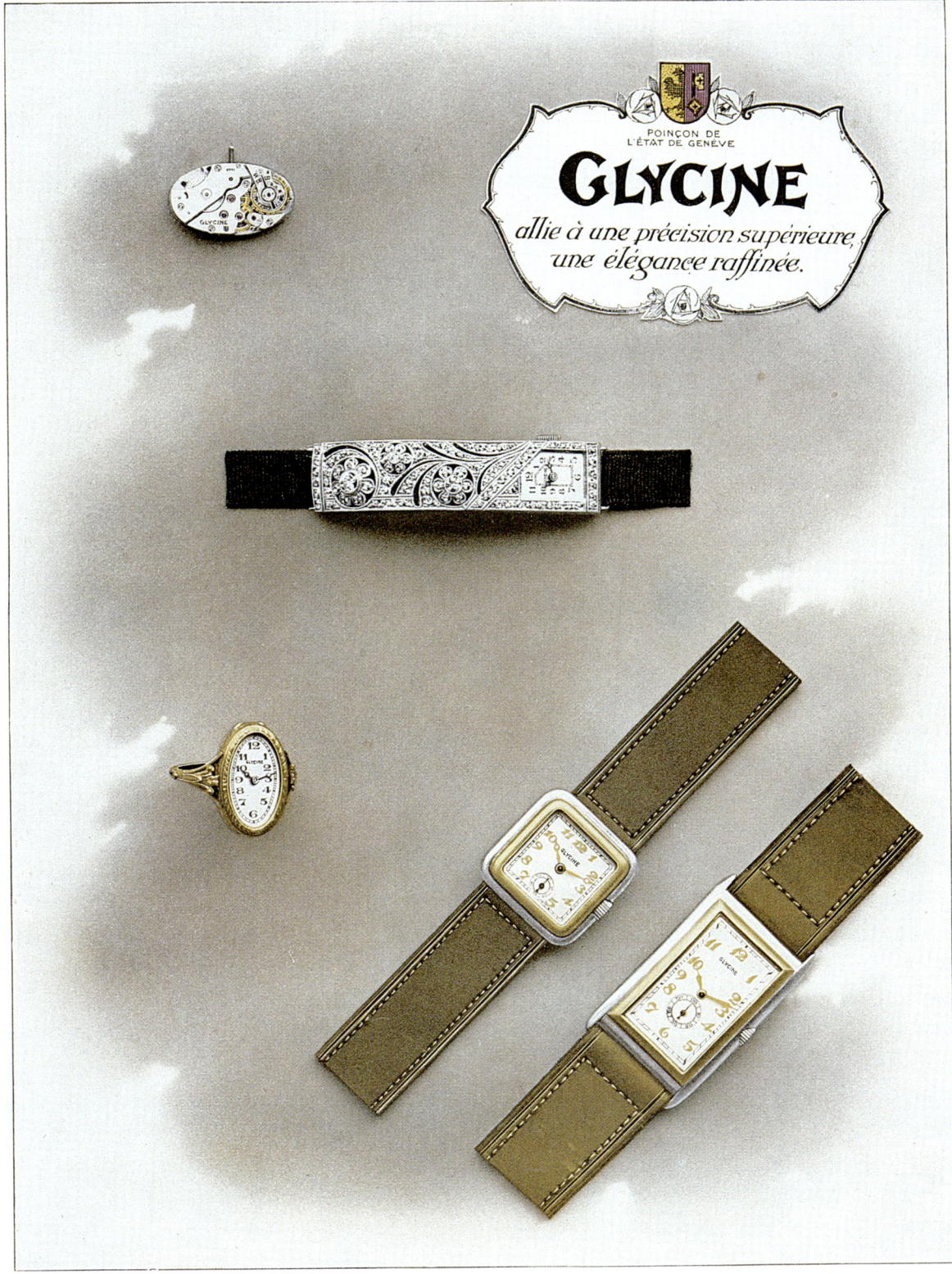

Aus dem Glycine-Programm von 1927 (Le Livre d'Or de l'Horlogerie).

Als Neuheiten wurden „die wasserdichte Alpina Oyster" und die „Harwood-Armbanduhr mit dem Selbstaufzug" angepriesen. Die Information zur Oyster lautete: „Die Alpina-Oyster-Uhr ist die praktischeste Uhr für den Ingenieur, den Sportsmann, den Chemiker, den Arzt, kurzum für jeden Herrn, durch dessen Tätigkeit die Uhr starker Feuchtigkeit oder Staubentwicklung ausgesetzt ist.

Die Alpina Oyster ist die einzige Uhr, die ohne jede Gefahr auch beim Baden und Schwimmen oder beim Aufenthalt am Seestrande getragen werden kann. Kein Tröpfchen Wasser, kein Körnchen Staub kann in das Innere dieser absolut dichten Uhr eindringen.

Die Alpina Oyster ist auch in goldenem Gehäuse oder in einem kleineren Modell – für Damen besonders geeignet – lieferbar."

Die Uhr war für Rolex entwickelt worden und befand sich seit 1927 im Handel.

Zur Automatikuhr gab es folgenden Steckbrief: „Der Selbstaufzug der Harwood-Armbanduhr beruht auf dem Prinzip des Schrittzählers. Ein leicht schwingender Hebel – bewegt durch die natürlichen Armbewegungen beim Tragen – drückt ein Rad, das dem Aufzug der Feder dient, fortgesetzt um Bruchteile weiter. Durch den Gebrauch am Tage ist soviel Federkraft aufgespeichert, daß die Uhr auch ohne Bewegung weiter geht. Gangreserve ca. 20 Std.

Vorzüge der Harwood-Uhr: Kein Aufziehen mehr, die Uhr geht jahrelang ohne jede Berührung. Keine Störungen durch den sonst üblichen Aufzugmechanismus. Größter Schutz gegen Verstauben des Werkes. Genaues Regulieren durch die stets gleichmäßig gespannte Zugfeder."

Während sich die Oyster als ausgereiftes Modell erwies, war die Harwood-Uhr mit vielen Mängeln behaftet und verschwand deshalb bald wieder vom Markt. Im Alpina-Angebot fehlte natürlich auch der Armbandchronograph nicht.

An die Frauen wandte sich der Katalog mit der Formulierung: „Kluge, überlegene Frauen tragen Alpina-Uhren wegen ihrer bekannt guten, zuverlässigen Gangleistung und ihres bestechenden Äußeren, das jede Alpina zu einem überaus reizvollen Schmuckstück stempelt."

Mit Uhrenersatzteilen und jeglichem Uhrmacherbedarf wurden der deutsche Uhrmacher und seine Werkstatt durch die Häuser Rudolf Flume in Berlin und Georg Jacob in Leipzig versorgt. Flume brachte anläßlich des 50jährigen Bestandes der Firma 1937 ein dickleibiges Jubiläumsbuch für den Reparaturbedarf heraus. Es stellt ein bedeutendes zeitgenössisches Dokument dar, das auch über die Armbanduhr Auskunft gibt und manches wissenswerte Detail enthält. Die Firma Jacob war um zehn Jahre älter und eine Gründung aus dem Jahr 1877.

In der Schweiz erfuhr die allgemeine Lage in den zwanziger Jahren eine dramatische Verschärfung: Das Geschäft ging schlecht, dennoch brachten die immer zahlreicher werdenden Armbanduhrenhersteller laufend neue Modelle und Kaliber auf den Markt. Um die Krise überstehen zu können, suchte man die Kooperation mit anderen Firmen: So kam es beispielsweise zu einer fruchtbaren Zusammenarbeit zwischen Omega und Tissot. Als sich Omega 1935 vom brasilianischen Markt wegen der dortigen Inflation zurückziehen mußte, überließ das Bieler Unternehmen diesen der Firma Tissot. Um jedoch auch weiterhin präsent zu sein und zu vermeiden, daß der Name Omega in diesen Breiten in Vergessenheit geriet, wurden die wesentlich billigeren Tissot-Uhren mit der Zifferblattsignatur OMEGA WATCH CO – TISSOT in den Handel gebracht. Für den amerikanischen Markt wurde eine ähnliche Regelung getroffen: Dort lautete die Markenbezeichnung OMEGA-TISSOT.

Schlaflose Nächte bereitete die über ein Jahrzehnt währende weltweite Wirtschaftskrise ganz besonders den vielen Rohwerkefabrikanten. Der Absatz ließ zu wünschen übrig, die Produktionszahlen stiegen. Man zerfleischte sich gegenseitig und ruinierte die Preise. Da es so nicht weitergehen konnte, wurde versucht, möglichst viele Firmen unter einen Hut zu bringen und so Dumpingpreise zu verhindern. Das Ergebnis war im Jahr 1926 die Ebauches AG.

1927 traten ihr bei: A. Schild AG., Grenchen (Solothurn), Fabrique d'horlogerie de Fontainemelon AG. (Neuenburg), Ad. Michel AG., Grenchen (Solothurn), Hora AG., Cortébert (Bern), Russbach-Hänni & Cie., Court (Bern), Charles Hahn & Cie., Le Landeron (Neuenburg), Guerrin, Bourquin & Cie., Fabrique d'ébauches Aurore, Villeret (Bern), Fabrique d'horlogerie de Sonceboz (Bern), Exit AG., Lengnau (Bern), E. Champion, Biel (Bern), Suza AG., Corgémont (Bern) und Wyss & Tröhler AG., Biel (Bern).

1928 stießen zu dieser Gruppe: Felsa AG., Grenchen (Solothurn), Berger & Co., Oberdorf (Baselland), Vénus AG., Münster (Bern), Racine frères, Biel (Bern), Triumph-Werke AG., Grenchen (Solothurn), Bovet frères & Cie., Fleurier (Neuenburg), Optima AG., Grenchen (Solothurn), Fabrique d'horlogerie de Delémont (Bern), Reynold Kocher, Bévilard (Bern) und Astor AG., Lengnau (Bern).

1929 wurden von der Holding übernommen: Corona AG., Pieterlen (Bern), Urania Watch Co., Biel (Bern), Benoît & Nicolet, Pieterlen (Bern), P. Drusenbaum, Biel (Bern) und Pforzheim (Deutschland), Postala Watch Co., Tramelan (Bern), Obrecht-Hugi, Grenchen (Solothurn), Präcise AG., Grenchen (Solothurn) und Francis Cornioley, La Chaux-de-Fonds (Neuenburg).

Im Jahr 1931 folgten: Luterbacher & Co., Solothurn, Charles Jeanneret, St. Imier (Bern), Julien Ducommun, Chézard (Neuenburg) und L. Bargetzi, Riedholz (Solothurn).

1932 fand diese erste Phase durch die Eingliederung so wichtiger Firmen wie Fabrique d'Ebauches Réunies AG., Arogno (Tessin), Unitas S. A., Tramelan (Bern), Fabrique d'Ebauches de Fleurier AG. (Neuenburg), Wasa AG., Pieterlen (Bern), Eta AG., Grenchen (Solothurn), Fabrique d'Ebauches de Peseux AG. (Neuenburg), A. Calame Fils, Le Locle (Neuenburg), Kummer AG., Bettlach (Solothurn) und Péry Watch Co., Péry (Bern) ihren Abschluß. Viele dieser Firmen waren einfach gekauft worden.

Natürlich ließen sich nicht alle einschlägigen Produzenten von Rohwerken durch die Ebauches AG. vereinnahmen, sie zogen ihre Unabhängigkeit dem Schutz durch die Holding vor.

Die Schaffung einer neuen Struktur und die Stabilisierung der Schweizer Uhrenindustrie erwies sich als ein äußerst schwieriges Unterfangen.

Unterdessen liefen mit Unterstützung des Staates und der Banken Bemühungen, ein anderes Problem ebenfalls in den Griff zu bekommen, auf vollen Touren. Um der unkontrollierten Schablonenausfuhr einen Riegel vorzuschieben, wurde 1931 die Allgemeine Schweizerische Uhrenindustrie (ASUAG) gegründet. Der neuen Gesellschaft oblag die Aufgabe, die Hersteller der regulierenden Teile der Uhr sowie jene von Rohwerken inklusive Räderwerk und Aufzug zusammenzufassen. Da die Fabrikation in diesen Bereichen – mit Ausnahme der Spiralfedern – schon weitgehend automatisiert war, fürchtete man, die Hersteller könnten auf eigene Faust die Auslandsmärkte bearbeiten, was zu Lasten des Exports fertiger Uhren gegangen wäre. Durch Kontingentierungen kam es zu einer Verstimmung bei den deutschen und den bis dahin bevorzugt behandelten französischen Uhrenherstellern. Die Schablonenausfuhr nach Japan wurde überhaupt eingestellt. Man versuchte später zwar, den japanischen Markt wieder zurückzugewinnen, aber dieses Absatzgebiet war verloren, man konnte zu keiner Verständigung mehr finden.

Die Ebauches AG. rechtfertigte die in sie gesetzten Erwartungen. Ihr war zu danken, daß sich die Rivalitäten unter den einzelnen Mitgliedsfirmen in Grenzen hielten, ferner wurden Fortschritte bei der einheitlichen Preisgestaltung erzielt. „Diese zielbewußte Tarifpolitik war eine bewundernswerte Sache", hieß es in der Festschrift zur Feier des 25jährigen Bestehens der Ebauches AG. im Jahr 1951. „Man mußte ja nicht nur mit der historischen, sondern auch mit der technischen Individualität jeder Filiale rechnen. Es heißt etwas, einen Tarif zu vereinheitlichen, wenn allein eine der Gründerfirmen zu Beginn der Krise 250 verschiedene Kaliber herstellte." Und es heißt dann weiter: „. . . man kann sich vorstellen, daß die Holding sich nicht nur um die Preisgestaltung zu kümmern hatte. Die Leitung mußte auch dafür sorgen, daß die interne Rationalisierung, die sich ab 1932 immer klarer aufdrängte, weitergeführt wurde. Am Ende dieses schlimmsten aller Krisenjahre fragte man sich sogar, ob es nicht ratsam wäre, die Produktionsmittel abzubauen bis auf diejenigen der zwei oder drei größten Fabriken der Ebauches AG. Vom rein kaufmännischen Standpunkt aus wäre dies nur logisch gewesen, doch hätte die Ausführung eines solchen Projektes sowohl bei den Kunden, die nicht mehr die gewünschten Kaliber vorgefunden hätten, als auch bei den betroffenen Gemeinden Unzufriedenheit hervorgerufen."

Außerdem hätte man in einem solchen Fall den sogenannten Dissidenten, die den Markt durch Billigstangebote und unerlaubte Geschäfte störten, in die Hände gearbeitet. Es waren dies etwa anderthalb Dutzend Fabriken, die der Ebauches AG. im Magen lagen. Sie müssen für die vertraglich gebundenen Fabrikanten tatsächlich ein Alptraum gewesen sein, denn es wurden immer wieder die wildesten Gerüchte in Umlauf gesetzt. So hieß es

etwa, daß im Laufe des Jahres 1937 von den Dissidenten ganze Wagenladungen von Schablonen nach Frankreich exportiert worden wären.

Als es ab der Mitte der dreißiger Jahre in wirtschaftlicher Hinsicht in allen Bereichen endlich aufwärts ging, leitete die Ebauches AG. die zweite Phase der Flurbereinigung ein. Es gelang bis zum Ende des Jahrzehnts aber nur, fünf weitere Firmen zu erwerben und in die Holding einzugliedern.

Betrachten wir kurz ein paar dieser Mitgliedsfirmen der Ebauches AG. Die größte war die A. Schild AG. in Grenchen, Hausmarke die Buchstaben AS im Ebauches-Medaillon EB. Meilensteine in der Entwicklung des Unternehmens:

1896   Gründung der Rohwerkefabrik durch den technischen Direktor der Eterna AG., Adolf Schild-Hugi. – Das erste Produkt ist ein $12^{1}/_{2}$liniges Zylinderwerk.

1905   Erstes Ankerkaliber.

1906   Nach Fertigstellung der Fabrik Nr. 2 steigt die Belegschaft auf 390 Personen.

1914   Dank äußerst genauer Arbeitsmethoden sind die hergestellten Werkteile ohne Nachbearbeitung austauschbar. Als Anerkennung gibt es auf der Landesausstellung in Bern eine goldene Medaille.

1915   Das Unternehmen wird in die Schild AG. umgewandelt.

1918   Der Sohn des Firmengründers, Cäsar Schild, übernimmt den Vorsitz der in diesem Jahr gegründeten Schweizerischen Gesellschaft der Rohwerkefabriken.–Kauf der Fabrik A. Schläfli in Selzach. Sie führt hinfort die Bezeichnung Fabrik Nr. 3. – Das erste Formwerk (Kaliber $6^{3}/_{4}$''' x 11''') kommt auf den Markt.

1919   Bau der Fabrik Nr. 4.

1920   Bau der Fabrik Nr. 5, der Personalstand steigt auf 1400 Arbeiter und Angestellte.

1925   Ein Roskopf-Werk kommt ins Produktions-
        programm.
1926   Die A. Schild AG. beschäftigt 2116 Perso-
        nen. – Produktion des Harwood-Kalibers.
        – Gründungsmitglied der Ebauches AG.
1927   Cäsar Schild hebt die Union der Verbände
        der Uhrenbestandteilfabriken (UBAH) aus
        der Taufe.
1929   Das Unternehmen zählt 2500 Mitarbeiter
        und produziert 250 verschiedene Kaliber.
1936   Entwicklung des berühmten Damenkali-
        bers 1012 (Formwerk 13 x 15,15 mm).
        1975 trägt das modifizierte Produkt mit
        seinem großen Federhaus und der großen
        Unruh die Nr. 1977-2. Bis zu diesem Zeit-
        punkt hatten mehr als 35 Millionen Stück
        die Fabrik verlassen.

Die Rohwerkefabrik Fontainemelon in Fontaine-
melon/Neuenburg war um 100 Jahre älter als die
A. Schild AG. Die Hausmarke bildeten zwei miteinander durch ein H verbundene F (das eine seiten-
verkehrt) in der aus den Buchstaben EB gebildeten
Ebauches-Kartusche. Die wichtigsten Daten zur
Firmengeschichte:
1793   Gründung einer Ebauchesmanufaktur.
1825   Die Jahresproduktion beträgt 60.000 Roh-
        werke, 20 Jahre später sind es 200.000
        Stück.
1876   Die Firma wird in Fontainemelon AG. um-
        benannt.
1913   1030 Mitarbeiter, Jahresproduktion eine
        Million Rohwerke.
1926   Gründungsmitglied der Ebauches AG.

Auch die heute weltweit zu den größten Herstellern
von mechanischen und elektronischen Uhrwerken
zählende ETA in Grenchen war eine Tochtergesellschaft der Ebauches AG. Als Hauszeichen verwendete sie die Buchstaben ETA im EB-Medaillon. Meilensteine der Firmengeschichte:
1851   Gründung einer Finissagewerkstätte, aus
        der eine Ebauchesfabrikation und eine Uh-
        renfabrik hervorgehen.
1906   Umwandlung der Kollektivgesellschaft in
        die Kommanditgesellschaft Gebr. Schild &
        Co.–Einführung der Uhrenmarke Eterna.
1914   Erste Firma, die einen Armbandwecker auf
        den Markt bringt.
1924   Einführung der Kalibermarke ETA.–Seit
        1923 wird u. a. ein Formkaliber hergestellt,
        das später ovalisiert und als Kaliber 761 in
        großen Mengen verkauft wurde.
1929   880 Mitarbeiter, Jahresproduktion
        1,193.000 Werke.
1932   Die Rohwerkefabrik ETA wird aus dem Un-
        ternehmen ausgegliedert und eine Tochter
        der Ebauches AG.
1933   ETA bringt das tonnenförmige Herrenkali-
        ber 735 (17,48 x 24,81 mm) auf den Markt,
        das in der Folge als Grundkaliber für eine
        ganze Reihe von Werkvarianten liefert.
1939   Ausschließlich für Eterna wird as 12linige
        Herrenkaliber 835 (mit kleiner Sekunde
        und zentral gelagerter Pendelschwing-
        masse für den Selbstaufzug,
        Bauhöhe 5,55 mm) hergestellt.

Der Buchstabe L in dem von E und B gebildeten
graphischen Feld war das Hauszeichen der Fabrik
in Le Landeron/Neuenburg. Daten zur Geschichte:
1873   Gründung einer Ebauchesfabrik.
1895   Sie firmiert mit Charles Hahn & Cie.
1912   Serienfabrikation der Kaliber 5''' und 7'''
        oval, 6½''' oval und 7''' rund. Als kleinste
        Kaliber jener Zeit werden sie 1914 auf der
        Landesausstellung in Bern gezeigt.
1927   Eingliederung in die Ebauches AG.

Die Ad. Michel AG. in Grenchen hatte als Hauszeichen die übereinandergelegten Buchstaben A und M in der Holdingkartusche. Die Firmengeschichte:

1898   Gründung einer Ebauchesfabrik.

1918   Umwandlung in die Ad. Michel AG.

1926   Gründungsmitglied der Ebauches AG.

1939   Ein Hauptabnehmer ist die deutsche Uhrenindustrie. Nach Kriegsausbruch ging dieser Markt verloren, die Michel AG. wurde mit der Felsa AG. zusammengelegt und ging schließlich in dieser auf.

Die Felsa AG. fertigte unter dem Markenzeichen F in der EB-Kartusche. Wichtige Daten zur Firmengeschichte:

1918   Gründung einer Rohwerkefabrik in Lengnau/Bern.

1924   Verlegung derselben nach Grenchen.

1928   Die Firma wird eine Tochter der Ebauches AG. – Jahresleistung 800.000 Rohwerke, die Belegschaft besteht aus 314 Personen. – Vorwiegend Export nach Deutschland.

Ein Stern im EB-Medaillon stand für die Venus AG. in Münster/Bern. Sie machte sich als Hersteller von Chronographenwerken einen Namen. Daten zur Firmengeschichte:

1924   Jahr der Firmengründung.

1925   25 Mitarbeiter erbringen eine Jahresleistung von 38.000 Rohwerken. 1927 steigt diese auf 146.000.

1928   Die Venus AG. wird der Ebauches AG. angegliedert.

Das UT im EB-Medaillon bezeichnet die Produkte, die von der Unitas AG. in Tramelan/Bern kommen. Daten zur Firmengeschichte:

1898   Auguste Reymond eröffnet eine Terminagewerkstätte.

1903   Errichtung einer Uhrenmanufaktur.

1906   Aufnahme der Rohwerkeproduktion.

1926   Erwerb der in Tramelan ansässigen Unitas Watch Co.

1932   Die Ebauchesabteilung kommt zur Ebauches AG.

Der Buchstabe P in der EB-Kartusche ist die Abkürzung für die Fabrique d'Ébauches de Peseux in Peseux/Neuenburg. Daten zur Geschichte dieser Firma:

1923   Gründung einer Fabrik für kleine Werke mit Ankergang.

1932   Die Firma wird Mitglied der Ebauches AG.–Die aus 76 Personen bestehende Belegschaft produziert im Jahr der Übernahme 216.000 Rohwerke.

Eine Fabrik in Fleurier/Neuenburg verkaufte ihre Produkte unter der Markenbezeichnung FEF. Meilensteine der Firmengeschichte:

1882   Firmengründung. Es entstehen in der Folge mehrere Betriebe.

1915   Die Betriebe schließen sich unter dem Namen Fleurier Watch Co. zusammen.

1920   Kauf der Uhrenmanufaktur H. Jeanin-Rosselet in Buttes. – Die Rohwerkeabteilung firmiert ab diesem Jahr unter dem Namen Fabrique d'Ébauches de Fleurier.

1932   Die Fabrik kommt zur Ebauches AG.

Die Rohwerkefabrik von Arogno/Tessin hatte den Buchstaben A in der EB-Kartusche. Daten zur Firmengeschichte:

1872   Jahr der Firmengründung, die Firmenbezeichnung wechselt in den folgenden sechs Jahrzehnten mehrmals.

1932   Unter dem neuen Namen Fabrique d'Ébauches réunies d'Arogno wird sie eine Tochter der Ebauches AG.

1939 war es übrigens gelungen, die Fabrikanten von Roskopf-Produkten (Billigstuhren) ebenfalls in einer Organisation zu vereinigen, somit liefen auch die Aktivitäten dieses Industriezweiges in geregelten Bahnen ab.

Ungeachtet der widrigen wirtschaftlichen Verhältnisse bis in die Mitte der dreißiger Jahre erbrachten verschiedene Manufakturen beachtliche Leistungen bei der Entwicklung neuer und verbesserter Armbanduhren. So stellte Léon Leroy in Paris 1922 eine Kleinserie von spitzovalen Uhren für das Handgelenk her, die sich während des Tragens von selbst aufzogen. Die Konstruktion bediente sich einer Pendelschwingmasse. Mehrere Uhren waren zusätzlich mit einem Kalenderwerk ausgestattet.

Zu dieser Zeit machte sich weiters ein englischer Uhrmacher auf der Insel Man Gedanken über einen automatischen Aufzug, vor allem deshalb, um das Uhrwerk vor Schmutz und Feuchtigkeit durch den Wegfall der Öffnung für die Aufzugwelle wirksam zu schützen. Als Frontkämpfer des Ersten Weltkriegs waren ihm die Schwachstellen der Armbanduhr besonders bewußt geworden. Er versuchte daher, diese zu eliminieren. In H. Cutts fand er einen Gleichgesinnten, der ihm in der Folge stets hilfreich an die Hand ging. Das Ergebnis war die Harwood-Uhr. Auf sie bekam er in der Schweiz 1924 das Patent mit der Nr. 106583. Nun galt es, einen Hersteller zu finden, der die Uhr auf den Markt brachte. Aber die erste Reise in die Schweiz verlief für den damals 30jährigen nicht nach Wunsch. Die Fabrikanten zeigten aus den verschiedensten Gründen wenig Interesse an der Erfindung und scheuten die hohen Investitionskosten. Harwood mußte mit dem Prototyp und den Zeichnungen für die Spezialteile des automatischen Aufzugs unverrichteter Dinge die Heimreise antreten. Eine in der Folge gegründete Gesellschaft zur Verwertung der Ideen von Harwood war schließlich dank finanzieller Mittel erfolgreicher.

1926 trat der Erfinder mit dem Werkproduzenten A. Schild in Grenchen in Verbindung, gleichzeitig wandte er sich durch Intervention des damaligen Fortis-Aktionärs Ernst Schild an die Fortis AG. mit dem Ersuchen, seine automatische Armbanduhr bei diesem Unternehmen montieren zu lassen. Der Gründer der Firma Fortis, Walter Vogt, widmete sich mit großem Eifer der Verwirklichung des Vorhabens. A. Schild baute die ersten Rohwerke und Fortis pries dann auf der Basler Mustermesse diese Neuheit auf dem Armbanduhrensektor an.

Das Auffallendste am Harwood-Automaten war das Fehlen der seitlichen Aufzugskrone. Für das Zeigerstellen wurde ein drehbarer Glasreif eingesetzt, der auf seiner Innenseite mit einer Kronzahnung versehen war. Durch das Drehen des Glasreifs wurde eine Auflaufkupplung zum Ansprechen gebracht, gleichzeitig verschwand in einem kleinen Zifferblattfenster die rote Markierung für die Arretierung. Nach dem Zeigerstellen mußte der Glasreif im Gegenuhrzeigersinn gedreht werden, bis das rote Feld wieder die Zifferblattöffnung einnahm. Als Basiswerk diente ein Ankerkaliber von 19,45 mm Durchmesser und 3,30 mm Bauhöhe. Durch die Aufzugsautomatik vergrößerte sich der Durchmesser auf 24,80 mm und die Werkhöhe auf 6,05 mm. Die Schwingmasse bestand aus einem Ringsegment an zwei Armen, von denen der eine über den Brücken und der andere zwischen Platine und Zifferblatt im Zentrum des Werks gelagert war. Durch diese Konstruktion mußte die kleine Sekunde entfallen, da die Zeigerwelle den Automatikarmen im Weg gestanden wäre. Die Schwingmasse pendelte etwa 130 Grad. Um einen Umgang des Sperrades zu bewirken, bedurfte es 76 voller Schwingmassenbewegungen, da der Mechanismus nur in einer Richtung Aufzugsarbeit leistete.

Die Harwood-Armbanduhr konnte sich nicht durchsetzen, ihre Produktion endete für alle Betei-

Die Harwood-Automatik-Armbanduhr, die 1926
unter der Schweizer Marke Fortis in den Handel
kam. Den Aufzug besorgte eine Pendelschwingmasse, die auf beiden Seiten des Uhrwerks gelagert war. (Aus „Neue Uhrmacher-Zeitung",
Ulm, 20. Jahrgang, Nr. 5/1966)

ligten mit Verlusten. In einer der Produktionsstätten mußten Tausende halbfertiger Werke als unverkäuflich ausgesondert werden.

Ob es an der richtigen Propagierung fehlte, die Weltwirtschaftskrise einen Erfolg verhinderte oder die Zeit noch nicht reif war für diesen neuen Uhrentyp, läßt sich schwer beurteilen. Auf der Strecke blieben die Werklieferanten und die Uhrenhersteller, wie die Firmen Fortis, Selze Watch und Blancpain in Villeret. Blancpain hatte für den französischen Markt eine Kleinserie von Werken hergestellt. Anscheinend war auch der deutschen Uhrmachergenossenschaft Alpina mit dem Harwood-Modell kein besonderer Erfolg beschieden. Alle Beteiligten warfen schließlich das Handtuch.

Ein Hauptgrund des Mißerfolgs lag sicher darin, daß die komplizierte, empfindliche und nicht ausgereifte Konstruktion beim Zusammenbau eine Menge Nacharbeiten erforderte. Außerdem führte die geringe Betriebssicherheit zu häufigen Reparaturen. Eine prinzipielle Schwäche auch aller späteren Konstruktionen mit Puffern wird wohl auch die Harwood aufgewiesen haben, daß nämlich die Schrauben des Automatikblocks mit der Zeit locker wurden und herausfielen und so Gangstörungen verursachten. So enthielt die Harwood-Schwingmasse nicht weniger als sechs Schrauben.

Nachdem Harwood das Eis gebrochen hatte, setzte auf dem Gebiet der Erfindungen eine stürmische Entwicklung ein: in den Jahren 1929 bis 1933 wurden allein in der Schweiz 53 Patente hinterlegt, die alle Vorschläge zur Verbesserung des Selbstaufzugs enthielten. Bis auf eine einzige Konstruktion brachten auch diese Lösungsvorschläge keinen Durchbruch.

Obwohl Blancpain schon bei der Harwood zum Handkuß gekommen war, ergriff die Firma ein weiteres Mal die Initiative, indem sie sich des Automatikmodells Rolls der Firma Hatot in Paris annahm.

Bei dieser Konstruktion rollte das auf Schienen gelagerte Werk im rechteckigen Gehäuse auf Kugeln etwa 3 mm hin und her und bewirkte dabei das Spannen der Zugfeder. Auch diese Uhr wies durch das Fehlen der Krone demonstrativ auf den Selbstaufzug hin. Für das Zeigerstellen gab es ein flaches Zahnrädchen.

Gisbert L. Brunner in seinem Blancpain-Firmenporträt in der Zeitschrift „Uhren – alte und moderne Zeitmessung" 1/88:

„Mit Schreiben vom 30. September 1930 erhielt die Firma Blancpain von der Société Anonyme des Etablissements Léon Hatot, Paris, das alleinige Recht, bis zum 31. März 1934 exklusiv Uhren mit automatischem Aufzug nach dem System ATO herzustellen. Daneben behielt sich die Hatot S.A. jedoch ihrerseits die Berechtigung vor, jährlich höchstens 300 Werke dieses patentierten Systems in erster Qualität nach Genfer Reglement oder Genfer Art zu fertigen. Blancpain verpflichtete sich seinerseits, Ankerwerke guter Qualität zu fabrizieren. Ferner wurde ein Technologieaustausch beschlossen, wonach sich beide Firmen gegenseitig die Verbesserungen an der Rolls zur Verfügung stellen mußten. Alle hergestellten Werke waren an gut sichtbarer Stelle mit ‚Licence Hatot' und auf dem Zifferblatt oben oder unten mit ‚ATO' zu kennzeichnen. Desgleichen mußten alle geschalteten Anzeigen, alle Prospekte, Kataloge oder sonstigen Drucksachen wenigstens einmal den Hinweis auf diesen Lizenzvertrag zum Ausdruck bringen."

Die Vertragspartner hofften, in Deutschland jährlich 15.000 und in den USA mindestens 40.000 Rolls absetzen zu können. Aber es lief dann offenbar doch nicht optimal. Der Lizenzvertrag garantierte Hatot eine jährliche Mindestsumme von einer Million Französischen Francs an Lizenzgebühr. Für jedes Herrenkaliber (ø 19,74 mm, Breguet-Spirale, 17 Steine) fielen 10 Francs an Gebühren an und beim Damenkaliber (Baguettewerk der Größe 9 x 20 mm) waren 15 Francs zu bezahlen.

Bei der Autorist – einem anderen patentierten Modell – erfolgte der Aufzug über die veränderliche Spannung des Armbandes und die beweglichen Bandanstöße des Gehäuses. Sie waren durch einen Federbügel mit einem Hebelsystem auf der Federhausbrücke verbunden. Diese Konstruktion stammte gleichfalls von Harwood. Das rechteckige Modell wurde mit Zeigerstellkrone, das runde mit drehbarem Glasreif ausgeliefert.

Die WIG-WAG von La Champagne (Louis Müller & Cie in Biel) schwor auf den Rüttelaufzug, bei welchem sich das Werk im Gehäuse etwa 2 mm hin und her bewegen ließ.

Die Lösung schlechthin gelang aber Hans Wilsdorf mit seiner Perpetual des Jahres 1931. Mit seinem runden Modell glückte ihm die Verwirklichung des Traumes von einer Uhr, die das Aufziehen von selbst erledigte, wenn sie am Handgelenk getragen wurde. Er sah diese Uhr später dann auch als die Krönung seines Lebenswerkes an. Ab 1933 war das Modell durch ein Patent geschützt. Wilsdorf hatte den Rotor neu entdeckt, der schon vor 160 Jahren in einem Taschenuhrmodell Anwendung gefunden hatte. Wilsdorfs Konstruktion zog nur in einer Drehrichtung auf, der Aufzug in beiden Drehrichtungen wurde bei Armbanduhren erst 1942 (Felsa) möglich.

Wilsdorf brachte weiters die erste wasserdichte Serienarmbanduhr auf den Markt.

Der Stand der zwanziger Jahre war in jeder Hinsicht unbefriedigend, aber man muß fairerweise auch festhalten, daß es an und für sich keinen Bedarf an einer wasserdichten Uhr gab. Manche Fabrikanten und Techniker fanden es lächerlich, sich mit dieser Frage auseinanderzusetzen. Wer es dennoch tat, stieß auf Schwierigkeiten über Schwierigkeiten. Dazu ein Zeitgenosse:

„Vorerst paßte man eine zusammengepreßte Kautschukscheibe zwischen Glasreifen und Gehäusemittelteil und eine weitere auf die Aufzugswelle. Man mußte jedoch bald feststellen, daß der Kautschuk, der nach und nach austrocknet, nicht das geeignete Material war. Leder, das man zum gleichen Zweck verwendete, hatte den Nachteil, hart zu werden. Man dachte dann an die Verwendung einer besonderen Flüssigkeit, hauptsächlich an bestimmte Öle, mit der die Verschlußteile ständig befeuchtet sein sollten. Rillen, die ins Metall eingeritzt wurden, sollten die Flüssigkeit festhalten, doch dem stand das Verhalten von Flüssigkeiten entgegen. Schließlich verfiel man auf den Gedanken, die Fugen und den Boden der Krone mit elastischen Stoffen abzudichten, die allerdings samt und sonders den gleichen Nachteil aufwiesen: Die Uhr war zum Zeitpunkt der Fabrikation wasserdicht, gewährte jedoch keine Garantie für dauernde Wasserdichtheit, da die elastischen Stoffe sehr leicht verderben und sich nach einer gewissen Zeit zersetzen."

Da trat Hans Wilsdorf, der Inhaber der Marke Rolex, auf den Plan. „Er hat sich wohl deshalb erkühnt", sagt ein Erforscher der Uhrengeschichte, „diese Frage anzupacken, weil er selbst kein Techniker war. Es gelang ihm nicht nur, das Problem zu lösen, seine Lösung war auch noch die beste, denn sie schloß von vornherein die Verwendung jeglicher elastischer Stoffe aus."

Um eine wasserdichte Uhr herstellen zu können, waren drei Punkte zu beachten:

1. Das Glas mußte ganz genau eingepaßt sein.
2. Das Gehäuse mußte hermetisch schließen.
3. Die Aufzugskrone bedurfte einer speziellen Abdichtung.

Die erste Schwierigkeit löste der Uhrenfabrikant mit Hilfe eines synthetisch hergestellten Glases, das ganz präzise geformt war und sehr sorgfältig montiert wurde.

Bei der hermetischen Abdichtung des Gehäuses ging Wilsdorf wie folgt zu Werke: Er nahm den Mittelteil des Gehäuses, der auf beiden Seiten je ein Gewinde besaß, legte in diesen einen Metallring mit dem Kaliber ein und schraubte auf das Gewinde oben und unten den Gehäuseteil mit dem Glas und den Boden auf, und zwar gegeneinander. Für die Abdichtung der Krone fand er eine Patentlösung. Sie bestand in der mit dem Gehäuse verschraubten Krone. Die Erfindung wurde am 18. Oktober 1926 zum Patent angemeldet. Hans Wilsdorf: „Mit dieser Erfindung, die ursprünglich ausschließlich der Präzision der Rolex-Uhr galt, wurde aber auch die erste wasserdichte Uhr der Welt geschaffen. Da sie wie eine Auster unbegrenzte Zeit im Wasser liegen kann, ohne daß das Werk Schaden nähme, wählte ich für sie den Namen Rolex-Oyster, unter dem sie in allen Ländern der Welt berühmt geworden ist."

Dieses überraschende Ergebnis zwang die Schweizer Schalenfabrikanten zu einer völligen Umstellung, da sie mit dem vorhandenen Maschinenpark nicht in der Lage waren, Präzisionsgehäuse herzustellen.

Untersuchungen ergaben, daß die Oyster sogar luftdicht war, also eine Uhr, die nicht atmete.

Nun gab es nicht nur die Armbanduhr, die die Ganggenauigkeit einer feinen Taschenuhr erreichte, sondern auch jene, die die rauhe Behandlung im Alltag spielend aushielt. Und wie sah es mit der wasserdichten Luxusuhr aus? Darüber gibt die Cartier-Chronik Auskunft. „Ich würde gern in meinem Schwimmbecken baden und dabei die genaue Zeit wissen", sagte 1932 der Pascha von Marrakesch zu Louis Cartier. Noch im selben Jahr ward ihm der ausgefallene Wunsch erfüllt, er bekam die erste wasserdichte Luxusuhr der Welt.

Auch die deutschen Gehäusefabrikanten blieben nicht untätig.

Paul Raff (Para) in Pforzheim suchte, das in den dreißiger Jahren beliebte Formgehäuse entsprechend abzudichten. Das Ergebnis war die „Neptun". Es bedurfte vieler Handgriffe, um das Werk freilegen zu können. Zunächst war das Uhrband durch Entfernen der Federstege von den Band-

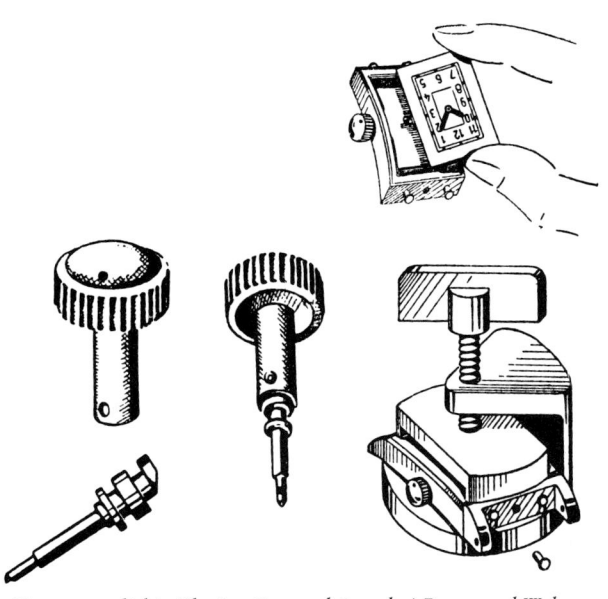

Die wasserdichte Uhr im Formgehäuse bei Para und Wyler. Die Abbildungen sind der Broschüre „Die Reparatur der Armbanduhr" von Jendritzki entnommen.

anstößen zu lösen, damit deren Stellstifte zugänglich wurden. Nach Herausziehen des mittleren, der lose war und die Fixierung besorgte, konnte der ganze Backen des Bandanstoßes abgenommen werden. Auf diese Weise war der Zugang zum Werk möglich, denn Glasrand und Glas ließen sich nun abheben. Bevor jedoch das Werk herausgekippt werden konnte, mußte die Aufzugskrone in Position Zeigerstellung gebracht und eine Markierung nach oben (zur Stundenziffer 3) gedreht werden, damit sich die zweiteilige Welle aushaken ließ. Dichtungen gab es zwischen Glasrand und Gehäuse und im Bereich der Aufzugskrone.

Kollmar & Jourdan in Pforzheim befestigte den Boden seines Formgehäuses mittels vier Schrauben. Bei dieser Konstruktion waren die zwei Teile der Aufzugswelle federnd miteinander verbunden, das Werk war durch zwei seitliche Laschen im Gehäuse zusätzlich fixiert.

Beim runden Para-Modell erfolgte der Zugang zum Werk über den Glasreif, der nach Herausnehmen der Krone mit einem einfachen Schlüssel abgesprengt wurde.

Walter Storz (Stowa) in Rheinfelden (ab 1935 in Pforzheim) und Rodi & Wienenberger, Pforzheim, verwendeten ein tonneauförmiges Gehäuse, das im Bereich der Bandanstöße durch zwei kräftige, parallel zu den Bandbügeln verlaufende Stifte zusammengehalten wurde. Sie konnten mittels Scharnierausschlägers entfernt werden. Die einteilige Aufzugswelle war nach Lösen der Winkelhebelschraube herauszuziehen. Bei Rodi & Wienenberger hieß das Modell Roxy-Delphin.

Wie diese wenigen Beispiele zeigen, ging man teils mit untauglichen Mitteln zu Werke, teils mit äußerst aufwendigen Konstruktionen, die jedoch auf Dauer keine Wasserdichtheit gewährleisteten.

Ein anderes Problem bildete der Zapfenbruch bei der Unruhwelle.

Bekam die Uhr einen zu harten Stoß oder fiel sie aus nur 10 cm Höhe auf den Steinboden, war es um sie meist schlecht bestellt, denn das Werk verfügte zu jener Zeit in der Regel über keine wie immer geartete Stoßsicherung. Das Fallenlassen der Uhr war daher eine Katastrophe für den Besitzer, sein persönlicher Zeitmesser mußte in die Uhrmacherwerkstatt. Für den Uhrmacher war es ein gutes Geschäft, den Schaden wieder zu beheben.

Es mangelte zwar nicht an vereinzelten Bemühungen, das Schwungsystem der Armbanduhr gegen Stöße zu sichern, etwa durch das Einbetten des Kalibers in ein elastisches Gehäuse oder durch federnde Aufhängung desselben, diese Maßnahmen reichten aber nicht aus, die plötzlich auftretende Energie zu neutralisieren und die empfindlichen Teile der Uhr ausreichend zu schützen. Schaden nahm vornehmlich das Herz des Zeitmessers, die Unruh. Sie war mit den Lagerstellen der Welle der heikelste Teil des Mechanismus. Sie bestand zwar aus gehärtetem Stahl, aber die Enden, die aus Gründen einer möglichst geringen Reibung nicht einmal einen Durchmesser von 0,1 mm aufwiesen, brachen, wenn der axiale oder radiale Druck auf sie zu stark wurde. Die sogenannten Zapfen vermochten die Kräfte, die bei Schlägen, Stößen und beim Fallenlassen auftraten, nicht auszuhalten, weil sie in Stoßrichtung nicht ausweichen konnten, bei axialen Kräften beispielsweise bis zu den massiveren Ansätzen der Welle.

Manche meinten, dem Problem einer wirksamen Stoßsicherung mit federnden Unruhschenkeln — bekannt geworden ist das System Wyler — Herr zu werden. Diesen Weg suchte man später auch bei der Überwindung von Schwierigkeiten bei der Lagerung der Schwingmasse von Automatik-Modellen zu gehen. Die schwingenden Unruhschenkel konnten die ihnen zugedachte Aufgabe allerdings bloß bei axial auftretenden Kräften erfüllen, nicht aber bei seitlichem Druck. Wegen der Gefahr des Verziehens konnten sie sich nicht durchsetzen.

Die Überlegung der Techniker ging daher zum Beispiel in Richtung elastischer Zapfenlager, um die Belastbarkeit dieser Bauteile zu erhöhen. Daran waren auch die Hersteller billiger Uhren interessiert.

Die einen versuchten es mit einem federnd gelagerten Deckstein gegen axiale Einwirkungen und mußten zur Kenntnis nehmen, daß das System den großen Nachteil hatte, daß sich nach seiner Bewährung die Ölblase im Lager verändert hatte und die Schmierung nicht mehr optimal arbeitete. Andere bevorzugten lange flexible Zapfen, die sich im Notfall elastisch durchbogen, so daß der Wellenansatz am Stoßfänger anschlagen konnte. Diese Lösung wurde nicht ohne Erfolg angewendet, und zwar so lange die damit verbundene größere Bauhöhe des Werkes keine Rolle spielte.

Ein weiterer Versuch bestand in trompetenförmigen Zapfen, die sich zwar als widerstandsfähig erwiesen, aber bei stärkeren Stößen den Lochstein ruinierten.

Eine befriedigende Lösung erfuhr die Stoßsicherung erst nach 1930, als die Armbanduhr auch sonst ihren Siegeszug antrat. Ein 1931 in La Chaux-de-Fonds gegründetes Unternehmen entwickelte das System Incabloc, bei welchem Stöße in genau gelenkte mechanische Bewegungen verwandelt wurden. Schon 1933 kam die erste Incabloc-Stoßsicherung auf den Markt, vier Jahre danach waren davon bereits eine Million verkauft. 1938 erfuhr das System seine Vervollkommnung. Es läßt sich in jede Steinankeruhr einbauen. Die Lagerung der Unruhsteine erfolgt in einer konischen Führung. Überschreitet die Intensität eines Stoßes die zulässige Grenze, geben die Unruhsteine dem Zapfendruck nach. Sie weichen zurück, bis der widerstandsfähige Teil der Unruhwelle gegen die Auffangfläche trifft, die den Stoß schließlich absor-

biert. Hinterher bringt der Druck der Haltefeder das System in seine Ausgangsstellung zurück. Bei Incabloc hat diese Feder die markante Form einer Lyra; da sie mit einem Scharnier gelagert ist, wird sie als unverlierbar bezeichnet. Die Wiederzentrierung erfolgt unmittelbar und mit solcher Präzision, daß überhaupt keine Abweichung eintritt. Die Ölhaltung ist gleichfalls optimal gewährleistet. Die Ölreserve ist staubgeschützt in einer Kammer eingeschlossen und bewahrt ihre Schmiereigenschaften. Das System Incabloc wurde die bekannteste und meistverbreitete Stoßsicherung. Von dieser Schweizer Erfindung waren 1952 schon 25 Millionen Stück verkauft, 1981 war die stolze Zahl von 700 Millionen erreicht.

Die technische Vorkehrung gegen Schaden anrichtende Stöße wurde unterdessen zu einem Gütesiegel für den Zeitmesser am Handgelenk. Heute gelten Kleinuhren als stoßsicher, wenn sie in beliebiger Lage einen freien Fall aus einem Meter Höhe auf einen Hartholzboden ohne störende Beschädigungen überstehen und die dadurch verursachte Gangänderung nicht mehr als 60 Sekunden je Tag beträgt. Das heißt mit anderen Worten, daß bei Energien, die das 5000fache Gewicht der Unruh erreichen, die Stoßsicherung noch immer ihre Aufgabe zu erfüllen vermag.

Ein Konkurrenzprodukt von Incabloc war der Shock Absorber, der 1925 lanciert wurde und zunächst nur auf axiale Stöße ausgerichtet war. Die Weiterentwicklung bildeten die Systeme Shock Resist und 1933 Super Shock Resist (mit einem Lochstein, der in eine Ringfeder eingebettet ist). Das System konnte sich bis nach dem Krieg bedeutende Marktanteile sichern.

Helvetia baute in den dreißiger Jahren in seine Uhren eine spezielle Stoßsicherung ein.

Auch Junghans entwickelte für seine Produktion eine eigene Stoßsicherung.

Der Fortschritt war so gewaltig, daß die Werbung Formulierungen wie „für höchste Beanspruchung", „unzerbrechliche Uhr", „stärksten Erschütterungen" gewachsen, „stoßfest" usw. wählte.

Allgemein Verwendung fand die Unruhstoßsicherung jedoch erst ab den vierziger Jahren.

In den fünfziger Jahren war es bei verschiedenen Herstellern vorübergehend Mode, den Namen des Stoßsicherungssystems auf das Zifferblatt zu schreiben.

Eine andere entscheidende Vervollkommnung der mechanischen Armbanduhr brachte in den dreißiger Jahren die Nivarox-Spirale. Sie beseitigte mit einem Schlag vier Probleme, mit denen sich die Uhrenfabrikanten bis dahin herumzuschlagen hatten. Es handelte sich um den Magnetismus, die Temperaturfehler, die Elastizität und die Oxydation. Reinhard Straumann hatte eine Legierung gefunden, die all dies berücksichtigte. Sie bestand aus Eisen, Nickel, Beryllium, Titan und Silizium. Die Stahlspirale hatte ausgedient, in guten Uhren zumindest.

Die Breguet-Spirale wurde erst nach 1960 überflüssig.

Mit der Nivarox-Spirale kam auch ein neuer Unruhreif; er ersetzte die gute alte Bimetall-Kompensations-Schraubenunruh. Da die Legierung als wichtigen Bestandteil Beryllium (frz. Glucydur) enthielt, bekam sie die Bezeichnung Glucydur-Unruh. Obwohl der monometallische Reif keiner Gewichtschrauben bedurft hätte, war es noch bis in die Mitte der sechziger Jahre aus Gründen der traditionellen Qualitätseinstufung üblich, sie auch mit Regulierschrauben zu versehen.

Albert-F. Jobin unternahm Mitte der dreißiger Jahre erstmals den Versuch, einen Überblick über jene Schweizer Uhrwerke zu gewinnen, die bei den verschiedenen Uhrenfabriken in Verwendung standen. 1936 erschien darüber in Biel der mehrsprachige Band „Klassifikation der schweizerischen Uhrwerke und Uhrenfurnituren". Die Kaliber waren brückenseitig und bisweilen auch zifferblattseitig wiedergegeben, die zusätzliche Information betraf Größe und Kaliberbezeichnung.

Dutzende Hersteller deckten den Bedarf aus eigener Fabrikation oder sie ergänzten ihre Produkte mit Fabrikaten der Schweizer Rohwerkindustrie. Zu dieser Zeit beschränkte sich das Kaliberprogramm bei vielen Manufakturen und Fabriken schon auf das Allernotwendigste.

Doxa in Le Locle bezog das Basiskaliber für den Armbandchronographen von Venus, wo es die Bezeichnung 140 führte. Sein Durchmesser betrug 29,33 mm. Zum ausgewogenen Programm von Zenith zählte eine ganze Reihe runder Kaliber, die ab $10^1/_2$ Linien Durchmesser über einen speziellen Feinregulator verfügten.

Im Programm von Zodiac befand sich ein Acht-Tage-Werk in rechteckiger Bauweise mit abgeschrägten Ecken (23,60 x 35 mm). Das Federhaus nahm mehr als die Hälfte der Werkfläche ein.

1939 ließ Jobin in Genf einen Ergänzungsband folgen. Er enthielt auch zahlreiche Inserate, die zugleich eine Momentaufnahme der Entwicklung und des Gehäusedesigns gegen Ende der dreißiger Jahre darstellten. Die General Watch Co mit der Handelsmarke Helvetia machte auf die $10^1/_2$linigen Rundkaliber 81-24, 81-26 und 81-28 aufmerksam, da sie mit einer Unruhstoßsicherung ausgestattet waren. „Patent Shock Absorber" stand auf der Räderwerkbrücke oder einer Fingerbrücke, und „3 Adjustments" war auf dem Sperrad zu lesen. Unter den abgebildeten Armbanduhren stach eine Fliegerarmbanduhr mit Kontrastzifferblatt hervor; im Gehäuse arbeitete ein 16liniges Werk.

Die Firma Henx in Tavannes stellte eine kleinere Fliegerarmbanduhr vor, die über eine drehbare Lünette mit Markierung verfügte. Sie trug über der kleinen Sekunde den Zifferblattvermerk Shock Absorber und antimagnetisch.

Die 1918 gegründete Firma Mido mit Sitz in Biel war mit den wasserdichten und stoßgesicherten Multichronos mit 45-Minuten-Zähler und zwei runden Drückern vertreten. Weiters waren sieben größere und kleinere Armbanduhren mit stoßgesichertem Automatikwerk abgebildet.

Die Marke Cyma lenkte das Augenmerk auf ein wasserdichtes Herrenmodell im rechteckigen Gehäuse. Die Abbildung zeigte die Uhr halb unter Wasser.

Die Perret & Berthoud AG mit der Marke Universal Genève hatte einen kleinen Armbandchronographen in die Kollektion gebracht, was durch ein $10^1/_2$liniges Rundkaliber möglich geworden war. 1937 hatte bei Universal Genève das kleinste Chronographenkaliber für Armbandmodelle einen Durchmesser von 27,63 mm und das größte einen von 33,84 mm. Das neue Kaliber 289 hatte einen Durchmesser von 23,69 mm und eine Höhe von 5,55 mm.

1949 veröffentlichte Jobin in Genf unter demselben Titel noch einen dritten Band.

In Amerika kam in diesen Jahrzehnten so manches interessante Modell in die Armbanduhrkollektion. Zu den Anbietern von Uhren für das Handgelenk gesellte sich ab den späten zwanziger Jahren in verstärktem Maße die Hamilton Watch Co. in Lancaster/Pennsylvania. Es waren vorwiegend Uhren mit Phantasiegehäusen und Werken von hervorragender Qualität. 1928 wurde das runde Kaliber 979 lanciert, eine sehr feine Ausführung mit 25,40 mm Durchmesser, Dreiviertelplatine, Breguet-Spirale, 19 Steinen, verschraubten Lagern und kleiner Sekunde. In zwei Jahren wurden davon rund 31.800 Stück produziert. Ein anderes Herrenkaliber gleicher Größe und Qualität war das 987er, das bis in die Mitte der vierziger Jahre in verschiedenen Ausführungen in Armbanduhrgehäuse ein-

gesetzt wurde. Die Steinzahl war später allerdings meist von 19 auf 17 reduziert worden. Für ausgesprochen rechteckige Gehäuse bevorzugte Hamilton das Formwerk 401, ein rechteckiges Kaliber mit abgeschrägten Ecken, das gleichfalls über Breguet-Spirale und 19 Steine verfügte. Es handelte sich dabei jedoch um keine Eigenentwicklung, es wurde vielmehr von der Illinois Watch Co. bezogen, wo es die Kaliberbezeichnung 207 führte. Zwischen 1930 und 1934 gelangte es in 7500 Uhren zum Einbau, die niedrigste Werk-Nr. war H 50.001. Die Goldgehäuse waren von Hand gefertigt.

Ab 1935 stand das Kaliber 982 zur Verfügung. Die Zeit der verschraubten Lager war zwar vorbei, aber für das Präzisionsankerwerk garantierten auch weiterhin 19 Steine. Rechteckiges Gehäuse und Zifferblatt waren leicht gewölbt und die Bandanstöße stark nach unten gezogen. Ein besonderes Herrenmodell war die Bentley aus 14 Karat Gold, bei der die Bandanstöße in Form zweier wuchtiger Panzerkettenglieder gestaltet waren. Das Kaliber 982 fand eine sehr weite Verbreitung, bis 1948 verließen davon schon über 460.000 Stück die Fabrik. Die Kaliberfamilie 14/0 Size, der das 982er angehörte, kam auch nach Europa, denn sie scheint im Flume-Werksucher von 1952 auf. In der Doctors Watch Seckron mit dem Dualzifferblatt befand sich das 980 B.

Neben diesen Spitzenprodukten gab es auch viele Hamilton-Armbanduhren mit 17steinigen Werken. Ein Produkt des Jahres 1928 war das ovale Kaliber 989. Eröffnet wurde die Serie mit der Werk-Nr. E 114.001. Es war ein beliebtes Werk, das eine Auflage von 140.000 Stück erreichte. Noch größere Auflagenzahlen hatten die ebenfalls ovalen Kaliber 995 von 1931 (fast 286.000) und 721 von 1939 (bis 1948 hatten die Fabrik nicht weniger als 400.000 Stück verlassen). Vom ovalisierten länglichen Kaliber 997, das von 1936 bis 1941 im Produktionsprogramm war, wurden fast 165.000 Stück hergestellt.

Hamilton-Armbanduhr mit dem Kaliber 754. (Fotos: Reinhard Meis)

Die Illinois Watch Co. in Springfield/Illinois befand sich seit 1928 im Besitz von Hamilton. Die Fabrik war gekauft worden, um Konkurrenz auszuschalten. Sie wurde 1933 zugesperrt, die Restbestände an Werken wurden aber noch bis 1948 einer Verwendung zugeführt. 1932 erschien der letzte Katalog der Illinois Watch Co., die bekannt war für ihre hochwertigen Eisenbahner-Taschenuhren. Unter den Railroad-Watches befand sich auch eine Dienstuhr für das Handgelenk. Der Boden und die Lünette des Modells waren verschraubt, um die Ganggenauigkeit des Werks mit 17 Steinen, Breguet-Spirale und Spezialregulator für lange Zeit sicherzustellen. Als Eisenbahnermodell war sie an den fetten Stundenzahlen des Zifferblatts unschwer zu erkennen. Die teuerste Herrenarmbanduhr im 14karätigen Goldgehäuse in Rechteckform mit seitlichen Profilen kostete im Abverkauf 100 Dollar. Sie trug den Namen The Baronet und war mit dem Kaliber 607, einem Brückenwerk mit 21 Steinen, bestückt. Die Stundenzahlen des Zifferblatts bestanden aus 18karätigem Gold. Im Illinois-Katalog von 1929 gab es eine ganze Reihe von Armbanduhren mit der kleinen Sekunde bei der Stundenzahl 9. Das Spitzenprodukt war damals The Council, sie gab es mit 21 oder 19 Funktionssteinen. Die Uhrgehäuse lieferte die Illinois Watch Case Co.; Kunden dieser Gehäusemanufaktur waren auch die Großfabriken Waltham und Elgin. Waltham warb schon 1919 für die Taucherarmbanduhr. Hersteller des Spezialgehäuses war J. Depollier & Son in Brooklyn/N. Y.

Eine Fabrik, die sich auf dem Armbanduhrensektor nicht mehr entfalten konnte, war die Dueber-Hampden in Canton/Ohio, denn sie wurde 1930 der Sowjetunion verkauft. Dabei ging die ganze Fabrikseinrichtung nach Moskau. Die Dueber-Hampden wurde so zur Begründerin der russischen Kleinuhrenindustrie.

Hervorragende Armbanduhren produzierte weiters die amerikanische Gruen Watch Co. In den dreißiger Jahren kam zunächst die Uhr mit dem Dualzifferblatt in die Herren- und die Damenkollektion, und in der zweiten Hälfte des Jahrzehnts wurde die Curvex auf den Markt gebracht, ein Modell, das die Gruen-Kollektion während der ganzen vierziger Jahre beherrschen sollte.

Die Fabrikanten von Billigstuhren stellten sich in den dreißiger Jahren mit Kinderuhren für das Handgelenk ein, die sich durch lustige und bunte Zifferblätter auszeichneten. 1935 war das Geburtsjahr der Mickey-Mouse-Armbanduhr von Ingersoll; die Firma New Haven brachte das Popeye-Modell auf den Markt.

1940-1960

Je länger die Liste der Kaliber im Laufe der Zeit bei den zahlreichen Herstellern von Uhrwerken wurde, desto schwieriger war es für den Ersatzteilhändler, den Überblick zu bewahren, denn er hielt nicht nur die neuesten Fabrikate und ihre Bestandteile auf Lager, sondern auch Erzeugnisse aus weit zurückliegenden Jahren. Mit den überlieferten Methoden des personal- und kostenaufwendigen Teilevergleichs im Ersatzteildienst und den gleichzeitig schnell wachsenden Ersatzteillagern bei den Furnituristen zeigten sich im Zusammenspiel mit den Fachwerkstätten des Uhrenhandels zunehmend organisatorische Probleme, die gelöst werden mußten. Die Firma Rudolf Flume in Berlin entwickelte deshalb gegen Ende der dreißiger Jahre ein neues Ordnungssystem, um einen funktionierenden Ersatzteildienst für das reparierende Uhrmacherhandwerk sicherzustellen. Sie leistete damit damals Pionierarbeit, die sich durch einen marktordnenden Charakter für die gesamte Branche auszeichnete.

Das bahnbrechende Ergebnis dieser neuen Überlegungen waren die sechsstelligen Schlüssel-Nummern als sprechende Zahlen für eine neue Ersatzteilorganisation und die standardisierten Bildlisten für die Darstellung und Kennzeichnung von Uhrwerken und Uhrwerkteilen. Die nicht Hersteller- oder Marken-bezeichneten Uhrwerke wurden für den Reparateur identifizierbar und somit kostensparender bei Bestellung der erforderlichen Ersatzteile im Flume-Schlüssel dargestellt. Das System wurde stets dem Fortschritt in der Uhrentechnik angepaßt und laufend modernisiert. Es gilt in seinen Grundzügen heute noch – ein halbes Jahrhundert nach seiner ersten Bewährung.

Mit den sprechenden, sechsstelligen Flume-Schlüssel-Nummern war es nun auch möglich, eine eindeutige und übersichtliche Lagerung von Ersatzteilen nach Uhrenmarken und Kalibern einzurichten. Alle Uhrenteile, die nicht markengebunden waren, sich also nach Form, Maß und Qualität ansprechen ließen, wie z. B. Unruhwellen, Aufzugwellen, Zugfedern u. a., wurden erstmalig in Artikelgruppen zusammengefaßt, tabellarisch dargestellt und in übersichtlichen Lagerblocks den Werkstätten angeboten.

In diesem Zusammenhang kam es zur Herausgabe der ersten Flume-Werksucher für Klein- und Großuhren. Sie wurden ab den vierziger Jahren unter dem Titel Flume-Schlüssel zu einem Begriff.

In Abstimmung mit Flume übernahm auch Georg Jacob in Leipzig zwischen 1942 und 1945 dieses Ersatzteilsystem und veröffentlichte es in vergleichbaren Katalogen.

1949 folgten die Schweizer mit dem zweibändigen Werk „Offizieller Katalog der Ersatzteile der Schweizer Uhr" wegen ihres bedeutenden Exports nach Nord- und Südamerika und Fernost. Das entscheidende an dieser mehrsprachigen Veröffentlichung war die Vereinheitlichung der Benennung und Numerierung gleicher Funktionsteile in Uhren, unabhängig von Marke und Kaliber.

Bedeutende Uhrwerke-Hersteller ließen eigene Kaliber-Ersatzteillisten über die von ihnen gefertigten Uhrwerke drucken. Diese Listen waren primär für die Zusammenarbeit zwischen Industrie und Großhandel – zur Pflege der Furniturenlager – bestimmt. Sie waren aber auch dem Einzelhandel als Information zugänglich.

Mit der Einführung von Kaliberbezeichnungen auf einem Platinenteil, einem Kloben oder einer Brücke war es nach dem Zweiten Weltkrieg zunehmend leichter, ein Uhrwerk zu bestimmen, wodurch die Bedeutung der Bildlisten für mechanische Uhren an Bedeutung verlor, aber andere Katalogangaben an Bedeutung zunahmen.

Alle diese Werksucher und Furniturenkataloge sind für den Uhrensammler unentbehrliche Hilfsmittel bei der Ausübung seines Steckenpferdes. Der Flume-Kleinuhr-Schlüssel bietet hierbei eine „weltweite" Marken- und Kaliberübersicht, da er nicht nur deutsche, Schweizer und japanische Produkte, sondern z. B. auch amerikanische enthält. Russische Uhrwerke wurden in dem Umfang gelistet, wie sie im Westen verbreitet waren. Das gleiche gilt auch für Uhrwerke aus der ehemaligen DDR (Glashütte, Ruhla, Weimar).

Der Flume-Schlüssel führt einem bei genauerer Durchsicht des Wortmarkenverzeichnisses von Firmen mit eigener Werkproduktion sehr rasch vor Augen, daß es weit mehr deutsche Fabrikanten gab, die sich mit der Herstellung von Uhren für das Handgelenk beschäftigten, als man anzunehmen geneigt ist. Die Ausgabe 1958 des Flume-Kleinuhr-Schlüssels, der eine Zusammenfassung des Flume-Werksuchers 1947 (ältere Werke), des Flume-Schlüssels 1952 (täglich vorkommende Werke) und des gesamten Nachtrags bis 1957 darstellte, enthält übrigens auch Fabrikate, die bis 1945 aus Glashütte kamen.

Movado-Modelle: rechteckige Automatik mit Datum, Wochentag und kleiner Sekunde (1958), die Astronic mit dem 24-Stunden-Zifferblatt, die Chronoplan mit drehbarer Lunette und die Museumsuhr (1959). (Foto: Movado, New York)

Im Flume-Schlüssel sollte man als Sammler nicht nach ausgefallenen Uhren und Uhrwerk-Konstruktionen der Schweizer Luxusmarken suchen. „Flume-Schlüssel" sind Werkzeuge für den Service, also für Fachleute am Werktisch. Sie dienen der Werkerkennung und Ersatzteilbeschaffung und setzen berufliche Kenntnis und Erfahrung voraus. Der Sammler und Uhrenfreund kann deshalb aus diesen fachtechnischen Schriften kein Bild über die vielen Sondermodelle und deren Zusatzfunktionen und Eigenheiten gewinnen.

Die Armbanduhr hatte in diesen Dezennien ihre große Zeit. Rückblickend betrachtet, schoben sich nach 1940 die Uhr mit Selbstaufzug und das Modell mit der Zentralsekunde in den Vordergrund. Einen ersten Höhenflug machte auch der Armbandchronometer. Der Gunst der Zeit erfreute sich weiters die Vollkalenderuhr, die obendrein noch die Mondphase anzeigte. Die Markteinführung des Armbandweckers fiel ebenfalls in die Zeit nach dem Zweiten Weltkrieg. Gesättigt war der Markt für Armbandchronographen, die während der Kriegsjahre reißend Absatz gefunden hatten.

Zunächst standen in vielen Firmen Militäruhren und spezielle Präzisionsuhren für die verschiedenen Waffengattungen im Vordergrund der Armbanduhrenproduktion. Der Bedarf an Beobachtungsuhren mit Trageriemen war im Hitler-Deutschland von 1936 bis 1945 ungeheuer groß. Zu liefern hatte diese äußerst hochwertigen Präzisionsinstrumente die Fa. A. Lange & Söhne in Glashütte. Als man nicht mehr in der Lage war, die nötigen Stückzahlen zu fertigen, mußten andere Betriebe einspringen, bei der Remontage und der Feinstellung mithelfen, so Huber in München, Felsing in Berlin, Schieron in Stuttgart, Schätzle & Tschudin in Pforzheim, Wempe in Hamburg usw. Die Dienstuhren der deutschen Wehrmacht kamen bald auch von anderen Herstellern, wie Walter

Storz (Stowa) und Lacher & Co., beide ansässig in Pforzheim. Die besondere Bedeutung dieser Uhren lag in der großen Sekunde aus der Mitte und der Möglichkeit der Unruhstoppung zum sekundengenauen Einstellen der Zeit. Da höchste Anforderungen an die Ganggenauigkeit gestellt wurden, mußte jedes einzelne Stück der Seewarte in Hamburg oder einem anderen amtlichen Prüfinstitut vorgelegt werden, die dann feststellten, ob die Uhr auch tatsächlich Chronometerqualität aufwies. Die Beobachtungsuhren der Luftwaffe waren die genauesten Zeitmesser an Bord eines jeden Flugzeugs. Das setzte natürlich voraus, daß für das Werk nur bestes Material, eine einwandfreie Verzahnung sowie präziseste Regulierorgane Verwendung fanden. Außerdem waren bestimmte Konstruktionsmerkmale vorgeschrieben.

Bei diesen Beobachtungsuhren handelte es sich um Zeitmesser in Taschenuhrgröße, die mit einem Riemen am Oberschenkel oder am Arm über der Montur getragen wurden. Die Leichtmetallgehäuse hatten einen einheitlichen Durchmesser von 55 mm. Ein Sondermodell mit übergroßem Zifferblatt, das A. Lange für das SS-Führungshauptamt, Waffeninspektion Berlin Nr. 4, fertigte, wich von der Norm in mehrfacher Hinsicht ab. Der Durchmesser der massiven silbernen Uhr mit silberner Aufzugskrone betrug 65 mm! Solch ein seltenes Stück befand sich in der Crott-Auktion vom 27. April 1991 in Frankfurt/Main. Wir wollen es einer näheren Betrachtung unterziehen. Abweichend von der sonst üblichen Gestaltung des schwarzlackierten Kontrastzifferblatts hatte diese Ausführung von außen nach innen folgende Anzeigen:

stehende kleine arabische Zahlen (0, 5, 10, 15 usw.) für die Sekundenindikation aus der Mitte,

$1/5$ Sekundeneinteilung,

unauffällige, verhältnismäßig kleine und zarte römische Zahlen (I–XII) für die Uhrzeit und nochmalige Sekundenanzeige mittels den arabischen Zahlen 0, 5, 10, 15 usf., nun aber spiegelverkehrt geschrieben.

Die Zifferblattsignatur lautet W-SS und M-B.

Durch Ziehen der Aufzugskrone konnte die Unruh und mit ihr der schlanke, zentral angebrachte Sekundenzeiger zum sekundengenauen Einstellen der Zeit angehalten werden. Das robuste und glatte Gehäuse aus 800er Silber trägt auf dem Deckel außen die Gravur „Eigentümer: SS Führungshauptamt Waffeninspektion Berlin Nr. 4". Die Gehäuse- und Werknummer korrespondieren miteinander (210.001).

Als Präzisionswerk diente auch in diesem Fall ein umgerüstetes Taschenuhrwerk mit Auf- und Abwerk, das Kaliber 48.1 mit der Bauhöhe 8,75 mm. Die ²/₃-Platine präsentiert sich in solider Vergoldung. Das für die indirekte Sekunde der Welle des Kleinbodenrades aufgesetzte Übertragungsrad befindet sich über der Platine. Das 17steinige Werk ist mit einem ausgedrehten Ankerrad aus Stahl, einem polierten Gleichgewichtsanker aus Stahl mit sichtbaren Paletten und seitlichem zarten Stellstiftarm für die Rückpralldämpfung, einer Schraubenunruh mit 20 mm Durchmesser, Breguet-Spirale und Schwanenhals-Feinregulator ausgestattet. Eine Stoßsicherung für die Unruhwelle kannte das Lange-Kaliber 48.1 noch nicht.

In der gewöhnlichen Ausführung hatte dieser Uhrentyp eine Gehäusehöhe von 20,50 mm. Das Zifferblatt aus Messingblech hatte einen Durchmesser von 50 mm, im Zentrum befand sich die 12-Stunden-Skala (manchmal Zahlenkranz nur mit 21 mm Durchmesser), nach außen folgten der Zahlenkranz für Minuten und Sekunden (0, 5, 10 usw.) und eine sehr kräftige Sekunden- bzw. Minuteneinteilung. Der 30 mm breite Lederriemen war bei den Stegen sicherheitshalber mit jeweils zwei Nieten befestigt. Durch eine weitere Niete wurde er zum Endlosband.

In den Jahren 1939/40 war auch von der Firma Lacher & Co. ein speziell für das fliegende Personal der Deutschen Luftwaffe gedachtes Modell entwickelt worden, das auch für die Navigation eingesetzt werden konnte. Die Produktion lief bis Juni 1944.

Die Fliegeruhren aus Pforzheim bestanden aus einem dreiteiligen, grau lackierten Aluminiumgehäuse mit Lederdichtung zwischen Tubus und Aufzugskrone. Die technischen Daten des feinen Laco-Kalibers:

Durchmesser 49,43 mm, vergoldete Ausführung mit Kolbenzahnankerhemmung, 22 Steine, Unruh mit 22 mm Durchmesser, Anker und Ankerrad vierfach gelagert in Lochsteinen mit Decksteinen, Lochsteine oliviert und bombiert, einfacher Rücker, aber Regulierschrauben auf der Unruh zur Temperaturreglage, Breguet-Spirale, Räder des Räderwerks mit Rundschliff, rot vergoldet, Triebe poliert, Wellenbaum rolliert, Nietansätze, Kleinbodenrad mit verlängertem Zapfen für die indirekte Zentralsekunde unter einer zusätzlichen Sekundentriebbrücke, Friktionsfeder für Sekundentrieb, Stahlaufzugsräder und Sperrkegel poliert, an Zeigerstellung gekoppelte Bremsfeder zur Unruh, im Deckel des Federhauses montierte Malteserkreuzstellung, Rund- und Flachlauf markiert, Stahlzugfeder, 4 Umgänge wirksam für mittleren Energieausgleich, 1 Umgang Vorspannung, Rhombenformzeiger gebläut, Sekundenzeiger ausgewuchtet (Gegengewicht), alle Zeiger nachts leuchtend. Diese Uhr war selbstredend ein geprüfter Chronometer, reguliert in 6 Lagen und bei 3 Temperaturen.

Die Firma Stowa in Pforzheim baute in ihre große B-Armbanduhr ein verfeinertes Unitas-Kaliber aus Tramelan in der Schweiz ein. Das Unitas-Stowa-Kaliber 2812 hatte einen Durchmesser von 40,61 mm, eine geschlitzte Guillaume-Schraubenunruh, Breguet-Spirale, Schwanenhals-Feinregulator, 20 Steine, indirekte Zentralsekunde, Brücken und Kloben mit Genfer Streifenschliff, keine Werksignatur.

Zu den frühen Produkten dieser Art zählte das Modell von Wempe, in dem das Kaliber 31 von Thommen in Waldenburg/Schweiz arbeitete. Es verfügte über drei Fingerbrücken und eine Feinregulierung mittels Kurvenscheibe. Auf dem Sperrad des Aufzugs die Signatur Gerh. D. Wempe.

Die große B-Armbanduhr kannte auch die Schweizer Luftwaffe. Sie hatte das Zeitmeßinstrument bei IWC in Schaffhausen in Auftrag gegeben. Das Modell unterschied sich äußerlich nicht von den Uhren der Deutschen Wehrmacht, es präsentierte sich ebenso im geschwärzten Gehäuse, dem wie bei Lange gestalteten Kontrastzifferblatt mit den typischen Rhombenform-Leuchtzeigern für die Anzeige der Uhrzeit und eben dem gleichen Lederriemen. Schweizerisch wurde es erst hinter dem Gehäuseboden. Zur Abschirmung vor störenden Einflüssen durch Magnetfelder besaß das Werk einen Innenmantel aus Weicheisen. In der Uhr befand sich das legendäre Taschenuhrwerk vom Kaliber 52 (ø 42,75 mm, Bauhöhe 6 mm, 18.000 Halbschwingungen pro Stunde, große Schraubenunruh, Breguet-Spirale, 17 Steine, Schwanenhals-Feinregulator), das in diesem Fall mit einer indirekten und anhaltbaren Zentralsekunde ausgestattet war. Die Serie entstand 1940 und bestand aus 1200 Stück, die Werke tragen die fortlaufenden Nummern von 1013801 bis 1015000. Das Kaliber 52 SC kam jedoch nicht ausschließlich in die große Fliegeruhr, sondern vor allem in Taschenuhrgehäuse. Angeblich soll die Gesamtproduktion der großen Fliegeruhr 300 Stück nicht überschritten haben. Bis in die neunziger Jahre war allerdings selbst IWC der Meinung, daß die Auflage dieser B-Armbanduhr bei 5000 Stück gelegen habe, wie in länger zurückliegenden Firmeninformationen nachzulesen ist.

Die Feinstellung in sechs Lagen und bei verschiedenen Temperaturen ist sowohl bei der B-Taschenuhr als auch bei der B-Armbanduhr nur fallweise auf der Platine vermerkt. Die große Fliegeruhr existiert übrigens auch in klassischer Ausführung, sie besitzt zwar das Kontrastzifferblatt, aber den üblichen Stundenzahlenkranz und die Minuterie in Form der sogenannten Eisenbahnspur und Zeiger, wie sie später für die kleine IWC-Fliegeruhr Mark XI gewählt wurden.

Da England zur Zeit des Zweiten Weltkrieges noch ohne eigene Armbanduhrenindustrie war, mußten die Uhren für die Flugzeugbesatzungen der Royal Air Force importiert werden. Ein Hauptlieferant war Omega in Biel, wo seit 1939 ein neues, sehr robustes Präzisionsankerwerk, das Kaliber 30 mm (Durchmesser), zur Verfügung stand. Ab 1940 gab es dieses wahlweise auch mit zentraler Sekunde. Von diesem Zeitmesser in Armbanduhrgröße wurden bis Kriegsende rund 110.000 Stück geordert, die Unruh konnte freilich nicht gestoppt werden.

Zur Fliegeruhr schlechthin wurde in der zweiten Hälfte dieses Jahrhunderts die Mark XI von IWC. Sie war ausgerüstet mit dem Kaliber 89 von 1946. Die Besonderheit dieses Werkes bestand darin, daß die zentrale Sekunde angehalten werden konnte. Da jede Uhr 648 Stunden lang getestet wurde, ehe sie zur Auslieferung kam, war sie eine echte B-Uhr in Armbanduhrgröße.

Das IWC-System der großen Sekunde war eine Entwicklung von Roger Puthod, der seit 1927 bei der Uhrenmanufaktur in Schaffhausen beschäftigt war. In der zweiten Hälfte der dreißiger Jahre befaßte sich der schöpferische Mann intensiv mit der Konstruktion eines Armbanduhrkalibers, das wahlweise mit kleiner oder großer Sekunde ausgerüstet werden konnte. Das wesentliche Merkmal seiner 1938 patentierten Konstruktion bestand in einer unkonventionellen Gestaltung im Bereich des Minutenrads. Um den Raum für die benötigte Mechanik zu schaffen, bekam das Minutenrad brückenseitig im Zentrum eine Vertiefung in Form eines Kegelstumpfs. Diese Ausnehmung diente der Plazierung eines Triebes für die in der Minutenwelle gelagerte Sekundenzeigerwelle, wodurch der Zeiger der großen Sekunde direkt angetrieben werden konnte.

Bei Omega hatte man der sogenannten indirekten Sekunde den Vorzug gegeben. Die Begründung lautete: Die Vorteile liegen in der Tatsache, daß das Zentralsekundentrieb außerhalb der Übertragung der Kraft vom Federhaus zur Hemmung mitläuft. Das Kleinbodenrad steht in gleichzeitigem Eingriff mit dem gewöhnlichen Sekundentrieb und dem Zentralsekundentrieb. Letzteres ist in einem Futter, welches in die Bohrung der Welle des Minutenrades eingepreßt ist, gelagert. (Diese Lagerung ist nur schwer zugänglich und entsprechend heikel, sie darf keinem zu starken Druck ausgesetzt werden. Anm. d. Verf.) Weiterhin ist anzumerken, daß das Kaliber mit indirekter Zentralsekunde ohne wesentliche Veränderungen für Uhren mit kleiner Sekunde verwendet werden kann. Außerdem bleibt bei dieser Konstruktion die Hemmung nahe am Platinenrand. Sie ist so leicht zugänglich und einwandfrei zu beobachten. Überdies ist zu erwähnen, daß das Sekundenrad, welches im Kraftfluß liegt, in Steinen gelagert ist, was bei der indirekten Sekunde nicht der Fall ist.

Die amerikanische Hamilton Watch Co. verwöhnte ihre Militärkunden ab dem Herbst des Jahres 1940 mit einer echten kleinen B-Uhr für das Handgelenk. In der Uhr arbeitete das Kaliber 987 S mit indirekter Zentralsekunde und automatischer Nullstellung des großen Sekundenzeigers, wenn die Aufzugskrone gezogen wurde.

Ein derartiges Werk hatte 1950 auch ETA im Programm, aber die Uhrenindustrie und der Markt wußten mit dem Kaliber 1168 (Sekunde aus der Mitte und Stoppwerk mit Nullstellung) wenig anzufangen.

In den sechziger Jahren war schließlich die Londoner Firma Smiths in der Lage, die Royal Air Force mit einem englischen Produkt zu beliefern, was dann dazu führte, daß die Mark XI von IWC auch anderen Luftwaffeneinheiten angeboten werden konnte.

Bei den Uhren des zivilen Marktes setzte sich die zentrale Sekunde in den fünfziger Jahren sehr rasch durch, das dezentrale kleine Sekundenzifferblatt hatte ausgedient. Die anhaltbare Sekunde fand allerdings nur sehr selten Berücksichtigung. Es gab aber auch die rühmliche Ausnahme von der Regel. So nützte beispielsweise die Genfer Manufaktur Vacheron Constantin diese technische Finesse schon in den fünfziger Jahren. Bei den Kalibern 1007 und 1008 (große Sekunde) führte ein langer, gebogener Hebel vom Werkrand bei der Aufzugswelle über die Brücken und Kloben hinweg zur Unruh, die er beim Zug der Krone blockierte.

Der Armbandchronometer erlangte nicht nur als Militäruhr Bedeutung, sondern er eroberte sich in der Zeit nach dem Zweiten Weltkrieg ganz allgemein die Gunst des Publikums. Daß Uhren mit geprüfter Qualität sich auf dem Markt durchsetzen konnten, war in erster Linie den Bemühungen des noch immer der Uhrenszene Schwung verleihenden Hans Wilsdorf und den Verantwortlichen von Omega zuzuschreiben. Sie setzten sich mit einer Leidenschaftlichkeit ohnegleichen für den Armbandchronometer ein und schafften auch gemeinsam den Durchbruch. Untereinander lieferten sie sich erbitterte Duelle. War Rolex bis in die fünfziger Jahre als Marktführer auf diesem Gebiet unbestritten, änderte sich dies mit Einführung des Armbandchronometers Conestellation von Omega im Jahr 1952 fast schlagartig. Hatte Rolex bis dahin fast 135.000 Chronometer für das Handgelenk abgesetzt, waren es bei Omega nur bescheidene 8000 gewesen. Nun holte das Brandtsche Unternehmen aber rasch auf. Die offiziellen Prüfbüros hatten alle Hände voll zu tun, ebenso die Produktion, die laufend gesteigert werden mußte, um die Nachfrage befriedigen zu können. Das Armbandchronometergeschäft nahm riesige Ausmaße an.

Von den 1951 in der Schweiz offiziell ausgestellten Gangscheinen für Chronometer entfielen 26.951 auf Rolex und 13.954 auf Omega. 1958 überflügelte die Constellation erstmals den Oyster-Perpetual-Chronometer von Rolex und ließ diesen in der Folge weit hinter sich. 1960 stellte der Omega-Konzern unter Beweis, daß Qualität auch mit Quantität gepaart sein konnte: 20.000 in ununterbrochener Serie hergestellte und dem Prüfbüro vorgelegte Constellations bekamen ohne Ausnahme und mit lobender Erwähnung der besonders guten Ergebnisse bei der Gangkontrolle die Chronometerbestätigung. 1965 erhielten 100.000 Constellations aus ein und derselben Serie das Zertifikat, das zur Signatur CHRONOMETER auf dem Zifferblatt berechtigte. 1967 vermerkte Omega den einmillionsten offiziellen Chronometergangschein für Armbanduhren, fünf Jahre danach den zweimillionsten.

In der Zwischenzeit hatte allerdings Rolex die Bieler Firma wieder vom ersten Platz verdrängt, was den Chronometerausstoß betraf. 1970 standen 161.424 Omega-Chronometern für das Handgelenk 193.790 Rolex-Chronometer gegenüber. In der Folge geriet Omega überhaupt in eine allgemeine Krise, man mußte Rolex das Feld überlassen.

Bei den Chronometriewettbewerben, die die Sternwarten durchführten, traten Rolex und Omega gleichfalls in Wettstreit miteinander.

Omega war ein ebenso erfolgreicher wie regelmäßiger Teilnehmer an den Ganggenauigkeitswettbewerben der Sternwarten in Genf, in Neuenburg und am National Physical Laboratory in Kew-Teddington. Nach Schaffung des Kalibers 30 mm schickte Omega ab 1940 jährlich auch Armbanduhren ins Rennen. Gleich im ersten Jahr stellte die Bieler Firma damit in England einen Präzisionsrekord auf. Noch nie hatte ein so klein dimensioniertes Werk 90,5 von 100 möglichen Punkten erreicht. Omega hatte damit Rolex, den Spezialisten für Armbandchronometer, aus dem Feld geschlagen. Beim Bewerb von 1946 konnte dieses Traumergebnis sogar noch verbessert werden: Der Omega-Armbandchronometer legte die Latte auf 92,7 Punkte. Die Prüfung hatte sich über 44 Tage erstreckt.

Das Observatorium Genf ließ die Armbanduhr erst 1945 zum Wettbewerb zu. Für sie war die Kategorie D geschaffen worden. Das Wertungssystem kannte maximal 1000 Punkte. Auch hier errang Omega schon im ersten Jahr die höchste Punktezahl. Die Beteiligung in der neu eingeführten Kategorie war noch sehr gering. Von den zehn eingereichten Uhren erfüllten acht die Bedingungen. Die Bewertung brachte folgendes Ergebnis:

1. Omega	770 Punkte
2. Patek Philippe	720 Punkte
3. Patek Philippe	688 Punkte
4. Patek Philippe	666 Punkte
5. Rolex	639 Punkte
6. Patek Philippe	599 Punkte
7. Omega	569 Punkte
8. Patek Philippe	516 Punkte

Da in der Kategorie B fast ausschließlich Tourbillons zum Wettbewerb antraten, ließ Omega ein Dutzend Armbandtourbillons anfertigen, um die Führung in der Kategorie D weiter auszubauen. Als die Bieler Firma 1947 die ersten Tourbillons nach Genf und nach Neuenburg zum Wettbewerb schickte, war dies eine Sensation, denn außer Lip in Frankreich hatte bisher noch niemand ein solches Produkt in Armbanduhrgröße herzeigen können. Schon ein Jahr später war auch Patek Philippe in Genf mit einem Armbandtourbillon zur Stelle. Sie erfüllten zunächst jedoch nicht die in sie gesetzten Erwartungen. Die von der Genfer Sternwarte 1947 veröffentlichten Resultate zeigten, daß die Regleure in der Zwischenzeit fleißig gearbeitet hatten. Das Meisterstück gelang auch in diesem Jahr dem seit 1929 bei Omega beschäftigten Alfred Jaccard: Zwei seiner Armbanduhren mit Kaliber 30 mm belegten die Spitzenplätze (834,9 und 832 Punkte). Das Armbandtourbillon mit der Werk-Nr. 10595933 schaffte mit 736 Punkten den 6. Rang. 1948 lief es nicht so gut: Patek Philippe verwies die Omega-Tourbillons Nr. 34 und 36 (834 und 806 Punkte) mit normalen Armbanduhren auf die Plätze zwei und vier. Das Tourbillon von Patek Philippe lag mit 738 Punkten im abgeschlagenen Feld.

1949 entsandte Omega zum Wettstreit vier Tourbillons (Nr. 33, 34, 35 und 37). Die Leistungen blieben aber hinter denen des Vorjahres zurück, während Rolex mit 859 Punkten einen neuen Observatoriumsrekord aufstellte. 1950 stellte sich endlich der Lohn für die aufgewendete Mühe ein: Das Tourbillon Nr. 33 schaffte 867,7, ein 30-mm-Kaliber 864 Punkte. Patek Philippes beste Plazierung war der 3. Platz. Ins Rennen geschickt hatte Omega weiters die Tourbillons Nr. 34, 35 und 38. 1951 verteidigte Omega die ersten beiden Plätze erfolgreich. Den Sieg brachten aber nicht die Tourbillons, sondern zwei 30-mm-Werke, die Gottlob Ith, der seit 1920 bei Omega arbeitete, reguliert hatte. Er schraubte den Ganggenauigkeitsrekord für Armbanduhren in Genf auf 870,3 Punkte. Die Tourbillons Nr. 33, 35 und 37 konnten nur auf Achtungserfolge verweisen. 1952 brachte Ith vier Armbanduhren von Omega an die Spitze.

1953 wurde in Genf ein neues Reglement eingeführt. Eine absolut fehlerlose mechanische Armbanduhr wäre mit 60 Punkten bewertet worden. Das grandioseste Ergebnis erzielte Omega 1966 mit 56,68 Punkten. Insgesamt wurden in jenem Jahr an der Genfer Sternwarte 57 Chronometer aus dem Hause Omega, 34 von Patek Philippe, 30 von Longines und drei von anderen Herstellern prämiert. 1967 fand der Wettbewerb das letztemal statt.

Der zweite Schweizer Chronometriewettbewerb ging an der Sternwarte Neuenburg über die Bühne, wo auch Longines, Movado und Zenith sich regelmäßig der Jury stellten. Hier ging die Bewertung von Null für die fehlerlose Uhr aus. Ermittelt wurden beim Wettbewerb die Minuspunkte, deren Höchstzahl mit 16 festgelegt war. Omega mischte auch in Neuenburg kräftig mit. 1949 wurde das Bieler Unternehmen in der Einzelwertung erstmals Jahresbester. Betrug die Punktzahl damals 7,2, arbeitete sich Omega bis 1966 nahe an die fehlerlose Uhr heran. Beim letzten Wettbewerb brillierte eine mechanische Armbanduhr mit der Punktzahl 1,97.

Da Rolex die Spitze nicht schaffte, hatte Wilsdorf die Genfer Wettbewerbe ab 1957 nicht mehr beschickt, an jenen in Neuenburg hatte man überhaupt nur sporadisch teilgenommen.

Das Verhältnis zu Omega war seit langem belastet. Rolex hatte die Gewohnheit, seine frühen Erfolge auf dem Gebiet der Präzision besonders herauszustreichen und als World's Records in die Uhrgehäuse zu stempeln. 1930 sprach die Werbung beispielsweise von 25 Weltrekorden. Als Omega alle Ganggenauigkeitsrekorde für sich in Anspruch nehmen durfte, störte es die Verantwortlichen des Brandtschen Unternehmens immer mehr, wenn Rolex mit diesem Begriff operierte. Schließlich begann Omega, die Manufaktur frontal anzugreifen. Es kam zu einem Zivilprozeß, der sich über zehn Jahre hinzog. Der Streit konnte erst beigelegt werden, nachdem ein Schiedsgericht die Feststellung getroffen hatte, daß es sich bei den Rolexerfolgen nicht um Weltrekorde, sondern um Observatoriumsrekorde gehandelt habe.

Omega verdankte seine Siege bei den Chronometriewettbewerben nicht zuletzt jenen begnadeten Regleuren, die seit Jahrzehnten in der Firma arbeiteten und über eine reiche Erfahrung verfügten. Sie vollbrachten wahre Meisterleistungen, mit denen sie den anderen Teilnehmern an den Ganggenauigkeitswettbewerben schlaflose Nächte bereiteten. „Es war daher nicht verwunderlich", schreibt Osterhausen in seinem Buch über mechanische Präzisionsuhren und ihre Prüfung, „daß in einem Uhrenland wie der Schweiz den Regleuren, ihrer Leistung und Biografie Aufsätze und Bücher gewidmet wurden, wie die Sammelbiografie von Charles Thomann über die letzten großen Regleure in Neuchâtel. Und daß in den veröffentlichten Gangprotokollen der Chronometerwettbewerbe bei jeder Uhr der Name ihres Regleurs sorgfältig vermerkt wurde. Außerdem wurde bei den Wettbewerben jedes Jahr ein Preis für Regleure vergeben; diese traten also nicht nur indirekt über die Firma, für welche sie arbeiteten, sondern auch direkt in Konkurrenz miteinander. Diese Konkurrenz, für den einzelnen Regleur sicher belastend – denn jeder Fabrikant erwartete von seinem Regleur jedes Jahr mindestens einen werbewirksamen Rekord, aber unmöglich konnten alle Regleure diese Wünsche erfüllen –, wurde allgemein aber als fruchtbar angesehen, als ein Grund für die in den vierziger und fünfziger Jahren ganz auffällig zunehmende Ganggenauigkeit der zu den Observatoriumswettbewerben eingereichten Armbandchronometer."

An die Uhren, die in den Handel gingen, wurden natürlich weniger hohe Anforderungen an die Präzision gestellt. Für die Zertifikate waren in diesen Fällen offizielle Prüfbüros zuständig, denn hier mußte die Feinstellung keine überragende Spitzenleistung darstellen, sondern nur garantieren, daß die Gangergebnisse die festgelegten Normen nicht unterschritten.

Der Kreis, der sich mit der Fertigung von Armbandchronometern für den Uhrenliebhaber befaßte, war naturgemäß klein. Vorweg sind neben Rolex und Omega, die wirklich herausragende Bedeutung hatten, zu nennen Ulysse Nardin, Zenith, Eterna, Mido, Marvin und Bucherer-Crédos. Greifen wir die Jahre 1950, 1960 und 1970 heraus, um uns ein Bild von der Entwicklung auf diesem speziellen Sektor zu machen. Laut Osterhausen-Statistik wurden Chronometergangscheine vorwiegend für folgende acht Firmen ausgestellt:

Firma	1950	1960	1970
Bucherer-Crédos	–	1.785	16.067
Eterna	50	2.750	62
Marvin	21	514	809
Mido	–	78	15.194
Ulysse Nardin	130	292	574
Omega	937	52.998	161.424
Rolex	20.740	36.909	193.790
Zenith	206	1.126	358

Die Manufakturen mit den exklusiven Luxusmarken Patek Philippe, Audemars Piguet und Vacheron Constantin beanspruchten die offiziellen Prüfbüros entweder überhaupt nicht oder nur höchst selten, da ja jede Uhr ohnedies Chronometerqualität aufwies. Auch IWC in Schaffhausen machte vom Zertifikat grundsätzlich keinen Gebrauch.

So mancher Sammler hat schöne Stücke aus der großen Zeit des Armbandchronometers zusammengetragen. Glanzstücke einer solchen Sammlung sind ohne Zweifel die Omega-Constellation Grand Luxe aus der Mitte der fünfziger Jahre, der prachtvolle Chronometer Royal von Vacheron Constantin, das Modell Geophysic von Jaeger-LeCoultre, der Automatikchronometer mit Kaliber 133.8 von Zenith und der Rolex-Oyster-Perpetual-Chronometer Day Date.

Mido und Eterna bezogen ihre Präzisionskaliber von ETA.

Die Rohwerkefabrik in Peseux bot schon vor 1950 ein eigenes Chronometerwerk an, das Kaliber 260 (rundes Werk mit 30 mm Durchmesser und 5 mm Bauhöhe), das 1967 noch immer im Erzeugungsprogramm war.

Ein Unikum war der Armbandchronometer von Oris in Hölstein. Die 1904 gegründete Fabrik war auf preiswerte Uhren spezialisiert und stellte bis 1960 ausschließlich Stiftankerprodukte her. Es gelang den Oris-Uhrmachern aber, die Gangleistungen durch Polieren von Werkteilen so zu verbessern, daß sie an Ankeruhren mit Steinpaletten heranreichten.

Das Herrenkaliber 451 (ø 25,94 mm, 15 Steine, kleine Sekunde, Stiftankerhemmung, monometallische Ringunruh, Flachspirale, KIF-Stoßsicherung, verschraubtes Decksteinplättchen für Ankerrad, Rücker ohne Zeiger) und das Damenkaliber 491 (ø 19,74 mm, spezielle Oris-Stoßsicherung, sonst wie Kaliber 451) schafften spielend den Gangschein. Zwischen 1945 und 1958 bestanden 1516 Uhren die Prüfungen durch ein offizielles Prüfbüro, davon 1362 sogar mit Auszeichnung.

In der Bundesrepublik Deutschland machte der geprüfte Armbandchronometer nur kurz von sich reden. Um genügend Prüfkapazität zur Verfügung zu haben, war 1955 zusätzlich zu den bereits bestehenden Prüfstellen die Uhrenprüfstelle des Landesgewerbeamtes Bad-Württemberg in Stuttgart eingerichtet worden. Große Erwartungen setzte man in die Firma Junghans in Schramberg, die 1954 schon 7000 Armbandchronometer gefertigt

hatte. Junghans wollte als Marktführer monatlich etwa 1000 Uhren vorlegen. Als dann die Prüfstelle nicht in der Lage war, mit der anfallenden Arbeit zu Rande zu kommen, die Einsender auf eine Erledigung zu lange warten mußten, brachte Junghans einen Teil seiner Produktion mit einem Firmenzertifikat in den Handel; Kienzle folgte diesem nicht gerade nachahmenswerten Beispiel aus Kostengründen.

Der deutsche Armbandchronometer erlangte nie eine größere Marktbedeutung. Die Erfolge blieben in Grenzen, waren eher bescheiden. 1967 nahm Junghans diesen Uhrentyp wieder aus dem Programm, und Jahre später sperrte auch die Uhrenprüfstelle Stuttgart zu.

Seit Bestehen der Stuttgarter Prüfstelle hatte diese etwa 130.000 Chronometerprüfungen abgenommen. Während des Prüfzeitraumes wurden die Armbanduhren mit einem elektrisch betriebenen Spezialgerät aufgezogen. Josef Bidlingmaier in Schwäbisch Gmünd legte 1956 zum erstenmal den Bifora-Unima-Chronometer vor, und zwar 25 Stück. Kienzle in Schwenningen gesellte sich erst 1962 zu den Herstellern von Armbandchronometern. Der Superior-Chronometer galt als hochwertiges Produkt, er war aus dem Standard-Kaliber 081/17 entwickelt worden und trug nun die Bezeichnung 081/21. Die Uhr verfügte über 21 Funktionssteine, konnte sich aber nur bis 1966 in der Produktpalette halten. Mit dem amtlichen Gangschein wurden wahrscheinlich nicht viel mehr als 2000 Uhren ausgeliefert. Lacher & Co in Pforzheim ließ 1955 in Stuttgart 50 Armbandchronometer der Gangkontrolle unterziehen. Ab 1957 waren die Uhren mit dem neu entwickelten Kaliber 630 bestückt. Sporadisch bedienten sich der Prüfstelle auch Otto Epple in Königsbach, Inhaber der Marke Eppo und der Otero-Uhrenrohwerke, die Wehner KG in Pforzheim mit der Handelsmarke Porta, Hugo Wein-

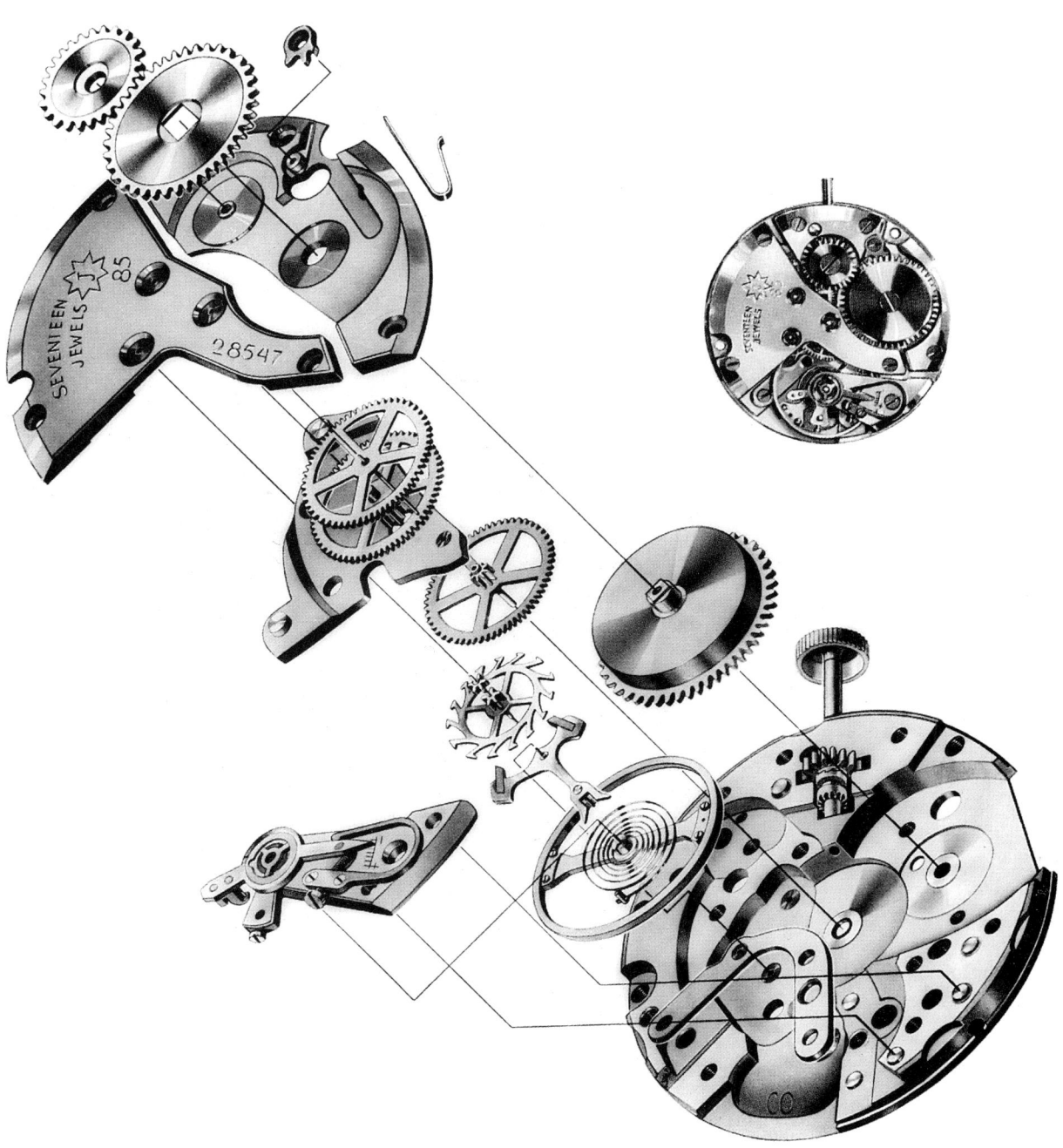

Das Zerlegbild des Junghans-Armbandchronometers J 85; direkte Zentralsekunde, 17 Steine, Werkdurchmesser 25,60 mm.
Seite 74: Werbung für den Kienzle-Armbandchronometer. Die Uhr hat einen Durchmesser von 38 mm.
Seite 75: Werbung für den Armbandchronometer Unima der Marke Bifora.

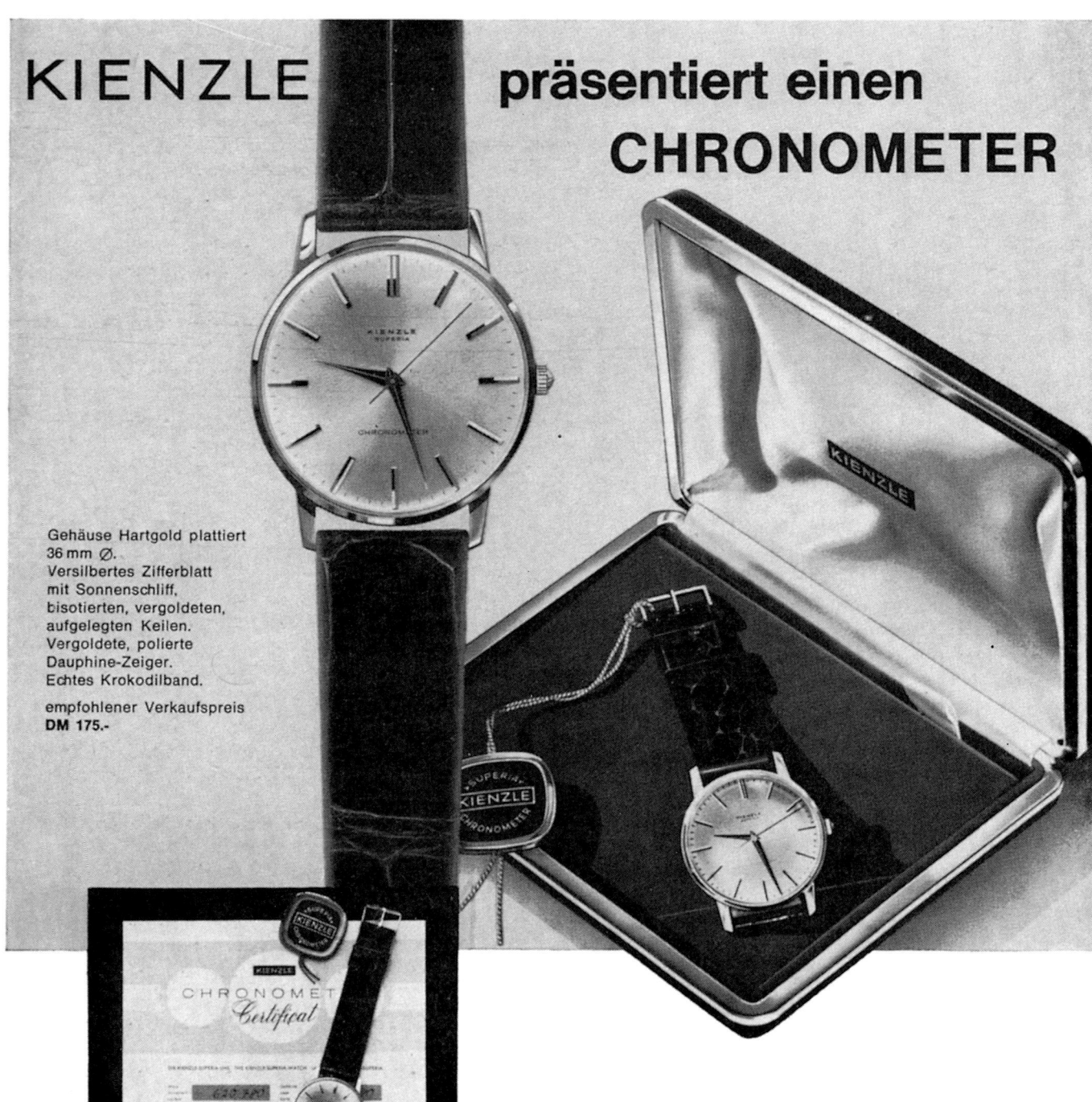

KIENZLE präsentiert einen CHRONOMETER

Gehäuse Hartgold plattiert
36 mm Ø.
Versilbertes Zifferblatt
mit Sonnenschliff,
bisotierten, vergoldeten,
aufgelegten Keilen.
Vergoldete, polierte
Dauphine-Zeiger.
Echtes Krokodilband.

empfohlener Verkaufspreis
DM 175.-

Aus einem Serienwerk einen ausgezeichneten Chronometer
weiterzuentwickeln, gelingt bekanntlich nur in Ausnahmefällen.
Ob es gelingt, ist eine Frage der optimal erreichten Feinreglage.

Der KIENZLE SUPERIA-Chronometer (Werk 081/21) ist eine
konsequente technische Entwicklung: Das Werk ist im Grund-
aufbau mit unserem Standard-Kaliber 081/17 identisch. Auch
mit den gleichen Bestandteilen versehen, ebenso klar und übersichtlich angeordnet. Die Qualität des KIENZLE Chronometers
wird den Fachmann überraschen. Die Gangeigenschaften sind
verblüffend; die Certifikate*) bestätigen es.

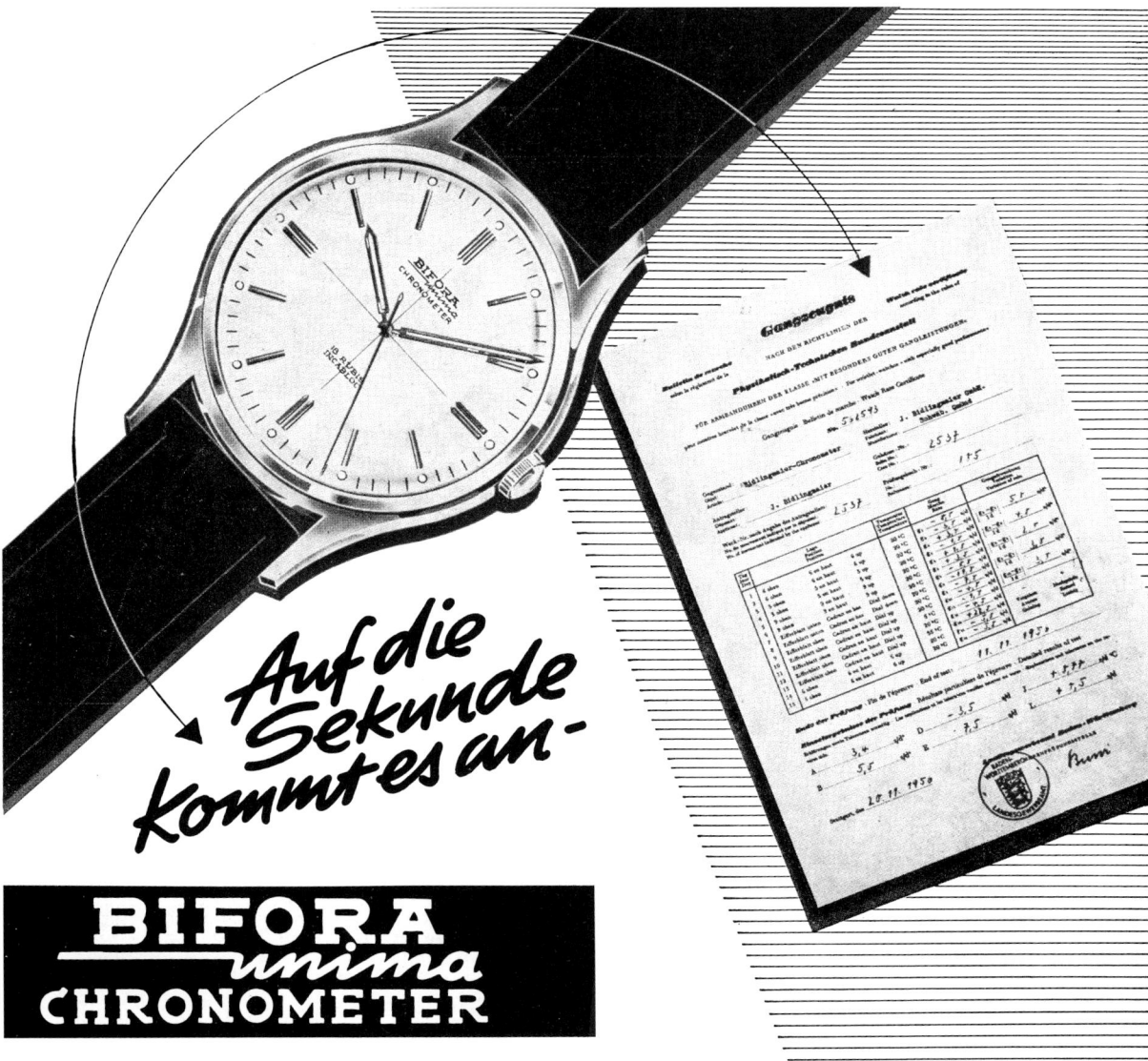

Auf die
Sekunde
kommt es an –

BIFORA
unima
CHRONOMETER

Werkdurchmesser 29,4 mm, Anker 18 Rubis, stoßgesichert durch INCABLOC, Unruhe BERYL-LIUM-Legierung, Ø 12,2, Spirale NIVAROX I - antimagnetisch - NIVAFLEX - Zugfeder, bruchsicher, nicht ermüdend, bombierte Paletten, Feinregulierung, jetzt auch mit Anhaltevorrichtung für sekundengenaues Einstellen. Gehäuse in allen Metallen, wassergeschützt, in Kleiner- und Mittelsekunde lieferbar.

Nur die bestandene Prüfung einer amtlichen Prüfstelle berechtigt zur Bezeichnung CHRONOMETER.

Ihr BIFORA-UNIMA-CHRONOMETER hat diese Prüfung bestanden.
Die Ergebnisse dieser Prüfung sind durch ein amtliches Certificat bestätigt.

Jeder BIFORA-CHRONOMETER wird mit einem Certificat geliefert, in das Werk- und Gehäusenummer sowie die amtliche Registriernummer eingetragen sind. Zufriedene Träger bestätigen die hervorragende Leistung dieses absolut zuverlässigen Zeitmessers.

BIFORA-UNIMA-CHRONOMETER
Richtig im Preis - Richtige Zeit zu jeder Zeit

Alleinvertretung für Österreich:
UHRENGROSSHANDLUNG
ADOLF STÜTZ
Linz-Donau, Herrenstraße 7

J.BIDLINGMAIER · Schwäbisch Gmünd
Spezialfabriken für Armband·Uhren

Armbandchronometer von Junghans, Kaliber J 83 Automatic, mit 28 Funktionssteinen. Abb. mit und ohne Rotor.

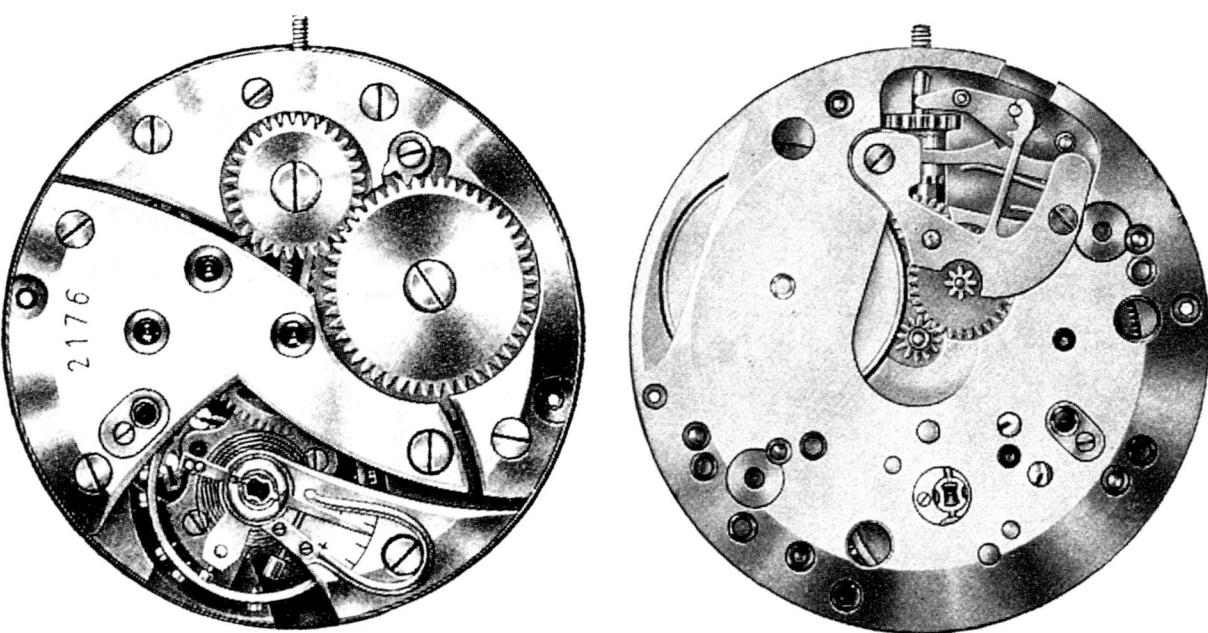

Das Werk des Bifora-Armbandchronometers mit kleiner Sekunde, das runde Kaliber 120 Unima. Unima stand für Nivaflex-Zugfeder, Gangtrieb mit Trompetenzapfen, Glucydur-Schraubenunruh, Nivarox-1-Spirale und Schwanenhals-Feinregulator. Das Basiskaliber war das 120 B (Ø 28,90 mm, 17 Steine, kleine Sekunde, verschraubtes Decksteinplättchen für die Anker-radwelle, Incabloc-Stoßsicherung). Den Armbandchronometer gab es auch mit 18 Steinen, indirekter Zentralsekunde unter eigener Werkbrücke und Unruhstoppvorrichtung (cal. 120 SC Unima).

mann in Pforzheim mit der Marke Exquisit und Adolf Blümelink in München mit der Marke Blumus. Der Hauptanteil der geprüften Armbandchronometer entfiel jedoch jedes Jahr auf Fabrikate von Junghans in Schramberg. Von den 13.143 Uhren, die die Prüfstelle 1962 passierten, waren nicht weniger als 12.888 mit Junghans signiert. In den frühen Armbandchronometern arbeitete das Kaliber J 82/1, wobei die Ziffer 1 für die Zentralsekunde stand. Es handelte sich um ein vergoldetes Handaufzugswerk mit 28,20 mm Durchmesser und einem interessanten Werkaufbau. Weitere Daten: 17 Steine, monometallische Glucydur-Schraubenunruh, Junghans-Stoßsicherung, flache Nivaroxspirale, 18.000 Halbschwingungen pro Stunde, indirekte und anhaltbare Zentralsekunde, verschraubtes Steindeckplättchen für das Minutenradlager, Feinregulator mit Sektorverzahnung.

1955/56 kam es zur Markteinführung des Handaufzugkalibers J 85. Es war kleiner und flacher als das J 82. Daten: ø 25,60 mm, vergoldet, direkte Zentralsekunde anhaltbar, 17 Steine, große Rubine, 18.000 Halbschwingungen pro Stunde, Feinregulator, Stahlteile z. T. hochglanzpoliert. Weiterentwicklungen waren das J 85/10 und das Kaliber 685 (Deckstein in Chaton mit Stoßsicherung für den Ankerradzapfen, Schwanenhals-Feinregulator).

Das Chronometerwerk mit Rotorautomatik stand ab 1957 zur Verfügung, es trug die Bezeichnung J 83. Daten: ø 28,20 mm, vergoldet, 28 Steine (23 Lochsteine, 2 Decksteine, 2 Paletten, 1 Ellipse; später waren es 29 Funktionssteine), direkte Zentralsekunde anhaltbar, monometallische Ringunruh mit je zwei Abgleichschrauben auf den Unruhschenkeln (mit ihnen ließ sich die Reglage bis zu ±3 Minuten pro Tag beeinflussen), flache Nivaroxspirale, Junghans-Stoßsicherung, Feinregulierung über Sektorverzahnung, 19.800 Halbschwingungen pro Stunde, Datumsanzeige, in beiden Drehrichtungen aufziehender und mit CHRONOMETER signierter Zentralrotor, Bilastic-System für den Antrieb des Sekundenzeigers (besteht aus zwei koaxialen, durch eine dünne Feder elastisch miteinander gekoppelte Kleinbodenräder, wodurch man ein dauerbelastetes Sekundenlager vermied), Gangdauer 40 Stunden. Dieses Werk findet sich oft in massiven Goldgehäusen mit verschraubtem Boden.

In der ehemaligen Deutschen Demokratischen Republik versuchten die Glashütter Uhrenbetriebe (GUB) einen Markt für einen Armbandchronometer aufzubauen. Aber mit Begeisterung scheinen die Ostdeutschen nicht ans Werk gegangen zu sein, denn sie rüsteten lediglich das sehr einfache Herrenkaliber 70.1 mit einer monometallischen Schraubenunruh aus und gaben ihm die Bezeichnung 70.3; die Bestandteile des 17steinigen Werkes vermitteln den Eindruck, als befänden sie sich im Rohzustand, auch die Platine wurde keiner Veredelung unterzogen. Der schwächste Punkt war der zeigerlose Rücker, er brachte nur äußerst schlechte Voraussetzungen für die Regulierung des Ganges mit. Dennoch lautete die Firmeninformation: „Die Glashütter Güteuhr und das Glashütter Armbandchronometer, Kaliberserie 70.3, sind Spitzenerzeugnisse unseres weltbekannten Betriebes, die das amtliche Gütezeichen Q (höchstes Gütezeichen der DDR) tragen. Erstklassiges Rohmaterial, sorgfältige Bearbeitung, gewissenhafte Ausführung und das Anwenden elektronischer Prüfmethoden verleihen diesen Uhren einen besonderen Wert."

In Frankreich kannte man seit 1931 die Chronometerprüfungen für Gebrauchsuhren, die am Handgelenk getragen wurden. Besaß eine Armbanduhr die Qualitätskonrolle von Besançon in Form des Stempels poincon de Besançon, war es verhältnismäßig leicht, auch einen Gangschein zu erhalten. Spitzenreiter bei den Herstellern von Armbandchronometern war das Unternehmen Lip in Besançon, das von 1956 bis 1974 etwas mehr als 26.000 Uhren prüfen ließ, das waren fast 50 Prozent aller in diesem Zeitraum ausgestellten Zertifikate. Weitere Einsender waren z. B. Yéma, Dodane und Maty.

England kannte mangels einer eigenen Armbandchronometerproduktion auch keine derartige Prüfstelle.

In Amerika kümmerte sich offenbar niemand um den Armbandchronometer und die Schaffung von entsprechenden Qualitätsstandards. Die Armbanduhrenindustrie bot denn auch nach dem Zweiten Weltkrieg ein trauriges Bild: Waltham sperrte 1957 endgültig zu, Elgin gab 1964 auf. Der einzige namhafte Überlebende war Hamilton. Die Firma bezeichnete ihre Produkte zwar allgemein als fine watches, aber das die Kollektion überragende Spitzenprodukt suchte man im umfangreichen Katalog von 1960 vergeblich. Auch in der Kollektion Masterpiece gab es keinen Armbandchronometer.

Anders lagen die Dinge bei der japanischen Handelsmarke Seiko. Hier enthielt das Angebot auch den Armbandchronometer. Der Superior Chronometer Officially Certified KS HI-BEAT besaß ein Handaufzugswerk vom Kaliber 4502A (rundes Kaliber, Unruhbrücke, monometallische Ringunruh, Flachspirale, Stoßsicherung, Feinregulator, 25 Steine, Zentralsekunde, Datumsanzeige).

Den vierziger und fünfziger Jahren drückte vor allem die Armbanduhr mit Selbstaufzug den Stempel auf. Da die Rotorkonstruktion zunächst durch ein Patent geschützt war, behalfen sich die Fabrikanten mit Schwingmassensystemen. Die sogenannte Hammerautomatik mit Pufferfedern, die die Wucht des Aufpralls abzufangen hatten, konnte aber auch auf Vorzüge verweisen, denn sie erlaubte eine verhältnismäßig flache Bauweise. Sie eignete

sich aber nicht für kleinere Ausführungen, wie sie die Damenarmbanduhr erforderte, weshalb das zarte Geschlecht weiterhin auf die Uhr mit Selbstaufzug warten mußte.

Um Vorurteile gegen den neuen Uhrentyp abzubauen, stattete Jaeger-LeCoultre ein Automatik-Herrenmodell mit Anzeige der Gangreserve aus. Sie versetzte den Träger in die Lage, jederzeit überprüfen zu können, ob das Aufzugssystem auch tatsächlich funktionierte und der Zeitmesser über die nötige Kraftreserve verfügte. Andere Firmen folgten diesem Beispiel und brachten ebenfalls Automatikmodelle mit Anzeige der Gangreserve auf den Markt. Dabei kamen unterschiedliche Konstruktionen und Anzeigeformen zur Anwendung.

Über den Stand zur Jahrhundertmitte informiert ein Blick in den Generalkatalog der Ebauches AG von 1950. Es standen zur Wahl in den Fabriken

A. Schild	zehn Automatikkaliber in drei Größen, acht mit Hammerautomatik für Herrenmodelle und zwei mit Rotorautomatik und 20,70 mm Werkdurchmesser (Bauhöhe 5,35 mm); bei
ETA	außer den für verschiedene Uhrenhersteller reservierten Kalibern zwei Rotorautomaten mit 25,60 und 20,70 mm Durchmesser, und bei
Felsa	das Rotorkaliber Bidynator in neun verschiedenen Größen und Ausführungen, darunter mit Zentralsekunde, Datumsanzeige im Fenster und Mondphasenindikation.

Die Uhrenhersteller mit eigener Werkproduktion hatten Automatikmodelle meist schon seit Jahren im Programm, wenn sie mit dem allgemeinen Trend Schritt halten wollten. Es gab aber auch Firmen, die sich mit der Einführung der automatischen Uhr Zeit ließen. Die Gründe dafür waren oft verschiedener Natur.

Bei der IWC war das erste Kaliber mit Selbstaufzug erst 1950 serienreif. Aus ihm ging 1964 der legendäre Rotorautomat 8541 hervor, der dann 30 Jahre lang gebaut wurde. Das Werk war von Albert Pellaton entwickelt worden. Der Mann arbeitete seit den vierziger Jahren an seinem Selbstaufzugsmechanismus. Die Überlegungen waren bestimmt von Erwartungshaltungen, die nicht so leicht unter einen Hut zu kriegen waren, wie optimale Kraftübertragung, geringe Bauhöhe, Wartungsfreundlichkeit und kostengünstige Herstellung. Hinzu kamen noch Forderungen nach Aufzugsleistung in beiden Drehrichtungen und einer Konstruktion, die Reparaturen im eigentlichen Uhrwerk nicht behinderte oder erschwerte. Pellaton entschied sich für die Rotorautomatik mit Kurvengetriebe. Die Energieübertragung erfolgte mittels zwei Schaltklinken, die auf einfachste Weise außer Betrieb gesetzt werden konnten, so daß beispielsweise der Austausch der Aufzugsfeder oder der Ausbau der Unruh ohne Entfernen des Automatikblocks erfolgen konnten. Die Rotoraufhängung wies Teleskopfederung auf, die sich die Manufaktur patentieren ließ; die Zapfen der Rotorwelle liefen in zwei Rubinlagern. Der Rotor war so dimensioniert, daß die Schwingmasse schon außerhalb des Uhrwerkes lag.

Das Universalkaliber 8541 fand sich dann auch in der Uhrenschöpfung Ingenieur SL.

Patek Philippe in Genf hatte sich auf diesem Gebiet gleichfalls Zeit gelassen, das Kaliber 12'''-600 AT gab es erst ab 1953.

„Nach 1950 hat sich der Rotor allgemein durchgesetzt, und trotz großer Anstrengungen konnte bis jetzt (1969, Anm. d. Verf.) nichts Besseres gefunden werden. Wie moderne Forschungsarbeiten zeigen, besteht zwischen den Armbewegungen und dem Rotor ein Wirkungsgrad von 80 bis 97 Prozent,

womit der Beweis erbracht wurde, daß der Rotor für Armbanduhren eine optimale Bauform für einen Aufnehmer darstellt. Die Zeit seit 1950 ist erfüllt mit einer Reihe bedeutender Fortschritte. Durch unzerbrechliche Triebfedern und besondere Rutschkupplungen wurde die Lebensdauer der automatischen Uhr gesteigert. Verbesserte mechanische Gleichrichter und die Trennung von Handaufzug und automatischem Aufzug erhöhten die Aufzugsleistung. Vereinfachte Konstruktionen führten zu rationellerer Fertigung und erleichterten die Wartung. Schließlich konnte durch größere Schlagzahlen der Unruh die Ganggenauigkeit ganz wesentlich gesteigert werden." (Kocher, Automatische Uhren)

Mit der Zeit wurden die Rotorautomaten flacher, desgleichen machte deren Miniaturisierung Fortschritte. Das kleine Damenmodell kam bei immer mehr Marken in die Kollektion. Die Ladymatic von Omega erblickte 1955 das Licht der Welt. Das hauseigene Kaliber 455 hatte einen Durchmesser von 16,50 mm und eine Bauhöhe von 5,50 mm. Von der Ladymatic wurden bis 1961 über 200.000 Stück in den Handel gebracht.

Die IWC stellte das erste Damenkaliber mit Selbstaufzug 1959 vor. Das Werk mit der Kaliber-Nr. 44 hatte einen Durchmesser von 17,60 mm und eine Bauhöhe von 4,80 mm.

Ab 1958 gab es zum Zentralrotor eine Alternative, den exzentrisch gelagerten Mikrorotor - auch Planetenrotor genannt – der Büren Watch Co. Er war nicht über dem Uhrwerk angeordnet, sondern in dieses eingebettet. Er befand sich in einer Ebene mit Federhaus und Gangpartie. „In der Folge konnten nach diesem Prinzip ultraflache automatische Uhrwerke bis hinunter zu einer Werkhöhe von 2,30 mm gebaut und damit der latente Wunsch vieler Uhrenkäufer nach flachen, eleganten Uhren auch mit automatischen Uhren befriedigt werden." (Kocher)

Bezeichnend für die fünfziger Jahre war die immer flacher werdende mechanische Armbanduhr. Der Wettstreit unter den Manufakturen brachte erstaunliche Ergebnisse. Vacheron Constantin in Genf stellte 1955 nach zehnjähriger Forschungsarbeit ein Herrenmodell vor, dessen Werkhöhe nur 1,64 mm betrug. Extrem dünne Automatik-Kaliber dieser Firma blieben unter 2,50 mm. Da die einzelnen Werkteile so eng aneinander lagen und deren Massen so gering waren, blieben die Stöße ohne Auswirkung, weshalb auf eine spezielle Stoßsicherung überhaupt verzichtet werden konnte. Piaget fand bei einer Sonderanfertigung für eine Münz-Armbanduhr mit einer Werkhöhe von 1,35 mm das Auslangen. 1959 überraschte dieser Nobeluhrenhersteller aus La Côte-aux-Fees mit einem automatischen Kaliber, das 2,30 mm dünn war.

Zu den technischen Neuheiten der fünfziger Jahre, die den Uhrenmarkt belebten, zählte unzweifelhaft die Kalenderuhr mit der modernen Anzeige des Datums in einem Fensterausschnitt des Zifferblattes. Nicht mehr ein zentraler Zeiger mit Skala am Außenrand des Zifferblattes unterrichtete über das jeweilige Datum, sondern dieses stand nun in einem Fenster des Zifferblattes, unter dem ein innenverzahnter Ring mit den aufgedruckten 31 Monatstagen montiert war, der jeden Tag automatisch weitergeschaltet wurde. Die Erfindung war schon 1931 zum Patent angemeldet worden, dann aber wieder in Vergessenheit geraten. Diese Art von Kalenderuhr verbreitete sich nun sehr rasch, und der Kalendermechanismus gehörte innerhalb kurzer Zeit gleichsam zur Normalausstattung des Automatikkalibers. Der Kalender erfuhr später eine Erweiterung um den abgekürzten Wochentag, voll ausgeschrieben gab es ihn nur selten. Den Schwachpunkt der Kalenderanzeige bildeten freilich die Korrekturen, die auch dann nicht ausblieben, wenn die Uhr ständig getragen wurde, denn fünfmal im Jahr hatte der Monat weniger als 31 Tage, und so mußten die Zeiger nach einem Monat mit 30 Tagen mittels gezogener Aufzugskrone zweimal zu 12 Stunden weitergedreht werden, ehe der Erste des Monats im Kalender erschien. Deshalb wurden zur Vereinfachung dieser Korrekturen nach und nach verschiedene Mechanismen eingebaut. Die beste Lösung bietet noch heute eine Zwischenstellung der Aufzugskrone, mit welcher durch Drehen derselben in einer Richtung das Datum und in der anderen Richtung der Wochentag problemlos auf kürzestem Weg und raschest richtiggestellt werden können. Die Weiterschaltung des Datums erfolgte anfangs nicht schlagartig, sondern die Ziffern des Datums wanderten langsam aus dem Fensterausschnitt. Der springende Datumwechsel war dann der nächste Schritt.

In den fünfziger Jahren erfuhr auch das traditionelle Uhrwerk selbst grundlegende Verbesserungen. Eine betraf die erhöhte Schlagzahl der Unruh. Machte diese bis dahin in der Regel 18.000 Halbschwingungen pro Stunde, wurden die Schwingungen zunächst auf 21.600 und dann 28.800 erhöht. Erzielt wurde damit eine bessere Ganggenauigkeit. Der Schnellschwinger mit 36.000 Halbschwingungen konnte sich nicht durchsetzen, weil er eine genaue Einhaltung der Wartungsfristen in verhältnismäßig kurzen Abständen von jeweils zwei Jahren verlangte. Als optimale Lösung für Präzisionsuhren stellten sich die 28.800 Halbschwingungen heraus. Hinweise auf die Frequenz der Unruh brachten die Manufakturen eine Zeitlang auf dem Zifferblatt an. In der Uhrmachersprache wich die Bezeichnung Halbschwingung in diesen Jahren dem Ausdruck Hertz (Hz), womit eine volle Unruhschwingung pro Sekunde gemeint war. Demnach bedeuteten 18.000 Halbschwingungen bzw. 9000 Schwingungen $2^{1}/_{2}$ Hertz, 21.600 Halbschwingungen bzw. 10.800 Schwingungen 3 Hertz, 28.800 Halbschwingungen bzw. 14.400 Schwingungen 4 Hertz und 36.000 Halbschwingungen bzw. 18.000 Schwingungen 5 Hertz.

In den fünfziger Jahren schrieb Bernard Humbert mehrere Fachbücher über Armbanduhren. Sein erstes Thema war der Chronograph. 1952 veröffentlichte er in deutscher Sprache in Lausanne den Band „Der Chronograph. Funktion und Reparatur". 1954 folgte eine englische Ausgabe, 1955 eine französische und schließlich 1965 eine spanische.

Im nächsten Buch behandelte Humbert die Kalenderuhren; es wurde 1953 in Lausanne unter dem Titel „Les montres-calendrier modernes" verlegt. 1954 lag das Buch in englischer Übersetzung vor.

Ein weiteres aktuelles Thema war die Uhr mit Selbstaufzug. Auch diesem widmete der Autor eine umfangreiche Publikation, in der er auf die verschiedensten Kaliber und ihre Besonderheiten einging. Zahlreiche Konstruktionszeichnungen veranschaulichten die Ausführungen. Die Neuerscheinung aus dem Jahr 1955 hatte den Titel „La montre Suisse à remontage automatique". 1956 gab es davon auch eine englische und eine deutsche Ausgabe. Bei letzterer lautete der volle Titel „Die Schweizer Uhr mit automatischem Aufzug. Funktion, Reparatur, Beschreibung der modernen Kaliber".

Die UdSSR hatte ihre 1. Staatliche Uhrenfabrik aus den dreißiger Jahren, die auch Armbanduhren herstellte, die allerdings nur an bevorzugte Personen (Kommandeursuhren für die Armee, mit dem roten Stern am Lederband) gingen, im Zweiten Weltkrieg von Moskau hinter den Ural ausgelagert. Sie entwickelte nach dem Krieg die Herrenarmbanduhren Kirowskie, SIM, Moskwa usw. In der Stadt Uglitsch an der Wolga war schon 1940 eine weitere Uhrenfabrik entstanden. 1950 folgte in der

Anläßlich des 100jährigen Bestehens der Firma Tissot brachte diese 1953 eine Jubiläumsuhr (oben links) und das Weltzeitmodell Navigator (oben rechts) auf den Markt. Der einfache Armbandchronograph Mediostat mit zwei Sekundenanzeigen bzw. 60-Sekunden-Zähler stammte aus dem Jahr 1947.

Tatarischen Republik die Armbanduhrenfabrik Wostock/Osten. Später wurden noch die Uhrenfabriken Raketa und Slawa/Ruhm eingerichtet. (Seide, UM 4/92)

Bereits in den fünfziger Jahren hatte sich die elektrische Armbanduhr angekündigt. Aber die Geburtswehen zogen sich in die Länge, es verging Jahr um Jahr, ohne daß sie auch auf den Markt gekommen wäre.

Die Entwicklung der elektrischen Armbanduhr und ihr Erscheinen in der Öffentlichkeit lassen sich in der Fachpresse auf eine faszinierende Weise verfolgen. Die Beiträge lesen sich nachgerade spannend. Würde es gelingen, mit einer elektrischen Kraftquelle die Uhrfeder auszuschalten, die fast 500 Jahre lang einen Hauptbestandteil jeder tragbaren Uhr gebildet hatte?

Im Frühjahr 1952 erschien die erste Nachricht über die Erfindung der elektrischen Armbanduhr. Es waren gleich zwei Firmen, die je ein Versuchsmodell vorzeigen konnten: Lip in Frankreich und Elgin in Amerika. Die beiden Uhren liefen seit einem Jahr, an der Serienreife wurde fieberhaft gearbeitet. Nach dieser vielversprechenden Ankündigung, die verständlicherweise beträchtliches Aufsehen hervorrief, verstrichen fast vier Jahre, ohne daß die revolutionäre Uhr im Handel aufgetaucht wäre. Die Unruhantriebe waren von Tisch- und Autouhren her zwar bekannt, aber die Übertragung des Systems auf die Armbanduhr bereitete offenbar die größten Schwierigkeiten. Die Probleme begannen bei einer winzigen Batterie, die nicht nur über eine lange Lebensdauer verfügen, sondern auch absolut säure- und gasdicht sein mußte, um nicht die mechanischen Teilchen im Werk anzugreifen, und endeten beim stabilen elektrischen Kontakt, der sich pro Tag 200.000mal öffnen und schließen mußte und daher einer entsprechenden Abnützung unterlag.

1955 mehrten sich plötzlich die Anzeichen, daß doch mit einer solchen Armbanduhr zu rechnen war. Im Feber 1956 erschien in der Österreichischen Uhrmacherzeitung „Der Uhrmacher" ein Artikel, in dem Dipl.-Ing. Rudolf Proidl das vermutliche Prinzip, die Konstruktion und technische Einzelheiten beschrieb.

Im März 1957 druckte diese Zeitung, die nun „Uhrmacher und Goldschmied" hieß, zu diesem Thema einen Artikel aus „Die Schweizer Uhr" ab. Darin hieß es nach der Feststellung, daß Lip und Elgin über das Versuchsstadium nicht hinausgekommen seien, nun aber die Hamilton Watch Company, Lancaster, Pennsylvania, eine Neukonstruktion in dieser Richtung herausbringen werde. „Nach einer Mitteilung", hieß es, „die uns von gutunterrichteter Seite zugegangen ist, wird die Uhrenfabrik Hamilton die elektrische Armbanduhr in nächster Zeit auf den Markt bringen; die dafür verlangten Preise sind alles andere als niedrig: Eine Uhr mit Goldgehäuse kommt auf 175 Dollar (rund 700 Schweizer Franken) zu stehen, jene mit goldbelegtem Gehäuse auf 89,5 Dollar (fast 400 Schweizer Franken). Es ist ersichtlich, daß das ‚Uhrenwunder' die gewöhnliche automatische Uhr, die billiger ist, nicht verdrängen wird. Die einzige Überlegenheit besteht darin, daß die Reparaturen der elektrischen Armbanduhren nicht so teuer sind wie jene der automatischen. Es besteht daher gar kein Grund zur Befürchtung, die Zukunft der guten Schweizer Uhr und damit der Broterwerb der Bevölkerung der Waadtländer, Neuenburger, Berner und Solothurner Uhrenzentren werde in Frage gestellt; dies um so mehr, als die Forschungen unserer Fabrikanten in der gleichen Richtung nicht in den Anfängen steckengeblieben sind und schon heute auch bei uns elektrische Armbanduhren von höchster Vollkommenheit hergestellt werden könnten, wenn es als Vorteil oder als irgendwie nützlich erachtet würde."

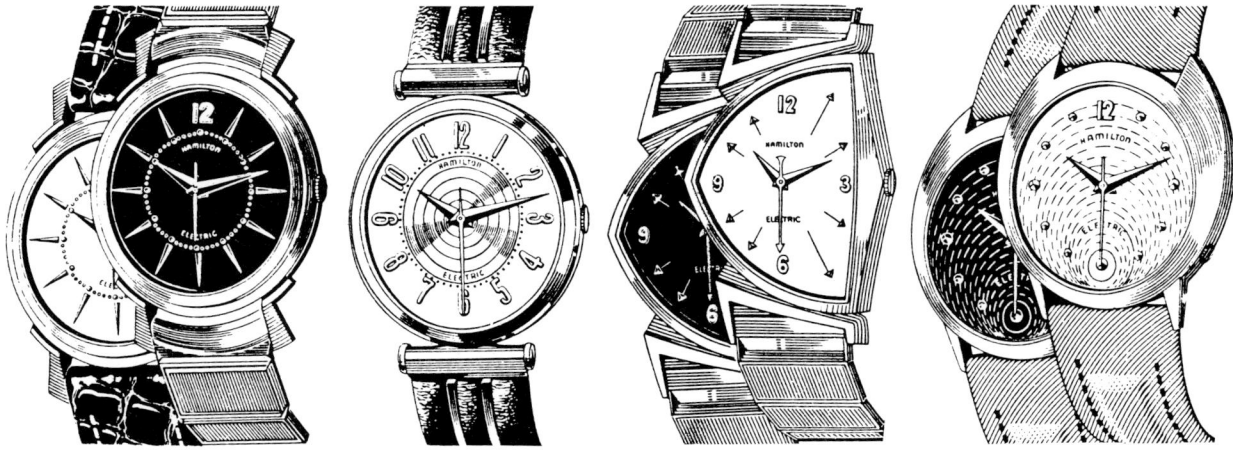

Die Hamilton 500 von 1958 in verschiedenen Ausführungen.
Von links nach rechts: die Modelle Van Horn, Sea-Lectric I, Pacer und Spectra.

Es vergingen dann noch elf Monate, bis „Uhrmacher und Goldschmied" ausführlich über die Hamilton 500 in Wort und Bild berichtete.

„Nicht größer als eine normale Armbanduhr, bietet diese elektrische Uhr die größte Genauigkeit und Verläßlichkeit, die jemals erreicht wurde. Sie beinhaltet die erste grundlegende Änderung in der Konstruktion von Uhren während fast fünf Jahrhunderten, wie der Präsident der Hamilton, Arthur B. Sinker, erklärte. Eine winzige Batterie von der Größe eines kleinen Hemdknopfes liefert die elektrische Antriebskraft, welche die Uhr für einen Zeitraum von mehr als zwölf Monaten in Gang hält. Der Energiebedarf der Hamilton-Elektrouhr ist so gering, daß sie mit dem Verbrauch, den eine 100-Watt-Glühbirne in einer Minute hat, 20 Jahre lang laufen könnte. Das treibende Organ bildet eine kleine flache Spule, welche in die Unruh eingebaut ist. Diese Spule ist aus einem Draht gewickelt, welcher nur ein Fünftel der Stärke eines Menschenhaares besitzt. Eine Menge dieses Drahtes, die für die Ausrüstung von 1000 elektrischen Uhren reicht, würde nur zwei Unzen wiegen, hätte jedoch eine Ausdehnung von Dover über den englischen Kanal bis weit nach Frankreich

hinein. Mit Hilfe zweier permanenter magnetischer Felder gerät nun die Unruh infolge elektromagnetischer Wechselwirkung in oszillierende Bewegung, und zwar in eine isochrone Schwingung. Diese Bewegung auf das Zeigerwerk zu übertragen, ist ein rein mechanisches Problem, das mit großem konstruktivem Geschick gelöst wurde. Interessant ist es, auf die in diesem System verwendeten winzigen Magnete hinzuweisen. Sie sind aus einer Platinlegierung hergestellt und besitzen den höchsten Energiegehalt irgendeines auf der Welt heute existierenden Magneten. Diese Magnete wurden von der Firma Hamilton ausschließlich für deren Verwendung in der elektrischen Uhr hergestellt. Die elektrische Uhr von Hamilton ist fast vollkommen frei von Störungen — verursacht durch sporadisch auftretende magnetische Felder — im Vergleich zu irgendeiner anderen Uhr ... Fragen wir uns nach der Gesamtwirkung dieser winzigen Miniatur-Kraftanlage, mit welcher wir es im Falle der elektrischen Armbanduhr zu tun haben, im Vergleich zur mechanischen Armbanduhr, so ist folgendes festzustellen: In letzterer hatte die Unruh lediglich die Aufgabe, die von der Uhrfeder gelieferte Kraft zu steuern, sie möglichst gleichmäßig auszugeben. In der elektrischen Uhr hingegen erzeugt die Unruh selber die Kraft und kontrolliert sie auch gleichzeitig. Damit ist ein prinzipiell neuer, vom Herkömmlichen durchaus abweichender Weg in der Konstruktion der Uhr beschritten und eine neue Epoche der Zeitmessung durch die Forschungsarbeit der Hamilton Watch Company begonnen worden."

Die Konkurrenz war natürlich nicht untätig und trat auch prompt auf den Plan. Die Schweizer Ebauches AG meldete sich 1958 mit dem ersten eidgenössischen elektrischen Kaliber, und Helmut Epperlein, Inhaber der Uhrenwerke in Ersingen, ließ der Oktober-Ausgabe der Österreichischen Fachzeit-

schrift einen Farbprospekt der Epperlein *100 Electric* beilegen, einer Uhr, die noch gar nicht auf dem Markt war.

Die Hamilton-Armbanduhr war in Österreich erstmals auf der Wiener Herbstmesse 1958 zu se-

Die elektrische Herrenarmbanduhr elechron von Porta in Pforzheim. Das Modell kam 1968 auf den Markt, es verfügte über Zentralsekunde und Datumsanzeige. Das Kaliber war mit einem Spulenschwinger ausgestattet.

hen, die Epperlein-Neuheit im Frühjahr 1959. Die deutsche Epperlein *100 Electric* war in Zusammenarbeit mit anderen Firmen und Hamilton-Patenten entwickelt und hergestellt worden. Im Werk fiel die ungewöhnlich große Balance-Unruh auf. Für die Damen wurde die Epperlein *Electric Piccolo* angekündigt. Eine ausführliche Beschreibung im Österreichischen Fachorgan folgte zu Beginn

Die Epperlein 100 Electric aus Pforzheim.

des Jahres 1960. Besonders herausgestellt wurde dabei die Einfachheit der Konstruktion im Vergleich zu einer automatischen Armbanduhr. Durch das Ziehen der Krone konnten der Stromkreis unterbrochen und die Uhr angehalten werden. Durch den Wegfall mehrerer Räder und den verminderten Druck auf die verbliebenen Lagerzapfen und Zahnräder verringerten sich auch weitgehend die Gefahren der Alterung infolge mechanischer Abnutzung.

Auch bei Lacher & Co. wurde seit Jahren an einer elektrischen Armbanduhr gearbeitet. Besondere Aufmerksamkeit wurde dem Umstand zuteil, daß die Massenproduktion eine Beeinträchtigung der Zuverlässigkeit ausschloß. Die Laco-*electric* von 1961 hatte einen Sekundenzeiger, der genau im Sekundenintervall weitersprang. Für die Zeigerstellung gab es am Gehäuseboden eine Stellkrone. War diese gezogen, floß kein Strom, und das Werk stand still.

Stowa in Pforzheim suchte die Zusammenarbeit mit Lip in Besançon. Die Stowa-*Electric* wurde 1967 der Fachwelt vorgestellt. In der Beschreibung des Herrenkalibers hieß es:

„Das zum Fortschalten der Zeiger erforderliche Räderwerk ist identisch mit dem der herkömmlichen mechanischen Armbanduhr und arbeitet völlig frei und ohne jeden Lagerdruck. Es wird durch einen ungepolten Unruhmotor, der nach dem Prinzip eines Schwinganker-Elektromagneten arbeitet, fortgeschaltet. Die hierfür benötigte Energie liefert eine 1,5-Volt-Microzelle, die so in das Werk eingebaut ist, daß durch sie keinerlei Verformungen des Gehäuses entstanden sind.

Die Unruh hat folgende vier Funktionen zu erfüllen:

1. Sie muß sich und die Spiralfeder als Zeitregler selbst in Schwingung halten.
2. Sie hat die einstellbare Kontaktgabe bei jeder zweiten Halbschwingung und ihre Unterbrechung durchzuführen.

3. Sie muß die Fortschaltung des Triebrades bewältigen, welches durch einen winzigen Permanent-Magnetstift in der jeweiligen Ruhestellung festgehalten wird.
4. Sie hat den Prellanker hin- und herzubewegen.

Zur Ausführung dieser Funktionen sind an der Unterseite der Unruh drei Funktionssteine befestigt.

Die Schwingung der Unruh besteht aus einer Fortschalt- und einer rückführenden Halbschwingung. Bei der Fortschaltschwingung führt der Kontaktstein die Kontaktfeder an den bewegbaren Kontaktrücker heran. Dadurch wird der Stromkreis geschlossen, und in der stationären Magnetspule baut sich ein Magnetfeld auf. In diesem Moment befindet sich das an dem Unruhreif befestigte Rotorhorn in unmittelbarer Nähe des Spulenkerns und wird von diesem angezogen. Die Unruh erhält dadurch den für ihren Arbeitsrhythmus erforderlichen Impuls. Der Fortschaltstein trifft nun auf die Vorderseite des Fortschaltradzahnes und transportiert dieses Rad um eine Zahnteilung weiter. An ihrem Umkehrpunkt angelangt, wird die Unruh nun durch die Kraft der gespannten Spiralfeder wieder zurückgeholt.

Bei der rückführenden Halbschwingung trifft der Fortschaltstein auf die Rückseite des Fortschaltradzahnes und hebt diesen um eine Viertelstellung von seiner Ruhelage ab. Nachdem der Stein den Zahn verlassen hat, wird letzterer durch einen unter dem Fortschaltrad in der Platine befestigten Positionsmagneten wieder in seine Ruhelage zurückgeholt. Der Kontaktstein bewegt nun die Kontaktfeder in der Gegenrichtung, also vom Kontaktrücker weg, so daß sich bei zwei Unruhhalbschwingungen der Stromkreis nur einmal schließt. Während dieser beiden Halbschwingungen bewegt der Prellankerstein den Prellanker hin und her. Dieser hat lediglich die Aufgabe, die Unruh am Überschwingen zu hindern. Auch er wird in seinen Ruhelagen durch einen in der Platine befestigten Permanentmagneten festgehalten. Die Schwingungsweite der Unruh liegt zwischen 280° und 300°. Durch diese hohe Amplitude ist ein konstanter Gang garantiert.

Die Reinhaltung der Kontaktstellen und die Unterdrückung des gefürchteten Öffnungsfunkens sind bei diesem System gewährleistet:

a) durch ausgewähltes Kontaktmaterial,
b) durch die nur in einer Richtung erfolgende Kontaktgabe,
c) durch die minimale Durchbiegung,
d) durch die außerordentlich geringe Stromaufnahme von 5 bis 7 μA und vor allem
e) durch die parallel zur Magnetspule geschaltete Funkenlöschdiode."

Diese Armbanduhr war auch als Taucheruhr mit Datumsanzeige lieferbar. *NUZ 23/67*

Die Ruhla-*Electric* Kaliber 25–12 der VEB Uhren- und Maschinenfabrik Ruhla in der DDR besaß ein selbstreinigendes Kontaktsystem. Das sehr flache Modell von 1967 wurde in verschiedenen Zifferblattausführungen geliefert, hatte Zentralsekunde, die Zeigerstellkrone lag in Höhe der Stundenmarke 4. *NUZ 18/67*

Eine Rarität blieb die elektrische Damen-Armbanduhr. Die *Lady-electric* von Laco erschien erst 1968 auf dem Markt, als die Zeit der elektrischen Uhr quasi schon zu Ende ging. Konnte bei der Herren-*electric* die Batterie eventuell durch einen Laien ausgetauscht werden, mußte man die Damen-*electric* zum Auswechseln der Mikrozelle dem Uhrmacher anvertrauen. Das kraftlose Räderwerk wurde auch hier von der Unruh schrittweise weitergeschaltet und diente ausschließlich der Bewegung der Zeiger. Die stündliche Frequenz der Lady-*electric* (Kaliber *900*, 6³/₄x8‴, 8 Steine, Sekunde aus der Mitte) betrug 21.600 Halbschwingungen.

Die Herren-*electric 880* von Laco hatte Datumsanzeige.

Die Porta-*elechron*, Kaliber *1000*, mit der die Porta-Uhrenfabrik Wehner in Pforzheim 1968 das Angebot an elektrischen Armbanduhren bereicherte, machte 28.800 Halbschwingungen, und die Unruh war zu einem Spulenschwinger reduziert. Um die Verschleißerscheinungen am Steuerorgan äußerst gering zu halten, waren Spule und Magnetsystem so angeordnet, daß bei der festgelegten Betriebsamplitude von 200° bis 230° die Gegen-Elektromotorische Kraft (Gegen-EMK) der Forderung entsprechend gleich der Batteriespannung (1,5 Volt) war. Dadurch wurde die Funkenerosion, die hauptsächlich die Abnützung hervorrief, auf ein Minimum herabgedrückt. Auf Grund dieser Konzeption wurde eine funktionssichere Betriebsdauer des Steuerorgans von mindestens acht Jahren angenommen. Die Eveready-77-Batterie erreichte eine Betriebsleistung bis zu 18 Monaten. Da die Ganggenauigkeit Chronometerqualität erreichen konnte, wurde die Regulierung über eine Feinstellvorrichtung vorgenommen. Die Porta-*elechron* war bis zu 140 Oersted nahezu antimagnetisch, hatte Zentralsekunde und wurde auch mit Datum ausgeliefert. *duz 4/70*

Eine kleine Taucheruhr mit elektrischem Werk brachte 1968 Lip mit der *Nautic Lady* auf den Markt. Das Ganzstahlgehäuse war bis 60 m Tiefe wasserdicht. *duz 5/68*

1960–1980

Es gelang der elektrischen Armbanduhr jedoch nicht, die traditionelle Armbanduhr vom Markt zu verdrängen. Wer sich in technischer Hinsicht ein Bild dieser beiden Jahrzehnte machen möchte, der braucht nur die vielen Ersatzteilkataloge, die von einem Großteil der Uhrenhersteller aufgelegt wurden, aufmerksam durchzublättern. Sie enthalten das neueste Programm, aber auch bewährte Kaliber, die seit langem hergestellt wurden. Die meist losen Blattsammlungen sind die letzte Dokumentation der mechanischen Uhr, bevor die Quarzuhr den Markt eroberte.

Solche Werkstattunterlagen ließ auch der Rohwerkehersteller Bernhard Förster in Pforzheim drucken. „Wenn uns auch Forschung und Technik den Anbruch des elektronischen Zeitalters prophezeien", hieß es anläßlich der Vorstellung eines neuen Rotorautomaten von 17,50 mm Durchmesser, „die Weiterentwicklung der mechanischen Uhr, und hier vor allem der Damenautomatik mit ihren vielfältigen Möglichkeiten im modischen Design, sollte unserer Aufmerksamkeit wert sein. Mit der neuen $7^{3}/_{4}$'''-Damen-Automatik der Kaliberfamilie No. 1400 bieten wir eine technische Perfektion:

beidseitig im Kraftfluß stehender automatischer Aufzug,

Optimierung von Federhaus, Federkern und Zugfeder (ca. 45 Stunden Gangreserve),

Auskuppeln des Automatikgetriebes beim Handaufzug,

Datumschnellschaltung und Zentralsekunde."

Das Werk trug als Hauszeichen die aufeinandergestellten Buchstaben BF in einer Kartusche. Aus der Signatur ging hervor, daß der Automat 21 Steine besaß und die Unruh 21.600 Halbschwingungen pro Stunde machte. Es gab folgende Ausführungen:

BF 1400 (Bauhöhe 3,60 mm, Handaufzug)

BF 1412 (Bauhöhe 3,90 mm, Datum im Fenster)

BF 1416 (mit Datums- und Wochentagsanzeige)

BF 1420 (Rotorautomatik, Bauhöhe 4,55 mm)

BF 1422 (Automatik, Datum, Bauhöhe 4,85 mm)

BF 1426 (Automatik, Doppelkalender, Bauhöhe 5,40 mm)

BF 1430 (Handaufzug, digitale Zeitanzeige, Bauhöhe 5,15 mm)

BF 1451 (Automatik, digitale Zeitanzeige, Bauhöhe 6,10 mm)

Von der Kaliber-Nr. wurde offenbar die 1 (für Tausend) nicht in den Platinenrand gestanzt.

Die Werke für Herrenarmbanduhren waren in der Kaliberfamilie 200 zusammengefaßt. Die Mechanik wies besondere Vorzüge auf. Zur flachen Bauweise kam ein in Steinen gelagerter Federkern, das Federhaus konnte ausgebaut werden, ohne daß die Rotorautomatik zuvor entfernt werden mußte. Wegen der großen dreischenkeligen Ringunruh, deren Durchmesser fast mit dem Radius des Werkes ident war, konnte das Minutenrad nicht in klassischer Weise zentral angeordnet, sondern nur seitlich plaziert werden. Die Unruh machte 21.600 Halbschwingungen pro Stunde, die Automatikausführung verfügte über 25 Steine. Der Werkdurchmesser betrug 26 mm, die Werkhöhe bewegte sich zwischen 3,50 mm (Handaufzug) und 4,50 mm (Rotorautomatik mit Datum). Das Angebot setzte sich aus folgenden Kalibern zusammen:

BF 200 Handaufzug

BF 212 Handaufzug, Datum

BF 214 Handaufzug, Datum, Wochentag

BF 220 Selbstaufzug

BF 222 Selbstaufzug, Datum

BF 224 Selbstaufzug, Datum, Wochentag

BF 216 Handaufzug, durchgehendes Fenster für Datum und Wochentag

BF 218 Handaufzug, Datum im Außenfenster, Wochentag

BF 226 Selbstaufzug, durchgehendes Fenster für Datum und Wochentag

BF 228 Selbstaufzug, Datum im Fenster außen

Diese Kaliberfamilie gab es auch mit Bausätzen für die digitale Anzeige der Uhrzeit und der Sekunde. Die Firmeninformation lautete: „$11^{1}/_{2}$'''+

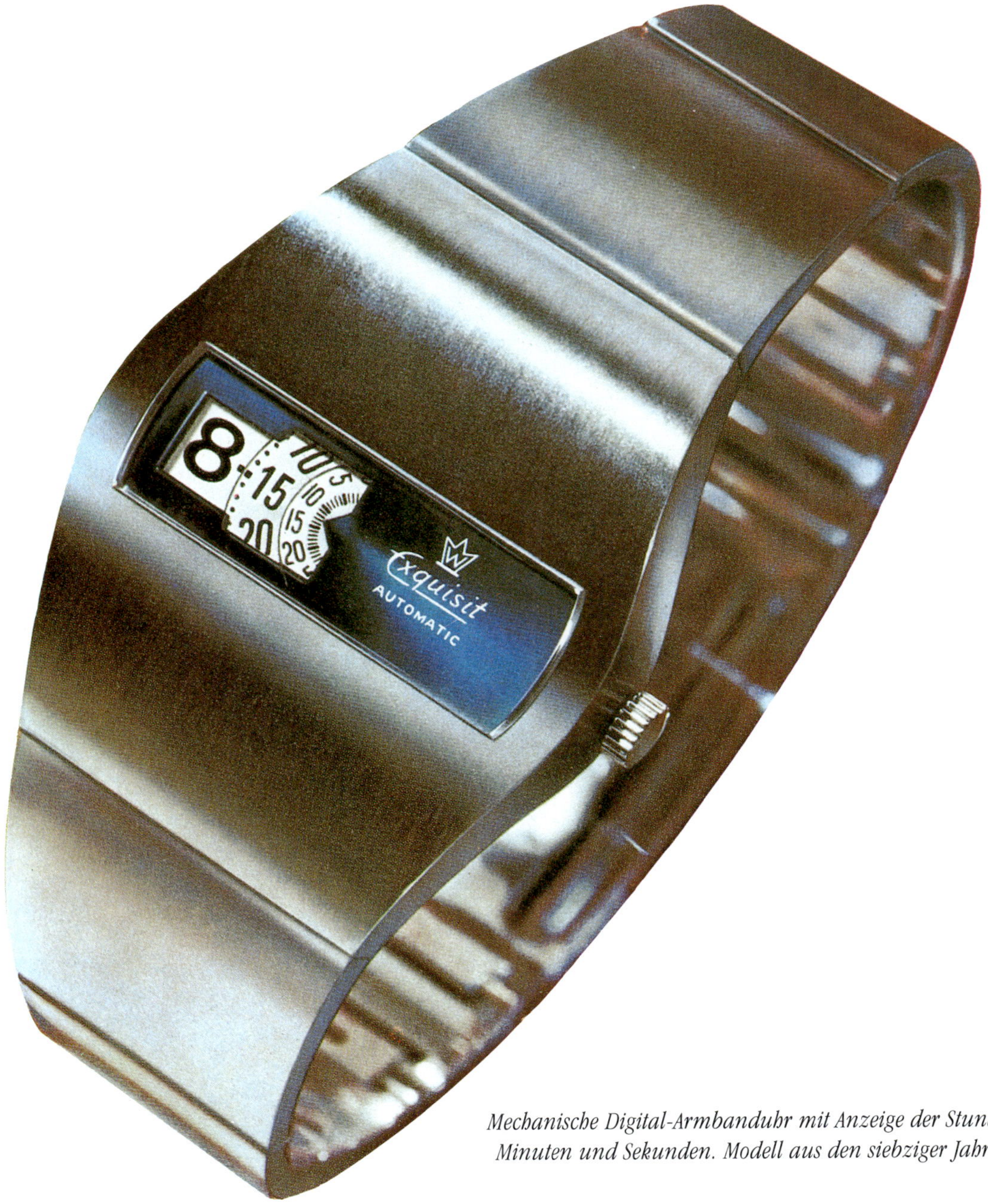

Mechanische Digital-Armbanduhr mit Anzeige der Stunden,
Minuten und Sekunden. Modell aus den siebziger Jahren.

13½''' Herren-Digital-Automatik, das führende Digitalbaukastensystem auf dem flachsten deutschen Automatik-Grundkaliber BF 200–220 aufgebaut. Das einzige Digitalwerk mit Automatik, Datum + Wochentag auf dem Weltmarkt. Exakte, sofort springende Stunde in beiden Schaltrichtungen, oder 3-Minuten-Schalter mit Doppelsprung-Synchronsperre. Beleuchtete Zifferanzeige in Vorbereitung. 14 In- und Auslandspatente, weitere Patente angemeldet." Hier die einzelnen Ausführungen:

BF 201   Handaufzug, Digitalanzeige, 3-Minuten-Schalter, ø 26 mm, Bauhöhe 5,60 mm

BF 213   Handaufzug, Digitalanzeige, 3-Minuten-Schalter, Datum, ø 30,40 mm, Bauhöhe 5,60 mm

BF 215   Handaufzug, Digitalanzeige, Datum, Wochentag, ø 30,40 mm, Bauhöhe 6,10 mm

BF 221   Selbstaufzug, Digitalanzeige, ø 26 mm, Bauhöhe 7,30 mm

BF 223   Selbstaufzug, Digitalanzeige, Datum, ø 30,40 mm, Bauhöhe 7,30 mm

BF 225   Selbstaufzug, Digitalanzeige, Datum, Wochentag, ø 30,40 mm, Bauhöhe 7,80 mm

BF 231   Handaufzug, Digitalanzeige, Schnellschalter, ø 30,40 mm, Bauhöhe 5,60 mm

BF 233   Handaufzug, Digitalanzeige, Schnellschalter, Datum, ø 30,40 mm, Bauhöhe 5,60 mm

BF 235   Handaufzug, Digitalanzeige, Schnellschalter, Datum, Wochentag, ø 30,40 mm, Bauhöhe 6,10 mm

BF 251   Selbstaufzug, Digitalanzeige, Schnellschalter, ø 30,40 mm, Bauhöhe 7,30 mm

BF 253   Selbstaufzug, Digitalanzeige, Schnellschalter, Datum, ø 30,40 mm, Bauhöhe 7,30 mm

BF 255   Selbstaufzug, Digitalanzeige, Schnellschalter, Datum, Wochentag, ø 30,40 mm, Bauhöhe 7,80 mm

Die zeigerlose Uhr erlebte in den sechziger und siebziger Jahren im modischen Design eine Renaissance, es war gleichsam, als müßte sie die Menschen auf das Display der kommenden Quarzuhr vorbereiten. Das Zifferblatt war dann ja für Jahre passé, ehe auch die Quarzuhr wieder zum klassischen Zifferblatt und zur Zeigeranzeige zurückkehrte.

Unter der Buchstabenmarke D und gelegentlich unter der Wortmarke Laco produzierte Durowe in Pforzheim. 1959 war die Rohwerkefabrik in den Besitz der US Time Corporation übergegangen. Unter der Ära Timex kam der Duromat 600 auf den Markt, ein rundes Kaliber mit Zentralrotor, 26 mm Durchmesser, 4,60 mm Bauhöhe, direkter Zentralsekunde und 25 Steinen. Beim Kaliber mit Datumsanzeige (Duromat 610) erhöhte sich die Dicke des Werkes auf 4,75 mm. Es gab Ausführungen mit 25 oder 30 Steinen. 1965 übernahm die Schweizer Ebauches AG. die Durowe. Als neues Hauszeichen wurden die Buchstaben INT. in der Ebauches-Kartusche eingeführt. 1973 kam eine neue Kaliberfamilie für Herrenmodelle ins Programm. Das Angebot reichte vom Handaufzugswerk 7410 bis zum automatischen Doppelkalenderkaliber 7527-2. Eine Spezialität bildete das Werk 7528-2. Mittels Krone konnte der entsprechende Wochentag dem Kalenderdatum für einen ganzen Monat zugeordnet werden. Die Wochentagscheibe hatte die Form eines grob gezähnten Rades.

1978 kam der Duromat Champion ins Produktionsprogramm, bei dessen Entwicklung vereinfachte Montage und Wartungsfreundlichkeit im Vordergrund standen.

Sehen wir uns nun noch die deutsche Uhrenfabrik Bifora an! Der Furniturenkatalog Nr. 7 vermittelt das Bild einer großen Kali--vielfalt. Der Damenautomat 70 hatte einen Durchmesser von 16 mm. Verfügte das Handaufzugswerk 84 (ø 19,40 mm) über die kleine Sekunde, war das 85 SC mit indirekter Zentralsekunde ausgestattet.

Das Herrenkaliber 115 (ø 25,60 mm) von 1967 wies laut Firmeninformation einige interessante technische Besonderheiten auf. Bifora: „Bei diesem Werk handelt es sich um ein massives Ankerwerk mit Kupplungsaufzug und kraftschlüssiger Mittelsekunde. Das Werk wird in 17steiniger Ausführung mit und ohne Kalender geliefert. Das Werk ist sehr zweckmäßig und flach gebaut (Höhe 3,55 mm) und gestattet die Verwendung ansprechend flacher Gehäuse. Die übersichtliche Anordnung des Räderwerks, das sehr gut zugänglich ist, weiß der Fachmann besonders zu schätzen. Besonderer Wert wurde auf eine stabile Lagerung der Minutenbrücke gelegt, um einen guten Geradestand des Minutenrades sicherzustellen. Um das Einlaufen der Minutenradzapfen zu vermeiden, ist das Trieb sowohl in Platine als auch in der Brücke in einem Lochstein gelagert. Der Kupplungsaufzug ist weich und besitzt einen großen Rücklauf, dadurch wird eine Überspannung der Zugfeder vermieden. Reguliert werden die Werke in vier Lagen. Die Spirale liegt frei, so daß ein Verfangen im Räderwerk nicht möglich ist. Sämtliche Werke werden mit der fabrikeigenen Stoßsicherung Bishock ausgestattet. Das Werk ist mit Pitonmobile zur schnellen Abfalleinstellung ausgerüstet. Alle Werke werden mit selbstschmierenden, unzerbrechlichen Zugfedern versehen. Die Kalenderausrüstung hat einen Außenkalender mit Schnellverstellung. Der Datumring hat zwei Sperren, dadurch ist ein sicherer und rascher Datumwechsel gewährleistet. Die Datumkorrektur erfolgt durch Verstellen der Zeiger zwischen 21.30 und 0.00 Uhr."

In der Größe 25,60 mm Durchmesser trug der Rotorautomat die Kaliber-Nr. 116 (1160 Kalender, 1160/1 Doppelkalender). Das Werk besaß 24 Funktionssteine. Der große Rotorautomat SA 13 hatte einen Durchmesser von 29 mm. Daneben existierte eine ganze Reihe von Formwerken.

Wechseln wir nun in die Schweiz, und sehen wir uns zunächst bei Favre-Leuba in Genf ein wenig um! Die Firma war eine Gründung von 1851,

kam 1969 zur Saphir und wurde später – wie Jaeger-LeCoultre – in die deutsche VDO-Gruppe eingegliedert. Auf sich aufmerksam zu machen wußte die Firma mit der Bivouac, einer Armbanduhr mit Barometer und Höhenmesser, und der Bathy 50, einem Modell mit Tiefenmesser bis zu 50 m.

Favre-Leuba hatte zwar nur ein kleines, aber gediegenes Kaliberprogramm. Das ausgefallenste Werk war das FL 250 mit doppeltem Federhaus. Die Brückenseite des Handaufzugkalibers bot mit den eigenartig geformten Brücken und dem Unruhkloben mit Fortsatz ein ungewohntes Bild. In der etwas größeren Ausführung hatte es die Bezeichnung FL 251. Hatten diese einen zeigerlosen Rücker, wiesen der Rotorautomat FL 1149 und das Handaufzugkaliber FL 1187 einen speziellen Rücker auf. Sein Zeiger war exzentrisch gelagert und stand mit dem zentralen Teil über eine Sektorverzahnung in Verbindung.

Das runde Damenkaliber FL 501 fiel durch seine geringen Abmessungen auf (ø 13,10 mm, Bauhöhe 3 mm, Schraubenunruh, 17 Steine, kombiniertes Steinfutter (Loch- und Deckstein) für Ankerradwelle, Incabloc-Ministoßsicherung, 21.600 Halbschwingungen pro Stunde, zeigerloser Rücker). Es war somit kleiner als die kleinsten Rundkaliber der Ebauches AG, die es erst ab einer Größe von 13,50 mm Durchmesser und einer Bauhöhe von 3,15 mm gab.

Die Ebauches AG bot 1967 allein an Basiskalibern rund 120 verschiedene Fabrikate an. Das Programm deckte alle Bedürfnisse ab, es reichte vom Roskopf-Werk bis zum Chronometerkaliber, vom Chronographenwerk bis zum Armbandweckerkaliber. Die Rotorautomaten kamen zu dieser Zeit aus den Fabriken ETA, F und AS. ETA baute sowohl den kleinsten (ø 15,30 mm und 5,20 mm Bauhöhe) als auch den größten (ø 29 mm und 5,05 mm Bauhöhe).

Extravagantes Modell der Francillon AG mit der Handelsmarke Longines.

Exklusive Longines-Kreation aus dem schweizerischen Saint-Imier, wo die Gründer der Firma 1866 mit ihrer erfolgreichen Arbeit begannen und es zu hohem Ansehen brachten.

Wie sah es bei Roamer in Solothurn gegen Ende der sechziger Jahre aus? Das Kennzeichen der Marke waren die Buchstaben MST für Meyer & Stüdeli (Firmenname bis 1952). Nach dem Tod von Dr. Ernst Meyer 1967 übernahm ein Dreier-Direktorium die Leitung des 1888 gegründeten Unternehmens. Es setzte die Bereinigung des Kaliberprogramms fort. Hatte die Firma in den vierziger Jahren noch etwa 150 verschiedene Werksausführungen, waren bis in die sechziger Jahre über 100 aufgelassen worden. Nun kam das Ende der eigenen Uhrwerksproduktion, Roamer griff vermehrt zu Fremdkalibern. Die neue Geschäftsleitung beschloß nämlich folgende Maßnahmen:
– drastische Einsschränkung der eigenen Kaliber,
– Konstruktion eines Familienkalibers für Herrenuhren und Aufnahme von Verhandlungen mit anderen Manufakturen zwecks gemeinsamer Fabrikation,
– Fallenlassen der Eigenproduktion von Kalibern für Damenuhren,
– Aufgabe der Zifferblattfabrikation,
– Auflassen der meisten Filialen und Konzentration der Montage in Mümliswil.

Roamer verabschiedete sich von der Tradition des Hauses, seine eigenen Fabrikate zu verwenden. 1971 kam es zu Kooperationsverträgen mit der General Time in den USA wegen der Entwicklung und Fabrikation einer Quarzarmbanduhr und mit der ETA betreffend die Montage eines Damenkalibers. 1972 richtete die ETA bei Roamer eine Montagekette ein. 1973 kam es zur Inbetriebnahme einer automatischen Montagekette für Herrenuhren in Mümliswil.

Roamer behielt jedoch seine eigenen Kaliberbezeichnungen bei. So lief das ETA-Kaliber 2442 (ø 13,50 mm) unter der Nr. 480.

Ein Rotorautomat für Herrenuhren war das Kaliber 470 (ø 26 mm, Bauhöhe 4,55 mm). Seine

44 Rubine verteilten sich auf das Uhrwerk (19), den automatischen Aufzug (8 Lochsteine), die Kupplungskugeln (10) und das Rotorkugellager (7). Der Selbstaufzugsmechanismus war ins Werk integriert, befand sich unter einer Brücke und bestand neben den Schrauben aus elf Bestandteilen. Die Unruh machte 21.600 Halbschwingungen pro Stunde, die Rückerkonstruktion bestand aus einem verstellbaren Spiralklötzchenträger, der das Einstellen des Abfalls erleichterte, und dem Rücker mit exzentrischem Regulator. Das Kaliber 471 verfügte über Datumsanzeige.

Beschäftigen wir uns nun etwas näher mit der japanischen Produktion. Einen großen Bekanntheitsgrad erreichte die Handelsmarke Seiko des japanischen Konzerns K. Hattori & Co. Ltd, der seit 1955 die automatische Armbanduhr in der Produktpalette hatte. Für den Seikohändler mit Werkstatt standen schon lange vor Einführung der Quarzuhr nicht nur ein Ersatzteilkatalog für die einzelnen mechanischen Kaliber zur Verfügung, sondern zusätzlich auch noch ein Technischer Führer mit Gebrauchs- und Reparaturanleitung.

Das Spitzenkaliber war der Rotorautomat 4006 A/27 J mit Wecker, Datum und Wochentag (ø 31,20 mm, Höhe 7,15 mm, 19.800 Halbschwingungen pro Stunde, Zentralsekunde, Datumschnellkorrektor, Diashock-Stoßsicherung, 27 Funktionssteine, zeigerloser Rücker, Klinkenaufzug, Läutwerk mit Hammer auf Tonfeder mit Energie über eigene Zugfeder). Dieses Kaliber gab es auch mit 17 Steinen (4006 A/17 J).

Ein kleineres Herrenkaliber war der Rotorautomat 5206 A/23 J. Seine Daten: kleines Rundkaliber mit breitem Rand für die Schwungmasse des Rotors, ø 25,60 mm, Bauhöhe 3,95 mm, 28.800 Halbschwingungen pro Stunde, 23 Steine, Zentralsekunde mit Anhaltevorrichtung, Feinregulator, Diashock-Stoßsicherung, Diafix-Ölgeber, Datums-

und Wochentagsanzeige). Die zweite Ausführung hatte 25 Steine.

Das Kaliber 5606 A/23 oder 25 J unterschied sich vom 5206 A durch die größere Bauhöhe von 4,25 mm und die geringere Frequenz von 21.600 Halbschwingungen pro Stunde.

Noch ein wenig dicker war das Automatikwerk 5626 A/25 J, seine Höhe betrug 4,50 mm. Die Unruh machte 28.800 Halbschwingungen pro Stunde.

Das Spitzenprodukt einer anderen Kalibergruppe war der Rotorautomat 6106 A/25 J (ø 27 mm, Höhe 5,15 mm, 25 Steine, 21.600 Halbschwingungen pro Stunde, anhaltbare Zentralsekunde, zeigerloser Rücker, Datum, Wochentag). Das Kaliber 6105 B/17 J hatte nur Datumsanzeige, desgleichen das 6117 B/17 J, während das 6119 C/21 J auch über die Wochentagsanzeige verfügte.

Ein Chronographenwerk lief unter der Nr. 6138 A/21 J. Auch der Chronograph war mit Selbstaufzug, Datum und Wochentag ausgestattet, der Chronographenmechanismus mit 12-Stunden-Zähler arbeitete mit Schaltrad. Werkdaten: ø 27 mm, Bauhöhe 8 mm, 21 Steine, Unruhbrücke, Rotorautomatik, Chronographenmechanismus zwischen Uhrwerk und Automatikblock. Der Chronograph mit Selbstaufzug 6139 A/21 oder 17 J fand mit einer Werkhöhe von 6,65 mm das Auslangen. Es gab auch Ausführungen ohne Stundenzähler.

Der Rotorautomat 7005 A/17 J zeichnete sich durch eine einfache Bauweise aus (ø 27 mm, Höhe 4,50 mm, 21.600 Halbschwingungen pro Stunde, Datum mit Schnellkorrektor). Das Kaliber 7006 A/17 oder 21 J hatte eine Bauhöhe von 4,85 mm und besaß auch Wochentagsanzeige. Mit leicht geändertem Kalendermechanismus hatte das Werk die Bezeichnung 7019 A/21 J. Beim Kaliber 7009 A/17 J war kein manueller Aufzug möglich.

Ein sehr einfaches Handaufzugskaliber waren das 66 B/17 J (ø 23,30 mm, Höhe 3,85 mm, 18.000

Halbschwingungen pro Stunde, Zentralsekunde) und das 6602 B/17 J (ø 27,60 mm, Höhe 4,45 mm, Zentralsekunde, Datumsanzeige).

Für Damenuhren gab es mehrere Kalibergruppen, die meisten mit Handaufzug. Ein feines Automatikkaliber war das 2706 A/21 J (ø 17,20 mm, Bauhöhe 5,70 mm, Zentralsekunde, 28.800 Halbschwingungen pro Stunde, Doppelkalender mit Schnellkorrektor).

Die Großserienfertigung war um 1950 in den Seikosha-Fabriken eingeführt worden. Mit den im eigenen Haus entwickelten Montagemaschinen wurde eine hohe Qualitätsstufe erreicht, die den Seiko-Produkten weltweit den Markt öffnete. Von den 1976 erzeugten 15,6 Millionen Armbanduhren (davon 4 Millionen Quarzmodelle) gingen rund 10 Millionen in den Export. 1979 erreichte die Jahresproduktion 23 Millionen Armbanduhren bzw. Uhrwerke, wovon rund 15 Millionen außerhalb Japans verkauft wurden. Zum Vergleich: Die Jahresproduktion von Omega in Biel erreichte erstmals in den frühen sechziger Jahren die Eine-Million-Marke.

Ein anderer bekannter japanischer Anbieter von Armbanduhren war die 1930 gegründete Citizen Watch Co., die 1958 einen Armbandwecker, 1965 die Crystal Seven (wasserdichtes und automatisches Herrenmodell mit Datums- und Wochentagsanzeige) und 1970 eine Damenarmbanduhr mit Selbstaufzug, Datums- und Wochentagsanzeige auf den Markt brachte. Es folgte ein in technischer Hinsicht interessanter Armbandchronograph mit ständig laufendem Chronographenzeiger als Zentralsekunde. 1977 kam von Miyota-Citizen in Tokio das Automatikkaliber 8215 ins Produktionsprogramm, ein Werk, das noch in den neunziger Jahren gebaut wird und auch an Firmen wie Festina und Camel geht (UM 11/92). Technische Daten: ø 25,60 mm, Höhe 5,32 mm, 21.600 Halbschwingungen pro Stunde, 21 Steine, Zentralrotor, Aufzug

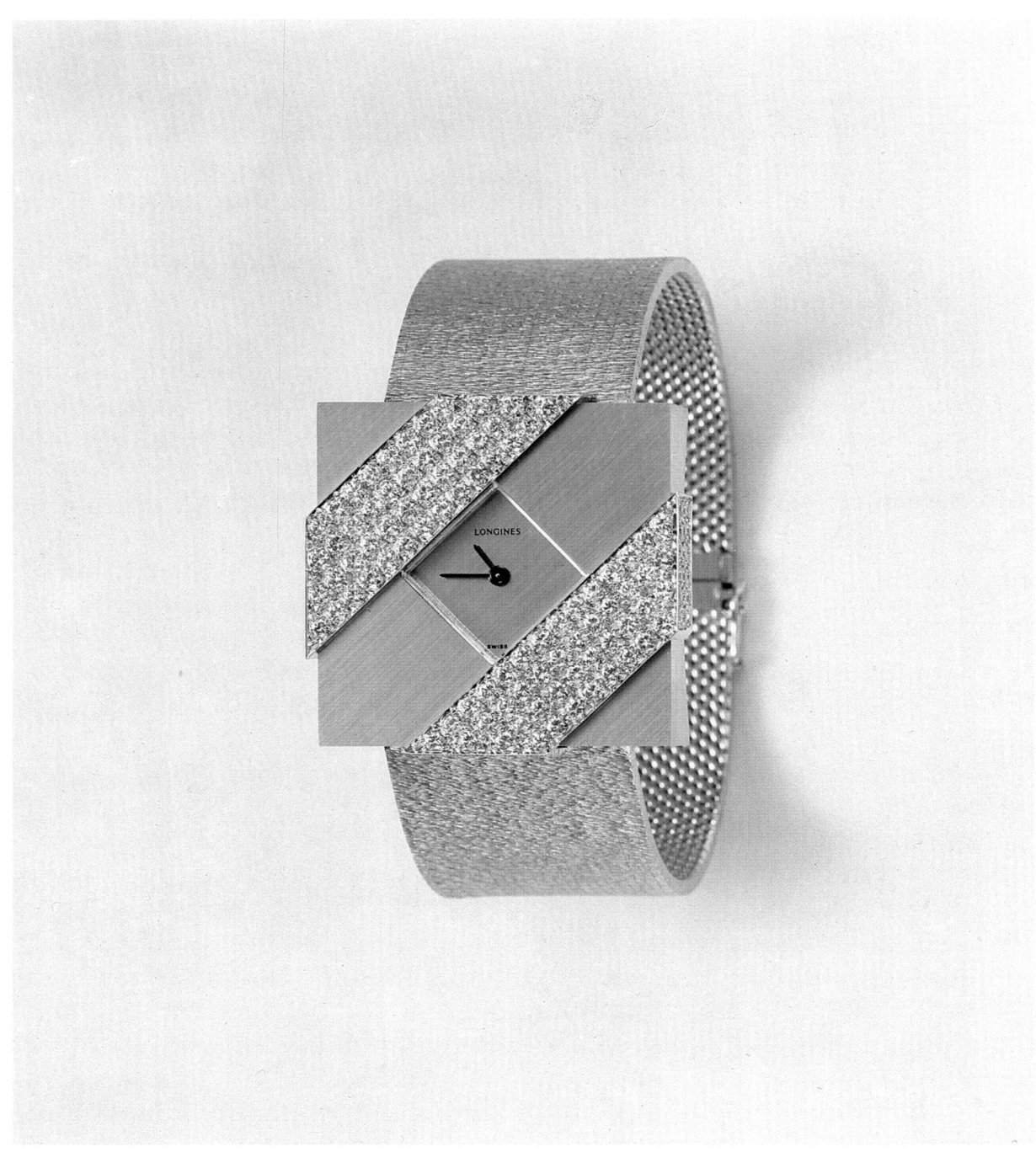

Die Schönheit dieser Schmuckuhr von Longines wird durch die Kühle der 160 Diamanten hervorgehoben. Sie wurden Stück für Stück zusammengesetzt, um eine tadellose Ausführung jeder einzelnen Diamantoberfläche zu gewährleisten. Das gediegene Armband ist durch einen Juwelenverschluß gesichert.

in einer Drehrichtung, Gangreserve rund 45 Stunden, Datumsanzeige. Das Werk mit Doppelkalender trug die Kaliber-Nr. 8205.

Die UdSSR erzeugte 1977 rund 60 Millionen Zeitmesser. Da bisweilen Schweizer Fabrikanten die Produktionsautomaten von Auslaufmodellen in die Sowjetunion verkauften, findet man unter den Kalibern so manches, das an Schweizer Produkte erinnert. Der Rückstand gegenüber der westlichen Produktion war zu einem Gutteil aufgeholt. Es gab Werke mit Zentralsekunde, Selbstaufzug, Chronographenmechanismus, Doppelkalender usw.

Konnte sich die mechanische Armbanduhr mit Zugfeder gegenüber der elektrischen Ausführung einigermaßen leicht behaupten, setzte ihr die elektronische hart zu, sie wurde von ihr unbarmherzig ins Abseits gedrängt.

1. Generation

Der der elektrischen Armbanduhr anhaftende Mangel bestand in der Abnützung der elektromechanischen Teile. Der kontaktlose Transistor bedeutete in der Folge einen gewaltigen Fortschritt. Der französische Uhrenhersteller Lip besaß schon 1957 einen kleinen Zeitmesser mit Transistorumschaltung und ließ zwei Jahre später am Observatorium von Besançon den ersten transistorisierten Chronometer hinterlegen.

Junghans in Deutschland hatte 1955 die erste kleine Vorserie der Transistorarmbanduhr in Erprobung genommen. Es sollten aber zwölf Jahre vergehen, ehe die transistorgesteuerte Herrenuhr auf den Markt kam. Der Chronometer Dato-Chron war bestückt mit dem Kaliber 600.12, das über eine anhaltbare Zentralsekunde und Datumsanzeige verfügte. Die große, scheibenartige Unruh machte 21.600 Halbschwingungen pro Stunde und wurde kontaktlos durch einen Transistor gesteuert. Durch Zug der Krone (plaziert zwischen den Stundenmar-

Das Junghans-Kaliber 600.10 mit kontaktlosem, durch Transistor gesteuertem, amplitudenstabilisiertem Schwingsystem.

ken 4 und 5) konnte die Unruh jederzeit gestoppt werden. Das Werk besaß Feinregulierung mittels einer Exzenterschraube, 17 Steine und eine Star-Shock-Stoßsicherung.

Die Ebauches AG leistete mit der Swissonic Line ihren Beitrag zur Weiterentwicklung. Das erste Kaliber zum Typ *Swissonic 10* war das *ESA 9154 Dynotron*. Die batteriebetriebene Herren-Armbanduhr arbeitete mit einer Frequenz von 4 Hertz, hatte Zentralsekunde und Kalender. *U–J 10/73*

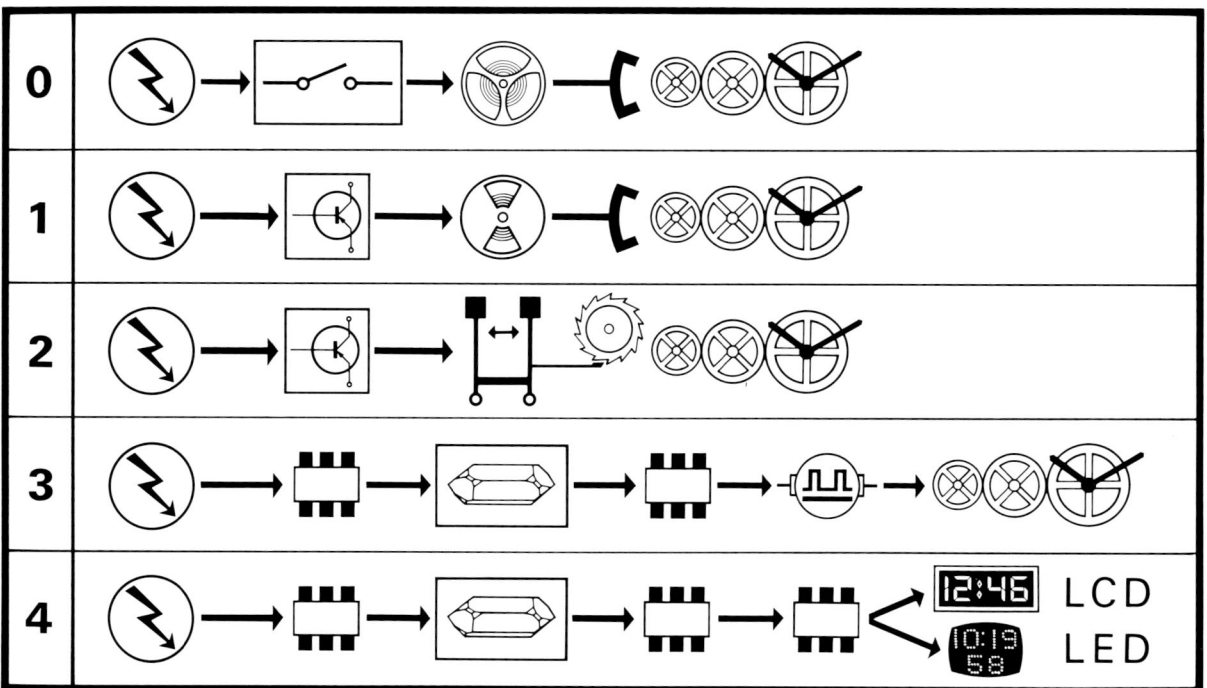

Systematik der elektrischen und elektronischen
Armbanduhr:
Generation 0 (elektromechanischer Werk-Typ):
Batterie, elektrischer Kontakt, Unruhmotor, Hemmung,
Räderwerk, Zeiger.
Generation 1 (elektronischer Typ, Resonator bleibt die
konventionelle Unruh): Batterie, transistorisierte Schaltung
für Dosierung und Unterhalt, Unruhmotor, Hemmung,
Räderwerk, Zeiger.
Generation 2 (elektronischer Typ,
Metallbiegeschwinger als Resonator): Batterie,
transistorisierte Schaltung für Dosierung und Unterhalt,
Schallresonator (Stimmgabel), Klinke, Räderwerk, Zeiger.
Generation 3 (elektronischer Typ, Resonator ist ein
Quarzkristall): Batterie, integrierte Unterhaltsschaltung,
Quarz, integrierte Teilerschaltung, Schrittschaltmotor,
Räderwerk, Zeiger.
Generation 4 (vollelektronischer Typ, ohne bewegliche
Teile): Batterie, integrierte Unterhaltsschaltung, Quarz,
integrierte Teilerschaltung, Dekoder (integrierte
Schaltung), elektronische LCD- oder LED-Anzeige.
Bei den Uhren der Generation 3 und 4 genügt oft
eine einzige Schaltung für Unterhalt und Teilung, ja sogar
Dekodierung (4.).

Für Damenmodelle wurde das *ESA 9200 Frontonic* geschaffen, ein Formwerk mit den enorm sparsamen Abmessungen 15,30 x 17,80 mm und 4,60 mm Höhe. Der Unruh-Motor machte 28.800 Halbschwingungen pro Stunde. Das Kaliber verfügte über Sekunde aus der Mitte und Feinregulierung. Das Modul umfaßte einen integrierten Stromkreis mit mehreren Transistoren, eine Induktions- und Motorspule und eine negative Stromanschlußbride. *gz 2/74*

Eine transistorisierte elektrische Armbanduhr war auch die *Space tronic* von Zodiac. Das sechseckige Druckgehäuse *S 5000* war mit dem *ESA*-Kaliber 9150 bestückt. Das Schwingungssystem war auf 3 Hertz (21.600 Halbschwingungen pro Stunde) ausgelegt. Der Transistor diente als kontaktloser Schalter und war mit den anderen Bauelementen (Widerstand, Kondensatoren und Spulen) zu einer elektronischen Baugruppe zusammengefaßt. *NUZ 18/67*

Die Chronolympic/C-Tronic stammt aus 1975. Im Gehäuse befindet sich ein Stimmgabelwerk. Das Modell verfügt über eine kleine Sekunde, den 30-Minuten- und den 12-Stunden-Zähler sowie eine Tachymeterskala. Die Kalenderanzeige befindet sich in einem zweigeteilten Fenster bei der Stundenmarke 3. Das Fenster rechts zeigt das Datum, das Fenster links den Wochentag als Zahl. Über die Art der Zählung mußte der Träger mit sich selbst ins reine kommen. Er hatte zu entscheiden, ob der Sonntag der erste oder der siebente Tag der Woche war.

Übersichtstabelle der elektrischen und elektronischen Uhren.
Die Quarzuhren sind nach der Frequenz ihres Resonators
geordnet. Bei Gleichheit nach Lancierungsdatum.

UHRENTYP	ELEKTRISCH MIT UNRUH-SPIRALFEDER	ELEKTRONISCH MIT UNRUH-SPIRALFEDER	ELEKTRONISCH MIT SCHALLRESONATOR	
	1	2	3	4
RESONATOR	Unruhmotor	Unruhmotor	Metall-stimmgabel	Kompensierte Metall-stimmgabel
FREQUENZ	2,5 - 4 Hz	2,5 - 6 Hz	360 - 480 Hz	300 Hz
SCHALTUNG	Elektrischer Kontakt	Transistoren	Transistoren	Transistoren
STEUERUNG DER ZEITANZEIGE	Räderwerk	Räderwerk	Rad und Sperrkegel	Rad und Sperrkegel
BESONDERHEITEN	Auch als Damenmodell. in der Schweiz aufgegebenes System	Auch als Damenmodell.	Auch als Damenmodell.	Auch als Chronograph
BESTEHENDE MODELLE	Verschiedene	Verschiedene	Bulova Accutron Mini-Accutron (Damenuhr) Slava (UdSSR)* *Accutron Kopie	Swissonic 100 (Mosaba)

ELEKTRONISCH MIT NIEDERFREQUENZQUARZ			(KYBERNETISCH)	
5	6	7	8	9
Quarzstab	Quarzstab	Quarz-stimmgabel	Quarzstab + Mikromotor	Quarz-stimmgabel
8192 Hz	8192 Hz	8192 Hz	9350 Hz + 170 Hz	16 384 Hz
Integrierte Schaltung	Integrierte Schaltung	Integrierte Schaltung	Transistoren	Integrierte MOST-Schaltung
Mikromotor + Sperrkegel	Schrittmotor	Schrittmotor	Mikromotor + Sperrkegel	Schrittmotor
Erste Uhr mit integrierter Schaltung			Vom Quarz über eine Vergleichsschaltung gesteuerter Vibrations-motor	
Beta 21 (CEH)	Lip (Frankreich) 1972	Junghans (Deutschland) 1972	Longines Ultra Quarz	Seiko (Japan) 3. Version

UHRENTYP	ELEKTRONISCH MIT NIEDERFREQUENZQUARZ			
	10	11	12	13
RESONATOR	Quarzministab	Quarz-stimmgabel	Quarzministab	Quarzministab
FREQUENZ	32 768 Hz	32 768 Hz	32 768 Hz	32 768 Hz
SCHALTUNG	Integrierte MOST-Schaltung	Integrierte MOST-Schaltung	Integrierte MOST-Schaltung	Integrierte MOST-Schaltung
STEUERUNG DER ZEITANZEIGE	Schrittmotor	Schrittmotor	Stimmgabel + Sperrkegel	Schrittmotor
BESONDERHEITEN	Eine einzige Schaltung übernimmt sämtliche Funktionen	Kalender mit Tag und Datum	Miniaturisiert ø 28 mm Kalender mit Tag und Datum	Kalender mit Tag und Datum
BESTEHENDE MODELLE	Girard-Perregaux	Ricoh (Japan)	Bulova Accuquarz	Roamer Micro-Quarz

				ELEKTRONISCH MIT HOCHFREQUENZ QUARZ
14	15 «SOLID STATE»	16 «SOLID STATE»	17 «SOLID STATE»	18
Quarzministab	Quarzministab	Quarzministab	Quarzministab	Quarzlinse
32 768 Hz	32 768 Hz	32 768 Hz	32 768 Hz	2 359 296 Hz
Integrierte MOST-Schaltung	Integrierte MOST-Schaltung	Integrierte MOST-Schaltung	Integrierte MOST-Schaltung	Integrierte MOST-Schaltung
Schrittmotor	Elektronische Anzeige (Dioden)	Anzeige durch Flüssigkristallen (LCD)	Flüssigkristallen (LCD)	Schrittmotor
Herrenuhr mit Tag und Datum Kalender Damenmodell (erste auf der Welt)	Erste Uhr mit elektronischer Anzeige. Nicht permanent: Knopfdruck erforderlich	Permanent-Anzeige	Permanent-Anzeige mit Sekunde und Kalender	Erste Hochfrequenz Quarzuhr
Ebauches S.A. Swissonic 1000	Hamilton (USA) Omega (verbessert)	Société des Garde-Temps Ditronic Tissot – Lanco	Ebauches S.A. Swissonic 2000 Longines	Omega Megaquarz (Prototyp)

Multifunktionsuhr von Omega: die Memomaster mit LCD-Anzeige.

Das Quarzmodell TSX2 mit Dualanzeige aus der Tissot-Kollektion.

Aus einer Citizen-Kollektion:
1 Crystron Quartz mit Analoganzeige, Zentrumssekunde und Kalender; sie bezieht ihre Energie über Tages- oder Kunstlicht
2 Multifunktionsuhr mit numerischer LCD-Anzeige
3 Die Quartz 790, deren Werkhöhe nur 0,98 mm beträgt
4 Megaquarz-Modell mit Zentrumssekunde und Kalender

2. Generation

In der 2. Generation wurde die konventionelle Unruh von einem Metall-Biegeschwinger als Resonator abgelöst. Diese Konstruktion war mit einer Erhöhung der Frequenz auf 300 bis 480 Hertz verbunden. Die bekannteste Stimmgabel-Armbanduhr war die *Accutron*. Von diesem Modell wurden allein von 1960 bis 1964 weit über 200.000 Stück ausgeliefert. Markant war das Spaceview-Modell. *NUZ 10/64–13/64*. 1972 kam die *Mini-Accutron* auf den Markt. Auch hier besaß die winzige Stimmgabel einen elektronischen Steuerkreis. Die Frequenz im Vergleich zum großen Bruder Kaliber *218* war von 360 auf 480 Schwingungen erhöht worden.

Die Ebauches AG baute die Reihe *Swissonic 100*, deren wichtigstes Kaliber das *ESA 9164 Mosaba* war. Es diente als Basiswerk für die ersten elektronischen Chronographen. Der mechanische Teil kam von ETA, Valjoux und Dubois & Dépraz. *U–J 10/73*

Certina in Grenchen hatte in seinem *Chronolympic C-Tronic*-Armband-Chronographen ein kompensiertes Stimmgabelwerk. Die Stoppung erfolgte auf die Zehntelsekunde genau. Zur ständig laufenden kleinen Sekunde bei der 12 kamen Minuten- und Stundenzähler sowie digitale Anzeige von Datum und Wochentag. Letztere erfolgte nicht mit Buchstaben, sondern mit den Ziffern 1 bis 7. *U–J 9/75*

Der Omega-*Speedsonic* besaß einen Schallresonator, der mit einer Frequenz von 300 Hertz schwang. Der Chronograph (mit seiner kleinen Stellkrone und den breiten Drückern) hatte Datums- und Wochentagsanzeige, kleine Sekunde, Minuten- und Stundenzähler. *gz 7/74*

3. Generation

Sie wird von der Quarztechnologie bestimmt. Die umwälzende Neuerung war das seit Jahrzehnten bekannte Quarzprinzip, das nun auch bei Kleinuhren Anwendung fand. Zur Untersetzung der Quarzschwingungen griff man auf integrierte Stromkreise zurück.

Das erste Werk mit Quarzstab und integrierter Schaltung war das *Beta 21* des Schweizer CEH. 1966 verfügte man über die ersten Prototypen, die in einem Chronometer-Wettbewerb geprüft wurden. Die Ergebnisse waren so hervorragend, daß man 1967 damit zum Chronometrie-Wettbewerb am Neuenburger Observatorium antrat und alle Präzisionsrekorde weit in den Schatten stellte. Da sich diese Ganggenauigkeit auch beim Tragen bestätigte, wurde am 22. Mai 1968 die Auflage einer ersten industriellen Serie von 6000 Stück Quarz-Armbanduhren beschlossen. Das *Beta 21*-Werk arbeitete mit 8192 Schwingungen pro Sekunde.

Dieses *Beta 21*-Werk hatte erstmals eine integrierte Schaltung. Das erste in Deutschland entwickelte Quarzwerk für Armbanduhren wurde am 8. Februar 1971 von der Pforzheimer Uhrenfabrik Philipp Weber (Arctos-Armbanduhren) vorgestellt. Die Auslieferung der ersten Serienmodelle wurde für April 1971 angekündigt. Ein Blick ins Werk zeigte, daß ein verhältnismäßig kleiner Quarzstab Verwendung fand. Die Frequenz von 16.384 Hertz erforderte einen höheren Energiebedarf, welcher durch eine große Batterie in Tellerform, untergebracht im Gehäuseboden, gedeckt wurde. Der Quarzstab von rund 20 mm Länge war in einer zylindrischen Kapsel untergebracht.

Lip folgte 1972 mit einem Quarzmodell, bei dem Mikromotor und Sperrkegel durch einen Schrittmotor ersetzt waren. Dann kamen die Quarz-Stimmgabel bei Junghans und Seiko, der Ultra-Quarz mit über 9300 Hertz bei Longines und der Quarz-Ministab mit 32.768 Hertz und integrierter MOST-Schaltung bei Girard-Perregaux.

Die Auslieferung der *Astro-Quarz* von Junghans wurde für Weihnachten 1971 versprochen.

Das Werk hatte eine Höhe von 5,80 mm, die Frequenz betrug 8192 Hertz. Wer sie haben wollte, mußte 1600 DM auf den Ladentisch legen. Die Auslieferung erfolgte 1972.

Ricoh in Japan hatte in seinen Armbanduhren eine Quarz-Stimmgabel mit 32.768 Schwingungen pro Sekunde und als Besonderheit Datums- und Wochentagsangabe.

Die *Accuquartz* der Bulova Watch Company war miniaturisiert auf 28 mm Durchmesser und hatte gleichfalls Kalender (Datums- und Wochentagsanzeige).

Ein Glied in der Entwicklung der elektronischen Armbanduhr der 3. Generation stellte 1975 weiters die Roamer *Micro-Quarz* aus Solothurn dar. Der Resonator war ein Miniquarzstab mit einer Frequenz von 32.768 Hertz. Sie wurde durch eine integrierte MOST-Schaltung über 16 Reduktionsstufen auf genau einen Impuls pro Sekunde geteilt und durch einen Mikro-Schrittschaltmotor in einen Sekundenschritt gewandelt, der vom zentralen Sekundenzeiger präzise und sichtbar vermittelt wurde. Gleichzeitig wurde der schnellschaltende Kalendermechanismus (Wochentag und Datum) angetrieben. Die richtungweisende Konzeption war in verschiedene Gehäuse verpackt. Der Preis des billigsten Modells betrug 425 DM. *NUZ 4/75*

In der Reihe *Swissonic 1000* gab es quarzgesteuerte Herren- und Damen-Armbanduhren mit Schrittmotor im Sekundentakt und integrierter Mikroelektronik in MOS-Schaltung. Das Herrenkaliber war mit der A. Schild AG verwirklicht worden. Es besaß Datums- und Wochentagsanzeige. Das Damenkaliber wurde von Lip hergestellt.

4. Generation

Die nächste Armbanduhr war die Solid State. Sie bildete die 4. Generation der elektronischen Armbanduhr. Sie war vollelektronisch und verzichtete auf mechanische Teile. Die Anzeige erfolgte nicht mehr mit Hilfe von Zeigern und Zifferblatt, sondern mittels Dioden oder Flüssigkristallen auf einem Anzeigenfeld, das einem Bildschirm gleicht. Die erste Uhr dieser Art war die *Pulsar* von Hamilton in den USA, die dann von Omega verbessert wurde, da das Unternehmen in finanzielle Schwierigkeiten geraten war und die Entwicklungsarbeit nicht weiter hatte fortsetzen können.

Die legendäre *Pulsar* lebte allerdings weiter, und zwar im *Pulsar Time Computer* der Schweizer Pulsar SA, einer Tochterfirma des amerikanischen Stammunternehmens Affiliate of HMW Industries, Inc., Stamford, Conn. Das *Pulsar*-Modell von 1975 gab es in folgenden Ausführungen: Stahl, goldplattiert, 14 oder 18 Karat Gold. Die Zeitanzeige erfolgte mittels Leuchtdioden (LED) nach Druck auf die Schalttaste. Die Garantie betrug drei Jahre. Fiel die Elektronik aus, setzte der Uhrmacher ein Ersatzmodul ein, um den sofortigen Kundendienst gewährleisten zu können. Eine Fotozelle regelte die Intensität der Anzeige, damit das Ablesen z. B. auch bei starker Sonneneinstrahlung ermöglicht wurde. Die manuellen Befehle wurden magnetisch weitergeleitet. Beim Betätigen der Schalttaste näherte sich ein Platin-Kobalt-Magnet dem Modul und löste einen entsprechenden Magnetschalter aus. Da die Schaltknöpfe ohne physischen Kontakt reagierten, war diese Uhr in besonderem Maße wasserdicht, der elektronische Teil zusätzlich hermetisch abgeschlossen. Die beiden Batterien gewährleisteten eine Lebensdauer bis zu zwölf Monaten und konnten nur durch den Fachhändler ausgetauscht werden. *U-J 9/75* und *10/75*

Zu Beginn 1972 hatten sich fünf Schweizer Firmen mittlerer Größe unter dem Namen *Ditronic* zu einem Gemeinschaftsunternehmen zusammengeschlossen, um die jeweiligen Armbanduhr-Modelle mit einem einheitlichen Quarzwerk zu bestücken. Für das besagte Jahr war eine Auslieferung von 30.000 Uhren geplant. Zum technischen Steckbrief hieß es in einer Fachzeitschrift: „Die Frequenz des Resonators von 32.768 Hertz wird durch einen Teiler mit neun hintereinandergeschalteten binären Stufen geteilt. Die zwei Ausgangssignale des Teilerkreises sind Impulse von 15 Mikrosekunden mit Frequenzen von 256, respektive 64 Hertz. Ein Phasenumschalter mit niedrigem Widerstand aus komplementären MOS-Schaltungen liefert das Signal von 256 Hertz dem Spannungsumschalter. Durch Verstärkung steigt die Spannung des Signals von 64 Hertz von 1,5 Volt auf 15 Volt und bildet das Eingangssignal des zweiten integrierten Schaltkreises. Letzterer übernimmt die Teilung bis 1 Hertz, die Umwandlung des Antriebs ‚Minuten‘ und ‚Stunden‘ und endlich die Kodifizierung der Signale der Steuerung für jedes der kleinen Elemente des Flüssigkristalls. Bei der Verwendung eines Quarz von 32.768 Hertz und einer Energiequelle von 1,5 Volt beträgt der Energieverbrauch des Kreises Resonator-Teiler weniger als 9 Mikrowatt. Das einzige außerhalb des Gehäuses sichtbare Element des Kalibers ist jenes, das die größte Neuheit bedeutet: Dieses Element gestattet die Zeit ohne Emission von Lichtenergie anzugeben, indem man die Eigenschaften des Flüssigkristalles in der nematischen Phase anwendet. In dieser ‚stabilen‘ Phase sind die sehr langgezogenen Moleküle untereinander parallel ausgerichtet, und der Kristall ist durchsichtig. In der ‚unstabilen‘ Lage, die durch ein elektrisches Feld hervorgerufen wird, welches die Ordnung der Moleküle stört, nimmt der Flüssigkristall ein milchiges Aussehen an. Um eine Zahl zu zeigen, verwendet man sieben Elemente von Flüssigkristallen, dargestellt in Form einer ‚8‘. Um also die Zahl 8 zu zeigen, aktiviert man jedes der sieben Elemente. Um dagegen die Zahl 0 zu bekommen, unterläßt man eine Aktivierung des mittleren Segmentes.“ *U-J 5/72*

Der Ditronic SA gehören an: Buttes Watch Co (BWC), Buttes; Delvina SA, Genève; Glycine+Altus SA, Biel; Montres Milus, Biel; Wyler SA, Biel.

Die *Ditronic*-Modelle hatten eine permanente und stromsparende Anzeige, ebenso die Fabrikate von Tissot-Lanco (Tissots *Data Recorder* und Lancos *OTX*) und Société des Garde-Temps. *gz 7/72*

Die vollelektronische Ausführung der Ebauches SA bildete die *Swissonic 2000*, die zusammen mit Longines-Rotary und Texas Instruments (USA) verwirklicht wurde. *U-J 10/73*

In der zweiten Hälfte der siebziger Jahre brachten die Quarzuhren-Fabrikanten in der Schweiz, in Deutschland, in Japan und den USA zahlreiche Modelle auf den Markt. Das Programm zeichnete sich nicht bloß durch Miniaturisierung und flache Bauweise aus, sondern auch durch alle nur denkbaren Zusatzfunktionen.

Mit sichtlichem Stolz präsentierte z. B. Universal Genève 1975 die *Golden Shadow Quartz* in 18 Karat Gelbgold und die *White Shadow Quartz* in Edelstahl. Der Werkdurchmesser betrug 24,00 mm, die Bauhöhe einschließlich Batterie lediglich 3,45 mm. Technischer Steckbrief: Frequenz 32.768 Hertz, Gangabweichung 2 bis 3 Minuten im Jahr, Analoganzeige, ohne Sekunde, integrierte Schaltung und Motor. *U-J 8/75*

Von der numerischen Anzeige war man teilweise schon sehr früh wieder abgekommen, zumal ein Teil der Kundschaft von der digitalen Ausführung wenig begeistert war.

Die Vielfalt auf dem Quarzuhrensektor war erstaunlich. Zum Preis von 8000 Schilling bot Seiko 1975 den vollelektronischen LCD-Chronographen *CX 001* mit einer ganzen Reihe damals revolutionärer Neuheiten an. Im ersten Hinsehen schien sich hinter dem gefälligen Modell nichts Sonderliches zu verbergen, aber bei näherer Betrachtung stellte sich heraus, daß er ein Produkt bisher un-

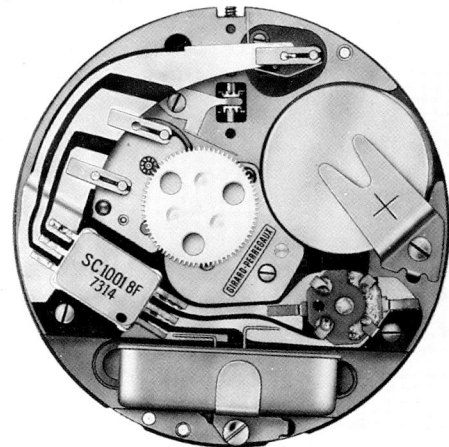  

Die Fortschritte der Miniaturisierung bei Girard-Perregaux, dargestellt anhand von drei Quarzwerken mit Analoganzeige, die vom Unternehmen in La Chaux-de-Fonds entwickelt wurden. Von links nach rechts: GP 353 aus dem Jahre 1971 (Durchmesser 30,00 mm, Höhe 5,80 mm), GP 641 aus dem Jahre 1976 (Durchmesser 20,50 mm, Höhe 3,70 mm) und GP 520 aus dem Jahre 1978 (Durchmesser 13,00 mm, Höhe 2,95 mm).

ausgeschöpfter Möglichkeiten war. Der Quarzkristall-Oszillator arbeitete mit einer Frequenz von 32.768 Hertz, die Uhr besaß integrierte Schaltung und LCD-Display. Darauf waren permanent abzulesen: die Tageszeit AM oder PM (links oben), das Datum (rechts oben), die Stunden, Minuten und dazwischen als Punkte-Zeichen die Sekunden (unten). Der linke untere Druckknopf diente zunächst der Beleuchtung des Anzeigenfeldes bei Dunkelheit, wurde aber auch zur Korrektur der verschiedenen Anzeigen der Kalenderuhr eingesetzt. Der Vorgang war hiebei folgender: Vorerst mußte die Krone gezogen werden, um die beiden Druckknöpfe für die Manipulationen frei zu haben. War die Krone in Normalstellung, sperrte sie die Druckknöpfe für diese Verwendung. Es konnte also niemals durch irrtümliches Berühren eine Änderung der Zeitangabe oder des Datums herbeigeführt werden. War die Krone jedoch gezogen, leuchteten die Punkte für die Sekundenangabe in Intervallen von jeweils einer halben Sekunde auf, und ein Druck auf den linken Knopf stellte die Sekundenangabe automatisch auf Null.

Wurde nun der rechte Knopf gedrückt, konnte mit der Korrektur begonnen werden. Das Aufleuchten der Datumsanzeige gab den Start für die Richtigstellung dieser Funktion. Bei jedem Druck des linken Knopfes wurde das Datum um einen Tag weitergeschaltet. Noch während des Aufleuchtens der Datumsangabe konnte die Stundenanzeige durch neuerliche Betätigung der beiden Knöpfe auf die gleiche Weise vorgenommen werden. Jeder Knopfdruck bedeutete eine Stunde. Da das Datum unbeeinflußt stehenblieb, konnte man auf Reisen jederzeit in eine andere Zeitzone wechseln. Für die Minutenkorrektur gab es die gleiche Manipulation. Nachher war die Krone in ihre ursprüngliche Lage zu bringen, um den Start für den Betrieb der Uhr freizugeben. Es gab aber auch eine vereinfachte Korrekturmöglichkeit, wenn man nach dem Zug der Krone sich des rechten Knopfes bediente. Bei einer Datumsänderung mußte er einmal betätigt werden, bei der Stundenkorrektur zweimal, bei der Minutenkorrektur dreimal. Die Einzelheiten wurden dann über den linken Drücker abgewickelt.

Wollte man die Armbanduhr zum Stoppen von Zeiten einsetzen, mußte die Anzeige umgeschaltet werden. Das Hineindrücken der Krone brachte die normale Zeitanzeige zum Verschwinden, und die beiden Druckknöpfe übernahmen die Stoppfunktionen. Die Messung war bis 60 Minuten möglich und erlaubte außerdem Zwischenzeitstoppung (LAP). Das Betätigen des rechten Drückers setzte die Messung in Gang. Wo früher die Stunden abgelesen wurden, liefen nun die Minuten, an der Stelle der normalen Minuten die gestoppten Sekunden, an der Stelle des Kalenders die Zehntelsekunden. In der linken oberen Ecke erschienen die Buchstaben LAP, wenn Zwischenzeiten gestoppt wurden. Außerhalb des Display gab es außerdem ein Blinksignal. Ein Druck auf den linken Drücker stellte die Anzeige auf Null, die Messung lief jedoch weiter, und bei Druck auf den rechten Drücker zeigte sie die Totalzeit an. War die Kurzzeitmessung beendet, schaltete man die Anzeige auf dem Display wieder auf die Uhrzeit um. *U-J 6/75* und *9/75*

Heuers Präzisions-Chronograph *Chronosplit* arbeitete mit LED- und LCD-Anzeige. Für die ständige Zeitanzeige in Stunden und Minuten wurde im oberen Display das energiesparende Flüssigkristallsystem verwendet, für die Kurzzeitmessung im unteren Display das Leuchtdiodensystem. *U-J 8/75*

Eine Uhrenfabrik überbot die andere, wenn es um die Zusatzfunktionen ging. Der Quarz-Multi-Timer von Citizen aus dem Jahre 1978 verfügte über 53 Funktionen und kostete damals rund 4400 Schilling. Der Computer am Handgelenk zeigte Stunde, Minute, Sekunde, Vormittag (AM) oder Nachmittag (PM) in kontrastreicher LCD-Anzeige an. Der Kalender bestand aus Monat, Wochentag und Datum (keine monatlichen Korrekturen erforderlich). Alarmfunktionen gab es zwei. Einmal eingestellt, läutete Alarm 1 auf Wunsch jeden Tag zur vorprogrammierten Zeit (24-Stunden-Program-

mierung). Zusätzlich gab es einen Alarm 2 für einen weiteren Zeitpunkt, der an bestimmte Termine, Verabredungen usw. erinnerte. Alarm 1 und 2 wurden unabhängig voneinander programmiert. Dieses Modell verfügte außerdem über ein Stundensignal. Zwei Summtöne erinnerten auf die Sekunde genau an den Ablauf einer Stunde (abstellbar für die Nachtstunden). Als praktisch erwies sich überdies die Countdown-Messung. Nach einer vorgegebenen Zeit ertönte ein unüberhörbares akustisches Signal. Der Countdown-Bereich umfaßte maximal 11 Stunden, 59 Minuten und 59 Sekunden. Die Stoppuhr hatte einen Meßbereich bis 11 Stunden, 59 Minuten und 59 Sekunden. Sie konnte gestartet und angehalten werden, so oft man wollte. Es konnte sogar von einer vorgegebenen Zeit aus gestartet werden. Um die Bedienung besser kontrollieren zu können, wurden Start und Stopp akustisch bestätigt. Weitere technische Einzelheiten dieser Armbanduhr waren Ganzfeldbeleuchtung, Batterieende-Frühanzeige, vierfache Rückstellautomatik, Schnellrückstellung, hohe Ganggenauigkeit (±10 Sekunden im Monat). *U-J 5/78*

Der Multifunktions-LC-Armband-Chronograph *M 1* von Buler, Modell 1979/80, war zugleich eine Zeitzonen-, Kalender- und Weckeruhr. Die Beschriftung rund um das Display, die sich auch auf die Drückerfunktionen erstreckte, war vorbildlich. *es 12/79-1/80*

Bei Piratron gab es die sprechende Armbanduhr mit eingebautem Radio. Es handelte sich bei der *Voice Master* um einen LCD-Alarm-Chronographen mit MW-Radio. Der Empfang erfolgte über federleichte Comfort-Headphone. Die Elektronik befand sich in einem robusten Gehäuse mit stufenlos verstellbarem Edelstahlband, die Uhr verfügte über folgende Anzeigen: Stunden, Minuten, Sekunden, Monat, Wochentag, Datum, Melodie-Alarm-Wecksystem mit Weckzeitansage, Weckzeit und Nachweckzeit-Automatik, „bitte beeilen", Stoppmechanismus usw. *U-J 9/82*

Die *NLH 01* der japanischen Marke Pulsar aus dem Jahr 1982 verfügte über Bio-Rhythmus-Anzeige. Nach Eingabe des Geburtsdatums zeigten drei Kurven den „physischen, emotionellen und intellektuellen Zyklus" an. *U-J 10/82*

Armbanduhren mit Multifunktionen konnte man bald zu Spottpreisen in jedem Warenhaus erstehen. Die Palette reichte vom LCD-Chronographen mit verschiedenen Stoppfunktionen und Wecksignalen bis zur Multifunktionsuhr mit Speicherprogrammen, Elektronikrechnern oder Reaktionsspielen mit Anzeige der Treffer etc.

Seit 1980

Gegen Ende der siebziger und zu Beginn der achtziger Jahre war die Stimmung bei den Schweizer Uhrenfabrikanten denkbar schlecht. Der Uhrenmarkt wurde von den fernöstlichen Produkten beherrscht. Die Schweizer waren weg vom Fenster, das war die bittere Wirklichkeit. Selbst als von der ETA die Swatch entwickelt wurde, wagte niemand zu hoffen, daß sie ein Rettungsanker sein könnte und die übermächtige Konkurrenz endlich in die Knie zwingen würde.

Die neue Uhr räumte jedenfalls mit überkommenen Vorstellungen gründlich auf: An die Stelle wuchtiger und schwerer Masse wie Stahl und Gold war synthetisches Material getreten, ein Gehäuse in schlichter und leichter Form, an die Stelle von Statussymbol ein Design „mit einem Hauch augenzwinkernder Ironie". Die Modelle gaben sich zurückhaltend bunt und lustig.

Die Vorgeschichte hatte ihren Anfang 1978 genommen, als unter den Japanern ein Wettlauf um die flachste Quarzarmbanduhr einsetzte. Citizen präsentierte im Mai ein Modell, bei dem Werk und

Schale zusammen 4,10 mm hoch waren. In November stellte Seiko seine dünnste Uhr vor: 2,50 mm dick. Solche Leistungen fanden naturgemäß in der Werbung ihren Niederschlag und signalisierten der Öffentlichkeit, wer die neue Technologie am besten beherrschte.

In der Ebauches AG zerbrach man sich den Kopf, wie es gelingen könnte, den unangenehmen Konkurrenten die Show zu stehlen und den Japan-Schale zusammen 4,10 mm hoch waren. Im November stellte Seiko seine dünnste Uhr vor: Denkweise gelöst hatte, ließ diese fernöstliche Herausforderung Pläne für eine noch flachere Uhr reifen, die schließlich von der ETA realisiert wurde. Das Produkt lag zu Beginn des Jahres 1979 unter dem makabren Namen Deltrem (Delirium tremens, Säuferwahnsinn) vor, eine Quarzarmbanduhr mit 1,98 mm Höhe. Ein Plättchen Feingold, das die Zeit analog anzeigte! Es war natürlich auf der Mustermesse in Basel die Sensation.

Das Unkonventionelle dieser Uhr, die dann von der ETA selbst unter dem Namen Delirium (I) lanciert wurde, bestand darin, daß die Innenseite des Gehäusebodens als Werkträger diente. Um mit einer möglichst geringen Bauhöhe auszukommen, waren die voluminöseren Teile des Kalibers (Quarz 999) an der Peripherie angeordnet, damit der Platz im Zentrum vor allem für das Zifferblatt und die Zeiger zur Verfügung stand. Für die Werkplatte bzw. den Schalenboden war 18karätiges Gold gewählt worden, zum einen, weil diese Uhrenschöpfung eine herausragende Leistung darstellte, zum andern, weil es Tradition war, flache Uhren in Edelmetallgehäusen anzubieten. Das kratzfeste Saphirglas hatte eine Stärke von 0,24 mm, die Zeiger gar nur eine von 0,10 mm. Die Lunette mit dem aufgeleimten Glas war mit dem Gehäuseboden durch vier Schrauben verbunden. Die Maße der Uhr waren 24,50 x 29,60 mm.

Als erste Handelsmarken bekamen Eterna in Grenchen, Longines in St-Imier und Concord in Biel das Prestigeobjekt, um es am 12. Jänner 1979 gleichzeitig auf ihren Hauptmärkten vorstellen zu können. Concord wählte für seine Kreation eine satinierte Goldoberflächenbearbeitung, schwarze Zeiger und ein feines schwarzes Armband. Die Glasmetallisierung war gleichfalls von goldgelber Farbe. Die Präsentation fand in New York statt, da das Hauptabsatzgebiet in den USA lag.

Ein elegantes Modell von Longines bestand aus einer feinpolierten Lunette, einem schwarz metallisierten Saphirglas, geschwärztem Zifferblatt und einem schwarzen Lederband. Außer in Tokio wurde die Longines in Singapur, Hongkong, London, Barcelona, Mailand und Brüssel vorgestellt.

Die Eterna ließ für ihr Modell das Zifferblatt, die Lunette und die Schnalle des Krokobandes durch einen der bekanntesten Genfer Graveure ziselieren, was der Uhr eine besonders exklusive Note verlieh. Das Modell hieß Espada und kostete 9000 Schweizer Franken.

Der schwarze ETA-Prospekt mit Farbabbildungen der Uhr und ihren Teilen sowie einer Anleitung für die elektronische Zeigerstellung – Text negativ weiß – beschrieb die Delirium wie folgt:

„ETA kreiert die Sensation. Das Weltereignis 1979 auf dem Uhrensektor ist ohne Zweifel die Einführung des Kalibers ESA-ETA 999, besser bekannt unter dem Namen ‚Delirium'. Zum erstenmal in der neueren Geschichte der Analog-Quarzuhren gelang es, eine Uhr auf den Markt zu bringen, die flacher ist als zwei Millimeter; sie mißt 1,98 mm, Glas und Gehäuse inbegriffen. Zu ihrer Verwirklichung mußte die ETA AG in enger Zusammenarbeit mit der Ebauches AG neue Techniken, neue Verfahren, neue Wege, Uhren herzustellen, erfinden. Diese neuen Techniken bestehen darin, den Gehäuseboden als Werkplatte zu verwenden, die Batterie, den

Quarz, den Mikroschaltkreis, den Mikromotor und das Räderwerk einzubauen und das Zifferblatt als Brücke zu benützen. Diese Leistung beweist, daß wir alle Herstellungsverfahren sowohl auf dem Gebiet der Quarzuhr als auch auf jenem der mechanischen Uhr beherrschen, sie verpflichtet uns jedoch nicht zu weiteren Rekorden mit noch flacheren Uhren." (ESA stand für Ebauches Société Anonyme.)

Wer jedoch den Prospekt aufmerksam studierte, dem wurde klar, daß bald eine noch dünnere Variante folgen würde, denn die Delirium trug die Bezeichnung I.

Die Delirium II war 1,44 mm dünn! Eterna, Longines und Concord traten damit am 21. Juni 1979 vor die Öffentlichkeit. Die Eterna nannte ihr Modell Squelette. Laut Aussendung plante Eterna eine limitierte Auflage von maximal 50 Stück. Jeder Käufer würde ein vom Notar beglaubigtes Zertifikat erhalten. Der Preis 30.000 Schweizer Franken, Lieferung ab Oktober 1979 in einem Etui aus Edelholz.

Die Delirium III begnügte sich mit einer Höhe von 1,68 mm, war aber wesentlich kleiner; sie maß 20,00 x 23,60 mm. Damit gab es zur Herrenuhr ein entsprechendes Damenmodell. Ab Jänner 1980.

Die flachste Kreation ergänzte die Delirium-Kollektion im April 1980. In der Pressemitteilung hieß es über die Delirium IV:

„. . . Eine Armbanduhr von 0,98 mm Gesamthöhe, das entspricht der Dicke eines der Länge nach halbierten Streichholzes, kommt rund ein Jahr, nachdem die Kommerzialisierung der Delirium-Linie begonnen hat (Delirium I 1,98 mm Gesamthöhe), neu auf den Markt. Diese Kollektion ist nicht nur Ausdruck der absoluten Beherrschung moderner Uhrentechnologie durch die Forscher und Ingenieure der ETA AG, sondern zeigt auch den hohen technologischen Stand der gesamten schweizerischen Uhrenindustrie. Die Delirium IV ist eine Quarzuhr mit analoger Anzeige der Stunden und Minuten. Die Anzeige erfolgt durch Scheiben, auf denen die Zeiger aufgedruckt sind (Ebauches-Patent angemeldet). Das Saphirglas ist nur 0,19 mm dick. Die durch die Firma Renata AG, Ittigen – Tochtergesellschaft der ASUAG – hergestellte Batterie weist eine Höhe von 0,80 mm auf. Wie bei den anderen Delirium-Modellen wird auch im neuen Produkt der Schalenboden als Werkplatte benützt, in welchen die übrigen Bestandteile des Werks eingesetzt werden. Das Delirium-IV-Modell wird – wie die ganze Kollektion – weltweit durch die Marken Concord, Eterna und Longines vertrieben."

Die Batterie konnte die Uhr etwa ein Jahr lang mit Energie versorgen, die Gangabweichung belief sich während dieser Zeit höchstens auf ± zwei Minuten. Die Uhr existiert nur in wenigen Exemplaren.

Die Kollektion rundeten noch die wasserdichte Delirium V (Herrenmodell) und die Delirium VI (Damenmodell) ab. Sie hatten eine Dicke von je 2,58 mm.

Ein ähnlich hochgestecktes Ziel verfolgte Omega in Biel. Das Unternehmen versorgte sich damals noch selbst mit Uhrwerken und hatte seine eigenen Quarzkaliber. 1980 befand sich unter den Omega-Neuheiten die Dinosaure, eine 18karätige Herrenarmbanduhr, die eine Gesamthöhe von 1,48 mm hatte.

Die Bauweise der übertrieben flachen Delirium wurde dann auf die preiswerte Gebrauchsuhr übertragen. Das Ergebnis war 1983 die Swatch.

Die einfache, schweizerischen Qualitätsansprüchen gerecht werdende Armbanduhr, robust und wasserdicht, preislich für jedermann erschwinglich, brauchte man dringend, um sich aus dem Würgegriff des Fernen Ostens befreien zu können. Als alles klar war, ging die ASUAG mit der

Ankündigung an die Öffentlichkeit, daß die ETA das vielversprechende Produkt in Kürze auf den Markt bringen werde. Diese Mitteilung veranlaßte die Mondaine Watch in Zürich, über Nacht ein Konkurrenzprodukt zu basteln und es noch vor der Swatch zu präsentieren. Der Streich gelang tatsächlich. In einem Zeitraum von vier Wochen konnte die M-Watch, eine wasserdichte Volksuhr mit reparierbarem Werk und um zwei Franken billiger als die Swatch, verwirklicht werden. Anläßlich der Pressekonferenz von Großverteiler Migros, der von diesem Modell 100.000 Stück geordert hatte, und der Uhrenfabrik Mondaine am 24. Februar 1983 wurde jedem Journalisten eine M-Watch der Vorserie in die Hand gedrückt.

Die traditionsverhaftete M-Watch mit FHF-Quarzwerk, schwarzem Synthetikgehäuse und integriertem Band aus demselben Material konnte der Swatch freilich nicht das Wasser reichen, denn letztere bildete ein echtes Innovationsprodukt. Während eine Quarzuhr üblicherweise aus 91 einzelnen Teilen bestand, hatte die Swatch nur 54, und sie war buchstäblich aus einem Guß, zudem modischer und farbenfroher.

Die Produktion war auf automatische Fertigung ausgerichtet. Das Kunststoffgehäuse ersetzte auf der Innenseite die traditionelle Platine. Der Motor des Quarzkalibers war so ausgelegt, daß das Räderwerk auf ihm vormontiert werden konnte. Neue Erkenntnisse in der Kunststofftechnologie erlaubten in den folgenden Jahren immer wieder modische Variationen des äußeren Erscheinungsbildes dieser heute äußerst populären Uhr. Ab 1985 lief die Herstellung vollautomatisch, im September desselben Jahres konnte der Ausstoß der zehnmillionsten Swatch gefeiert werden. Die Modeuhr war zunächst von der ETA direkt in den Handel gebracht worden, später wurde die Vermarktung einer eigenen Firma, der Swatch AG in Biel, übertragen.

Das Angebot bestand aus einer Frühjahrs- und Sommerkollektion sowie einer Herbst- und Winterkollektion. 1985 wurde die Produktlinie um die Art-Kollektion und 1986 um die Maxi Swatch erweitert. 1986 war überdies das Geburtsjahr der Pop Swatch. „Die Pop Swatch ist mehr als nur eine große, auffällige, graphisch betonte Uhr mit breitem Armband. Sie ist vielseitig und unabhängig: ‚Pop‘ – schon trennt sich die Uhr vom Armband (pop-out) und wird an die Kette genommen zu einem jungen Nachfahren der Taschenuhr. Man kann sie aber auch direkt an die Jacke, die Handtasche oder einen x-beliebigen Gegenstand applizieren. Ein erhältlicher Spezialmagnet sichert den Halt der Pop Swatch auf Metall. So wird sie auf dem Surfbrett zur Sportuhr und am Kühlschrank zur Wanduhr – und dann wieder zur Armbanduhr. ‚Pop‘, und schon sitzt sie wieder am Handgelenk (pop-in). Pop-in, Pop-out, aufsetzen, umsetzen, ein endloses Spiel für Phantasievolle. Kreativ und unerhört vielseitig, so unterscheidet sich die Pop von den anderen Swatches. Sie wendet sich daher an ein besonderes Publikum. Die Pop-Swatch-Käufer sind außergewöhnlich sportlich, kritisch und modern. Die Pop Swatch zeigt sich in immer neuen Modellen und Kollektionen: Classic, Fun, City, Roses are Forever, Caterpillar oder Color City sind nur einige davon. Ein besonders begehrtes Stück ist die perlenbesetzte Haute Couture. (Natürlich sind die Perlen nicht echt, denn bei uns geht es ja um Stil und Geschmack und nicht um den Wert.) Das Haute Couture ist nicht nur eine Pop Swatch, sie ist auch eine Special Swatch, wie alle anderen Specials aus einem bestimmten Anlaß entworfen. Und sie hat bereits eine berühmte Vorgängerin: die Pop Diva, die Pop Special mit brillantenbesetztem Zifferblatt und diamantengespicktem Armband – eine nicht ganz ernst gemeinte Huldigung an glitzernde und teure Zeiten." (Gesamtkatalog 1990)

Dank einer vollautomatischen Montagekette konnte die Produktion auf eine Jahreskapazität von zehn Millionen Stück gesteigert werden. Im Sommer 1986 lief die 20millionste Swatch „vom Band", im Herbst 1988 meldete die Statistik, daß die Gesamtproduktion die 50-Millionen-Marke überschritten hatte. 1990 hatten die Fabrik seit 1983 nicht weniger als 70 Millionen Swatches verlassen.

Die Swatch des Jahrgangs 1988 hatte an Buntheit alles bis dahin Dagewesene in den Schatten gestellt. Das Angebot war kaum noch überschaubar, denn zu den verschiedenen Produktlinien kamen noch die Designlinien Classic, Sport und Mode. In den Kollektionen war alles vertreten, was sich die Phantasie nur zu erträumen vermochte. Waren die frühen Kunststoffuhren der Marke Swatch noch eher unauffällige Zeitmesser, zeichneten sie sich nun durch modische Spielereien, bunte Farbeffekte und alle nur erdenklichen Verrücktheiten aus.

Entsprechend ausgerichtet war auch die Werbung. Ein Beispiel:

„33 neugestaltete Swatch-Modelle – aufgeteilt in die drei Hauptlinien Classic, Sport und Fashion – gewährleisten einmal mehr die swatch-typisch prickelnde Qual der Wahl. Die Pop Swatch zelebriert mit 15 neuen Modellen den Frühling und Sommer 1991. Die Lieblingsuhr der Jungen entpuppt sich mehr und mehr zu einem raffinierten Schmuckstück am Handgelenk. Das besondere Augenmerk – zartgefärbte Transparenz und raffinierte Textilien. Prêt-à-provoquer. Die Pop-Swatch-Kollektion F/S 91 geht ganz schön ins Auge. Und macht das Handgelenk zur aufregendsten Körperstelle. Exhibitionisten, bekennt Farbe! Treibt es bunt! Rot, blau, grün, violett, oliv – erlaubt ist, was gefällt. Auch die Materialien müssen sich nicht verstecken. Das Armband ist aus Stoff oder Leder, das Gehäuse aus dem wertvollen Material, das man an seiner Kreditkarte so liebt: purem Plastik."

1990 war es auf verschiedenen Märkten zur Einführung der Produktlinien drei und vier gekommen. Dabei handelte es sich um den Swatch Chronographen und die Taucheruhr Swatch Scuba 200. Ersterer wurde in mehreren Modellen angeboten, die Auswahl reichte von der Black Friday über die Skipper bis zur farbenfrohen Signal Flag und der White Horses. Die Kollektion an Taucheruhren machte durch Signalfarben auf sich aufmerksam, sie war am Handgelenk nicht zu übersehen.

Und im Herbst 1992 waren dann die mechanischen Swatches da, die Automatics mit klassischem Zifferblatt, mit Fenster im Zifferblatt oder überhaupt mit skelettiertem Zifferblatt. Bestückt waren sie mit dem ETA-Kaliber 2840, das 1991 ins Produktionsprogramm kam und nur für die Swatch hergestellt wird. Seine Daten: ø 25,90 mm, Höhe 5,20 mm, 21.600 Halbschwingungen pro Stunde, 23 Steine, Rotorautomatik, Aufzug in beiden Drehrichtungen, Gangreserve 49 Stunden.

Die achtziger Jahre brachten aber auch eine konsequente Rückbesinnung auf die traditionelle mechanische Armbanduhr. Dabei stellte sich sehr bald heraus, daß in der Zwischenzeit – wie vielfach befürchtet – nicht nur die Uhrmacher nicht ausgestorben waren, sondern neben den bestehenden alten Manufakturen neue Uhrenbetriebe gegründet wurden, die mit neuen Spitzenleistungen und aufwendigsten mechanischen Konstruktionen aufwarteten. Man eiferte um die Wette, ein komplizierter Uhrentyp nach dem andern kam auf den Markt, eine herausragende Uhrenschöpfung jagte die andere. Die mechanische Armbanduhr erlebte binnen kürzester Zeit eine Hochblüte, die derzeit noch immer andauert.

Bei der IWC in Schaffhausen, die sich nie der Quarzuhr ganz ausgeliefert hatte, war es der Chefuhrmacher Kurt Klaus, der 1983 an einem neuen Mechanismus für das ewige Kalendarium zu arbeiten begann. Die auf dem Markt befindlichen und bekannten Konstruktionen machten Probleme bei der Korrektur der verschiedenen Anzeigen, es mußten kleine Drücker zu Hilfe genommen werden, wenn der Zeitmesser längere Zeit nicht benützt worden war, um die einzelnen Indikationen richtigzustellen. Hier wollte Klaus Abhilfe schaffen und einen neuen Mechanismus entwickeln, bei welchem mittels der Aufzugskrone Datum, Wochentag, Monat, Jahr, Jahrzehnt und Jahrhundert sowie die Mondstellung synchron und problemlos zu schalten waren. Ihm gelang in der Tat eine geniale Lösung, sein Kalendermechanismus bestand aus nur 81 mechanischen Bauteilen und sollte sich hervorragend bewähren. Die Einfachheit der Bedienung war sensationell! Alle Kalenderanzeigen schalteten automatisch und synchron vor Mitternacht weiter. War die Uhr nicht aufgezogen, konnte dies mit der Aufzugs- und Zeigerstellkrone und der tageweisen Schnellschaltung nachgeholt werden. Nur zurückdrehen ließ sich der Kalender nicht, wenn die Korrektur beispielsweise versehentlich über das Tagesdatum hinaus erfolgte.

Praktische Anwendung fand die Erfindung erstmals im automatischen Da-Vinci-Chronographen von 1985. Die IWC-Leute in der Da-Vinci-Broschüre von 1986 über diese Uhr:

„Daß dem automatischen Chronographen Da Vinci von IWC die Zukunft gehört, liegt an seinem außergewöhnlichen mechanischen Uhrwerk mit seinem noch nie dagewesenen Kalendarium. Die Da Vinci mißt rein mechanisch und automatisch die exakte Zeit in Stunden, Minuten und Sekunden. Und stoppt rein mechanisch die Zeit auf die Achtelsekunde genau und zählt dabei automatisch Minuten und Stunden. Und zeigt rein mechanisch und automatisch, wie der Mond am Himmel steht. Und gibt rein mechanisch und automatisch das Datum, den Wochentag und den Monat an. Und weiß automatisch, ob der Monat 28, 29, 30 oder 31 Tage dauert. Und zeigt erstmals in der Geschichte der Armbanduhr, rein mechanisch und automatisch, das Jahr in vier Ziffern an. Und das alles zusammen auf Jahrhunderte hinaus."

Diese exakte Programmierung wird nur zum Teil eine praktische Bedeutung für den Besitzer einer derartigen Uhr haben, denn niemand wird sie über so gewaltige Zeiträume in Gang halten, ganz abgesehen davon, daß das Uhrwerk solch permanenter Anforderung nicht gewachsen wäre, aber Spitzenleistungen dieser Art stellen eben den Höhenflug menschlichen Geistes eindrucksvoll unter Beweis. Ein erlebbares Ereignis wird hingegen die bevorstehende Jahrtausendwende sein, wenn in der Silvesternacht des Jahres 1999 der Jahrhundertschieber ohne jedwedes Zutun das Jahr 2000 ins Anzeigefenster rücken wird. Zeuge dieser automatischen Fortschaltung zu werden, mag in der Tat nicht ohne Reiz sein.

Die Aufgabe eines sogenannten ewigen Kalenders besteht bekanntlich darin, über die unterschiedlichen Längen der Monate nicht zu stolpern und mit den sonstigen Tücken des Gregorianischen Kalenders zurechtzukommen. Die Kompliziertheit der Zusammenhänge hat M. Fritz mit wenigen Worten veranschaulicht. „Das ewige Kalendarium von IWC ist im Normalfall völlig bedienungsfrei", schreibt er in der Uhrenzeitung International Watch Nr. 4/1993, „zumindest bis Februar 2100. Dort indes wird ein uhrmacherischer Korrektureingriff fällig, weil zur Kompensation eines geringen Kalenderfehlers von jährlich gut elf Minuten gegenüber dem Sonnenjahr alle 100 Jahre ein sogenannter Schalttag innerhalb des Vier-Jahres-Rhythmus ausfällt. Weil diese von Papst Gregor im 16. Jahrhundert angeordnete Korrektur aber wieder etwas zuviel gegenüber dem wirklichen Sonnen-

jahr korrigiert, bleibt dieser Schalttag alle 400 Jahre im Kalender, so auch im Jahr 2000. Und deshalb gilt für die Zeit bis 2100 der ganz normale, nicht unterbrochene Vier-Jahres-Rhythmus mit dreimal Februar von 28 und einmal Februar von 29 Tagen Länge."

Aber am Montag, dem 1. März 2100, bedarf der mechanische ewige Kalender von Klaus einer menschlichen Hilfe, um dann wieder seine Aufgaben für lange Zeit erfüllen zu können.

„Bei dieser Gelegenheit" – heißt es in der Da-Vinci-Broschüre von 1986 – „wird der Uhrmacher noch etwas anderes automatisch mitkorrigieren: die Mondphasenanzeige der Da Vinci. Astronomen berechneten den synodischen Monat (Zeit zwischen zwei Vollmonden) auf 29,53059 Tage. Die Mondphasenanzeige der Da Vinci braucht von Vollmond zu Vollmond 29,53125 Tage. Die Differenz von 0,00066 Tagen summiert sich in sage und schreibe 122 Jahren auf einen einzigen Tag."

Der nächste Pflichtbesuch beim Uhrmacher in Sachen Kalender ist zu Beginn des Jahres 2200 notwendig, denn Ende des Jahres 2199 bleibt die Uhr automatisch stehen und wartet auf das Einsetzen des neuen Jahrhundertschiebers für die Zeit von 2200 bis 2499. Er wird bei der Auslieferung der Armbanduhr in einem versiegelten Glasröhrchen mitgeliefert. Das Zahnradgetriebe zwischen Ankerrad und Jahrhundertanzeige arbeitet übrigens mit einem Untersetzungsverhältnis von 6315840000:1.

Die meiste Arbeit hat der Datumszeiger zu leisten. Er hat sich um jeden Tag zu kümmern und zu wissen, wann der jeweilige Monat zu Ende ist. „Ende Januar, März, Mai, Juli, August, Oktober und Dezember dreht sich der Datumszeiger ganz normal zwischen 23 Uhr und Mitternacht auf den 1. des folgenden Monats. Ende April, Juni, September und November beginnt er sich schon um 22 Uhr zu drehen: erst auf den 31. und ab 23 Uhr auf den Ersten.

Ende Februar macht er die Arbeit von vier Tagen in nur vier Stunden. Er beginnt am 28. um 20 Uhr, zeigt um 21 Uhr den 29. und so weiter." (Da-Vinci-Broschüre 1986) Damit ist seine „Intelligenz" jedoch keineswegs erschöpft. Er weiß nämlich genau, wann er ein Schaltjahr zu berücksichtigen hat und wann nicht. Für die Datumsuhr ist Vergeßlichkeit ein Fremdwort. Und jeweils am Letzten des Monats erinnert sie den bequemen Monatszeiger daran, daß er ein Stückchen weiterzuhüpfen hat. Ein ständiger Begleiter des Datumszeigers ist der Wochentagszeiger, der mit ihm regelmäßig den Schritt in den neuen Tag macht und sich durch die zeitweiligen Kapriolen des Partners nicht verwirren läßt. Für ihn folgt auf den Sonntag der Montag, auf den Montag der Dienstag usw. Davon gibt es kein Abweichen!

Ihre Energie bezogen ewiger Kalender, Chronograph und Uhr von einem Rotorautomaten (Kaliber 79061 mit 36 Steinen und 28.800 Halbschwingungen pro Stunde).

Daß die Da Vinci 1985 das Nonplusultra darstellte, geht auch daraus hervor, daß sie zunächst nur im Platingehäuse in einer Kleinserie angeboten wurde. Für Italien fertigte man eine begrenzte Stückzahl in Rotgold. 1986 gab es für dieses Modell erstmals ein Keramikgehäuse aus Zirkonoxid. Dann kam zur schwarzen Da Vinci mit Drückern, Krone und Bandanstößen in Gold eine Ausführung in weißer Keramik. 1991 wurde die Kollektion um eine Da Vinci in dezentem Weißgold erweitert, und 1992 folgte zur Abrundung neben der Normalausführung in Gelbgold eine Schmuckuhr mit Goldband und zahlreichen Brillanten.

Das nächste uhrmacherische Großereignis bei der IWC war die Grande Complication für das Handgelenk, eine Uhr, die es bis dahin nur in Taschenuhrgröße gegeben hatte. Zu den Funktionen der Da Vinci hatte sich noch ein neu konstruiertes

Minutenschlagwerk gesellt. Die minutengenaue Zeitmelodie zählt noch immer zum Heikelsten einer komplizierten Uhr. Kaum jemand denkt beim Betätigen des Schiebers für die Repetition an das tolle Zusammenwirken von Mechanikteilen, um die Zeit in Akustik umzuwandeln. Bei der IWC ertönt jede vergangene Stunde des 12-Stunden-Zyklus durch den Schlag eines winzigen Hammers auf eine Feder in der Tonlage B, jede verflossene Viertelstunde der nicht vollen Stunde ist ein Doppelschlag auf beide Tonfedern, und jede übrigbleibende Minute erklingt in der Tonlage Es der höhergestimmten Feder.

Die Grande Complication läuft unter der Ref.-Nr. 3770 und präsentiert sich im 124 Gramm schweren Platingehäuse, das vom Gehäusemacher aus einem kiloschweren Platinblock herausgearbeitet und von Hand in Hunderten Operationen fertiggestellt wird. Der Gehäuseboden, den sechs Schräubchen fixieren, ist handgraviert. Die Signatur der ersten Uhr der mit 50 Stück begrenzten Serie lautet „International Watch Co./Grande Complication/1990/No. 1/50/Platinum". Das Gehäuse mißt im Durchmesser nur 42,20 mm und umschließt 659 mechanische Bauteile.

Und aus Anlaß des 125-Jahr-Bestandsjubiläums der Firma legte die IWC 1993 das „Schaffhauser Streitroß", die Destriero Scafusiae, vor. Das Kaliber trägt zur Erinnerung an das Gründungsjahr des Unternehmens die Bezeichnung 1868 und bietet alle Finessen, die man sich nur denken kann. Über die Grande Complication hinaus besitzt die Jubiläumsuhr einen Schleppzeigerchronographen, das Handaufzugskaliber besticht durch ein fliegendes Minutentourbillon mit kugelgelagertem Käfig aus Titan. Insgesamt vermag diese Armbanduhr mit 21 Funktionen aufzuwarten.

Die Geburtstagsgabe wird aus 125 Stück bestehen, die Jahreskapazität aber bestenfalls 25 Stück

Eine Royal Oak mit Kalender, Gangreserveanzeiger, zweiter Zeitzone und Automatikkaliber. (Foto: AP, Le Brassus)

erreichen, und so wird ein Teil der Kunden mehrere Jahre warten müssen, bis er das „Streitroß" in Empfang nehmen kann. Hinter jeder fertiggestellten Uhr steckt eine enorme Leistung an Qualitätsarbeit, denn Hunderte von Einzelteilen müssen händisch veredelt und zu einem funktionierenden Ganzen zusammengefügt werden, während dem Graveur die Aufgabe zufällt, jedes dieser Meisterstücke brückenseitig in individueller Handarbeit zusätzlich in ein Kunstwerk zu verwandeln. Verpackt ist die faszinierende Mikromechanik in ein schweres Goldgehäuse mit Saphirglasboden.

Die Manufaktur Patek Philippe in Genf hatte 1989 ihr 150-Jahr-Bestandsjubiläum begangen.

Daß aus diesem Anlaß uhrmacherische Höchstleistungen präsentiert wurden, versteht sich von selbst. Auf dem Sektor Taschenuhr war es eine Grande Complication mit 33 Funktionen, auf dem Sektor Armbanduhr ein exklusives Herrenmodell. Über dieses hieß es in einer Presseinformation:

„Patek Philippes Modell Referenz 3974, eine der mechanisch höchstentwickelten Armbanduhren der Welt, bietet einen ultradünnen, selbstaufziehenden, ewigen Kalender-Mechanismus, kombiniert mit einer Minuten-Repetition. Dieser Zeitmesser wird die kommende Patek-Philippe-Generation komplizierter Uhren anführen. Dieses außergewöhnliche, goldene Chronometer mit Lederarm-

Eine Audemars Piguet mit Minutenrepetition und springender digitaler Stundenanzeige. (Foto: AP, Le Brassus)

band und einem selbstaufziehenden, mechanischen Uhrwerk mit 27 Edelsteinen hat einen ewigen Kalender, der Tag, Datum, Monat anzeigt sowie automatisch den 29. Februar in jedem Schaltjahr.

Der ewige Kalender-Mechanismus besitzt eingebaute Schnell-Korrektoren, um ihn zu stellen. Zusätzlich wird ein Stift aus Gold und Holz für die Korrektur des Datums mitgeliefert.

Auf zwei zusätzlichen Zifferblättern lassen sich Stand des Schaltjahres sowie Morgen, Nachmittag, Abend und Nacht entsprechend einer 24-Stunden-Einteilung ablesen. Auf dem Hauptzifferblatt findet sich auch ein Mondphasen-Anzeiger. Falls erwünscht, schlägt die Minuten-Repetition mit zwei

Gongs die vollen Stunden, Viertelstunden und Minuten. Auf dem goldenen Zifferblatt, ummantelt mit opalinem Silber, befinden sich Zeiger im Dauphine-Stil und goldene Stundenmarkierungen.

Um die faszinierende Mechanik beobachten zu können, wird auch bei diesem Modell alternativ eine transparente Rückseite aus Saphirglas angeboten."

Die Ref. 3974 war eine Weiterentwicklung aus dem Jahr 1985, deren Kaliber aus 500 Einzelteilen bestand und das trotz des ewigen Kalenders und des automatischen Aufzugs nur eine Bauhöhe von 3,75 mm aufwies. Jedes dieser Teilchen war in Mikrontoleranzen gefertigt.

Eine andere, alteingesessene Manufaktur war Audemars Piguet in Le Brassus, seit eh und je bekannt für außergewöhnliche Uhrenschöpfungen. „Schon 1978 setzte Audemars Piguet" – heißt es in einer Firmenbroschüre – „eine lange Tradition auf dem Gebiet komplizierter Zusatzfunktionen fort mit der Entwicklung des flachsten Automatikwerks mit Goldrotor und ewigem Kalender – ganze 3,95 mm hoch. Die begeisterte Aufnahme dieser uhrmacherischen Meisterleistung veranlaßte Audemars Piguet, auch die Royal Oak damit zu krönen und die Perfektion auf die Spitze zu treiben. Neben den Stunden und Minuten lassen sich vom Zifferblatt der Royal Oak Quantième Perpétuel Tag, Datum, Monat und Mondphase ablesen, ohne jegliche Korrektur bis zum Jahr 2100. Erst dann erfordern die Eigenheiten des Gregorianischen Kalenders einen kleinen Handgriff."

1994 ist dieser Klassiker noch immer im AP-Angebot. Auch eine skelettierte Version gibt es. Als Aggregat findet das Kaliber 2120 Verwendung (ø 28 mm, Bauhöhe des Uhrwerks mit Rotorautomaten 2,45 mm, Rotorsegment aus 21karätigem Gold, 36 Steine, 21.600 Halbschwingungen pro Stunde).

Seit 1992 führt die Kollektion der komplizierten Armbanduhren die automatische Triple Complication mit ihren 12 verschiedenen Funktionen an. Die 650 Einzelteile werden sorgfältig von Hand hergestellt, bearbeitet und zusammengesetzt. Das Meisterstück bietet neben dem ewigen Kalender und der Mondphasenanzeige noch die Wochenanzeige, die Minutenrepetition und einen Chronographen mit 30-Minuten-Zähler.

Aus dem Jahr 1986 stammt das unverwechselbare Modell einer Tourbillon-Armbanduhr. „Dieses kleinste je hergestellte Tourbillon mit Minutendrehgestell hat einen Durchmesser von 7,20 mm und eine Höhe von 2,50 mm. Es ist aus Titan. Da die Uhr nur eine Gesamthöhe von 4,80 mm hat,

dient die Gehäuserückseite als Hauptplatine. Unruh (aus Gold), Anker und Ankerrad wiegen zusammen nur 0,26 g. Das Werk (32 Steine) hat eine Gangreserve von rund 50 Stunden." (UM 3/90) Die Uhr ist in 6 Lagen reguliert, der Aufzug erfolgt über eine Schwingmasse. Das Tourbillon ist im Zifferblattausschnitt rechts unten sichtbar.

Uhrmacherischen Spitzenleistungen fühlt sich nicht weniger die Firma Breguet in Le Brassus verpflichtet. Nicht nur die im Mittelteil kannelierten feinen Gehäuse und die Eigenart der Zifferblätter wurden zu einem unverwechselbaren Markenzeichen, sondern auch die Werke mit den komplizierten Zusatzfunktionen nehmen eine alte Tradition wieder auf. Zum Modell Excentrée (mit Automatikwerk, Doppelkalender und Mondphasenanzeiger) kamen Kreationen wie die Herrenuhr mit Tourbillon und als vorläufige Krönung der Kollektion 1992 eine Herrenarmbanduhr mit Selbstaufzug, ewigem Kalender, Schaltjahres-, Gangreserve- und ewigem Zeitgleichungsanzeiger. Bis auf die Wochentagsindikation im Fenster sind es durchwegs Zeigeranzeigen auf der Vorderseite der Uhr, und zwar ihrer sieben. Bestechend die Eleganz der Symmetrie in der Anordnung der Hilfszifferblätter. Die Monatsanzeige erfolgt mittels eines kurzen Zeigers und einer kleinen Skala (abwechslungsweise der Anfangsbuchstabe des Monats oder lediglich ein Punkt) im Zentrum des Zifferblattes. Der Zeiger ist so breit, daß er vom Stunden- und vom Minutenzeiger nicht überdeckt werden kann. Gangreserve und Zeitgleichung liefern ihre Informationen auf Sektorenskalen. Der Mechanismus ist so konstruiert, daß bei Vornahme von Kalenderkorrekturen die richtige Einstellung der Zeitgleichungsnocken automatisch erfolgt.

Bei der Zeitgleichung handelt es sich um die Differenz zwischen der mittleren Sonnenzeit, nach der unsere Uhren gestellt werden, und der wahren

Sonnenzeit, die bis zu +14 und −16 Minuten von ersterer abweichen kann, hervorgerufen durch die elliptische Bahn der Erde um die Sonne. Der wahre Sonnentag ist deshalb keine unveränderliche Zeiteinheit – im Gegensatz zum zivilen Tag, der von Mitternacht zu Mitternacht gemessen wird, also immer 24 Stunden hat. Zeitgleichungsanzeigen auf Taschenuhren waren zwar bekannt, aber für Armbanduhren bildeten sie wegen der Miniaturisierung dennoch eine besondere Herausforderung.

Über die technische Lösung für die Breguet-Armbanduhr berichtete Benedetto Mauro in Orologi 4/1992. Er führt dort u. a. aus:

„Ein Zeitgleichungssystem beruht in der Regel auf einem nierenförmigen Nocken, dessen Profil von einem mit dem Zeiger der wahren Sonnenzeit verbundenen Hebel abgetastet wird. Der Nocken wird von vier Zahnrädern in Gang gesetzt, wobei eine ganze Umdrehung in genau 365 Tagen, 5 Stunden, 37 Minuten und 30 Sekunden erfolgt. Da eine Lösung dieser Art aus Platzgründen für eine Armbanduhr nicht in Frage kommt, beschlossen die Breguet-Techniker, die Bewegung des Nockens mit derjenigen des Datumwerks im Untersetzungsverhältnis 1/12 zu synchronisieren. Es handelt sich hierbei um eine elegante Lösung, die sich auf die Genauigkeit des Systems nicht auswirkt. Da es sich um einen ewigen Kalender handelt, führt das Datumrad in 1461 Tagen (365+365+365+366) 48 komplette Umdrehungen aus, denen wiederum 4 Umdrehungen des nierenförmigen Nockens entsprechen. Mit anderen Worten, die in den normalen Jahren entstehende Fehlerquote wird im Schaltjahr wieder aufgehoben."

Mit den limitierten Auflagen wird viel Unfug getrieben, aber beim Tourbillon der Manufaktur Jaeger-LeCoultre in Le Sentier, die auch an andere Uhrenhersteller ihre feinen und komplizierten Werke liefert, ist sie gerechtfertigt, zumal das Modell in mancher Hinsicht aus dem großen Spezialitätenangebot herausragt. Das Drehgestell wurde in das Werk der größeren Reverso plaziert und die Gangreserveanzeige auf die Rückseite des Werkes verlegt, wo auch das Tourbillon durch den Glasboden betrachtet werden kann. Gegen die mit 500 Stück begrenzte Edition dieser Uhr in Rotgold werden der Sammler und der finanzkräftige Uhrenkäufer also kaum etwas einzuwenden haben.

Damit nicht genug, wurde auch noch ein Modell geschaffen, das obendrein mit Minutenrepetition aufwarten kann. Diese Ausführung ist am langen, walzenförmigen und gerippten Schieber links außen, mit dem das Repetierwerk aufgezogen und ausgelöst wird, leicht zu erkennen.

Begonnen hatte es 1991 aus Anlaß 60 Jahre Reverso mit einer Jubiläumskreation im größeren Gehäuse, deren Zusatzausstattung aus einem Gangreserveanzeiger, Datum und kleiner Sekunde bestand. Im Jahr darauf gab es die Reverso Art Déco mit feinziseliertem und skelettiertem Werk und einem von Hand verzierten Zifferblatt aus massivem Silber.

Schon aufs Jahr 1989 zurück geht ein anderes Meisterstück von Jaeger-LeCoultre, das Herrenmodell Le Grand Réveil, ein Chronograph mit Selbstaufzug, kleinem 24-Stunden-Zifferblatt, ewigem Kalender, Mondphasenanzeige und Bronzeschlagwerk als Weckeinrichtung. Die Glocke wurde vom eigentlichen Uhrwerk getrennt und im Gehäuse untergebracht.

Aus 1991 stammt die Weltzeituhr Géographique. Sie zeigt auf dem Hauptzifferblatt die Lokalzeit, auf einer Skala die Gangreserve und auf einem Hilfszifferblatt das Datum an. Die Städte der 24 Zeitzonen erscheinen in einem großen, bogenförmigen Fenster am oberen Außenrand des Zifferblattes. Für jene Stadt, die genau in Höhe der Stundenmarke 12 steht, wird im unteren Teil des Ziffer-

Eine AP mit Selbstaufzug, Kalender, Tourbillon und Gangreserveanzeiger. (Foto: AP)

blattes auf einem eigenen 12-Stunden-Blatt die zweite Zeit angezeigt. Mit der Skala kombiniert ist eine kleinere 24-Stunden-Anzeige, auf der abgelesen werden kann, ob in der zweiten Zeitzone Tag oder Nacht ist.

Auch Chopard Genève braucht sein Licht nicht unter den Scheffel zu stellen, was die Spezialitäten, Sondermodelle und limitierten Editionen betrifft. So bietet der bekannte Schmuckuhrenhersteller beispielsweise die Ref. 1208 an, einen Armbandchronographen mit ewigem Kalender. Dazu die Firmeninformation:

„Er vereint 125 Jahre Tradition höchster Uhrmacherkunst und wurde mit Hilfe von Spitzentech-

nologien angefertigt. In drei limitierten Auflagen zu je 50 Exemplaren wird er erhältlich sein: in Platin, Gelbgold und Rotgold. Das Lederband hat eine Gold- oder Platinschließe (Faltschließe auf Anfrage).

Jeder einzelne Schritt zur Herstellung im eigenen Hause, ausgehend von der Erstellung des Konzeptes, unterstützt durch den graphischen Computer, die komplizierte Montage des Werks und der vielfältigen Justierungen bis hin zur Veredelung durch das Polieren, alles wurde in die Hand von Spezialisten gelegt. Diese Uhr kann wirklich als Meisterwerk der mechanischen Uhren von Chopard bezeichnet werden.

Die Triple Complication aus dem Hause Audemars Piguet in Le Brassus. (Foto: AP)

Nachstehend eine kurze Beschreibung des Modells: Rotor in 21 ct Gold; Zeiger, Zifferblatt, Krone und Drücker in 18 ct Gold; Antireflex-Saphirglas und wasserdicht bis 30 m.

Der Einstellmechanismus der Goldkrone ist eine Besonderheit von Chopard, welche extra geschaffen wurde, um perfekte Harmonie mit dem gewünschten Design zu erreichen.

Das Herz dieser Uhr besteht aus 437 Einzelteilen. Sie wird reguliert in fünf Positionen und hat eine Frequenz von 4 Hz (28.800 A/h), sie besitzt eine Gangreserve von 43 Stunden, sofern sie während eines ganzen Tages getragen wird. Die Rädchen sind sorgfältig geschliffen und jedes einzelne Teil

von Hand poliert. Der Chronograph besitzt außerdem folgende Funktionen: 1/5 Sekundenanzeige, 30-Minuten-Zähler und 12-Stunden-Zähler. Der Mechanismus des ewigen Kalenders hat eine Langsamschaltung. Er zeigt Tag, Datum, Monat, Jahr bzw. Schaltjahr und Mondphasen an. Jede Funktion kann einzeln mit Hilfe des Drückers reguliert werden."

Eine optisch gelungene Kreation ist die tonneauförmige Kalenderuhr mit Gangreserveanzeiger, die Chopard 1993 auf den Markt brachte. Das Modell mißt 33 x 30 x 7,30 mm; es wird entweder mit Handaufzug und kleiner Sekunde oder mit Selbstaufzug und Datumsanzeige geliefert. Das

Der automatische Chopard-Armbandchronograph mit ewigem Kalender und Mondphasenanzeiger im Platingehäuse.
(Foto: Chopard, Genève)

Sehr schöne Automatik-Armbanduhr mit Kalender, Gangreserveanzeiger und kleiner Sekunde.
(Foto: Chopard, Genève)

Automatikwerk führt die Kaliberbezeichnung 9644 (ø 20,40 mm, Höhe 4,05 mm, 21 Rubine, 21.600 Halbschwingungen pro Stunde, 45 Stunden Gangreserve).

Mit der in den achtziger Jahren reaktivierten Marke Blancpain ging ein neuer, leuchtender Stern am Uhrenhimmel auf. Nach dem Kauf der Firma Rayville in Villeret im Jahr 1970 durch die Holding SSIH verschwand die Marke Blancpain in der Schublade, wo sie 1982 Jean-Claude Biver, damals Direktor von Omega in Biel, entdeckte und persönlich erwarb. Im Jänner 1983 machte sich der 33jährige selbständig und gründete in Le Brassus mit Jacques Piguet, dem Sohn des dort ansässigen Herstellers von feinen Uhrwerken, Frédéric Piguet, die Blancpain AG. Die beiden machten Blancpain innerhalb weniger Jahre zur Luxusmarke. Da die Firma der seinerzeitigen Familie Blancpain spätestens seit dem Jahr 1735 Uhren gefertigt hatte, ergänzte Biver die Signatur seiner exklusiven Modelle mit der Jahreszahl 1735 und seinen Initialen JB. Sein Werbeslogan lautet: „Seit 1735 gibt es bei Blancpain keine Quarzuhren. Es wird auch nie welche geben!" Das JB-Programm der ersten zehn Jahre war ein einziger Höhenflug, es kann die Firmengründer mit Stolz erfüllen. Was in dieser kurzen Zeit auf die Beine gestellt wurde, verdient Respekt und Bewunderung.

Schon 1984 präsentierte Biver eine Damenarmbanduhr mit Vollkalender und Mondphasenanzeige (Werkdurchmesser 19,74 mm, Handaufzug). Es folgte ein gleiches Herrenmodell, einmal mit Handaufzug, einmal mit Automatik. Und dann begann Biver eine spezielle Kollektion aufzubauen, die alle Meisterstücke der Uhrmacherkunst beinhalten sollte. Sie setzt sich heute aus folgenden sechs Armbanduhren zusammen:

– Die ultraflache Blancpain

In sie verpackt ist ein Werk mit 20,40 mm Durchmesser und 1,73 mm Bauhöhe. Es besteht aus 132 Teilen und ist in fünf Lagen reguliert. Die Unruh macht 21.600 Halbschwingungen pro Stunde. Die Uhr findet mit rund 4 mm Höhe das Auslangen.

– Die Vollkalenderuhr mit Mondphase

Es gibt sie für Herren und Damen in Stahl, Gold oder Platin.

– Die Armbanduhr mit ewigem Kalender

Mit ihr stießen die Uhrmacher von Blancpain in immer kompliziertere Bereiche vor.

– Die Armbanduhr mit Minutenrepetition

Sie erweiterte 1988 die Kollektion. Die ganze Uhr kommt mit einer Höhe von rund 6 mm aus, das komplizierte Werk ist lediglich 3,20 mm dick und besteht aus ca. 380 Teilen. Die Jahreskapazität liegt bei etwa 60 Uhren. Das Werk zählt zu den kleinsten und flachsten, die jemals entwickelt wurden. Die Minutenrepetition gilt noch immer als herausragendste Leistung auf dem Gebiet der traditionellen Uhrmacherkunst.

– Der Chronograph mit Schleppzeiger und Selbstaufzug

Auch dieser Uhrentyp bleibt wegen seiner hohen Komplexität eine Rarität.

– Die Armbanduhr mit Tourbillon

Sie kam 1990 auf den Markt. „Blancpain ist es nun gelungen, diese wunderbare Erfindung durch die Konstruktion des weltweit ersten Tourbillons mit 8-Tage-Werk und Datumsanzeige nochmals beträchtlich zu verbessern. Die hohe Gangreserve macht das tägliche Aufziehen überflüssig. Außerdem steigert das langsame und gleichmäßige Entspannen der Zugfeder die Ganggenauigkeit zusätzlich." Die technischen Daten dieser einmaligen Uhrenschöpfung: Rundkaliber mit 25,60 mm Durchmesser, Bauhöhe 3,70 mm, Höhe des Drehgestells des 1-Minuten-Tourbillons 2,25 mm, fliegend gelagert mit dezentral angeordneter Unruh, die Teile des Hemmungssystems sind in einer Geraden

Das Tourbillon von Blancpain mit 8-Tage-Werk, Gangreserveanzeiger und Kalender. (Foto: Blancpain)

plaziert, 21.600 Halbschwingungen pro Stunde, 19 Steine, Kif-Stoßsicherung, 8-Tage-Werk mit Gangreserveanzeige, Datumsanzeige.

Die sechs Meisterstücke der Blancpain-Kollektion zusammen gibt es im Platingehäuse und einer eigenen Schatulle. „Nur Platin, das edelste aller Metalle, ist würdig genug, diese in Form von Gehäusen zu umschließen. Eine notariell beglaubigte Urkunde dokumentiert die strikte Limitierung auf 99 Schatullen, von denen jede einen Satz aller sechs Meisterstücke enthält. Jede einzelne Armbanduhr dieser Edition ist numeriert von 1/99 bis 99/99 und trägt im Gehäuseboden die Gravur ‚Platinum Masterpiece Collection‘ – passender Aus-

druck für eine absolut einmalige Begebenheit in der Geschichte der Uhrmacherkunst."

Die Krönung des Blancpain-Programms schlechthin bildet seit 1991 die Grande Complication 1735. Sie ist die Zusammenfassung aller sechs Meisterstücke in einer Uhr. Die Serie ist mit 30 Stück begrenzt. Mehr als 700 Teile fügen sich zu einem faszinierenden Ganzen zusammen. Hier die technischen Daten:

Uhrgehäuse aus Platin 950, Durchmesser 40 mm, Höhe 14 mm, klassische Anordnung der Chronographendrücker und des Repetitionsschiebers, Zifferblatt aus Platin 950, Werkplatte aus 18 Karat Rotgold, Durchmesser 30 mm, gesamte Werk-

Schleppzeigerchronograph mit dezentraler Zeitanzeige.
(Foto: Ulysse Nardin)

Armbanduhr mit Zifferblatt in Cloisonné-Email.
(Foto: Ulysse Nardin)

höhe 11 mm, Höhe des Tourbillon-Käfigs 2,57 mm, 1 Umdrehung pro Minute, zentral gelagerte Unruh, Flachspirale, lateraler Anker, 21.600 Halbschwingungen der Unruh pro Stunde, 44 Steine, Feinregulierung in 5 Lagen, Rotorautomatik, Rotor Platin 950, Gangreserve 48 Stunden, ewiger Kalender mit Nocken für 48 Monate, Chronographenmechanismus mit Schaltrad, Schlagwerk mit Tonfedern.

Die Uhrenmarke Ulysse Nardin verdankt ihre Marktpräsenz dem Zürcher Industriellen Rolf W. Schnyder, er bewahrte die traditionsreiche Firma durch deren Erwerb im Jahr 1983 nicht nur vor dem bitteren Ende, sondern schuf ihr auch eine neue Basis. Die Begegnung mit dem Restaurator

historischer astronomischer Großuhren, Dr. Ludwig Oechslin, und schöpferischen Meisteruhrmacher führte zu einem Spezialitätenprogramm besonderer Art. Dr. Oechslin verdankt die Branche Neuentwicklungen, die in die Uhrengeschichte eingingen, gemeint sind die astronomischen Armbanduhren Astrolabium Galileio Galilei (1985), Planetarium Copernicus (1988) und Tellurium Johannes Kepler (1990).

Das Astrolabium ist eine mit wissenschaftlicher Genauigkeit arbeitende Sternwarte am Handgelenk. Über 30 faszinierende Funktionen haben für die nächsten 144.000 Jahre Gültigkeit. Auf dem Zifferblatt ist ersichtlich, um welche Zeit der Sirius,

Riegel, Pollux oder ein anderer Fixstern am Horizont auf- oder untergeht. Die Uhr ist mit einem Planisphärium ausgerüstet, das dem jeweiligen Breitengrad entspricht.

Das Planetarium-Modell verbindet das für Astrologen maßgebende geozentrische System (Erde als Zentralgestirn) mit dem wirklichen astronomischen Sonnensystem (Sonne als Zentralgestirn). Die klassischen Planeten Merkur, Venus, Mars, Jupiter und Saturn drehen proportional zu ihrem wahren Himmelsstand um die Sonne, und der Mond rotiert um die Erde. Die Mechanik verbindet alle Planetenzyklen miteinander und ermöglicht ein Vor- oder Zurückstellen für jedes gewünschte Datum.

Die Tellurium-Armbanduhr – Tellus kommt vom Altgriechischen und heißt Erde – konzentriert sich auf die Anzeige von Sonne, Mond und Erde vor dem Hintergrund des Sternenhimmels, der Ekliptik. Im Gegensatz zu bekannten Tellurien mit der Sonne im Zentrum und der Erde, die samt Mond um diese kreist, befindet sich im Tellurium von Ulysse Nardin die Erde im Zentrum, damit ihr geographisches Bild voll zur Geltung kommen kann, und die Sonne steht fix bei 12 Uhr mittag. Arbeitsweise und Darstellung der Funktionen sind einmalig und waren bisher teilweise selbst in Großuhren noch nie verwirklicht worden.

Weitere Spezialitäten von Ulysse Nardin sind zum Beispiel aus dem Jahr 1992 ein Armbandchronometer mit Tourbillon, Regulatorzifferblatt und springender Stunde sowie ein Schleppzeigerchronograph mit Tourbillon.

Diese hochkomplizierten Uhren entstanden nicht immer in den Manufakturen selbst, sondern in den Köpfen von selbständigen Meisteruhrmachern. 19 dieser schöpferischen Menschen schlossen sich zur Akademie der freien Uhrmacher (AHCI) zusammen, um sich einerseits ganz der alten Uhrmacherkunst zu verschreiben und anderseits diese durch die Erfindung noch nie dagewesener Konstruktionen zu bereichern.

Zu ihnen zählt Vincent Calabrese. Ihm und anderen hat Reinhold Ludwig in „Schmuck + Uhren" 5/1991 Porträts gewidmet.

„Der kleine Laden mit Werkstatt von Vincent Calabrese im Boulevard de Grancy liegt nur wenige Minuten von Lausannes Bahnhof entfernt. Calabrese, geboren 1944 in Italien, ist Autodidakt und einer der Gründungsväter der Akademie. Bevor er seine erste eigene Uhr machte, verdiente er seinen Lebensunterhalt mit Reparaturen, einer Tätigkeit, der sich auch erfolgreiche Akademiemitglieder heute nicht verschließen. Gehört doch die Pflege und Erhaltung der Meisterwerke zu einem grundsätzlichen Anliegen. Die Krönung eines Createurs d'Horlogerie ist natürlich die Entwicklung einer eigenen Uhr, womit keinesfalls nur Gehäusevarianten gemeint sind, sondern mindestens ‚ein Teil der Uhrenkonstruktion oder der Transformation', wie es in der Verfassung der Uhrmacherakademie heißt."

Calabrese verdanken wir die Armbanduhr mit Stabwerk, für die er 1977 auf der Erfindermesse in Genf eine Goldmedaille erhielt. Vermarktet wurde seine Konstruktion durch die Firma Corum, die Calabreses Stabskelettuhr im Saphirglasblock ab 1981 unter dem Namen Golden Bridge in Serie fertigte.

Die preisgekrönte Uhrenschöpfung bildete weiters den Ausgangspunkt für seine individuellen Monogramm-Armbanduhren. Ludwig:

„Seine Spezialität sind Skelettuhren mit reich dekorierten Monogrammen oder auch Symbolen, wie z. B. dem italienischen Stiefel. Dabei ist es für den leidenschaftlichen Uhrmacher kein Problem, die Zeigerwelle genau dort zu positionieren, wo sich die Hauptstadt Rom befindet. Andere wichtige Städte wie Mailand oder Neapel werden durch ein Rubinlager oder auch durch ein Schräubchen ange-

Corum-Armbanduhr mit Stabwerk und ziseliertem Goldgehäuse. Die Werkbrücke findet in den Bandanstößen ihre Fortsetzung. (Foto: Corum)

zeigt. Bei solchen Raffinessen ist es klar, daß jede Skelettuhr mit Monogramm oder Symbol ein eigens entwickeltes Uhrwerk hat. Zwei bis sechs Monate braucht Vincent Calabrese dafür."

1985 baute Calabrese sein erstes klassisches Tourbillon, 1988 folgte ein fliegendes, das seither von einer Schweizer Nobelmarke verwendet wird.

Ein anderes Gründungsmitglied der Akademie und schöpferisch tätiger Uhrmacher ist Svend Andersen, ein gebürtiger Däne, der seit Mitte der sechziger Jahre bei Patek Philippe tätig war und sich in den späten siebziger Jahren selbständig machte. Er gehört zu jenen Uhrenkünstlern, die ihr Dienstverhältnis lösten, um den Beruf frei ausüben und ihre Ideen besser verwirklichen zu können. Auf dem Gebiet der Armbanduhr stellte Andersen 1983 mit einem neuen Modul für den ewigen Kalender (mit rückspringendem Datum) seine uhrmacherischen Fähigkeiten eindrucksvoll unter Beweis. Sein ewiger Kalender wurde von einer Nobelmarke übernommen und in Serie produziert. Gleichfalls auf das Jahr 1983 geht sein wasserdichter Repetierschieber zurück. Allgemein bekannt wurde Svend Andersen mit seinen Weltzeit-Armbanduhren, die er seit 1989 fertigt und unter der Markenbezeichnung ANDERSEN GENÈVE auf den Markt bringt. Das extrem flache Weltzeitmodell Communication mit der breiten Städtelünette, dem 24-Stunden-Kranz mit Tag-und-Nacht-Unterteilung sowie dem azurblauen Zifferblatt mit den fünf Kontinenten in 24 Karat Gold prägte sich nachhaltig ins Gedächtnis ein. Der Weltzeitmechanismus mit Zifferblatt ist hauchdünn (0,90 mm). Für das Uhrwerk verwendete er das Automatikkaliber Piguet 950.

Diese Zusatzfunktion kombinierte Andersen bei einem anderen Modell mit einem Chronographen. Als Werk wählte er das Lémania-Kaliber 1873 (21.600 Halbschwingungen pro Stunde, 17 Steine, Handaufzug, robuste Kulissenschaltung).

Bei der Weltzeit-Armbanduhr Christoph Columbus, die 1991 folgte, stand nicht die Flachheit des Modells im Vordergrund, sondern eine gediegene Uhr, und so konnte der Städtering ins Gehäuse und unter das Uhrglas verlegt werden. Das machte allerdings eine eigene Stellkrone erforderlich. Das Markante des Modells war ebenfalls die azurblaue Fläche des Zifferblattes mit einem Kartenausschnitt von Europa und Amerika und der eingezeichneten Route, die der berühmte Seefahrer anläßlich der Entdeckung Amerikas anno 1492 genommen hat. Den Boden der Uhr schmückte ein eingraviertes Astrolabium. Dennoch findet das Modell mit einer Höhe von 6,50 mm das Auslangen.

„Während Svend Andersen von Spezialitäten wie einem ewigen Kalender in Skelettausführung nur zwei bis drei Uhren pro Jahr macht, sind die Weltzeituhren für einen größeren Kreis von Liebhabern gedacht. Um diese Serien herzustellen bzw. zu montieren, arbeitet Svend Andersen mit zwei weiteren Uhrmachern zusammen. Diese Zusammenarbeit basiert auf einem Vertrag, wonach die Uhrmacher zu 50 Prozent ihrer Tätigkeit im Atelier am Quai du Seujet für Andersen arbeiten. Am Ende eines jeden Monats stellen sie ihrem Arbeitgeber eine Rechnung über die geleistete Arbeit. Die restlichen 50 Prozent können sie die Einrichtung des Ateliers nutzen, um Reparaturen oder eigene Uhren zu machen oder sich einfach fortzubilden und bei dem großen Meister zu lernen." (R. Ludwig)

In der Zwischenzeit brachte Andersen zwei weitere außergewöhnliche Uhrenschöpfungen in seine kleine Kollektion: den Armbandchronometer Perpetuel 2000, eine Kalenderuhr mit Anzeige des Monats auf der Rückseite der Uhr, und einen Schleppzeigerchronographen.

Ein weiteres Mitglied der Akademie selbständiger und schöpferisch tätiger Uhrmacher ist der 1958 geborene Franck Müller. Über den Meisteruhr-

Weltzeitarmbanduhr mit Chronograph.

Ultraflache Weltzeitarmbanduhr. (Foto: Andersen, Genéve)

macher schrieb R. Ludwig 1991 in der Fachzeitschrift Schmuck + Uhren:

„Einer, der sieben Jahre durch die Schule von Svend Andersen gegangen ist und sich dabei ganz auf die Herstellung sehr komplizierter Uhren konzentriert hat, ist Franck Müller. Geboren in der Uhrenstadt La Chaux-de-Fonds, die Mutter Italienerin, der Vater Schweizer, zeichnete sich Franck Müller schon sehr früh an der Uhrmacherschule Genf durch zahlreiche erste Preise aus. Bei Svend Andersen bekam er die kompliziertesten Uhren in die Hände, die er mit großer Hingabe restaurierte und reparierte. Bereits 1981 fertigte er aus Anlaß des 10-Jahr-Jubiläums des Musée d'Horlogerie de Genève zehn

komplizierte Uhren. Seit Franck Müller mit seinem Atelier im malerischen Genthod bei Genf ganz auf eigenen Füßen steht, fertigt er komplizierte Uhren als Einzelanfertigungen oder in wenigen Stücken."

Die Kostbarkeiten und Raritäten für das Handgelenk präsentieren sich in vornehmen und makellosen Gehäusen von klassischer Eleganz. Seine Kreationen sind Kombinationen von Minutenrepetition, ewigem Kalender, Weltzeitindikation, Tourbillon, Schleppzeigerchronograph, Pulszähler, Gangreserveanzeige, springende Stunde usw. Franck Müller gilt als Spezialist für Tourbillons.

Seinen doppelseitigen Chronographen von 1992 nahm der Ebner Verlag in Ulm in den Band

„Die schönsten Uhren/Edition 1993" auf. Das Besondere dieser Uhrenschöpfung liegt darin, daß sie auch auf der Rückseite ein Zifferblatt besitzt. Während vom vorderen Uhrzeit und die Meßzeit des Chronographen in $^1/_5$ Sekunden, Minuten und Stunden abgelesen werden können, gibt es auf der Rückseite unter Glas eine Tachymeter-, eine Telemeter- und eine Pulsometerskala mit zweitem Zeiger, der natürlich mit dem vorderen synchron läuft. Die Uhr (Ref. 7000 DF) hat einen Durchmesser von 38 mm und verfügt über ein Werk mit Selbstaufzug.

Daniel Roth, Jahrgang 1945, der seinen Firmensitz in Le Sentier hat, steht außerhalb der AHCI, aber auch er ist ein genialer Tüftler und Perfektionist. Stationen seines Lebens waren die Manufakturen Jaeger-LeCoultre, Audemars Piguet und Breguet, ehe er sich selbständig machte und 1989 die erste Kreation, die seinen Namen trug, vorlegen konnte. Es handelte sich um einen Armbandchronometer mit Tourbillon. Das Modell hat zwei Gesichter, auf der Vorderseite beherrschen das Tourbillon mit seiner markanten Brücke, die Sekundenanzeige mit den drei verschieden langen Zeigern auf drei übereinander angeordneten Skalen (0–20, 20–40, 40–60) und die dezentrale Angabe der Ortszeit das Zifferblatt, auf der Rückseite vermitteln Zeigerindikationen das Datum und die Gangreserve.

Roths Uhren haben ein unverwechselbares Äußeres. Das exklusive Gehäuse wurde vom Uhrenkünstler selbst entworfen. Er verwendet nur dieses eine Modell. Die Kreation ist in der Grundform rund, aber seitlich sind größere Segmente gekappt, so daß sich das Gehäuse in einer ganz eigenwilligen Form präsentiert und zum unverkennbaren Markenzeichen dieses Meisteruhrmachers wird.

Eigenwillig ist alles an seinen vornehmen Armbanduhren, die sich nur durch die Zusatzfunktionen und deren Anzeige voneinander unterscheiden. Das Geburtsjahr von Roths außergewöhnli-

cher Rücklaufuhr für das Handgelenk ist 1991. Sie zeigt die Stunden von VI bis XII und von I bis VI auf einer unten offenen kreisförmigen Skala an. Jeweils um 6 Uhr morgens und um 18 Uhr abends springt der Stundenzeiger in die Ausgangsposition links unten zurück. Der Minutenzeiger zieht in der üblichen Weise seine Runden, ebenso der verhältnismäßig große Zeiger der kleinen Sekunde. In der Uhr befindet sich ein Handaufzugswerk mit 17 Steinen, Feinregulator und einer Gangdauer von 41 Stunden.

1992 hatte ein Roth-Armbandchronograph mit 30-Minuten-Zähler sein Debüt, und 1993 kam die Armbanduhr mit ewigem Kalender und Automatikkaliber in die Roth-Kollektion.

Mit Paul Picot in Le Noirmont scheint ein weiterer Stern am Uhrenhimmel aufzugehen. Der Schweizer bezeichnet sich als Jüngsten im Kreis der Luxusuhrenhersteller. Im deutschsprachigen Raum war diese Manufaktur bis vor kurzem kaum bekannt, weil jeder Newcomer zunächst auf dem italienischen Markt Fuß zu fassen sucht, der als der bedeutendste Europas im Hinblick auf anspruchsvolle Armbanduhren gilt. 1992 kam ein Schleppzeigerchronograph mit Vollkalender und Mondphasenanzeiger in die Kollektion. Gehäuse und Zifferblatt erinnern ein wenig an Breguet-Uhren und die Roth-Kollektion. Auf den Doppelzeigerchronograph folgte in der Zwischenzeit ein Armbandchronometer mit Selbstaufzug, Gangreserveanzeige, Doppelkalender und Chronograph-Rattrapante.

Ein anderer Name, der unter den Luxusmarken immer wieder auftaucht, ist jener von Jean-Christophe Forget. Er steht für ein zwar kleines, aber feines Chronometerprogramm. Zu den jüngsten Modellen zählt ein Chronometer mit Selbstaufzug, Gangreserveanzeiger, Doppelkalender und Mondphasenindikation. Ins massive Silberzifferblatt ist die jeweilige Produktionsnummer graviert.

Skelettierte Roth-Armbanduhr mit Tourbillon und dezentraler Zeitanzeige. (Foto: Roth, Le Sentier)

Roth-Modell mit doppeltem Gesicht: Sekundenanzeige und Uhrzeit auf der Vorderseite, Datums- und Gangreserveindikation auf der Rückseite. (Foto: Roth, Le Sentier)

Eine Besonderheit der Forget-Uhren ist das Fehlen der herkömmlichen Armbandschließe, die Bandteile werden an beiden Seiten des Gehäuses eingeklinkt. Der Chronometermacher hat seinen Firmensitz in Genf.

Auch die feinen Armbanduhren der Handelsmarke Urban Jürgensen Copenhagen kommen aus der Schweiz. Die Kurzsignatur auf Werk und Krone lautet UJS, wobei der Buchstabe S für Sønner (Söhne) steht. Die Firma stellt komplizierte Uhren in limitierten Serien her und schreibt die fortlaufende Nummer auf das Zifferblatt.

Die ursprüngliche Firma, die 1780 bei Kopenhagen gegründet worden war, besteht nicht mehr. Ab 1838 gab es eine zweite Jürgensen-Firma in Le Locle. 1920 wurden die Produktion im dänischen Stammhaus eingestellt und der Schweizer Betrieb verkauft. Nach einem 60jährigen Schattendasein trat die altehrwürdige Marke nun wieder ins Rampenlicht. „Eine kleine Gruppe engagierter Uhrmacher, spezialisiert auf die traditionelle Herstellung komplizierter mechanischer Uhren, übernahm die Rechte an der Firma Urban Jürgensen & Sønner samt dem Museum und einem großen Bestand alter Uhren. In vier rund um Biel angesiedelten Ateliers entstehen heute nach langjähriger Unterbrechung wieder hochwertige Zeitmesser in der Tradition des Hauses Jürgensen." (Nuber, AI 1/93)

Unter Leitung von Peter Baumberger wurden in der Zwischenzeit verschiedene Modelle auf den Markt gebracht. Die Ref. 1 von 1980 war eine Vollkalenderuhr mit Mondphasenanzeige, Chronograph (30-Minuten-Zähler) und Selbstaufzug. Die Ref. 2 ist eine Armbanduhr mit ewigem Kalender und Automatikwerk von Piguet. Die Ref. 3 verfügt zusätzlich über einen Gangreserveanzeiger. AI 1/93

Eine deutsche Uhrmacherpersönlichkeit ist Gerd-Rüdiger Lang in München, Spezialist für Chronographen. Weshalb in ihm in den frühen achtziger

Jahren der Entschluß reifte, sich ganz der mechanischen Armbanduhr zu verschreiben, hat er im Chronoswiss-Katalog von 1992 kurz erläutert. Er sagt über die Beweggründe, die zur Firmengründung führten, und seine ersten Schritte als Uhrenhersteller:

„Am Anfang stand eine Idee. Das war im Jahre 1983 – zu einer Zeit, als selbst Optimisten der mechanischen Armbanduhr kaum mehr Zukunftschancen einräumten, als die Hersteller tickender Uhrwerke mehr und mehr daran dachten, deren Produktion mangels Nachfrage auslaufen zu lassen. Die Idee jedoch zielte auf eine Marktnische, in dem Bewußtsein, daß es immer Menschen geben werde, die ihren Lebensrhythmus nicht dem Diktat lautlos schwingender elektronischer Zeitmesser unterordnen wollen; Persönlichkeiten, denen das liebenswürdige Ticken klassischer Uhren wichtiger ist als der Kampf um jede Zehntelsekunde.

So wurde die Idee zur Realität, und die Firma Chronoswiss, Uhrenfabrikation in München, geboren. Die Wiederentdeckung der Mondphasenuhr begünstigte die Umsetzung des Firmenkonzepts, ausschließlich mechanische Uhren für Kenner und Liebhaber der traditionellen Uhrmacherei in die Kollektion aufzunehmen. Die erste Armbanduhr mit dem Schriftzug ‚Chronoswiss' auf dem Zifferblatt war denn auch ein Chronograph mit Datums- und Mondphasenanzeige. Sie stieß auf eine ganz erstaunliche Resonanz. Bald schon kamen weitere Mondphasenmodelle hinzu, ferner Chronographen und Skelettuhren als Spezialitäten der qualifizierten Uhrmacher im abgeschiedenen Schweizer Jura. Im Jahre 1988 begründete der aufsehenerregende ‚Regulateur' ein exklusives limitiertes Chronoswiss-Modell, das in der Zwischenzeit eine Vielzahl von Liebhabern, aber auch Epigonen gefunden hat, die eigenständige Chronoswiss-Kollektion."

In Zusammenarbeit mit Kelek in La Chaux-de-Fonds entstanden komplizierte Uhren. Die 1896 ge-

Ausgefallene Armbanduhr von Chronoswiss. Die Anzeigen erfolgen auf einem weißen Regulatorzifferblatt.
Das massive Goldgehäuse besteht aus 19 Teilen (Durchmesser 38 mm, gerändelter Glasreif verschraubt, verglaster Boden,
Bandstege verschraubt). (Foto: Chronoswiss)

gründete Firma verstand sich besonders auf die Kunst des Zusammensetzens von Uhren mit Zusatzfunktionen wie Chronograph, Vollkalender, ewiger Kalender, Repetition und Gangreserve. Mitte der achtziger Jahre kam mehr als die Hälfte aller Chronographen mit Valjoux-Fabrikaten aus den Ateliers von Kelek.

Auch in den Chronoswiss-Chronographen arbeiteten häufig Valjoux-Kaliber. Das Flaggschiff bildete bald das Herrenmodell mit ewigem Kalender, das mit dem ETA-Kaliber 2892-2 bestückt war,

hinzu kam die Armbanduhr mit 5-Minuten-Repetition in preiswerter Ausführung und später überdies in massivem, 18karätigem Goldgehäuse (Durchmesser 42 mm, bewegliche Bandanstöße, verglaster Boden, Schlagwerksauslöser in Form eines festen Drückers bei der 6).

Das Angebot von Lang wurde immer vielfältiger, wie ein Blick in den Chronoswiss-Katalog von 1988 zeigt. Unter den zahlreichen Chronographen befand sich auch eine Taucherausführung, die Pacific 100 m, ein Chronograph mit 12-Stunden-

Exquisite Herren-Armbanduhr mit Fünf-Minuten-Repetition. Im 18karätigen Rotgoldgehäuse mit verglastem Boden und beweglichen Bandanstößen befindet sich ein Automatikkaliber. (Foto: Chronoswiss)

Zähler, Datums- und Mondphasenanzeige. In der Kollektion schien weiters ein Herrenmodell mit Selbstaufzug, Zentralsekunde, Datum und Gangreserveanzeiger auf. Über die Anzeige des Energievorrats hieß es in der begleitenden Information:

„Der Nichteingeweihte wird sich fragen: ‚Was soll das?‘, der Kenner lächeln und sich freuen über ein technisches Detail, einen uhrmacherischen Leckerbissen, dessen Bedeutung erst auf den zweiten Blick und unter Einbeziehung eines Stücks Uhrengeschichte auszumachen ist. Gemeint ist eine kleine Indikation auf dem Zifferblatt, unscheinbar

und dennoch aussagekräftig, vergleichbar mit einer Anzeige, die der Autofahrer im Armaturenbrett seines Wagens auf keinen Fall missen möchte, der Benzinuhr. Wir sprechen von der Gangreserveanzeige, die dem Träger einer Armbanduhr bei jedem Blick aufs Zifferblatt signalisiert, wie stark die Zugfeder seines Präzisionsinstruments am Arm gespannt ist, wie viele Stunden die Uhr also noch zu laufen vermag, ohne daß sie aufgezogen werden muß, ob der automatische Aufzug zufriedenstellend funktioniert oder schlicht auch, ob der Träger sein Handgelenk genügend bewegt, um durch den

Einfluß der Schwerkraft über ein komplexes Zusatzwerk der Feder genügend Kraftreserve zuzuführen."

Mit derlei Informationen steigerte er das Interesse an seinen Produkten, obendrein vermittelte er Wissen und Einblicke in technische Zusammenhänge. Enthielt der Katalog von 1987 u. a. Kurzporträts berühmter Uhrmacher aus vergangenen Tagen, befaßte er sich in der Ausgabe 1988 mit dem automatischen Aufzug, dem Regulatorzifferblatt, der 5-Minuten-Repetition, der Gangreserveanzeige usw. Weiters druckte er ein Verzeichnis von Fachausdrücken ab, und wie immer gab es eine vorbildliche Kaliberliste mit technischen Daten für die in seinen Uhren verwendeten Werke und Konstruktionen.

Die Lang-Neuheit von 1988 schlechthin war die Armbanduhr mit dem ungewohnten Regulatorzifferblatt (dezentrale Stunde, zentrale Minute und kleine Sekunde). Das markante Gehäuse, dessen Fertigung 156 Arbeitsgänge erfordert, beherbergt das Handaufzugskaliber Unitas 6376 Z (ø 29 mm, 17 Steine, 21.600 Halbschwingungen pro Stunde, Schwanenhals-Feinregulierung, Spezialzeigerwerk, Restbestände der 1984 eingestellten Produktion).

Die Hintergrundinformation zu diesem Modell lautete:

„. . . Bestimmende Merkmale für die Qualität einer mechanischen Armbanduhr sind einerseits die Güte der Ausführung des Werkes, andererseits aber auch dessen Reglage und der daraus resultierende Gang. Letzterer wird als die Zeit definiert, die eine Uhr innerhalb eines bestimmten Zeitraumes vor- oder nachgeht. Während die Gangkontrolle heutzutage im allgemeinen mit Hilfe von Zeitwaagen erfolgt, wurden bis in die fünfziger Jahre hinein unmittelbare Vergleiche mit Präzisionsuhren (Chronometer oder Präzisionspendeluhren, sogenannte Regulatoren) vorgenommen. Zu diesem Zweck beobachtete der Regleur die Sekundenzeiger beider Uhren, z. B. im Abstand von jeweils 24 Stunden, und gelangte so zum täglichen Gang. Um das Ablesen der Sekunden vom Zifferblatt des Regulators zu erleichtern und um zu vermeiden, daß der Stundenzeiger täglich mehrere Stunden den Blick auf das kleine Sekundenzifferblatt beeinträchtigte, wurden die Präzisionsregulatoren, bei denen es mehr auf die Sekunde und Minute denn auf die Stunde ankam, mit speziell gestalteten Zifferblättern, den Regulator-Zifferblättern, versehen. Dieses ungewöhnliche System der Indikation wurde verschiedentlich auf Taschen- und ab den dreißiger Jahren in seltenen Fällen auch auf Armbanduhren übertragen . . ."

Nunmehr wird diese Hommage an die Präzisionspendeluhren vergangener Jahrhunderte mit dem seit 1991 verfügbaren Chronoswiss-Kaliber 122 geliefert. Seine Daten: ø 26,80 mm, Bauhöhe 5,30 mm, 21.600 Halbschwingungen pro Stunde, Anker, Ankerrad und Schrauben poliert, Glucydur-Ringunruh, Spirale Nivarox I, 29 Steine, Spezialregulator, Incabloc-Stoßsicherung, skelettierter und vergoldeter Rotor mit Kugellager, Werknumerierung.

Seit 1988 war die Firmengeschichte durch drei weitere limitierte Editionen gekennzeichnet: die Kairos, die Kairos-Skelett und die Hora. 1989 knüpfte Chronoswiss mit der Kairos an das Regulatorkonzept an. Auf der Basis des klassischen Kalibers 72 von Valjoux entstand ein Chronograph mit dezentraler Stunden- und Minutenanzeige, um den Blick auf die Hilfszifferblätter nicht zu beeinträchtigen. Hergestellt wurden 500 Stück. 1990 folgte die Kairos in skelettierter Ausführung, wobei auf das Valjoux-Kaliber 23 zurückgegriffen wurde. Die Auflage betrug 600 Stück. Ebenfalls 1990 stellte Lang die rechteckige Hora vor. Die Besonderheit bestand in der digitalen Anzeige der Stunde. Bestückt war sie mit dem klassischen Formwerk FEF 130 von 1935. Fabriziert wurden davon 700 Stück.

Sie haben unterdessen alle einen Ehrenplatz im kleinen Chronoswiss-Museum. Die Zahl der Exponate steigt ständig, denn es gibt bei Lang Novitäten am laufenden Band. Die Katalogausgabe 1992 macht mit einer Fülle neuer Modelle bekannt. Da sind vorweg einmal die Armbandchronometer zu nennen. Sie präsentieren sich im typischen Chronoswiss-Gehäuse mit dem verschraubten Glasreif, den verschraubten Stegen und der kugelförmigen Krone. Das massive Zifferblatt aus Sterlingsilber ist guillochiert. Den Chronometer gibt es in der Ausführung Zentralsekunde und Datumsanzeige und als Chronograph mit 30-Minuten- und 12-Stunden-Zähler. Der Gehäuseboden besteht aus Mineralglas, damit sich der Uhrenfreund am komplexen Innenleben jederzeit erfreuen kann. Die Basiskaliber stammen von der ETA. Jeder Uhr liegt der Gangschein einer offiziellen Schweizer Prüfstelle bei. 1992 wurden für Lang 1507 Zertifikate ausgestellt.

Aufmerksamkeit verdient auch die rechteckige Uhr mit Wendegehäuse, das Chronoswiss-Cabrio mit Glasboden. Dazu Lang:

„Aus der Not mit den bruchgefährdeten Kristallgläsern, die 1931 zur Erfindung der Armbanduhr mit Wendegehäuse führte, machte Chronoswiss nun abermals eine Tugend. Ein Handgriff genügt, und schon zeigt sich das sorgfältig dekorierte automatische Uhrwerk von seiner schönsten, nämlich seiner rückwärtigen Seite, ohne daß die Cabrio vom Handgelenk genommen werden muß. Möglich wurde dies durch eine spezielle Gehäusekonstruktion, bei der das Mittelteil um jeweils 180 Grad gedreht werden kann. Je nach Belieben präsentiert sich dem Betrachter das Zifferblatt oder das Uhrwerk. Beides vorzüglich geschützt durch kratzfeste und unzerbrechliche Saphirgläser, und das sogar bis zu einer Wassertiefe von 30 Metern."

In der Cabrio (Maße 35 x 27 mm) sorgt für die Zeitanzeige der kleine Rotorautomat ETA 2670 (ø 17,20 mm, Bauhöhe 4,80 mm, 25 Steine, 28.800 Halbschwingungen pro Stunde, anhaltbare Sekunde).

Etwas Besonderes stellt die Orea dar, leicht zu erkennen am Emailzifferblatt und am Cabochon der Aufzugskrone. Lang: „Mit den Armbanduhren der Linie Orea wird ein Stück Uhrengeschichte wieder zum Leben erweckt, denn sie gehören zu den ganz wenigen Modellen, die serienmäßig noch mit echten Emailzifferblättern ausgestattet sind. Chronoswiss verhilft dadurch der seit 1635 gepflegten, nun aber fast in Vergessenheit geratenen Kunst der Anfertigung von Emailzifferblättern, die auch heute noch ausschließlich von Hand erfolgt, zu einer glanzvollen Renaissance."

In der Chronographenkollektion fehlte eigentlich nur der Schleppzeigerchronograph. Nun, in der Zwischenzeit liegt auch dieser vor. Er gehört seit kurzem zum festen Bestandteil des Chronoswiss-Angebots. Mit der dezentralen Anzeige der Uhrzeit setzt er die Regulatorlinie fort. Der Schleppzeigermechanismus unter dem Zifferblatt weist nach dem klassischen Prinzip Schaltrad und Zange auf. Als Basiskaliber des automatischen Schleppzeigerchronographen von Lang dient das bewährte ETA-Werk 7750 (ehemals Valjoux 7750), das hier die Kaliberbezeichnung C 732 führt. Es hat eine Bauhöhe von 8,20 mm. Der dritte Drücker ist nicht in der Aufzugs- und Zeigerstellkrone untergebracht, sondern links im Gehäusemittelteil plaziert.

Modische und bunte Uhren kommen von Alain Silberstein in Besancon. Seine Produkte sind eine echte Abwechslung, sie bilden einen starken Kontrast zu den konservativen Linien anderer Hersteller. Der heute 44jährige französische Architekt und Designer macht Uhren, die Kochtöpfen gleichen, einmal sind sie silberfarben wie Edelstahlgeschirr, ein andermal sind sie schwarz. Über das weiße oder schwarze Zifferblatt wandern leuchtend rote, grüne, gelbe oder blaue Zeiger in Form von Stäben, Dreiecken und Wellenlinien. Silbersteins Lieblingsfabrikat ist der Armbandchronograph. Beim Doppelzeigermodell ist der wellenförmige Chronozeiger gelb, der Schleppzeiger hingegen weiß. Die Skala der Gangreserveanzeige hat die Form einer weißen Sternschnuppe. Die mechanischen Kaliber bezieht die offiziell 1990 gegründete Firma von der ETA.

Heute kommen die Uhrwerke – sowohl mechanische als auch elektronische – nur noch von ganz wenigen Herstellern. Die meisten Fabriken befinden sich im Besitz der ETA bzw. der SMH. Das gilt für Piguet und Ebosa ebenso wie für die Pforzheimer Uhrenrohwerke PUW und Durowe (Hauszeichen INT). Die Schweizer Uhrenindustrie war in der ersten Hälfte der achtziger Jahre mit dem Abgang der Ebauches AG in die Ära ETA eingetreten. Das Engagement im Zusammenhang mit der Auflösung der Holding deutete schon 1983 auf weitgehende unternehmerische Absichten hin. Mit der Übernahme des ESA-Erbes ging es weniger um den Zukauf von Fertigungskapazitäten als um eine Straffung des Programms, um Rationalisierung und um eine genau auf den Markt abgestimmte Produktpalette.

Mit der Holding gingen auch traditionsreiche Marken unter. Die A. Schild AG mit AS hatte ihre Identität schon gegen Ende der siebziger Jahre aufgeben müssen, Landeron überlebte ebensowenig wie FHF in Fontainemelon, das für sich in Anspruch nehmen durfte, die älteste Rohwerkefabrik der Schweiz zu sein. Andere Produzenten bestehen zwar noch, aber sie betreiben keine eigene Imagepflege mehr. Nach Anpassungen von Werken verschiedener Herkunft an das ETA-Programm tragen sie nun alle das ETA-Logo, unter ihnen auch die Peseux- und Valjoux-Fabrikate.

Die ETA hat ihren Hauptsitz in Grenchen und zählt inzwischen weltweit zu den größten Rohwerkproduzenten. Sie weiß mit ihren Kalibern die ganze Bandbreite von den komplizierten und feinen Uhren bis zu den preisgünstigen, zum Teil vernieteten oder mit Ultraschall kunststoffverschweißten Werken, bei denen sich eine Reparatur nicht lohnen würde, abzudecken.

Große Veränderungen ergaben sich in den letzten Jahrzehnten auch sonst bei den Eigentumsverhältnissen. Manche Firmen sperrten zu, andere wechselten den Besitzer. In der Schweiz traten an die Stelle alteingesessener Uhrmacherdynastien oft Finanz- und Industriegruppen, wie aus der folgenden Übersicht zu ersehen ist.

Firma	Jahr des Besitzwechsels	neuer Mehrheitsaktionär
Chopard	1963	Familie Scheufele (D)
Concord	1971	North America Watch Corp. (USA)
IWC	1978	VDO, heute Mannesmann-Gruppe (D)
Jaeger-LeCoultre	1978	VDO, heute Mannesmann-Gruppe (D)
Jean Lassale	1980	Hattori/Seiko (Japan)
Hublot (Neugründ.)	1980	Carlo Crocco (I)
Movado	1983	North America Watch Corp. (USA)
Heuer	1985	TAG-Gruppe (Luxemburg)
Fabre-Leuba	1986	Benedom-Gruppe/ Rémy Martin (F)

Firma	Jahr des Besitz-wechsels	neuer Mehrheits-aktionär
Breguet	1987	Investcorp. (GB)
Piaget	1988	Cartier (F)/ Richemont-Gruppe (RSA)
Baume & Mercier	1988	Cartier (F)/ Richemont-Gruppe (RSA)
Vacheron Constantin	1988	Scheich Yamani (Saudi-Arabien)
Juvenia	1988	Asia Commercial (Hongkong)
Universal	1989	Strelux Industries (Hongkong)
Sector (Neugründ.)	1990	Artime, Familie Gardiello (I)
Aubry Frères	1990	Truly-Gruppe (Hongkong)
Le Phare/Jean d'Eve	1992	Renley-Gruppe (Hongkong)
Girard-Perregaux	1992	Luigi Macaluso (I) (Aus Cash, Nr. 16/ 23. April 1993)

Die Blancpain AG und die Frédéric Piguet AG in Le Brassus entgingen diesem Schicksal: Sie befinden sich seit Juli 1992 im Besitz der SMH-Holding. Zu dieser Gruppe gehörten schon bisher die Gesellschaften Omega, Longines, Rado, Tissot, Certina, Mido, Hamilton, Pierre Balmain, Swatch, Flik Flak, Endura und ETA. mit dem Neuerwerb von Blancpain hat SMH nun die Möglichkeit, auch das oberste Marktsegment (Luxusuhren und komplizierteste Uhrenschöpfungen) abzudecken.

Die Weltproduktion an Uhren und Uhrwerken belief sich 1991 schätzungsweise auf 828 Millionen Stück, davon entfallen auf

Japan	386,000.000 Stück,
Hongkong	170,000.000 Stück,
Schweiz	132,000.000 Stück,
andere Länder	140,000.000 Stück.

Der größte Hersteller war Citizen, der japanische Konzern produzierte im besagten Jahr mehr Uhren und Werke als alle Schweizer Hersteller zusammen. Die Schweiz ist aber weiterhin der Marktführer bei Luxusuhren, hier genießt sie noch immer geradezu eine Monopolstellung. Die triumphale Rückkehr der mechanischen Armbanduhr beherrschte auch das Jahr 1991. Die Schweizer exportierten von ihren feinen Fabrikaten und Modellen zwar nur etwas mehr als zweieinhalb Millionen Stück, das waren bescheidene 8,1 Prozent der gesamten Ausfuhr, aber der Wert erreichte die Summe von 2,6 Milliarden Franken, das waren 44,3 Prozent des Wertes des gesamten Uhrenexports. Dies unterstreicht eindrucksvoll die Bedeutung der Schweizer Spitzenprodukte und ihres Image im Sortiment der Luxusuhren.

Die Armbanduhr als Sammelgebiet wurde erst in den achtziger Jahren entdeckt. Zögernd begannen verschiedene Auktionshäuser, Uhren für das Handgelenk bei Versteigerungen anzubieten. Und es wurden dann derer immer mehr.

Für ein gesteigertes Interesse sorgte nicht zuletzt die einschlägige Literatur, die ab 1982 auf den Markt kam. Hier eine Chronologie jener Bücher, die das Thema Armbanduhr zum Inhalt hatten:

— Anton Kreuzer, Die Uhr am Handgelenk. Geschichte der Armbanduhr. Mit Beiträgen von Manfred H. Dehn (Bemerkungen zum Armband der Uhr) und Dipl.-Ing. Rudolf Proidl (Glossar). Klagenfurt 1982
— Helmut Kahlert/Richard Mühe/Gisbert L. Brunner, Armbanduhren. 100 Jahre Entwicklungsgeschichte. München 1983. Mehrere Auflagen

Vollkalender-Armbanduhr von Maurice Lacroix. Neben einem Gangreserveanzeiger besitzt sie eine zweite Zeitanzeige mit Tag- und Nachtzeiger, die auch für eine andere Zeitzone eingesetzt werden kann. Das Basiswerk kommt von der ETA (2892-2). (Foto: Maurice Lacroix)

– Anton Kreuzer, Die Armbanduhr. Spezialitäten, Extravaganzen und technische Steckbriefe. Klagenfurt 1983
– Sherry Ehrhardt/Peter Planes, Vintage American & European Wrist Watch Price Guide. Kansas City 1984
– Anton Kreuzer, Faszinierende Welt der alten Armbanduhren/Vintage Wrist Watches. Klagenfurt 1985, 1987[2] und 1989[3]
– Giampiero Negretti/Franco Nencini, Ore d'Oro. Orologi da polso, passione e investimento. Milano 1985
– Giampiero Negretti/Franco Nencini, Die schönsten Armbanduhren vergangener Jahrzehnte. München 1986
– Bernhard Schmeltzer, Wie alt ist meine Taschen- oder Armbanduhr? Duisburg 1986
– Martin Huber/Alan Banbery, Patek-Philippe-Armbanduhren. München 1988
– Gerald Viola/Gisbert L. Brunner, Zeit in Gold. Armbanduhren. München 1988
– Anton Zimmermann/Rudolf Haider/N. Jacobs, Mechanische Armbandstoppuhren. Chronographen. Wien 1988
– Jader Barracca/Giampiero Negretti/Franco Nencini, Armbanduhren. Die schönsten Sammlerstücke. München 1988
– Sherry & Roy Ehrhardt/Joe Demesy/Ken Specht, Vintage American & European Wrist Watch Price Guide. Book 2. Kansas City 1988
– Bernhard Schmeltzer, Taschen- und Armbanduhren richtig sammeln und bewerten. Duisburg 1989
– Edward Faber/Stewart Unger, Amerikanische Armbanduhren. 50 Jahre Style & Design. München 1989
– George Gordon, Cartier. A Century of Cartier Wristwatches. Hongkong 1989
– George Gordon, Rolex. Hans Wilfsdorf and the Evolution of Time 1905–1989. Hongkong 1989

In den letzten fünf Jahren erschienen so viele Bücher, die die Armbanduhren und verschiedene Marken behandeln, daß es zu weit führen würde, die Aufzählung von Titeln weiter fortzusetzen.

Die Lektüre solcher Bücher ist für jeden Sammler und Uhrenfreund ein Gewinn, auf den er nicht verzichten sollte, denn je mehr man über die Armbanduhren und ihre Hersteller weiß, desto leidenschaftlicher wird man seinem Steckenpferd frönen können.

Über die Marktverhältnisse und die Preise sollte man sich ebenfalls informieren. Ein Blick in die Kataloge von

– Henry's Auktionen, D-67106 Mutterstadt,
– Auktionen Joseph, D-41206 Mönchengladbach

usw. usw. lohnt sich allemal.

Von der Zylinderuhr bis zur Grande Complication

Armbanduhren mit Zylindergang

Nahmen die amerikanischen Uhrenhersteller das Werk mit Zylinderhemmung nie ins Produktionsprogramm, konnte sich die Zylinderuhr für das Handgelenk in Europa lange Zeit auf dem Markt behaupten. Frühe Modelle der untersten Preisklasse wiesen ebenso ein Zylinderwerk auf wie später billige Ausführungen.

Noch in der Kaliberliste von 1952 führt Flume zahlreiche Zylinderwerke, für die allerdings in vielen Fällen Ersatzteile nicht mehr auf Lager waren. Diese Kaliber stammten u. a. von den Schweizer Herstellern A. M. (A. Michel), A. S. (A. Schild), Arogno, Buser, Derby, Ebauches Bettlach, Enicar, ETA, FEF, Felsa, Fontainemelon, Girard, K. Freres, Langendorf und Venus sowie den deutschen Fabrikanten H. F. Bauer, Förster, Junghans, Kasper, Kienzle, PUW und Urofa.

Bei dieser Hemmungsart befindet sich der „Anker" in der offenen, röhrenförmigen Unruhwelle, die meist in Steinlagern läuft. Ihre Impulse erhält die Unruh über das Zylinderrad mit seinen hochgestellten, horizontal angebrachten und klauenartigen Zähnen, die in die Wellenausfräsung eingreifen. Die Gangleistungen dieser ruhenden Hemmung reichten an die einer Ankeruhr nicht heran, die Konstruktion war außerdem stoßempfindlich und reparaturanfällig.

Widmete der Offizielle Katalog der Ersatzteile der Schweizer Uhr von 1949 den Zylinderwerken noch einen eigenen Abschnitt mit Auflistung der einzelnen Bestandteile, sucht man nach ihnen im Fachwörterbuch der Uhrenindustrie, das von der Schweizer Ebauches AG. 1976 in acht Sprachen herausgegeben wurde, vergebens. Die Uhr mit Zylindergang gehörte zu diesem Zeitpunkt endgültig der Vergangenheit an.

Siehe auch Seite 282.

Armbanduhren mit Stiftankergang

Der Stiftankergang wurde von den Großuhren übernommen; er bildet bei Armbanduhren der untersten Preisklasse eine Alternative zur Zylinderhemmung. Beide brachten eine gewaltige Senkung der Gestehungskosten. Bei der Stiftankerhemmung handelt es sich um eine einfache Ankerhemmung, bei der statt der fein gearbeiteten Ankerenden bzw. der Hebungssteine nur zwei senkrecht stehende runde Metallstifte in das einfache Ankerrad eingreifen. Für das gesamte Schwingungssystem gelangt Material minderer Qualität zum Einsatz. Das alles wirkt sich natürlich ungünstig auf die Präzision und die Lebensdauer der Uhr aus.

Die Stiftankerhemmung findet man nicht nur in Pfeilerwerken, sondern auch bei massiveren Werkaufbauten. Da die Kaliber für Billiguhren bestimmt waren, entfielen vielfach die Lagersteine, man begnügte sich mit Körnerlagern.

Später folgten Ausführungen, die auch Steinlager aufwiesen. Bisweilen wurden dem Uhrenkäufer jedoch Funktionssteine vorgetäuscht. So rühmte sich das Kalenderkaliber 7015 der Schweizer Firma Ronda in Lausen bei Basel (die Buchstaben RL in einem Stern als Bildmarke) seiner 21 Rubis; auf sie wurde sowohl auf dem Zifferblatt der Uhr als auch in der Werksignatur hingewiesen. Damit entstand beim Käufer der Eindruck, er habe eine hochwertige Uhr zu einem besonders günstigen Preis erworben. Ronda ist eine Gründung von 1946. Zunächst hatte die Firma nur Uhrenbestandteile im Programm, ehe sie 1952 die Produktion kompletter Billigstwerke aufnahm. In den siebziger Jahren erfolgte die Umstellung der Erzeugung auf gediegene Ankerwerke. Da dem Fabrikanten aber weiterhin das Stigma eines Billiguhren-Herstellers anhaftete, änderte man Mitte der achtziger Jahre die Markenbezeichnung in Harley, kehrte aber 1991 zur ur-

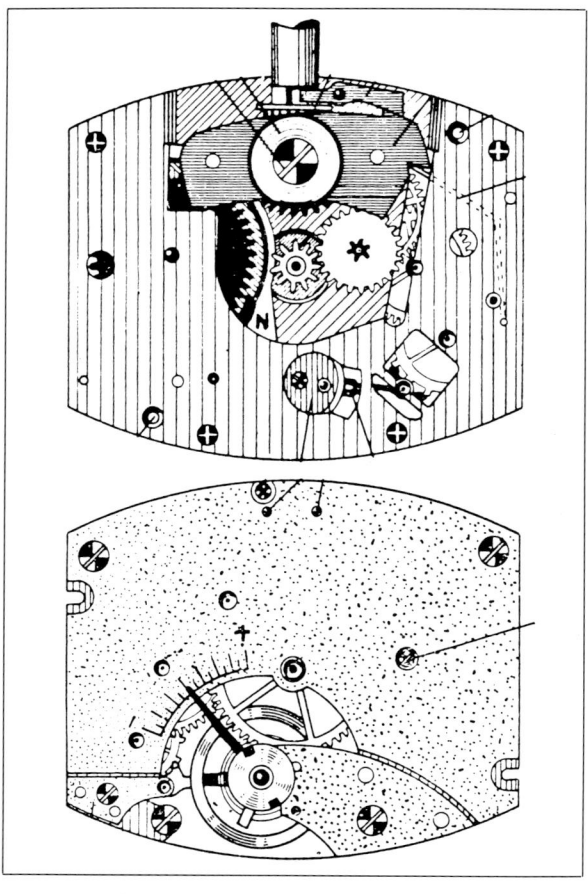

Formwerk in billigster Ausführung: Kaliber Hector von Thiel in Ruhla.

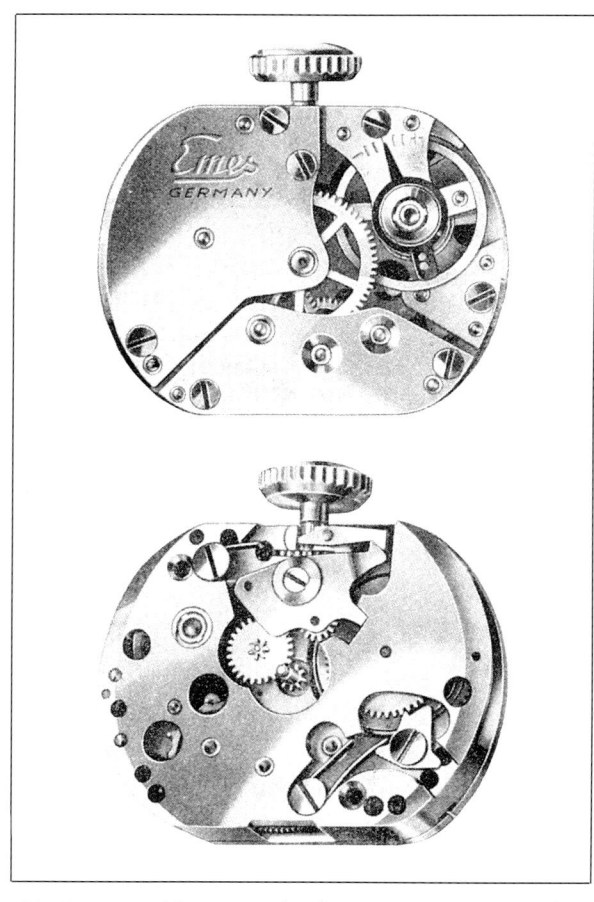

Ein Damen-Kaliber mit Stiftankergang von Emes aus dem Jahr 1957. Auf der Zifferblattseite ist es am Rand stark abgeflacht. Abmessungen: 15,23 x 19,18 mm.

sprünglichen Handelsmarke Ronda zurück. Das Unternehmen produziert heute ausschließlich Quarzwerke und Quarzuhren.

Die Stiftankeruhren fanden sehr weite Verbreitung, viele Uhrenfabriken hatten sie zur Abrundung ihres Angebots im Programm. Die 1882 gegründete deutsche Firma Hanhart stieg übrigens 1934 mit einer 10½linigen Stiftankeruhr in das Armbanduhrengeschäft ein. Andere Billiguhrenhersteller waren damals in Deutschland Thiel in Ruhla, Kienzle und Müller-Schlenker in Schwenningen. In der Schweiz kamen Billigwerke u. a. von

Ebosa in Grenchen und Oris in Hölstein. In den USA eroberten sich ab den dreißiger Jahren die Modelle Popeye, Mickey Mouse, Dick Tracy, Smitty, Orphan Annie etc. die Herzen der Amerikaner. In diesen Uhren mit buntem Zifferblatt befand sich meistens ein Pin Pallet Lever Movement.

Flume schrieb in seinem Werksucher von 1947 über diese Billigprodukte:

„Stift-Anker-Uhren werden im allgemeinen in den Größen von 5¼ bis 19''' hergestellt. Deutsche, französische und Schweizer Uhrenfabriken liefern seit Jahrzehnten diese Art Uhren in billigster bis mittlerer Qualität. In den letzten Jahren wurden selbst 15steinige Uhren mit Stiften-Anker ausgerüstet. Die Anker sind in ihrer Form der jeweiligen Werkkonstruktion angepaßt, so daß sich daraus die mannigfaltigsten Formen, mit oder ohne Gegengewicht, ergeben. Unsere Untersuchungen der zahlreichen bekannten Stiften-Anker ergaben, daß sich kein einheitliches Schema zur Feststellung eines Stiften-Ankers finden läßt. Fast nie kann ein Anker durch den einer anderen Marke ersetzt werden . . .“

Werkzeichnungen brachte Flume 1947 von Amida in Grenchen (gegründet 1918), A. Schild, Oris, Baumgartner, Ebosa, Rego Watch, Frey & Co., Freco Roo, Novoris, Girard, Virtus u. Bentima, Medana, Eppler und Junghans. Im Werksucher von 1952 führt Flume weiters die Marken Ebauches Bettlach (EB), Roseba, Brac, O. Maire, Würthner und M. St. (heute Roamer). In den Flume-Schlüssel von 1957 fanden noch Aufnahme Enz, Braxmaier, Newmark, R. W. S., Ad. Palmtag, Isgus sowie die neuen Lord-Werke mit der Markenbezeichnung A. H. S.

Armbanduhren mit Roskopf-Werk

Darunter sind Uhren mit äußerst einfachen Werken zu verstehen. Pfeiler zwischen den Werkplatten, Stiftankergang und meist nur Körnerlager sind die hervorstechendsten Merkmale dieses Bautyps. Von anderen Stiftankeruhren unterscheiden sich die Roskopf-Fabrikate durch das große, den halben Werkdurchmesser einnehmende Federhaus, das nahe dem Platinenrand angeordnete Räderwerk, bestehend aus Zwischenrad, Kleinbodenrad, Sekundenrad und Ankerrad mit Stiftanker und das vom Federhaus angetriebene Zeigerwerk. Bei den übrigen Billigprodukten steht das Minutenrad in der Mitte des Werkes, und das Zeigerwerk wird von

der Minutenradwelle angetrieben. Die Unterscheidung zwischen beiden Typen ist sehr leicht zu treffen, auch dann, wenn das Minutenrad unter der Dreiviertelplatine nicht sichtbar ist: Fehlt bei einer billigen Uhr das Lager in der Mitte des Werkes, dann handelt es sich um ein echtes Roskopf-Kaliber.

Eine Schweizer Roskopf-Fabrik stand in Grenchen. Das Unternehmen war eine Gründung von 1899 und produzierte eine ganze Reihe von Original-Roskopf-Kalibern für Taschen- und Armbanduhren, darunter auch Formwerke. Das Hauszeichen waren die Buchstaben BF für Baumgartner Frères in einem breiten G für Grenchen. Den BFG-Produkten zum Verwechseln ähnlich waren die Erzeugnisse von Desa (Hauszeichen D), einer Firma, die ebenfalls in Grenchen ihren Sitz hatte.

Werke Genre Roskopf kamen auch von der Schweizer Rohwerkefabrik in Bettlach, die aus der Kummer AG. hervorgegangen und 1932 von der Ebauches AG. erworben worden war. Die Erzeugnisse, die zur Jahrhundertmitte in Bettlach hergestellt wurden, nannten sich zwar Roskopf-Werke, aber sie waren nicht mehr ausschließlich nach dem System Roskopf konstruiert. Laut Hauptkatalog der Ebauches AG von 1950 bestand die Produktpalette damals aus vier Formwerken und elf runden Kalibern, wobei das Cal. 1268 über 15 Steine verfügte. Im Katalog der Ebauches AG von 1963 ist die Bettlacher Fabrik mit einer völlig neuen Kalibergeneration vertreten. Die Produkte werden als einfaches Roskopf-Werk oder als Roskopf-Spezialität bezeichnet. Das Programm war umfangreicher denn je, es umfaßte 50 verschiedene Fabrikate und Ausführungen.

Den Namen hatte diese Werkgattung von dem Schweizer Georges-Frédéric Roskopf (1813–1889), der eine Volksuhr (Taschenuhr) entwickelt und auf den Markt gebracht hatte.

Kaliber 780
8¾ '''

Kaliber 34
10½ '''

Kaliber 33
10½ '''
à ponts

Kaliber 800
10½ '''
Sekunde aus der Mitte

Kaliber 790
6¾ '''

Kaliber 810
7¾ — 11 '''

Verschiedene Roskopf-Kaliber aus der Produktion
Baumgartner in Grenchen.

Armbanduhren mit Ankergang

In den meisten mechanischen Armbanduhren
wird die Energiezufuhr zwischen Gehwerk und
Schwingungssystem durch die zugeschaltete Ankerhemmung gesteuert und in möglichst gleichmäßige Zeitintervalle „zerhackt". In der Regel handelt
es sich um den Schweizer Ankergang, eine freie
Hemmung, wobei die verschiedensten Qualitäten
Verwendung finden. Die Hemmung oder das Assor-
timent bildet einen der heikelsten Teile der Uhr. In
ihrer Arbeitsweise ist sie von grundlegender Bedeutung. Qualitätsuhren besitzen eine Hemmung mit
Steinanker. An den Reibungsstellen ist sie mit synthetischen Rubinen (bei billigeren Ausführungen

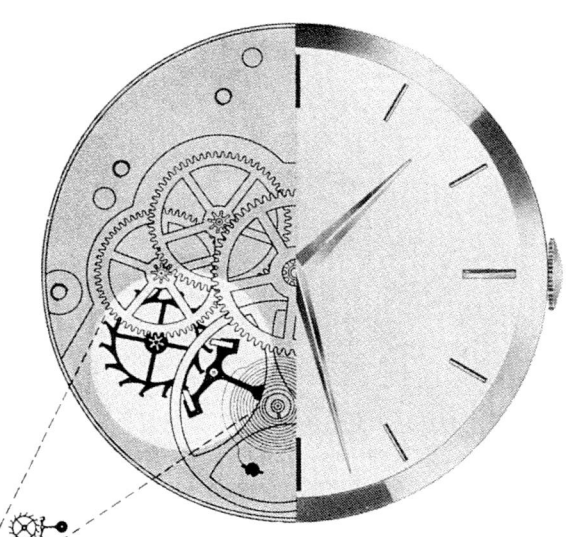

Armbanduhr mit Steinankergang. Die Verkleinerung stellt in etwa die natürliche Größe dar.

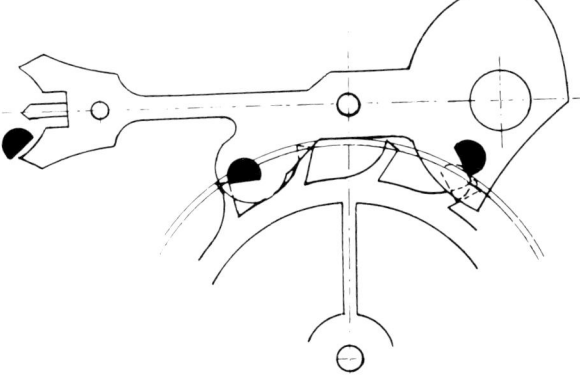

Der aus dem Stiftanker entwickelte Kienzle-Ankergang aus den fünfziger Jahren.

Armbanduhren mit 8-Tage-Werk

mit Spinellen) bestückt, die als Hebe- und Hebelsteine bezeichnet werden. Ihre Verwendung in einer Armbanduhr rechtfertigt den höheren Preis. Das Ankerrad verfügt über 15 Zähne, was einer stündlichen Halbschwingungszahl von 18.000 entspricht.

Die Hemmung soll ihre Aufgabe mit großer Regelmäßigkeit erfüllen, trotz der äußeren Einflüsse, welche auf die Uhr beim Tragen einwirken (Stöße, häufiger Lagenwechsel usw.). Um negative Faktoren auszuschalten oder zu mindern, wurde die stündliche Halbschwingungszahl der Unruhspirale erhöht, was eine Herabsetzung der Störung des Ganges bewirkte. Die Erhöhung der Schwingungszahl auf das Doppelte, also von 18.000 auf 36.000, erforderte auch eine Erhöhung der Zahnzahl des Ankerrades von 15 auf 21. Les Fabriques d'Assortiments Réunies in Le Locle nannte diese Variante *Clinergic 21*.

Heute verfügen die meisten mechanischen Uhren entweder über 21.600 oder über 28.800 Halbschwingungen pro Stunde.

Sie erlebten nie einen Höhenflug, erfreuten sich nie einer besonderen Gunst. Auf sie stößt man daher selten.

Bei den frühen Modellen deckt das Emailzifferblatt die Vorderseite der Uhr nicht voll ab. Ein Segment fehlt, und diese Fläche nimmt die Unruhbrücke mit der Unruh ein. Die Uhrzeit wird auf einem verkleinerten und dezentralen Zifferblatt angezeigt. Eine kleine Sekunde gibt es nicht. Meist sind diese Uhren mit Hebdomas beschriftet, außerdem tragen sie den Hinweis 8 jours oder 8 days. Um den Gang über mehr als eine Woche zu gewährleisten, nahm das Federhaus die ganze Rückseite des Werkes ein. Es sind aber auch Ausführungen bekannt, wo das Federhaus die Brückenseite des runden Werks nicht überdeckt, sondern unter einer großen Brücke verborgen ist.

Es gab jedoch nicht nur runde 8-Tage-Armbanduhren, sondern auch rechteckige. In einem Modell aus den dreißiger Jahren der Bedford Watch Co befand sich ein tonnenförmiges Kaliber aus

Schweizer Erzeugung mit 17 Steinen, kleiner Sekunde und den Aufzugsrädern auf der Federhausbrücke. Die Distanz zwischen Aufzugswelle sowie Aufzugsrad und Sperrad wurde durch ein zwischengeschaltetes Zahnrad überbrückt.

Der Uhrenfabrik Zodiac in Le Locle stand 1936 ein qualitätvolles Formwerk mit den Abmessungen 23,70 x 35 mm zur Verfügung, das eine Gangreserve von acht Tagen aufwies. Das Federhaus nahm mehr als die Hälfte der Werkfläche ein und lag unter einer eigenen Brücke. Das Kaliber war in drei Lagen feingestellt.

Die jüngste Kreation mit einem 8-Tage-Werk kommt aus dem Haus Blancpain. Auf die gewaltige Gangreserve von acht Tagen griff man beim Tourbillonmodell zurück, das seit 1990 auf dem Markt ist.

Armbanduhren mit Stabwerk

Das Stabwerk für Armbanduhren wurde von Vincent Calabrese Mitte der siebziger Jahre erfunden und von Corum in La Chaux-de-Fonds ab 1981 vermarktet. Bei dieser Konstruktion sind alle Räder im Werk linear hintereinander angeordnet, das beginnt beim Federhaus und endet bei der Unruh. Die künstlerisch verzierte Brücke aus 18karätigem Gold hat eine Länge von 30,50 mm, das Werk insgesamt eine Höhe von 3,40 mm. Die Unruh mit den vier Regulierschrauben macht 21.600 Halbschwingungen pro Stunde. Das Kaliber trägt die Bezeichnung 13.

Zu haben war das Modell von Anfang an in verschiedenen Ausführungen, darunter im Saphirglasblock von Calabrese. Neben den Saphirmodellen standen 1981 zwei schmale, baguetteförmige Kreationen und drei rechteckige Gehäusekreationen zur Wahl. Später wurde die Golden Bridge, wie

die Uhr in der Kollektion Les Spéciales genannt wurde, auch als rundes Modell angeboten.

Corum ist eine Gründung von 1951. Die Golden Bridge wurde als Jubiläumsgabe anläßlich des 25jährigen Bestehens der Firma betrachtet, wie dem Text eines bibliophilen Katalogs zu entnehmen ist. Es heißt dort:

„In der französischen Sprache gibt es ein geflügeltes Wort: Eine goldene Brücke bauen. Es bedeutet, jemandem ein wunderbares Geschenk oder Angebot zu machen. Und die bezaubernde Golden-Bridge-Uhr ist wirklich eine ‚goldene Brücke', die die Uhrmachermeister von Corum der ‚Schönheit' zu Füßen legen. Die Presse nennt sie ‚die Uhr mit dem offenen Herzen', und ihre zweifache Schönheit hat die Welt in Erstaunen gesetzt: Eine ist in den geheimnisvollen Bewegungen ihres enthüllten, zierlichen Mechanismus, die andere im bezaubernden Reiz ihrer Bekleidung. Seit ihren frühesten Anfängen schon trachten die Uhrmachermeister mit begründetem Stolz danach, den zarten Herzschlag der Uhr hinter einem Bergkristall oder unter einem kunstfertig durchbrochenen Deckel dem Auge zu offenbaren. Sie zögerten deshalb auch nicht, den eigenartigen Charme des Uhrwerks durch reiche Ziselierung und Gravur zu erhöhen. Ein Gipfel in der Uhrmacherkunst war erreicht. Niemals aber ist es bisher gelungen, praktisch ein Miniatur-Uhrwerk herzustellen, dessen bewegliche Teile sich in Stabform aneinanderfügen, was allein dem gesamten Mechanismus diese schlichte, reine Linie verleiht. Eine kürzlich erworbene, völlig neue Erfindung erlaubte es jedoch Corum, nach mehreren Versuchen ein äußerst kostbares, handgraviertes Miniatur-Stabwerk aus 18karätigem Gold zu erzeugen. Tatsächlich eine goldene Brücke, die Bestätigung ihrer ersten Schönheit. Die zweite bedurfte der Kunst des Schneiders, des Edelsteinschneiders, genauer gesagt. Gemeinsam mit ihm hüllten die Mei-

Die Golden Bridge mit transparentem Saphirgehäuse. Ins obere Ende der Brücke ist die fortlaufende Produktionsnummer graviert.

ster von Corum ihre Schönheitskönigin in einen kleinen, durchsichtigen Palast aus weißem, facettiertem Saphir mit goldenen Anstößen als Abschluß. Als Letztgeborene einer 25jährigen Verehrung hoher Uhrmacherkunst stellt sie sich vor: Sie ist prächtig, sie ist reich, sie ist makellos; ihr Herz schlägt unter einer goldenen Brücke, die sich im kristallklaren Wasser eines Saphirs widerspiegelt. Ihr Name ist Golden Bridge von Corum."

Kam ein solches Modell in die Werkstatt, mußte der Uhrmacher mit besonderer Vorsicht an die Arbeit gehen. So verlangte beispielsweise das Laternen-Minutenrohr eine äußerst schonende Behandlung. Beim Zeigerstell- und Aufzugsmechanismus war es empfehlenswert, zunächst die Reparaturanleitung durchzulesen. Die flache Krone befand sich auf der Unterseite der Uhr. Eine Klemmfeder am Oberteil der Welle diente als Winkelhebel. Bei Arbeiten an diesem Mechanismus waren folgende Punkte zu beachten:

– Das Zeigerstellrad muß absolut freidrehend sein, damit das Aufzugs- und Zeigerstellsystem einwandfrei funktionieren kann.

– Beim Zeigerstellen verschieben sich die Zeiger um etwa 3 bis 4 Minuten; dies ist auf ein konstruktionsbedingtes Eingriffsspiel zwischen Zeigerstellrad und Minutenrad zurückzuführen.

– Beim Zeigerstellen kann es vorkommen, daß die Zähne des Zeigerstellrades auf denen des Zwischenzeigerstellrades festsitzen; dieser Unannehmlichkeit kann durch ein leichtes Drehen der Krone abgeholfen werden.

– Das Federhaus besteht aus einer Trommel ohne Deckel. Das Sperrad ist fest mit der Federwelle verbunden und darf nie davon getrennt werden. Innerhalb der Federwelle befinden sich das Kupplungssystem und das Schiebetrieb mit der Breguet-Zahnung. Wenn dieser Block einen Defekt aufweist, muß die ganze Vorrichtung ersetzt werden.

Armbanduhren mit zwei Federhäusern

Um ein möglichst gleichbleibendes Kraftmoment garantieren zu können, versahen manche Firmen ihre Fabrikate mit zwei Federhäusern. Eine solche Bauweise kennen wir beispielsweise von Favre-Leuba in Genf. Bei den Handaufzugskalibern FL 250 (Ø 23,30 mm) und FL 251 (Ø 25,60 mm) lagen unter der Federhausbrücke, nebeneinander angeordnet, zwei kleiner dimensionierte Federhäuser. Das um 1968 hinzugekommene Automatikmodell FL 269 wies gleichfalls diese Art der Energiespeicherung und -abgabe auf. Das genannte Werk verfügte über Zentralsekunde und einen schnellschaltenden Kalendermechanismus.

Da die Entwicklungsumgänge einer Zugfeder nicht beliebig erhöht werden können, schritt Mitte der siebziger Jahre auch Longines zu einer ähnlichen Lösung. Das Automatikkaliber L 890.1 war mit zwei koaxial angeordneten Federhäusern ausgestattet. Zu diesem Zweck war die Zugfeder der Länge nach gespalten und auf zwei Federhäuser verteilt worden. Da diese in Serie arbeiteten, addierte sich die Zahl der Abwicklungsumdrehungen auf 17. Der aus der schnellen Drehung der Federhäuser und aus dem sehr niedrigen Kraftmoment der Zugfedern resultierende schwache spezifische Druck waren der Grund für eine starke Verringerung der Reibung sowie den hohen Wirkungsgrad der Untersetzung, sowohl bezüglich des Räderwerkes als auch des automatischen Aufzugsmechanismus. Das alles brachte hohe Präzision für lange Zeit, da Abnützung und Materialermüdung herabgesetzt waren und die Schmiermittel weniger schnell alterten und verschmutzten, wodurch die ursprüngliche Regulierung eben lange wirksam blieb. *U-J 6/75*

Das Kaliber L 890 war eine Novität des Jahres 1975, es hatte Selbstaufzug, Sekunde aus der Mitte und Datumsanzeige. Die Federhäuser waren auf ein und derselben Achse montiert.

Seit 1977 wird das Automatikkaliber 989.2 produziert. Daten: Ø 25,60 mm, Bauhöhe 2,95 mm, 25 Steine, 28.800 A/h, Zentralrotor mit Aufzug in einer Drehrichtung, zwei in Serie geschaltete Federhäuser. Bei Girard-Perregaux trägt das Kaliber die Nr. 1791. *UM 4/91*

Bei den Armbandweckern wurde der Alarmmechanismus natürlich über eine eigene Zugfeder mit Energie versorgt.

Armbanduhren mit Schnellschwinger

Pierre Leroy (1717–1785) schwärmte bereits von Uhren mit einer schneller schwingenden Unruh, da er bei Reisen in der Postkutsche hatte feststellen müssen, daß die Erschütterungen zu Störungen des Ganges der Uhr führten. Durch diese Beobachtung war er weiters zur Erkenntnis gelangt, daß eine schneller schwingende Unruh mit stabileren Gangergebnissen aufwarten konnte.

Diese richtige Beurteilung wurde von Claudius Saunier (1816–1896) bei seinen Studien über die Duplexhemmung berücksichtigt: Eine Uhr mit dieser Hemmung und 21.600 Halbschwingungen pro Stunde fiel durch ihren regelmäßigen Gang auf, obwohl ihr Besitzer häufig Ausritte auf dem Pferd unternahm.

In unserem Jahrhundert wurden Stoppuhren mit 36.000 Halbschwingungen pro Stunde gebaut. Da sie nur für Messungen von kurzen Zeiten und nur fallweise eingesetzt wurden, konnten die Probleme, die mit einem schnellschwingenden Mechanismus verbunden waren, nicht auftreten. Erst als man Präzisionsarmbanduhren mit doppelter Frequenz (36.000 Halbschwingungen statt 18.000) konstruierte, stellte sich heraus, daß die Abnützung der mechanischen Teile unvergleichlich schneller eintrat als bei Uhren mit 18.000 Halbschwingungen. Eine Ursache dieses Verschleißes war, daß die Schmierung nicht mehr einwandfrei funktionierte, da das Öl weggeschleudert wurde. Um daher eine entsprechende Lebensdauer und eine ausreichende Gangreserve zu erzielen, mußten neue Wege beschritten werden. Sie bedingten andere Werkstoffe, eine neue Räderübersetzung, ein Ankerrad mit 21 Zähnen (bisher 15) und ein angepaßtes Schwingungssystem Unruh–Spiralfeder sowie das Überdenken der Ölung und des Ablaufens der Zugfeder im Federhaus, da 36.000 Halbschwingungen wesentlich mehr Energie erforderten. Der Lohn der Mühe war ein hoher Grad an Ganggenauigkeit. Er konnte allerdings nur auf Dauer garantiert werden, wenn ein regelmäßiger und äußerst sorgfältiger Service erfolgte.

Die erste Manufaktur, die einen Schnellschwinger auf den Markt brachte, war 1965 Girard-Perregaux. Er trug auf dem Zifferblatt die Beschriftung HF (Abkürzung für Hochfrequenz). Um die Chronometerqualität dieser Uhr unter Beweis zu stellen, nahm die Firma 1966 mit 39 Armbanduhren der Type HF am Chronometriewettbewerb am Observatorium Neuenburg teil.

„Wer die HF-Uhr einmal kritisch unter die Lupe nimmt", lautete eine Beurteilung, „entdeckt die Regulierschraube auf der Seite und stellt fest, daß das Raquet unter Druck steht. Ungewöhnlich ist auch die Verzahnung, denn das Sekundenrad weist 100 Zähne auf, während das Ankerrad deren 21 besitzt. Eine kleine Unruh und eine große Spiralfeder runden das Bild ab für eine Uhr, deren Ganggenauigkeit ± 2 Sekunden pro Tag beträgt und die in der staatlichen Uhrenkontrolle mit der Note 2,42 eine vorzügliche Bewertung erhielt". *NUZ 9/66*

Das 11½linige Kaliber gab es mit Handaufzug oder mit Rotorautomatik. Mit Handaufzug hatte es

eine Bauhöhe von 3,60 mm und 17 Steine, mit Selbstaufzug eine von 5,05 mm und 35 Funktionssteine, wovon 14 auf die Rubinrollen des Gyrotron-Aufzuges entfielen. Die Uhr besaß Zentralsekunde und verfügte über eine Gangreserve von 36 Stunden. Eine Funktion der Hemmung währte zwischen 4 und 5 Millisekunden.

1967 folgte bei Longines eine solche Uhr mit 5 Hertz (36.000 Halbschwingungen). Auch dieser Armband-Chronometer verfügte über eine Zentralsekunde. *NUZ 6/68*

Die Zodiac *SST 36.000* (Modell 1974) hatte Selbstaufzug, Wochentags- und Datumsanzeige und ein querformatiges, in abgestuften Tönen gehaltenes buntes Zifferblatt mit auffallend hohen Relief-Stundenmarken. *gz 6/73*

Ulysse Nardin hatte 1973 eine Herren-Armbanduhr mit Ganzstahlgehäuse, integriertem Band und ovalem Zifferblatt auf dem Markt, das ein Automatikwerk mit 36.000 Halbschwingungen und Kalender besaß. *gz 6/73*

In Basel zeigten 1970 fast 40 Firmen schnellschwingende Armbanduhren. Sie teilten sich in zwei Gruppen:

1. Werke mit 36.000 Halbschwingungen in der Stunde und

2. Werke mit 28.800 Halbschwingungen in der Stunde.

Die erhöhte Frequenz fand auch bei gängigeren Marken Anwendung wie etwa bei Borel. Eine Herren-Automatik mit Datumsanzeige und zweisprachigem Wochentag in zwei Fenstern war ein Schnellschwinger. Die Schwingungszahl des Unruh-Spiral-Systems war am Zifferblatt mit der Zahl *36.000* ausgewiesen. *NUZ 5/73*

Eine Armbanduhr mit 36.000 Halbschwingungen war auch die *Golden Sands* von Felca in Grenchen. Am Zifferblatt des Modells von 1973 prangte die Zahl *36.000*.

Die Holding Zenith-Movado stellte zu Beginn des Jahres 1969 einen automatischen Armband-Chronographen mit Schnellschwinger (36.000) vor. Bei Movado hatte er die Bezeichnung *Datachron*, bei Zenith erhielt er den Namen *El Primero*. *NUZ 6/69*

Armbanduhren mit Selbstaufzug

Ab den zwanziger Jahren wurde immer wieder versucht, mit Modellen, die über einen Selbstaufzug verfügten, auf dem Markt Fuß zu fassen. Rolex verwendete schon 1931 das Rotorsystem. Ab den vierziger Jahren wurde der Trend zur automatischen Armbanduhr schnell stärker, und es gab Neuerungen und Verbesserungen am laufenden Band.

Eine der bekanntesten Schweizer Armbanduhren mit Selbstaufzug war die Eterna-Matic mit ihrem Miniaturkugellager, dessen fünf Kügelchen zur neuen Bildmarke für die Eterna-Produkte avancierten. Diese fünf Kügelchen hatten einen Durchmesser von 65 Hundertstelmillimeter und wogen pro Stück ein Tausendstelgramm. Sie hatten einen äußerst geringen Reibungswiderstand und waren kaum einer Abnützung unterworfen. Beim Uhrwerk handelte es sich um ein für Eterna reserviertes Kaliber, das von der ETA hergestellt wurde.

War der Zentralrotor quasi wie eine Glocke über das Werk gestülpt, bettete Universal Genève den miniaturisierten Rotor ins Werk. Das führte zum Mikrorotor in annähernd der gleichen Größe, wie sie die anderen Organe hatten. Das neue Werk *Microtor* fand mit einer auf 4,10 mm verringerten Werkhöhe das Auslangen, und zwar bei reichlich bemessenen Spielen und Materialstärken. Die Automatik war exzentrisch und nicht mehr über den Brücken angeordnet, sondern in einem Gestell auf der Werkplatte aufgeschraubt, nur ein Fünftel des zur Verfügung

Die Büren-Automatik Super Slender mit Planetenrotor.

stehenden Platzes beanspruchend. Plaziert war der Selbstaufzug am Werkrand zwischen Federhaus und Unruh. Da der Mechanismus viel kleiner und im Werk untergebracht war, verringerte sich auch die Bruchgefahr. Die Gangreserven erreichten durch leichten Lauf und dank des großen Federhauses über 60 Stunden. Die einfache, aber wirksame Kupplung, die die Drehung der Organe des Handaufzuges während des Selbstaufzuges und umgekehrt verhinderte, arbeitete ohne Federn und bedurfte keines Unterhalts. Die Neukonstruktion hatte große Sekunde und 28 Rubine, die sich auf Automatik, Räderwerk und Regulierorgan verteilten.

Als die neue Armbanduhr zu Beginn des Jahres 1958 der Öffentlichkeit vorgestellt werden sollte, erfuhr Universal Genève, daß auch die Büren Watch Co in Büren an der Aare, Schweiz, ein serienreifes Modell dieser Art entwickelt hatte. Hier nannten die Konstrukteure den raumsparenden Antrieb Planetenrotor. Die *Super-Slender-Automatic* brachte es ebenfalls auf eine Werkhöhe von nur 4,20 mm.

Minuten- und Sekundenzeiger wurden direkt angetrieben. *DUM 4/58*

Die Schweizer Firma Girard-Perregaux aus La
Chaux-de-Fonds brachte 1957 die Gyromatic (Zen-
tralsekunde, Datumsanzeige, 39 Steine) auf den
Markt. Der Aufzugsmechanismus bestand aus zwei
Gyrotronen mit je sieben Steinen.

Kienzle in Schwenningen entwickelte für seine
Stiftanker-Armbanduhren einen Selbstaufzug, der die
Bezeichnung Volksautomatik erhielt. Er bestand aus
einem Zentralrotor mit einem hochelastischen Ge-
sperr am Zwischenrad zur Sicherung des Getriebes
gegen Rücklauf. Dadurch waren ein hohes Maß an
Funktionssicherheit und ein geringer Kraftverlust
beim Umkehren der Rotordrehrichtung gegeben. Das
bedeutete bereits Energiespeicherung bei sanftester
Lageänderung der Uhr. Der Automatikteil konnte
durch Lösen von drei Schrauben vom Gehwerk getrennt werden, wobei letzteres voll funktionsfähig
blieb. Die Verbindung zwischen dem 10½linigen Uhrwerk und der Selbstaufzugsvorrichtung erfolgte
durch die Aufzugskupplung. Sie bestand aus einer
fest auf der Federwelle sitzenden Zentralblattfeder
und einem auf der Federwelle drehbaren Kupplungsrad, das bei der kompletten Automatik-Baugruppe
mit dem Untersetzungsgetriebe des Selbstaufzuges in
Eingriff gebracht wurde. Beim automatischen Aufziehen stellte die Kupplung eine kraftschlüssige Verbindung zwischen Untersetzungsgetriebe und Federwelle
her, während beim direkt auf die Federwelle wirkenden Handaufzug die Zentralblattfeder über dem
Kupplungsrad glitt und so die Automatik entkuppelte.

Das Gehwerk verfügte über eine große Sekunde; um einen spielfreien Antrieb zu erzielen, war
das Ritzel mit einem Bremsfederchen versehen.

Die Kienzle-Volksautomatik war auch mit einer neuen Ankerhemmung verbunden, die den bis
dahin üblichen Stiftankergang ablöste. Die Art der
Lagerung von Anker und Ankerrad in zwei überein-

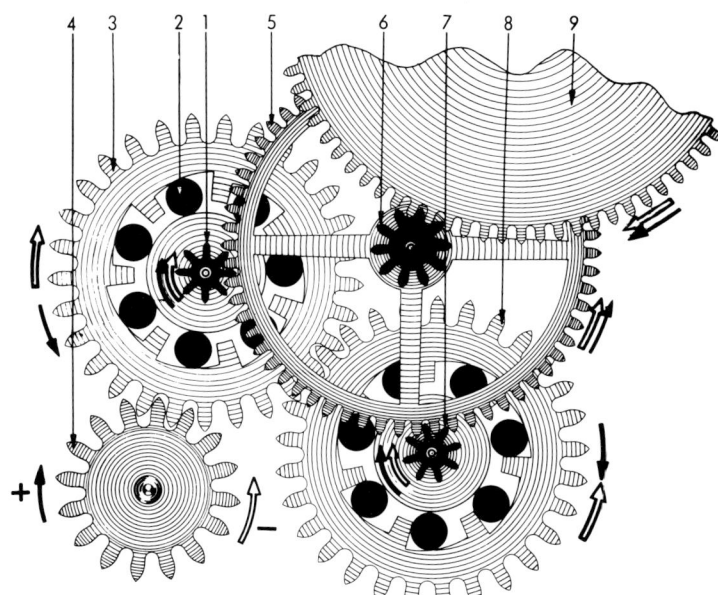

Konstruktionsschema der Gyromatic von Girard-Perregaux: 1 Klinkenradtrieb, 2 Gyrotron-Stein, 3 Klinkenrad Gyrotron, 4 Schwingmassentrieb, 5 Antriebsorgan, 6 Antriebsorgantrieb, 7 Klinkenradtrieb, 8 Klinkenrad, 9 Sperrad.

anderliegenden Stufen war zwar vom alten System
beibehalten worden, aber die Ankerradzähne waren
verändert und die Stifte durch Ankerklauen in Form
von Ellipsen ersetzt worden. So entstand eine Ankerhemmung mit verteilten Hebungen, d. h. mit He-
bung auf dem Zahn und auf dem Anker. „Die gesamte Zahnbreite" – lautete eine Beschreibung –
„und die Ellipsenbreite werden restlos für die He-
bung ausgenutzt, so daß keinerlei Kraftverlust
durch einen übermäßig großen Fallwinkel entsteht.
Die Folge ist naturgemäß eine äußerst lebhafte
Schwingung der Unruh, wie es sonst bei Stiftanker-
hemmungen nicht der Fall ist." *DUM 6/57*

Armbanduhren mit Gangreserveanzeiger

Hat die Uhr einen Sekundenzeiger, dann läßt
sich sehr leicht feststellen, ob sie abgelaufen ist
oder nicht. Schwieriger wird es, wenn das Zifferblatt
nicht über eine Sekundenanzeige verfügt. In die-

Blick ins Innere eines Rolex-Chronometers mit Kaliber 3055, das 1977 auf den Markt kam. Rotorautomatik, 28.800 A/b, anhaltbare Sekunde und Doppelkalender. (Foto: Rolex, Genf)

*Herren-Armbanduhr mit Anzeige der Gangreserve, Modell
aus dem Jahr 1951.*

sem Fall nimmt man das Ohr zu Hilfe. Hat man
sich nun auf die eine oder andere Weise überzeugt,
daß die Uhr geht, ist man zwar unterrichtet, daß sie
läuft, aber man weiß nicht, wie lange die Energie-
reserve zum Betrieb reichen wird. Diese Frage stellt
sich allerdings nur, wenn der Träger im Zweifel ist,
ob er den Zeitmesser zur gewohnten Stunde aufgezogen hat oder nicht.

Eine Kontrolle solcher Art war früher auf
Schiffen unerläßlich, denn durch Zeit- und Dienst-
einteilung konnten die Marinechronometer nicht
rund um die Uhr von derselben Person betreut werden. Zu diesem Zweck wurden Einrichtungen geschaffen, die der Person, die mit der Beobachtung
der Chronometer gerade betraut war, den Zeitpunkt
des notwendig werdenden Aufzugs rechtzeitig und
gut sichtbar anzeigte. Dieser Mechanismus heißt
Auf- und Abwerk.

Dieses Auf- und Abwerk war noch aus einem
zweiten Grund wichtig. Da die voll aufgezogene

oder fast zur Gänze entspannte Zugfeder die Ganggenauigkeit beeinflußte, mußten beide Extreme
vermieden werden, damit dem Kapitän bei der Posi-
tionsberechnung kein Fehler unterlaufen konnte.
Eine Gangdifferenz von einer Sekunde bedeutete
immerhin eine Kursabweichung von 500 Metern.

In der Regel waren auf jedem Schiff drei Chronometer vorhanden. Ging tatsächlich einmal einer
falsch, konnte unschwer festgestellt werden, welcher die Gangabweichung aufwies.

Auf- und Abwerke waren aber auch in anderen
Uhren anzutreffen. Wie Kometen leuchteten sie von
Zeit zu Zeit in der Geschichte der Räderuhr auf und
verschwanden dann wieder, da es sich mehr oder
minder jeweils um Einzelstücke handelte. „Sie
gehörten immer in das Gebiet der höheren Uhrmacherei", schrieb A. Fischer 1950 in einem Fachbei-
trag, „sei es infolge ihrer Anwendungsgebiete oder
infolge ihrer Konstruktionseigenheiten und Berech-
nungsgrundlagen. Denn mit den normalen Konstruktionseigenheiten und Berechnungsmethoden,
wie sie der Uhrmacher in unserem Sinne kennt, ist
ihnen nicht gut beizukommen. Sich mit dieser Theo-
rie zu befassen, war weiter auch nicht interessant, da
vielen Uhrmachern in ihrem ganzen Leben nie ein
solches Auf- und Abwerk durch die Hände ging."

Hat beispielsweise ein Chronometer eine
Gangdauer von 56 Stunden, ist die Auf- und Ab-
werkskala zu je acht Stunden unterteilt. Am Anfang
und am Ende des Sektors stehen die Bezeichnungen
„Auf" und „Ab".

Heute bilden die Auf- und Abwerkgetriebe Se-
rienprodukte, die auch in Armbanduhren zu finden
sind. Fischer zur Konstruktion dieser Mechanismen: „Beim ersten und ursprünglichsten Typ dreht
sich die Aufzugswelle auch beim Ablauf der Uhr,
und zwar logischerweise nach rückwärts. Bei dieser
Art von Werken ist die Konstruktion der Auf- und
Abwerke von äußerster Einfachheit. Nehmen wir als

Schweizer Automatikmodell mit Zentralsekunde und Anzeige der Gangreserve in einem Fenster.

Beispiel wiederum den Marinechronometer. Bei diesen Werken greift ein auf der Schneckenwelle sitzendes Trieb in ein Rad ein, das auf einem Anrichtestift sitzt und auf seinem Rohr den Auf- und Abwerkzeiger trägt. Das Übersetzungsverhältnis von Trieb und Rad ist so gewählt, daß das Zeigerrad während der Aufzugs- und Ablaufperiode weniger als einen Umgang macht. Entsprechend ist der Sektor des Auf- und Abwerkzifferblattes eingeteilt. Wie wir wissen, nimmt die Schnecke bei ihrem Lauf auch ihre eigene Achse mit, d. h. in diesem Fall die Aufzugswelle, weil die Schneckenachse und die Aufzugswelle dieselbe sind. Die Aufzugswelle dreht sich rückwärts und nimmt über das aufgesteckte Trieb- und das Auf- und Abwerkzeigerrad den Auf und Abwerkzeiger wieder zurück. Beim zweiten, heute eigentlich ausschließlich für tragbare Uhren

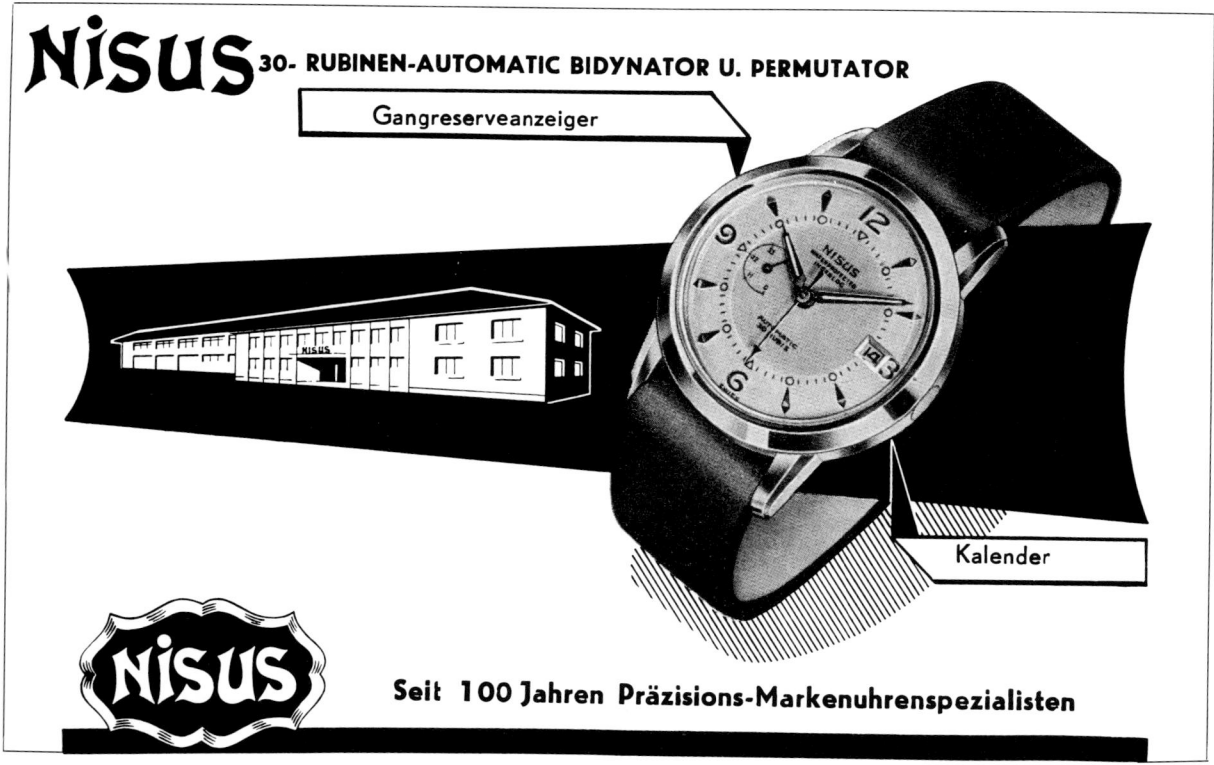

Werbung der Firma Nisus für ihre Herrenarmbanduhr mit Gangreserveanzeiger.

im Gebrauch stehenden Werktyp mit dem gezahnten Federhaus bedeutet die Einrichtung des Auf und Abwerks eine umständliche Aufgabe, die Probleme streift, in denen nur der wissenschaftlich gebildete Techniker so ganz sattelfest ist. Beim Uhrwerk mit gezahntem Federhaus dreht sich beim Aufzug der Federkern, und das Federhaus steht still. Beim Ablauf dreht sich das Federhaus, und der Federkern bleibt über das Aufzugssperrad blockiert. Dadurch müssen zwei voneinander ganz unabhängige Bewegungen auf einen gemeinsamen Zeiger übertragen werden. Beide Bewegungen müssen absolut unabhängig voneinander erfolgen und dürfen gegenseitig nicht störend wirken. Vieles ist zur Vereinfachung dieser Aufgabe versucht worden, aber keine Konstruktion erfüllt die Aufgabe so restlos sicher wie die Planeten- und Differentialgetriebe."

Als nach dem Zweiten Weltkrieg die Uhr mit automatischem Aufzug immer stärker ins Blickfeld trat, stattete Jaeger-LeCoultre sein Automatik-Armbanduhrmodell mit einem Auf- und Abwerk aus. Für den Käufer war das ohne Zweifel ein interessanter Aspekt, wenn er über die Gangreserve jederzeit genau orientiert war. Das Fenster für die Anzeige befand sich unterhalb der 12, die wandernde kreisrunde Skala war mit den Zahlen 40.30.20.10.0 versehen. Die Automatik arbeitete jedoch so leicht, daß die Gangreserve kaum in eine kritische Phase geriet. Legte man die Uhr abends ab, verfügte sie meist über eine Reserve von mindestens 35 Stunden, die sich gegen Morgen auf etwa 25 Stunden verringert hatte. Der größere Teil der Mechanik war zwischen Unterplatte und Federhausbrücke angeordnet und zugleich an das Federhaus und das große Aufzugsrad angehängt. Das hatte den Vorteil, daß für das Auf- und Abwerk nach der Höhe kein zusätzlicher Raum beansprucht wurde und die Uhr flach bleiben konnte. Die geringen Überhöhungen kamen in die Ausdrehungen des Zifferblattes zu liegen.

Die Zodiac *autographic* war etwas anders konstruiert und vermittelte die Gangreserve über einen Zeiger.

Jaeger-LeCoultre wechselte später gleichfalls zur Zeigeranzeige, wobei auch die Zentralsekunde einer kleinen Sekunde bei der 3 wich; die Gangreserve wurde bei der 9 angezeigt. Das Herrenmodell trug die Bezeichnung *SR-497*. Die Vorrichtung für die Zeigerstellung befand sich am Gehäuseboden.

Für eine Herren-Armbanduhr mit Gangreserve-Anzeiger warb 1957 auch Nisus in Neuchâtel, Schweiz. Das Automatikmodell hatte 30 Rubine, Zentralsekunde, bei der 3 ein Fenster für den Kalender und bei der 9 das Hilfszifferblatt für die Gangreserve. Die Uhr trug die Bezeichnung *Bidynator und Pernutator*.

Der *Rotograph* von Paul Buhré, Le Locle, von 1952 zeigte die Gangreserve auf einer halbkreisförmigen kleinen Skala mit einem Zeiger unterhalb der Stundenzahl 12 an.

Die Admes *Indimatic* benützte ein Fenster mit Zahlen auf einer sich drehenden Scheibe. Es lag unter der 12. Die Gangreserve betrug 40 Stunden; die Zahlen von 40 bis 16 waren schwarz, jene von 16 bis 0 rot. Als Basiswerk wurde das Kaliber *Etarotor 1256* verwendet, der Federkern war auf der Zifferblattseite jedoch verlängert und trug von unten nach oben übereinander:

1. Das Antriebsrad mit Doppelzahnung, freidrehend auf einem Rohr des Federkerns.
2. Das Trieb des Federkerns, auf einem Vierkant des Federkerns befestigt.
3. Das Transmissionsrad zur Anzeigenscheibe, welches frei auf einem kleinen Zapfen, das Federkernende bildend, drehte. *JSH 3–4/51*

Cortébert in La Chaux-de-Fonds hatte 1951 unter den Neuheiten eine Kalenderarmbanduhr (Datum, Wochentag, Monat, Mondphasen) mit Anzeige der Gangreserve bei der 9.

Automatische Herrenarmbanduhr mit Gangreserveanzeiger von Comor aus dem Jahr 1988.
Bestückt ist das Modell mit dem Felsa-Kaliber
1565, von dem in den Jahren 1965 bis 1968
nur 3210 Stück hergestellt wurden.
Das Werk verfügt über einen
automatischen Spannungsregler
für die Zugfeder.

Bei diesem Kaliber registriert ein
Differential laufend den Spannungs-
zustand der Feder und schaltet im geeigneten
Moment den automatischen Aufzug aus. Die
Schwingmasse wird durch eine Schnappvorrichtung
festgehalten, so daß eine Schleppfeder nicht benötigt
wird. Durch deren Wegfall vergrößert sich der Platz
für die Zugfeder, was mit einer größeren Gangreserve
und einem größeren Kraftmoment verbunden ist.

Die Automatik *Datofix* der Record Watch Co, Genève, von 1955 war auch mit Gangreserve lieferbar. Sie bildete ein rundes Fenster zwischen dem Zentrum der 12. Das 21steinige Werk hatte große Sekunde. *JSH 9–10/55*

Die *Rotowind* Kaliber *538* der Büren Watch Co in Büren bediente sich für die Anzeige der Gangreserve (40 Stunden) eines Hilfszifferblattes unter der 12. Über der 6 gab es die kleine Sekunde.

Der automatische Pronto *reserv-o-graf* verwendete für die Gangreserve (36 Stunden) einen kleinen Zeiger unter der Stundenmarke 12. Die Uhr verfügte über Zentralsekunde.

Das automatische Herrenmodell von Rotary, La Chaux-de-Fonds, aus dem Jahre 1955 besaß das Gangreservefenster zwischen dem Zentrum und der 6. Gangdauer 36 Stunden, Zentralsekunde, 21 Steine, Incabloc, Rotor 360°. *JSH 9–10/55*

Die *Gigantic,* Genève, eine Automatik-Armbanduhr mit Sekunde aus der Mitte, zeigte die Gangreserve (36 Stunden) mittels eines kleinen zentralen Zeigers und einer halbkreisförmigen Skala an. *JSH 5–6/52*

Derzeit ist der Gangreserveanzeiger wieder große Mode. Ihn verwenden nicht nur Meisteruhrmacher, sondern auch Hersteller von Gebrauchsuhren.

Armbanduhren ohne Aufzugskrone

War der Gangreserveanzeiger bei automatischen Armbanduhren der vierziger und vor allem der fünfziger Jahre auch eine Vertrauen schaffende technische Sonderausstattung, stellte Jaeger-LeCoultre mit der Futurematic 1953 demonstrativ unter Beweis, daß die Uhr mit Kaliber 497 keines Handaufzugs bedurfte. Die Gangreserve zeigte sie mit Zeiger auf einem kleinen Hilfszifferblatt an.

Die feine Atelier 1200 mit Kalender und Gangreserveanzeiger aus der derzeitigen Produktion von Paul Picot in Genf.

Für das Zeigerstellen hatte das Modell auf dem Gehäuseboden eine flache Krone. Die Futurematic galt als „100% automatisch". In einer Einschaltung der Zeitschrift „Der Uhrmacher" vom Dezember 1955 hieß es: „Bei der ersten vollautomatischen Armbanduhr SR-497 ohne Aufzugskrone ist der Unruh-Durchmesser 20% vergrößert; das entspricht einer um 50% besseren Ganggenauigkeit. Die automatische Aufzugs- und Gangreserveregulierung blockiert bei gespannter Feder den Aufzugsmechanismus. Nie läuft das Werk ganz ab. Beim Abheben von der Grundlage geht die Uhr sofort erneut."

Die Automatik der Futurematic verfügte über eine Pendelschwingmasse.

Schon Harwood hatte bei seinem runden Automatikmodell der zwanziger Jahre zuletzt deshalb auf die Aufzugskrone verzichtet, um jedermann klarzumachen, daß die Uhr über einen Selbstaufzug verfügte. Ein Handaufzug war bei seiner Konstruktion übrigens gar nicht möglich. War die Zugfeder entspannt, konnte die „Harwood" nur durch heftiges Schütteln wieder zum Gehen gebracht werden. Das Zeigerstellen erfolgte mittels des drehbaren Glasreifs. Durch den Wegfall der Aufzugskrone war die Uhr auch besser abgedichtet, da über die Aufzugswelle leicht Schmutz oder Feuchtigkeit ins Innere eindringen konnten.

Diese Nachteile bewogen offenbar auch die Perfecta Watch (PWC) in Porrentury in der ersten Hälfte der fünfziger Jahre zum Bau der Girolunette-Armbanduhr. Sie hatte keine Aufzugskrone, und die Zugfeder konnte durch das eineinhalbmalige Drehen des Glasreifes aufgewunden werden. Der robuste Mechanismus bestand aus einem verzahnten Ring und einer speziellen Aufziehwelle. Das System konnte auf jedes Gehwerk montiert werden. Die Lunette wurde desgleichen zum Zeigerstellen eingesetzt, nur waren zuvor die „Vorspringer" am Boden der Uhr in eine andere Stellung zu bringen. Das Modell war wasserdicht. *DUM 10/53*

Eine Armbanduhr ohne Aufzugskrone war auch das frühe Stimmgabelmodell von Bulova, das legendäre Accutron.

Die Seiko mit Automatikkaliber 7009 A, die 1970 auf den Markt kam, besaß zwar eine Krone, ein manueller Aufzug war jedoch nicht möglich. *UM 10/93*

Armbanduhren mit Tourbillon

Armbanduhren mit Tourbillon sind eine große Seltenheit, sie stellen uhrmacherische Spitzenleistungen dar. Die erste Armbanduhr mit dieser technischen Ausstattung dürfte Lip gebaut haben. Es handelte sich um eine rechteckige Armbanduhr, bei der das 1-Minuten-Tourbillon im Zifferblattausschnitt zur Gänze sichtbar war. Das Drehgestell hatte einen Durchmesser von 11,50 mm und übte zugleich die Funktion des kleinen Sekundenzeigers aus. Ob wir es bei diesem Modell mit einem Unikat zu tun haben oder nicht, ist unbekannt.

Mehr wissen wir über die Kleinserie von zwölf Stück, die Omega in Biel für Chronometriewettbewerbe an den Sternwarten Genf und Neuenburg in Auftrag gab. Die runden Werke waren mit einem 7-Minuten-Tourbillon ausgestattet, das der Drehgestellspezialist und Direktor der Uhrmacherschule in Le Sentier, Marcel Vuilleumier, konstruiert hatte und die von Jean-Pierre Matthey-Claudet gefertigt worden waren. Sie nahmen ab 1947 an den Ganggenauigkeitsbewerben teil, erbrachten aber nicht die Leistungen, die man sich von ihnen erträumt hatte. Erst 1950 wurde ein Armbandtourbillon von Omega in Genf Jahresbester.

Patek Philippe hatte gleichfalls ein Armbanduhrentourbillon entwickelt und dieses erstmals 1948 ins Rennen um Präzisionsrekorde geschickt, ebenfalls nur mit mäßigem Erfolg. Patek Philippe hat auch später vereinzelt Modelle mit Tourbillon in Armbanduhrgröße gebaut.

Seit Jahren gehören plötzlich Tourbillonmodelle für das Handgelenk zum Pflichtprogramm aller großen Nobelmarken und zum Angebot von Meisteruhrmachern.

Das Breguet-Modell gibt es seit 1988. Hier nimmt das von vorne sichtbare Drehgestell die halbe Höhe des Zifferblatts ein. Im oberen Teil des guillochierten Blattes wird dezentral die Uhrzeit angezeigt, die untere Hälfte beherrscht eine robuste Brücke mit dem Drehgestell und der Schraubenunruh. Die Sekunden können auf einer bogenförmigen Skala abgelesen werden. Da die Anzeige nur von 0 bis 20 geht, wechseln einander drei starr montierte und gebläute Zeiger ab, die sich im Kreis bewegen. Sie gleichen einem Dreispeichenrad ohne Radkranz. Die Uhr ist bestückt mit dem Kaliber 558, mißt im Durchmesser 36 mm und in der Höhe 8,50 mm.

Die Uhrenschöpfung ist eine Reminiszenz an Abraham-Louis Breguet (1747–1823), dem Erfin-

Das Brückentourbillon für das Handgelenk, das Girard-Perregaux 1991 aus Anlaß des 200jährigen Bestehens des Unternehmens auf den Markt brachte. Es ist dem berühmten Taschenuhrtourbillon mit den drei goldenen Brücken nachempfunden. (Foto: Girard-Perregaux)

der des Drehgestells, und eine Reverenz an den größten Uhrmacher aller Zeiten. Mit dem Mechanismus war es möglich, Gangabweichungen bei Lageveränderungen, die durch die Erdanziehung entstanden, zu kompensieren. 1801 meldete der in Paris wirkende Breguet seine vermutlich schon ein paar Jahre zurückliegende Erfindung zum Patent an. In diesem Zusammenhang schrieb er am 14. April an den Minister des Innern folgenden Brief:

„Citoyen Minister,

ich habe die Ehre, Ihnen eine Notiz zu überreichen, mit Einzelheiten über eine neue Erfindung, die bei Zeitmessern angewendet werden kann, die ich Régulateur à Tourbillon genannt habe. Ich beantrage hiemit ein Konstruktionspatent für die Herstellung solcher Regulatoren für den Zeitraum von zehn Jahren.

Es ist mir mit dieser Erfindung gelungen, mittels Kompensation die Fehler, die durch Verlagerung des Werks und Verschiebungen des Schwerpunkts entstehen, zu verhindern sowie die Reibung gleichmäßig an allen Teilen der Zapfen im besagten Werk zu verteilen, auch wenn das Öl dicker wird. Ferner behebe ich andere Fehler, die die Genauigkeit des Werks mehr oder weniger beeinträchtigen, in einer Weise, die den bisherigen Stand unseres Wissens bei weitem übersteigt.

Nach reiflicher Überlegung dieser Vorteile und mit der Fähigkeit, die Produktionsmethoden zu perfektionieren, und in Anbetracht meiner beträchtlichen Kosten beschloß ich, ein Patent zu beantragen, um das Datum meiner Erfindung zu bestimmen und meine Auslagen zu kompensieren.

Mit Hochachtung
Breguet
quai de l'Horloge N° 51"

Auf das Breguet-Tourbillon für das Handgelenk von 1988 folgte eine skelettierte Version, wobei sich die Skelettierung sowohl auf das Zifferblatt als auch auf das Werk bezieht. Wie die Standardausführung trägt auch das Sondermodell im Bereich des Zifferblattkranzes die jeweilige Produktionsnummer. Bei beiden Ausführungen erlaubt der durchsichtige Glasboden auch von hinten den Blick ins Werk. Seine Daten: 13liniges Kaliber aus Neusilber mit handgravierten byzantinischen Motiven, signiert und numeriert, 23 Rubine, seitliche Ankerhemmung, monometallische Unruh mit Schrauben, selbstkompensierende Breguet-Spirale, 1-Minuten-Tourbillon mit abstandsgleichem dreiarmigem Käfig aus poliertem Stahl, Mittelradantrieb, Sechs-Lagen-Feinstellung.

Jaeger-LeCoultre wählte für sein Tourbillonmodell die verhältnismäßig kleine und rechteckige Reverso, was natürlich Platzprobleme mit sich brachte. Umso verständlicher ist der Stolz, mit dem Jaeger-LeCoultre das Kaliber 828 mit Tourbillon und Gangreserveanzeiger präsentiert, das trotz seiner 194 Einzelteile mit einem Volumen von nur drei Kubikzentimetern das Auslangen findet.

Girard-Perregaux in La Chaux-de-Fonds hat sein berühmtes Taschentourbillon mit den drei goldenen Werkbrücken verkleinert und als Jubiläumsmodell zum 200. Geburtstag der Firma 1991 auf den Markt gebracht. Die Armbanduhr mit eingesetztem Glasreif und dem hochgezogenen Gehäuseoberteil mit der handgravierten Stundenindikation auf der Innenseite hat einen Durchmesser von 38 mm und eine Höhe von 9 mm. Das Kaliber GP 9000 mit 28,60 mm Durchmesser und 5,70 mm Höhe ist zur Gänze unter dem bombierten Uhrglas zu sehen. In Rosé-Gold präsentieren sich die Federhaus-, die Großbodenrad- und die Tourbillonbrücke in massiver Ausführung, jede hat in der Mitte einen großen Rubin. Das Federhaus trägt die

Ein-Minuten-Tourbillon-Chronometer für das Handgelenk der Schweizer Manufaktur Ulysse Nardin aus dem Jahr 1988. Das Modell besitzt ein Regulatorzifferblatt, das Tourbillon ist in einem Ausschnitt zu sehen. Bestückt ist das Goldgehäuse mit einem 13linigen Werk mit 28 Steinen. (Foto: Ulysse Nardin)

Tourbillon der Schweizer Nobelmarke Audemars Piguet für das männliche Handgelenk. Die automatische Armbanduhr aus dem Jahr 1986 besitzt ein sehr kleines Tourbillon und einen Platinrotor für den Selbstaufzug. Die Werkhöhe beträgt 4,8 mm.

gewichtsschrauben und vier Regulierschrauben aus Gold, Stoßsicherung, 21.600 Halbschwingungen pro Stunde, Breguet-Spirale, insgesamt 20 Rubine.

Seit 1992 gibt es auch eine Armbanduhr mit fliegendem Tourbillon, made in Hongkong. Es stammt vom Uhrenkünstler KIU TAI YU.

Armbanduhren mit Formwerken

Für die runde Taschenuhr war das runde Werk die optimale Lösung, weil damit der zur Verfügung stehende Raum für die Unterbringung der Mechanik voll genützt werden konnte. Als die Hersteller von Armbanduhren dazu übergingen, auch rechteckige Modelle zu entwerfen, setzten sie zunächst in diese einfach kleine Rundkaliber, die den zur Verfügung stehenden Raum natürlich nur zum Teil ausfüllten. In der Folge wurden deshalb von allen Werklieferanten auch sogenannte Formwerke entwickelt, die sich der Gehäuseform anpaßten. Besonders beliebt waren die tonnenförmigen Fabrikate. Für die längliche Damenschmuckuhr war das Baguette-Werk bald unentbehrlich. Bei der langgestreckten Bauart dieser Kaliber nehmen Federhaus und Unruh einen Großteil des Raumes ein, weshalb der verbleibende Platz zum Zusammendrängen der Laufwerksräder zwang. Teilweise wurden diese deshalb in zwei Ebenen gelagert. Dieser Typ hatte gegenüber einem 5^1/$_4$linigen Rundkaliber den Vorteil, daß es zu keinen Streifungen zwischen verschiedenen Rädern des Laufwerks, des Aufzugs und des Ankers kam.

Das Serien-Baguette-Werk, das Jaeger-LeCoultre 1929 auf den Markt brachte und auch heute noch produziert, ist ein Winzling mit den Maßen 4,80 x 14 x 3,40 mm. Es besteht aus 74 Teilen und hat ein Gewicht von nicht einmal einem ganzen Gramm.

Signatur und die Produktionsnummer. Die Gangreserve beträgt rund 75 Stunden. Der Stahlkäfig ist auf dem Sekundenradtrieb befestigt und macht eine Umdrehung pro Minute. Weitere technische Daten: Seitenanker mit 2 Hebesteinen aus Rubin, Ankerrad aus Stahl mit 15 Zähnen, Ankerradtrieb mit 7 Flügeln, Unruh aus Glucydur mit 12 Gleich-

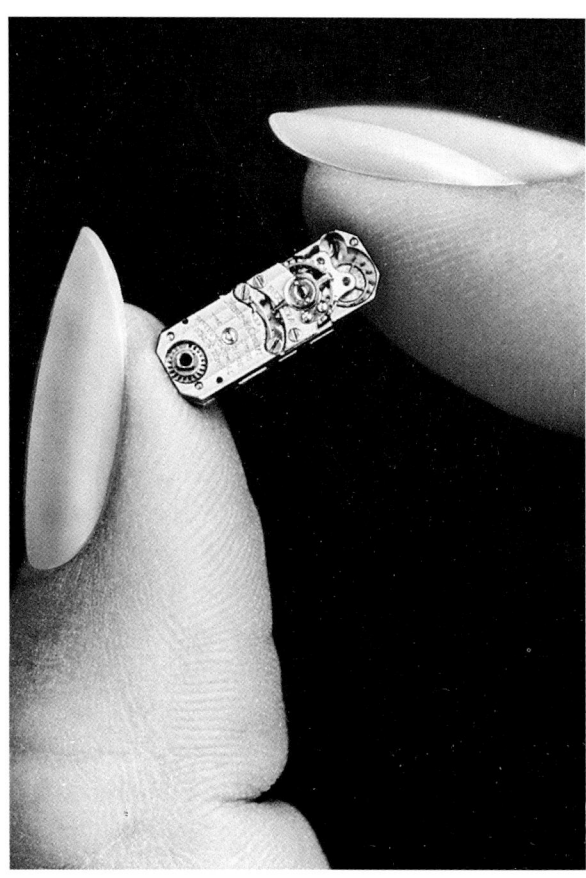

Das berühmte Baguette-Werk von Jaeger-LeCoultre, das seit 1929 fabriziert wird und nur 4,80 x 14 x 3,40 mm mißt.

Armbanduhren
mit Regulatorzifferblatt

Im Gegensatz zum Präzisionsregulator an der Wand kommen dieser speziellen Zeitanzeige bei der Armbanduhr keinerlei Bedeutung und keine konkrete Funktion zu, sie verleiht dem Zifferblatt lediglich eine ausgefallene Note. Bei diesem Uhrentyp hat sich der Stundenzeiger vom Minutenzeiger getrennt, er geht seine eigenen Wege und pocht auf sein eigenes Zifferblatt. Das Hilfszifferblatt für die kleine Sekunde hat unter der Stundenmarke 12 ein Pendant, das ausschließlich der Stundenindikation dient. Ein markantes Merkmal bildet weiters der Stundenkranz aus fetten römischen Zahlen (I–XII).

Leonidas-Modelle aus einem Katalog von 1937. Den Platz für die kleine Sekunde nimmt der 30-Minuten-Zähler des Chronographen ein. Die Uhrzeit wird dezentral angezeigt.

Diese Uhren mit dem einsamen Minutenzeiger gehören derzeit bei verschiedenen Herstellern von mechanischen Armbanduhren zum Spezialitätenprogramm. Von Chronoswiss kommt quasi das klassische Modell mit klarer Zifferblattaufteilung und ohne jede Zusatzfunktion. Die Firma Auguste Reymond hat ihr Modell mit dem automatischen Kaliber ETA 2892 bestückt und das Zifferblatt eher modisch gestaltet. Das Handaufzugsmodell von Maurice Lacroix wirkt indes überladen, da es über eine Datumsanzeige mit Zeiger aus der Mitte und Zahlenkranz am Außenrand des Zifferblattes verfügt. Hübsch dagegen die Armbanduhr von Louis Erard in La Chaux-de-Fonds, obwohl sie links außen einen Gangreserveanzeiger mit bogenförmiger Skala besitzt. Als Basiswerk dient das Kaliber Peseux 7001.

Bei manchen Armbandchronographen der dreißiger Jahre findet sich eine ähnliche Zifferblattaufteilung, der Unterschied zum Regulatorzifferblatt besteht jedoch darin, daß mit der Stunde auch die Minute auf das dezentrale Zifferblatt gewandert ist. Den optischen Ersatz für den Minutenzeiger aus der Mitte bildet der Chronographenzeiger.

Armbanduhren mit retrograder Anzeige

Uhrenschöpfungen mit dieser verspielten Anzeigenart gibt es nicht bloß in den Museen zu bewundern, sondern hin und wieder auch im Angebot verschiedener Uhrenhersteller. So hat beispielsweise Jean d'Eve derzeit eine solche Gebrauchsuhr in der Kollektion. Sie präsentiert sich im Sektorgehäuse, wodurch von Haus aus nur ein halbes Zifferblatt zur Verfügung steht, und zwar die rechte Hälfte. Die bogenförmige Skala läuft am Außenrand von oben nach unten. Der (lange) Stundenzeiger beginnt seine Arbeit um Mitternacht oder um

12 Uhr mittag oben und wandert dann in 12 Stunden nach unten. Am Ende seiner Reise angelangt, springt er ruckartig nach oben und beginnt seine Zeitreise von neuem. An die Stundenskala schließt sich nach innen eine feine, ebenfalls bogenförmige Minuteneinteilung von 0 bis 60 an, die ein (kurzer) roter Zeiger von oben nach unten abtastet. Er muß den Sprung nach oben 24 mal pro Tag machen.

Das Modell von Daniel Roth ist eine Luxusuhr. Bei seiner Rücklauf-Armbanduhr ist die 12-Stunden-Anzeige nicht nur auf die beiden Zifferblatthälften links und rechts verteilt, sondern auch die Einteilung der Stunden weicht von der klassischen Art ab, indem die Skala mit 6 Uhr beginnt und nach 12 Stunden wieder mit 6 Uhr endet.

Interessante Uhrenschöpfungen mit dieser technischen Verspieltheit lassen sich bisweilen auch im Raritätenangebot von Gübelin entdecken. 1991 schuf die Luzerner Firma eine Kleinstserie von vier goldenen Armbanduhren im klassischen Gehäuse mit Handaufzug, deren Zifferblatt in Relieform den Koloß von Rhodos zeigt. Die Figur bewegt die Arme, wobei der linke für die Stunden, der rechte für die Minuten zuständig ist. Beim Koloß von Rhodos handelte es sich um eines der sieben Weltwunder des Altertums, er stellte den griechischen Sonnengott Helios dar. Das Standbild hatte eine Höhe von 34 m und beherrschte die Hafeneinfahrt.

Schon zuvor hatte es bei Gübelin die Bras en l'air gegeben. Auch bei dieser Armbanduhr zeigte eine männliche Gestalt mit den Armen die Zeit an.

Modell von Daniel Roth mit retrograder Stundenindikation und klassischer Anzeige der Minuten und Sekunden.
Die Stundenskala reicht von 6 Uhr morgens bis 6 Uhr abends bzw. von 6 Uhr abends bis 6 Uhr morgens.
(Foto: Daniel Roth)

Armbanduhren
mit mysteriöser Anzeige

Diese Bezeichnung verwendet man für Uhren, bei denen man bei Betrachtung des Zifferblattes und der Zeiger nicht erkennen kann, wie letztere mit dem Uhrwerk zusammenarbeiten.

Gegen Ende der sechziger Jahre und zu Beginn der siebziger Jahre wurden verschiedentlich Armbanduhren kreiert, bei denen die Zeiger zu Marken oder Punkten „reduziert" waren und sie deshalb den Eindruck erweckten, als würden sie lose über das Zifferblatt geistern.

Auch die fünfziger Jahre kannten diese Mystérieuse-Armbanduhren. Juvenia warb beispielsweise für die *Mystère*. Der Mittelpunkt des Ziffer-

Schmuckuhr, bei der die Zeiger unter einer Abdeckung zu liegen scheinen.

Eine Armbanduhr, deren Zifferblatt das Aussehen wechselt.

blattes war bei dieser Schmuckuhr eine dunkle Scheibe, unter deren Rand die Zeigerspitzen gleichsam hervorguckten. *JSH 9–10/51*

Eine andere Juvenia-Schöpfung war die *Trigone*, bei der die Zeigerfunktion durch zwei pyramidenförmige Gebilde wahrgenommen wurde. Um 6 Uhr bildeten sie einen Stern, um 12 Uhr waren sie deckungsgleich und zeigten ein Dreieck bzw. die Pyramide. *JSH 9–10/55*

Die *Graphomatic* von Invicta in La Chaux-de-Fonds deckte den Mittelpunkt des Zifferblattes gleichfalls durch eine Scheibe ab, die obendrein ein Ornament zeigte, das verschwand und wieder sichtbar wurde, wenn die dunkle Phase einer hellen langsam wich. *JSH 9–10/55*

Unter den Gebrauchsuhren tauchte in den achtziger Jahren eine für Casinos fabrizierte Roulette-Armbanduhr auf. Erhellte sich das Zifferblatt,

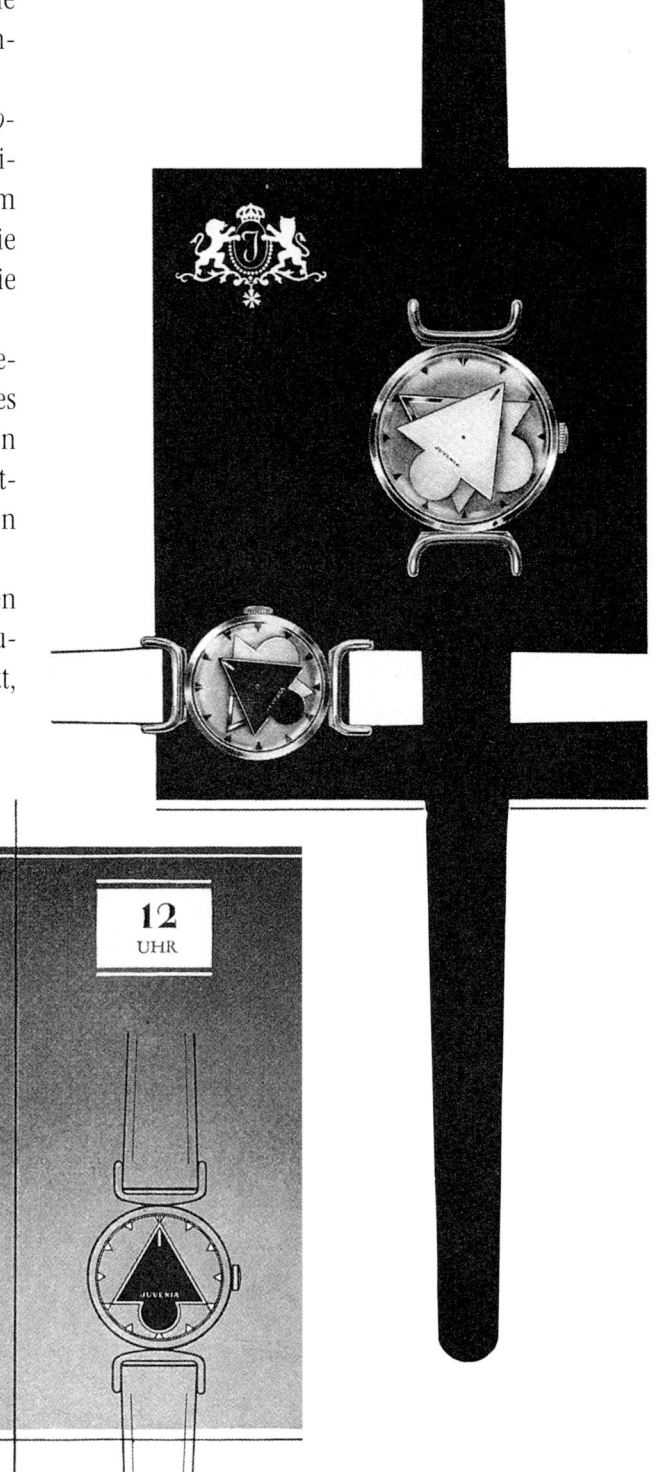

Die Trigone mit ihrer ungewöhnlichen Zeitanzeige.

Zodiac-Modelle, bei denen die Zeiger keine Verbindung mit dem Zentrum zu haben scheinen. Die Sekunde ist ein wandernder roter Punkt. Die Anzeige erfolgt mittels Scheiben, auf die die Zeiger aufgemalt sind. (Foto: Zodiac)

erschien zunächst ein vierblättriger Klee, der bald einer Rouletteschüssel wich, wobei ein wandernder Punkt die rollende Kugel ersetzte.

Borel hatte Armbanduhren mit lebendigem Zifferblatt, es brachte wie ein Kaleidsokop immer wieder bunte Muster hervor. Diese Modelle liefen unter der Bezeichnung Coctailuhren.

Armbanduhren mit springender Sekunde

Während bei einer mechanischen Armbanduhr der Sekundenzeiger – einerlei, ob es sich um eine kleine oder große Sekunde handelt – in der Regel pro Sekunde fünf Schritte macht, ist es bei der sogenannten springenden Sekunde in einer Sekunde bloß ein einziger Schritt, sie überspringt die anderen Schritte, die die Unruh vorgibt. Dies wurde durch einen Zusatzmechanismus mit Hilfsantrieb erreicht. Das spezielle Sekundenrad mit seinen abgeschrägten Zähnen ist einem Stiftankerrad nicht unähnlich.

Hersteller solcher Kaliber war die Schweizer Rohwerkefabrik Chézard in Chézard. Die runden Kaliber hatten einen Durchmesser von 25,60 mm, einen positiven Aufzug (Stellhebel) und Ankerhemmung. Das Grundkaliber trug die Nr. 115 und hatte eine Bauhöhe von 5,35 mm. Das davon abgeleitete Kaliber 116 mit gleicher Bauhöhe verfügte obendrein über Vorrichtungen zum Anhalten der Unruh und der Sekundentriebwelle. Die Kaliber Nr. 117 und 118 mit einer Bauhöhe von 5,8 mm besaßen weitere spezielle Funktionen.

Das Grundkaliber der nächsten Generation hatte die Nr. 7400 und fand mit einer Bauhöhe von 4,50 mm das Auslangen. Es wurde mit oder ohne Anhaltevorrichtung geliefert, aber mit Datumsanzeige im Fenster. Davon abgeleitet wieder die Kaliber Nr. 7401 und 7402.

Eingestellt wurde die Rohwerkeproduktion bei Chézard wahrscheinlich in den frühen sechziger Jahren, denn die Hausmarke (C) scheint im Katalog der Ebauches AG von 1963 nicht mehr auf. Zu ihr gehörte die Firma seit 1937.

Ein Abnehmer der Chézard-Werke war beispielsweise Doxa in Le Locle. Bei einem mit dem Kaliber 118 bestückten Modell mit 21 Steinen konnten mit Hilfe der Krone zwei Funktionen geschaltet werden. In gedrückter Position lief das Werk zwar weiter, aber die Sekunde war angehalten, wodurch sich die Uhr als einfacher Chronograph verwenden ließ. Bei gezogener Krone stand auch die Unruh still, und die Zeit konnte sehr genau gestellt werden.

Eine ganz ausgefallene Doxa-Armbanduhr mit C-Kaliber 116 ist ein Tag-/Nachtmodell mit bogenförmigem großem Fensterausschnitt im oberen Zifferblatteil mit der darüberliegenden Stundenindikation 6 – 12 – 6, einmal für 6 Uhr abends bis 6 Uhr früh, das andere Mal für 6 Uhr morgens bis 6 Uhr abends, wobei die aktuelle Stunde entweder durch die wandernde Sonne bzw. den Mond angezeigt wurde. Der Minuten- und der Sekundenzeiger aus der Mitte verfügen über den traditionellen Skalenring am Außenrand des Zifferblattes. Die Uhr ist in meinem Buch „Schweizer Marken" der Reihe „Augenweide Armbanduhr" auf Seite 100 abgebildet, die Bildunterschrift ist dort allerdings nicht korrekt.

Das gleiche Modell hatte Mitte der fünfziger Jahre auch Hy. Moser & Cie im Programm. Durch Druck auf die Krone konnte die Sekunde angehalten werden, ohne daß die Unruh gestoppt wurde. Das Modell nannte sich Saltofix und war auf dem Zifferblatt mit CHRONOMETRE signiert.

Auch die Inhaber der Genfer Handelsmarke Werba bedienten sich der Chézard-Kaliber. Omega produzierte ab 1952 ein Armbanduhrkaliber (Nr. 372) mit springender Sekunde. In Deutschland war am 3. Juni 1949 ein Patent auf eine „Vorrichtung zur schrittweisen Vorwärtsbewegung von Uhrwerkgetrieben" erteilt worden. Der Mechanismus besaß im Triebwerk des Sekundenzeigers zwei durch eine Feder „elastisch-nachgiebig" miteinander verbundene Räder unterschiedlicher Größe, jedoch gleicher Zahnzahl. Auch diese Konstruktion verfügte über die Unruhstoppung.

Armbanduhren
mit springender Stunde

Die digitale springende Stunde gab es nicht nur bei der Panzerarmbanduhr mit ihren Zeitanzeigenschlitzen, sondern auch bei Armbanduhren mit klassischem Zifferblatt und Uhrglas. In diesem Fall handelte es sich um eine gemischte Anzeige, bei der nur die Stunde im Fenster abzulesen war.

Ein rechteckiges Sondermodell baute die seit 1878 bestehende Meylan Watch Co. in Le Brassus zu Beginn der dreißiger Jahre. In Höhe der sonstigen Stundenzahl 12 befand sich das Stundenfenster, in Höhe der sonstigen Stundenzahl 6 die kleine Sekunde mit Zeigeranzeige. Das große Zifferblatt hatte statt der Stunden- nur eine Minuteneinteilung, ein zentraler Minutenzeiger drehte einsam seine Runden.

Die Uhr mit springender Stunde (frz. heure sautante, engl. jumping hour, ital. saltarello) gibt es derzeit als Repliken und Sondermodelle bei ver-

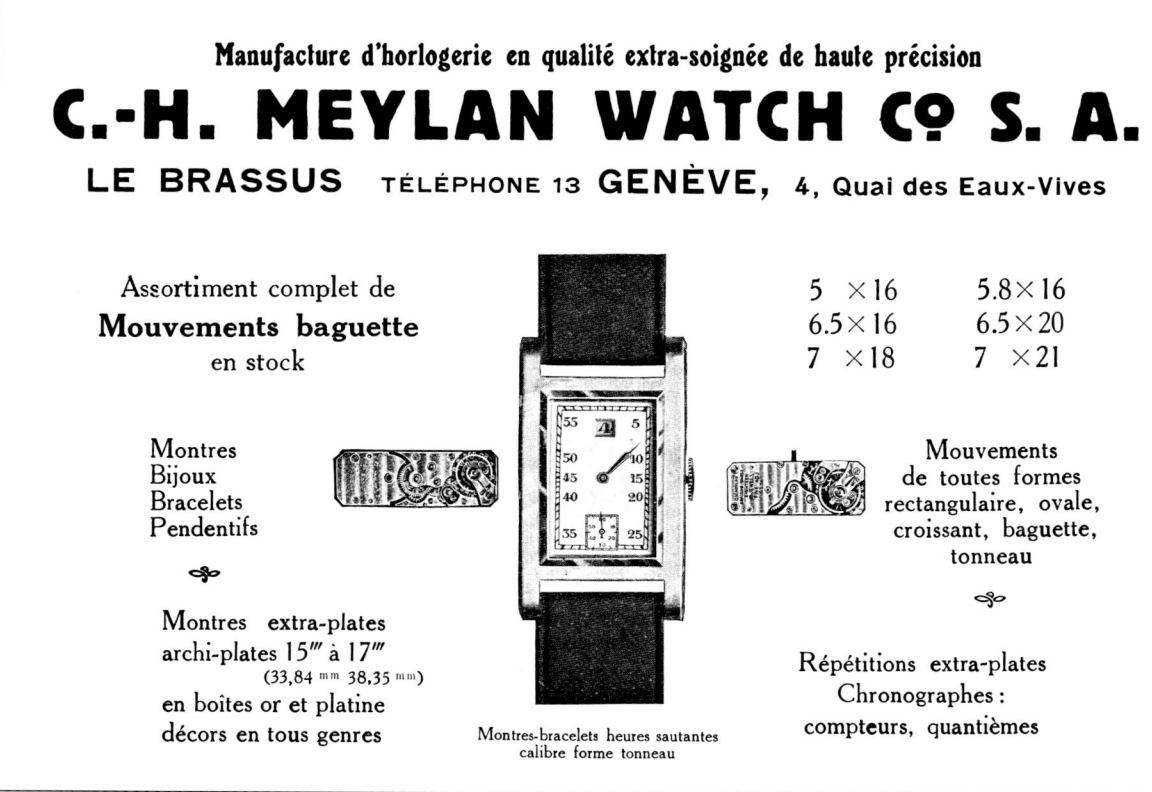

Meylan-Werbung aus den frühen dreißiger Jahren.

schiedenen Herstellern. Patek Philippe stellte sich 1989 mit der tonnenförmigen Ref. 3969 ein, Chronoswiss in München folgte 1990 mit der rechteckigen Hora, die mit dem klassischen Formwerk FEF 130 aus der Mitte der dreißiger Jahre bestückt ist.

Auguste Reymond verwendete für sein Herrenmodell das runde Handaufzugswerk AS 1727 (Ø 19,40 mm, Höhe 3,55 mm, 21.600 Halbschwingungen pro Stunde, kleine Sekunde). Es handelt sich um eine Nachschöpfung von 1948. Die Uhr hat einen Durchmesser von 35 mm und eine Höhe von 8,20 mm; sie weist keine einzige zentrale Anzeige auf, das Hilfszifferblatt für die Sekunde ist größer als jenes für die Minute.

Auf Traditionen besann sich ferner die seit 1850 bestehende Firma Marvin in La Chaux-de-Fonds. Für ihre rechteckige Saltarello fand gleichfalls das 17steinige AS-Kaliber 1727 Verwendung. Das Modell verfügt ebenfalls nur über dezentrale Anzeigen. Dasselbe gilt für die runde Kreation von Revue Thommen. Abb. Seite 176.

Zeigerlose Armbanduhren

Mechanische Armbanduhren mit digitaler Anzeige tauchten unter den Neuheiten der verschiedenen Uhrenhersteller in fast regelmäßigen Abständen auf.

Die Mimo Watch Co. tat sich schon in den zwanziger Jahren mit einem in mehrfacher Hinsicht interessantem Damenmodell hervor. Die längliche Uhr im Chromgehäuse mit Kordelband war beidseitig tragbar, hatte auf der einen Seite das übliche Zifferblatt und auf der anderen Digitalanzeige mit Zahlen in einem zentralen Stundenfenster und einem darunterliegenden geschwungenen Minutenfenster. Im Ausschnitt war stets ein Skalenteil von 15 Minuten sichtbar. Um fehlerhaftes Ablesen

der Uhrzeit auszuschalten, war die Mitte des Fensters auf der Gehäuseoberseite durch eine senkrechte Linie markiert.

Sogar Cartier brachte 1929 die inzwischen legendäre Tank auch als „Panzer"-Modell mit der Aufzugskrone oben zwischen den Bandanstößen auf den Markt. Die Stunde stand in einem quadratischen Fenster in der Mitte des oberen Teiles, und das leicht geschwungene längliche Fenster in der unteren Gehäusehälfte zeigte die Minuten. Die Anzeige besorgten nicht Zifferblatt und Zeiger unter dem schützenden Uhrglas, sondern Scheiben mit aufgedruckten Minuten und Stunden im Gehäuse. Während die Minuten wanderten, sprang die Stundenscheibe zur vollen Stunde weiter. Der Gehäuseoberteil war mit dem Gehäuseunterteil durch vier seitliche Schrauben verbunden. Das Magazin Chronos 5/1993 brachte im Klassik-Uhrenrevueteil die Abbildung und Beschreibung einer solch seltenen Cartier. Die 18karätige Uhr (25 x 29 mm) ist mit einem runden Ankerwerk hoher Qualität bestückt. Das Kaliber hat einen Durchmesser von 23 mm, eine Höhe von 2,80 mm und eine große bimetallische Schraubenunruh mit Breguet-Spirale. Die Signatur auf der Aufzugsbrücke lautet: European Watch and Clock Co. Inc./18 jewels/8 Adj. swiss.

Diese zeiger- und glaslosen Uhrenschöpfungen wurden auch als Guichet-Armbanduhren bezeichnet; ursprünglich verstand man darunter jedoch die Halbsavonnette mit ihrem runden Fenster im vorderen Sprungdeckel. Diese Uhren waren laut Werbung so stabil, „daß sogar ein Kraftwagen darüberfahren könne."

Als Flume in Berlin 1937 anläßlich des 50jährigen Bestandes des Unternehmens ein dickleibiges Jubiläumsbuch für den Reparaturbedarf herausbrachte, fand darin auch die zeigerlose Armbanduhr ihren Niederschlag. „Diese Uhren" — heißt es — „sind in den letzten Jahren ein großer

Aus derzeitiger Produktion: Modell mit springender Stunde. (Foto: Revue Thommen)

Modeartikel gewesen und befinden sich in großen Mengen auf dem Markt. Die Werke unterscheiden sich von den normalen nur dadurch, daß statt der üblichen Zeiger die Zahlenscheiben Verwendung finden. Als Ersatzteile kommen deshalb nur die abgebildeten Zahlenscheiben und die Federn zum Halten der Stundenscheiben in Betracht. Ich empfehle den Einzelbezug dieser Teile, da sich eine Lagerhaltung wegen der Verschiedenartigkeit nicht lohnen würde."

Die abgebildeten Haltefedern kamen von A. Michel, A. Schild, Eclipse, ETA, Felsa, Fontainemelon, Kummer, Langendorf, Liga, Sonceboz, die Zahlenscheiben von Baumgartner, ETA, Felsa,

Kummer und A. Schild. Die Werkgrößen bewegten sich zwischen 10,15 (Formwerk) und 23,69 mm Durchmesser. Verfügten die Werke in der Regel nur über die Anzeige von Stunden und Minuten, hatten die Kaliber ETA 716, Kummer 259 und A. Schild 842 auch eine digitale Sekundenindikation.

Eine Renaissance erlebte dieser Uhrentyp in abgewandelter Form in den späten sechziger Jahren.

Jaquet-Droz versuchte es 1968 mit dieser ungewohnten Anzeige. Das automatische Herrenmodell war mit drei verschieden großen Fenstern versehen, in denen Stunden, Minuten und Sekunden auf dunklem Untergrund abgelesen werden konnten.

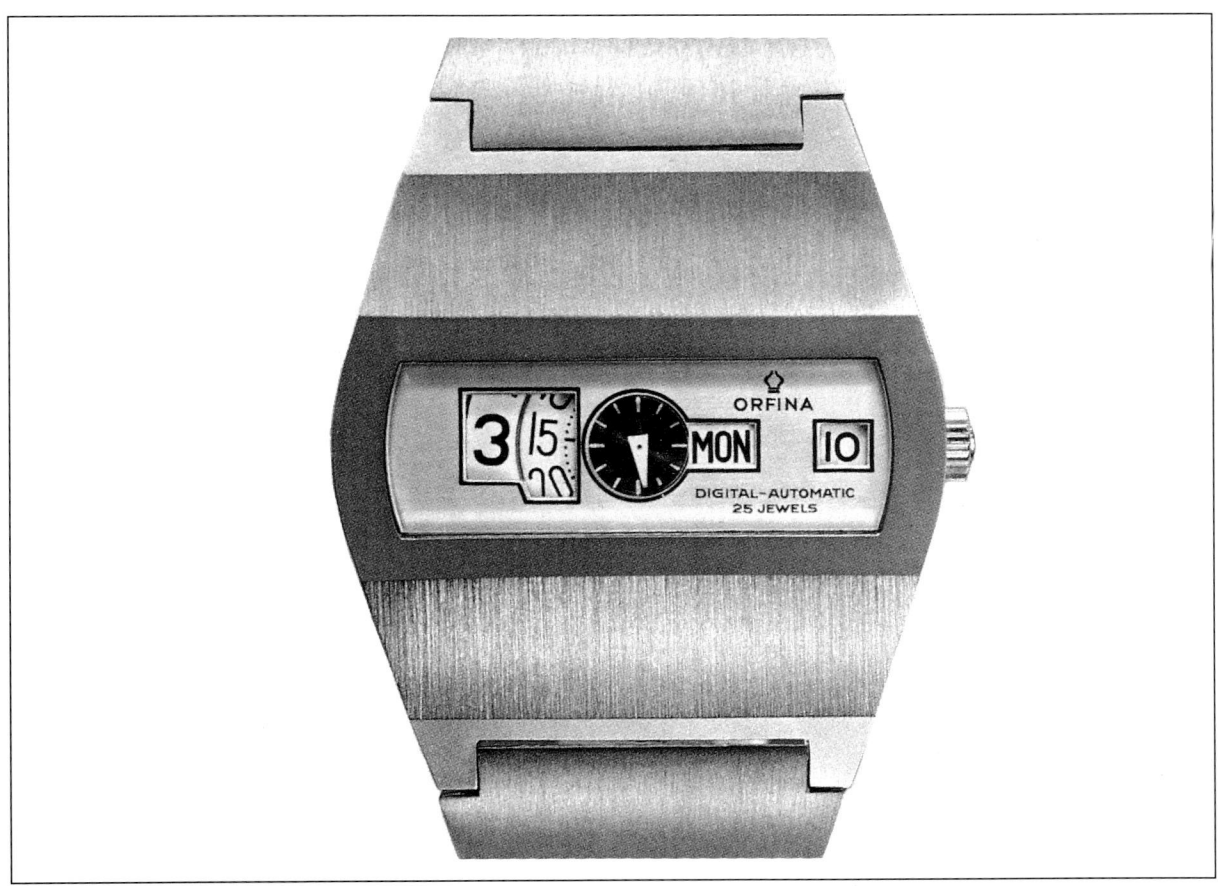

Dieses automatische Kalendermodell zeigt die Sekunde analog an.

Stunden- und Minutenfenster lagen eng beisammen zwischen der sonstigen Stundenmarke 12 und dem Zentrum, der Sekundenausschnitt befand sich unterhalb der Mitte. Die Uhr war ohne *Gesicht*, ein Großteil des Zifferblattes bildete eine leere Fläche. *duz 5/68*

Ilona in Balsthal, Solothurn, wählte für die Zeitanzeige 1970 eine Mischung aus analog und digital. Eine kräftige Sekunde aus der Mitte lief über einen ganz außen liegenden Ring mit Schachbrettmuster. Die Minuten und Stunden sowie das Datum waren, um Verwechslungen auszuschließen, in beschrifteten Fenstern abzulesen. Das Stundenfenster lag in Höhe der 12, das ge-

schwungene Minutenfenster unterhalb des Zentrums und das Kalenderfenster in Höhe der 6. *NUZ 9/70*

Bis 1975 unternahm die Kleinuhrenindustrie einen ernsten und intensiven Versuch, in breiten Bevölkerungsschichten Liebhaber für die mechanische Armbanduhr mit digitaler Anzeige zu finden. Es war gleichsam ein kleiner Frontalangriff auf die herkömmliche runde Uhr mit Zeigeranzeige und die aufkommende Quarzuhr, vorgetragen auf breiter Linie und von vielen namhaften Gebrauchsuhrenherstellern. „Das ist die neue Linie", lautete etwa die Werbung, „der Stil, der verlangt wird. Erfolgsmenschen von heute tragen die Erfolgsuhr im

Die life-2002 von Kienzle aus dem Jahr 1973.

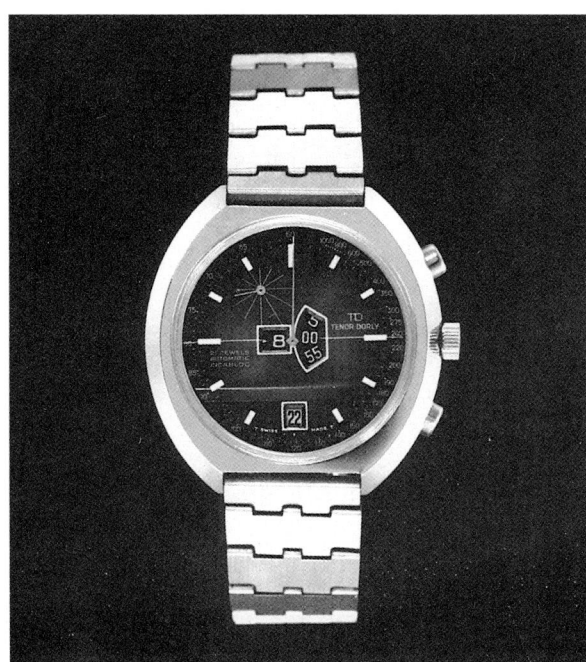

Ein Modell von Tenor Dorly mit gemischter Anzeige, die digitalen Fenster wurden in das herkömmliche Zifferblatt für die Chronographenindikation (bis zu 60 Sekunden) integriert.

Digital-Look." Wie alle Versuche früherer Jahrzehnte scheiterten die Anstrengungen auch diesmal, es gelang nicht, ein entsprechendes Interesse an diesem Uhrentyp zu wecken. Da halfen auch nicht modische Designs und klingende Modellbezeichnungen wie beispielsweise *life-2002* von Kienzle in Schwenningen. Statt des Zifferblattes hatte diese deutsche Armbanduhr drei Fenster, die getrennt Stunden, Minuten und Sekunden anzeigten. Markierungen gaben die Drehrichtung der einzelnen Zeitscheiben an, die nicht übereinander, sondern nebeneinander liefen. Die Stundenscheibe besaß einen ganz kurzen Schaltweg und sprang zur vollen Stunde schlagartig weiter. Ein bewährtes mechanisches Gehwerk befand sich in einem hartverchromten kantenreichen Gehäuse, das mit PVC-Band getragen wurde.

Die Pforzheimer Uhrenfabrik Exquisit warb für ihre Modelle sogar mit einer sparsamen technischen Beschreibung:

1. Die Digitaluhr mit springender Stundenziffer, kein langsames Auswandern aus dem Sichtfenster, sondern ein Springen der Stundenziffer, die den Stundenwechsel sofort voll sichtbar zeigt.

2. Stunden- und Minutenanzeige in einer Sichtebene.

3. Durch dauernd rotierende Sekundenanzeige wird dieses System ideal ergänzt.

Extrem große Zahlen erleichterten das exakte Ablesen der Zeit dieser Herren-Digital-Automatik, die ab Herbst 1973 auch mit Datumsanzeige lieferbar war. Bei den Damenmodellen war auf die Sekundenanzeige verzichtet worden.

Bifora in Schwäbisch Gmünd entschied sich für eine Kombination mit analoger Sekundenindikation.

Kalender-Armbanduhren

Man kann sagen, daß heute die meisten Herren- und viele Damen-Armbanduhren über einen Kalender verfügen, der zumindest das Datum angibt, oft aber auch um den Wochentag erweitert ist. Es existieren aber auch Modelle, die dem Träger einfach ein wenig mehr bieten möchten.

Eine solche Kreation ist die Eppo-*Terminofix* der Uhrenfabrik Epple & Co. in Pforzheim aus dem Jahr 1970. Das runde Herrenmodell besitzt einen zentralen Zeiger, der das Datum am Rand des Zifferblattes anzeigt. Ihm – dem Datum – kann im voraus am Monatsersten der jeweilige Wochentag durch eine einmalige Einstellung für den ganzen Monat zugeordnet werden, und zwar mit einer Wochentagsskala auf der drehbaren Lunette. Der praktische Vorteil dieser Uhrenschöpfung lag darin, daß man Termine festlegen konnte, ohne einen Kalen-

Die typische Vollkalender-Armbanduhr mit gemischter Anzeige und den im Seitenteil des Gehäuses untergebrachten Korrekturdrückern. Automatikmodell der Marke Precimax.

Die Michelangelo von Ulysse Nardin, eine Vollkalenderuhr mit zusätzlicher Mondphasenanzeige.
(Foto: Ulysse Nardin, Le Locle)

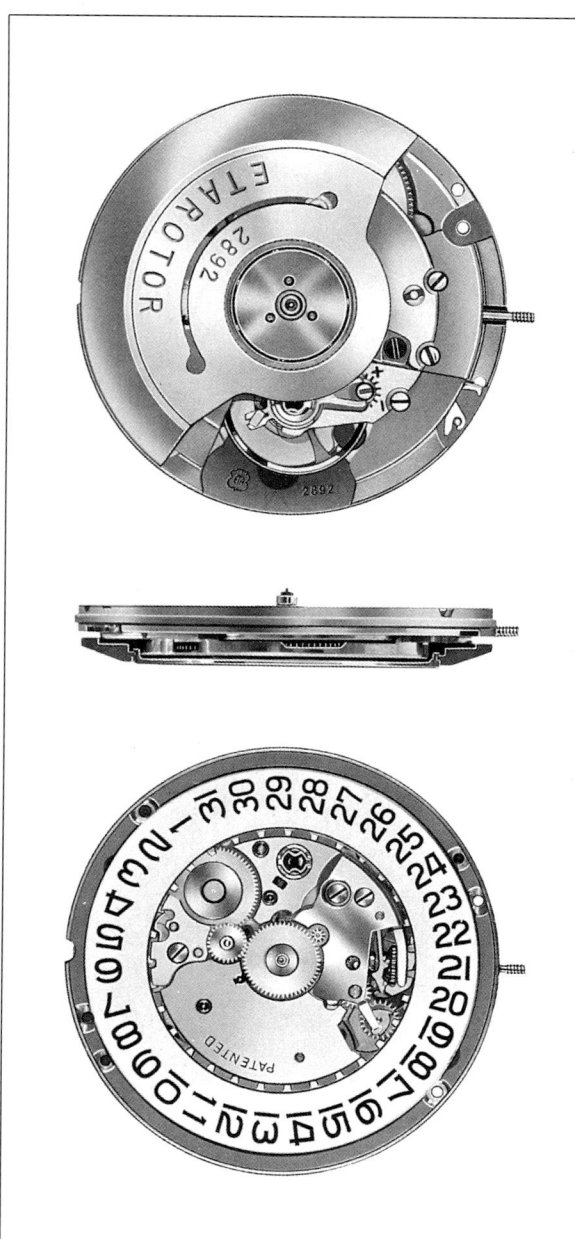

Beispiel eines mechanischen Werkes mit Datumsanzeige
und modernem Automatikaufzug:
das Flatline 2892 von ETA aus dem Jahre 1976.
Die Konstruktion ist einfach und robust;
Durchmesser 28,00 mm, Höhe 3,60 mm. Weitere
Merkmale: direkte Zentralsekunde, automatischer
Aufzug mit Kugellager, Datum mit
Schnellkorrektor, Sekundenstopp, Feinregulierung,
28.800 Halbschwingungen.

Diese goldene Vollkalender- und Mondphasen-
Armbanduhr wurde 1945 kreiert.
Die Gangdauer des Modells mit Handaufzug
betrug 36 Stunden. Die Indikationen schalteten
automatisch, die Monatsanzeige schaffte
dies allerdings nur in Monaten mit 31 Tagen.
(Foto: Jaeger-LeCoultre)

der zur Hand zu haben, und dennoch genau wußte,
auf welchen Wochentag die vereinbarte Verabre-
dung fiel. Die 11½linige und wasserdichte *Terminofix* war mit dem Otero-Kaliber *845* bestückt. Das
massive Ankerwerk hatte Kupplungsaufzug, eine
erhöhte Frequenz (21.600 Halbschwingungen pro
Stunde), Laufdauer über 45 Stunden, 17 Funktionssteine. Für den Anker waren feste Anschläge vorhanden. *duz 11/70, 1/71*

Das 11¹/₁linige Kaliber Fontainemelon Nr. 205 hatte schon zu Beginn der fünfziger Jahre ein Werk mit Datumsmechanismus auf dem Markt, das ähnlich konzipiert war. Der Monatsname war bei dieser Konstruktion in einem Fenster unterhalb der 12 ablesbar, Datum und Wochentag wurden durch denselben Zeiger aus der Mitte angezeigt. Die Wochentage (fünf Wochen hintereinander) waren außerhalb des Stundenkreises in Abkürzung (zwei Buchstaben) rund um das Zifferblatt angeordnet. Die Datumszahlen 1 bis 31 befanden sich unter Glas auf der Glasreifskala. Beide Skalen wurden zu Monatsbeginn in Übereinstimmung gebracht, und zwar mit Hilfe einer eigenen Stellkrone bei der Stundenmarke 10. Zu diesem Zweck mußte sie gezogen werden, die hineingedrückte Krone ermöglichte die Richtigstellung des Monats im Fenster. Die Zwischenstellung der Krone war ohne Funktion. Das Kaliber wurde mit kleiner Sekunde geliefert. Bauhöhe 4,65 mm.

Das 12linige *Cortédate* von Cortebert, Kaliber 677, gab an: Datum durch einen Zeiger aus der Mitte, den Wochentag und den Monat in Fenstern nebeneinander, über der Zifferblattmitte angeordnet, und die Mondphasen in einer Öffnung im kleinen Sekundenzifferblatt in Höhe der 6. Auf der linken Seite, etwas über der Mitte, befand sich ein Zusatzzifferblatt, eingeteilt in 24 Stunden. Zwischen 22 und 2 Uhr ist das Feld rot markiert, was darauf hinwies, daß zwei Stunden vor und zwei Stunden nach dem automatischen Schaltvorgang kein Datumswechsel von Hand durchgeführt werden durfte, ebenso keine Korrektur von Wochentag und Mondphase.

Die flache *Cosmic* von Omega mit Datum, Wochentag und Mondphasen stammte bereits aus dem Jahr 1947. In diesem Kaliber drehten die wichtigsten Organe des Kalendermechanismus auf Stiften oder Hülsen aus Stahl, welche in vorher

nachgearbeitete Löcher in der Werkplatte eingepreßt wurden. Diese gebohrten und mit Gewinde versehenen Hülsen zur Aufnahme der Schrauben waren genau auf die gewünschte Höhe eingesetzt, damit die Unterseite der auf den Hülsen aufliegenden Schraubenköpfe das Höhenspiel der freidrehenden Teile begrenzte. Die Hülsen ersetzten gewissermaßen die Ansätze für die Schrauben. Die Korrekturdrücker waren im Gehäuse versenkt und konnten z. B. mittels eines Zahnstochers betätigt werden.

Die Diagrafic war ein gefälliges Kalender-Modell aus dem Jahr 1952.

Die Handelsmarke Rado, die es seit den fünfziger Jahren gibt, machte sich mit ihren kratzfesten Gehäusen einen Namen. Einen Markstein setzte die Firma 1962 mit dem Modell Diastar. Es verfügte über Zentralsekunde und Datumsanzeige bei der Stundenmarke 3. (Foto: Rado)

Armbanduhren für Kinder

Kinder bildeten zwar keine eigene Käufer-
schicht, aber es gab genug Großeltern, Tanten, Väter und Mütter, die das Handgelenk ihrer Lieblinge
mit einer dem Alter entsprechenden Uhr ausstatte-
ten und ihnen auf diese Weise früh eine persönliche
Beziehung zum eigenen Zeitmesser zu vermitteln
wußten.

Das Oldtimer-Modell von Bader-Mentor zeigte
auf dem Zifferblatt ein Automobil, dessen Räder
sich im Sekundenrhythmus drehten. Der Stunden-
Ziffernring befand sich auf dem farbigen Glasreif.
Die Kinderuhren gab es auch mit anderen Motiven
(Fahrrad, Leiterwagen usw.). *NUZ 9/72*

Rodania, Grenchen, brachte 1966 eine Winne-
tou-Armbanduhr für Knaben auf den Markt. Die
Strapazieruhr verfügte über ein robustes Ankerwerk
und Stoßsicherung. *NUZ 9/66*

Der Time-Teacher „Buffy & Jody" von Sheffield
war eine Kinder-Armbanduhr, deren Zifferblatt zum
Erlernen der Ausdrücke zur Zeitangabe bei jeder
Stundenzahl eine Beschriftung aufwies; bei der 1
stand "5 past" (5 nach), bei der 2 "10 past", bei der
8 "20 to" (20 vor) usw. Lief der Minutenzeiger über
die 1, umrahmte er, der mit einem Kreis versehen
war, das "5 past". Der transparente Gehäuseboden
erlaubte die Betrachtung des Mechanismus des
Werkes. Zu diesem Zweck wurde sogar eine Lupe
mitgeliefert. *NUZ 9/70*

Ein ganzes Kinder-Armbanduhren-Programm
hatte in den siebziger Jahren die Bradley Time AG.
Zur Auswahl standen die *Mickey Mouse, Minnie
Mouse, Mickey & Minnie Tennis, Cookie Monster*
und *Krieg der Sterne*. 1978 kamen *Mickey-Mouse-*
Quarzmodelle mit LED- oder LCD-Anzeige hinzu.
es 1–2/78

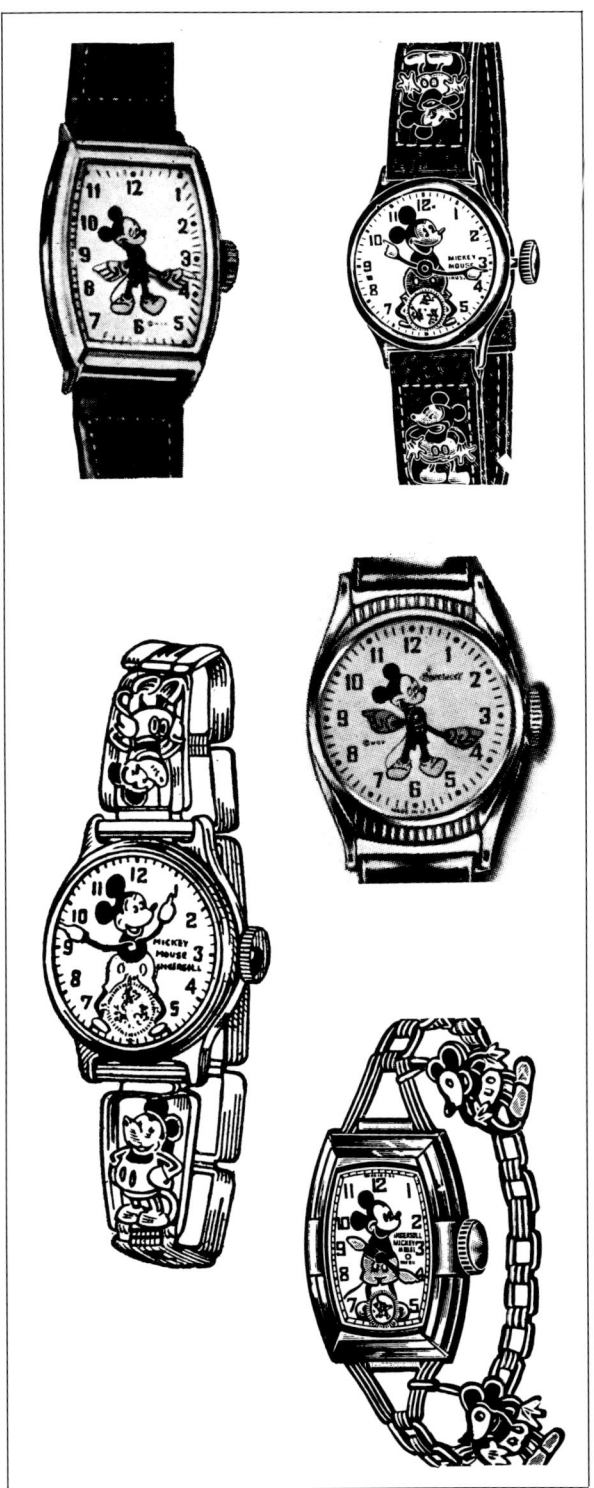

*Amerikanische Mickey-Mouse-Modelle der Marke Ingersoll
aus der Mitte der dreißiger Jahre.*

Armbanduhren für Blinde

Die Moser Hy AG in Le Locle hatte 1964 eine Blinden-Armbanduhr im Programm. Uhrglas und Reif konnten durch Druck auf einen Knopf neben der Krone geöffnet werden und der Finger das abwaschbare Emailzifferblatt abtasten. Zu diesem Zweck besaß die Uhr außerhalb des Ziffernringes noch Reliefpunkte als Stundenmarken und verstärkte Zeiger, die einer Berührung standhielten. *duz 3/64*

ARSA (A. Reymond AG, Tramelan) bot 1964 eine 8³/₄linige und eine 11¹/₂linige Blinden-Armbanduhr an. Die automatischen Werke waren in runde Gehäuse montiert. Bei der kleineren Armbanduhr war der Knopf zum Öffnen des Glases in der Aufzugskrone untergebracht. *NUZ 10/64*

Die Arsa-*Alertic* von 1968 hatte auch eine Weckeinrichtung. *NUZ 12/68*

Helmut Sinn in Frankfurt am Main produzierte seit den späten fünfziger Jahren Blindenuhren für das Handgelenk. 1980 wurden in einem Zweigbetrieb in Bad Soden rund 1500 Blindenuhren verschiedenster Art fabriziert. Sinn war nicht nur stolz auf sein modisches und vielfältiges Angebot, sondern auch darauf, daß er sie preisgünstig in den Handel brachte.

Armbanduhren für Blinde der Uhrenfabrik Cortebert in Biel.

Jalousie-Armbanduhren

Um die Mitte der siebziger Jahre glaubten geschäftstüchtige Leute der Branche, der Uhr neue Marktchancen eröffnen zu müssen. Sich an den Münzuhren orientierend, propagierten sie die Uhr mit dem aus Japan kommenden Jalousieglas. War der „Rolladen" geschlossen, bildete die Uhr ein Schmuckstück. Da ihnen auch das Wort Zifferblatt nicht mehr zeitgemäß erschien, sprachen sie vom offenen und geschlossenen Zeitauge. Diese Verschließuhren hatten an der Unterseite des Uhrglases eine winzige Lamellenjalousie. Sie bestand bei Luxusuhren aus Gold oder Silber mit polierter Oberfläche, die geprägt, mit einem Bild oder Monogramm versehen sein konnte. Die künstlerische Gestaltung wurde sichtbar, sobald das Zeitauge geschlossen war.

Die Jalousie konnte mittels eines Hebels bewegt oder über eine Zweitkrone stufenlos reguliert werden. Für wasserdichte Uhren war ein Druck-

Blindenmodell mit Schutzdeckel.

knopf vorgesehen. Drückte man auf diesen Knopf, öffnete sich das Zeitauge, und ließ man ihn los, schloß es sich wieder. Die permanente Zeitanzeige wurde durch einen Einraster oder Feststeller ermöglicht.

Die Amerikaner stürzten sich bei dieser Gelegenheit auf eine Verschleißuhr, die in einem kompakten Edelmetallarmband untergebracht war und erst als solche zu erkennen war, wenn das massive Lid des Zeitauges bewegt wurde. Nun, die Freude an solchen Extravaganzen hielt nicht lange an, und die Idee geriet wieder in Vergessenheit. *U–J 4/75*

Die Jalousieuhr war natürlich keine neue Erfindung, sie kannte man seit langem. So hatte etwa Vacheron Constantin in den dreißiger Jahren eine rechteckige Herrenarmbanduhr hergestellt, deren Lamellen unter dem Uhrglas mit Hilfe eines Schiebers in Höhe der Stundenmarke 6 geöffnet oder geschlossen werden konnten.

Armbanduhren mit Wendegehäuse

Auf sie trifft man verhältnismäßig selten. Die erste Armbanduhr dieser Art brachte 1931 Jaeger-LeCoultre mit der in der Zwischenzeit legendären Reverso auf den Markt. Fürchtete man um das Uhrglas, konnte man den Boden der Uhr nach oben drehen. Die Reverso ist nach 60 Jahren noch immer ein wesentliches Produkt des Programms dieser Manufaktur, die Uhr wird in zwei Größen und mit verschiedenen komplizierten Zusatzfunktionen angeboten.

Die 1876 gegründete Mildia Watch Co in La Chaux-de-Fonds offerierte Armeeangehörigen und Sportlern um 1956 die Ductor Northline, eine runde Herrenarmbanduhr mit Zentralsekunde und drehbarer Außenlünette. Der innerhalb dieser Lünette und der Gehäusezarge liegende Teil mit Uhr-

Die Reverso von Jaeger-LeCoultre, die alle Modeströmungen überdauert hat und sich nach über 60 Jahren noch immer auf dem Markt behaupten kann. Unter den Sammlern hat sie viele Liebhaber.

werk war bei der 3 und der 9 drehbar gelagert. Kippte man die Vorderseite nach unten, kam die Unterseite mit einem Kompaß zum Vorschein. Die Namen von 24 Städten bildeten die Visierlinien der Windrose.

Eine gleiche Kompaßuhr gab es bei Sandoz, ihr Zifferblatt war mit Polemaster beschriftet. Auch eine Octo von 1964 ließ sich durch Drehen in einen Kompaß verwandeln.

In den frühen achtziger Jahren konnte man bei Omega eine „Reverso" erwerben, die zwei Ge-

sichter hatte. Auf der einen Seite wies das Quarzmodell ein klassisches Zifferblatt auf, auf der andern ein LCD-Display.

Heute verwendet Chronoswiss für seine rechteckige Cabrio ein Gehäuse, das sich hochklappen und um 180 Grad verdrehen läßt, damit man durch den Saphirglasboden das Automatikwerk zu Gesicht bekommt.

Ein raffiniertes Wendegehäuse kommt aus dem Haus Jean d'Eve in La Chaux-de-Fonds. Beim Modell Pacte Perpétuel von 1991 läßt sich der Oberteil des runden Gehäuserahmens und der Bandanstöße entriegeln und hochklappen, wonach die Uhr seitlich verdreht werden kann. Von vorn präsentiert sich die Uhr mit klassischem Zifferblatt, für die Zeitanzeige und das Datum sorgt ein Automatikkaliber, von hinten erweist sie sich als Zeitzonenuhr mit zwei dezentralen Zeitanzeigen nebeneinander. Die Zeitteilung liefern zwei unabhängige kleine Quarzwerke mit je einer Zeigerstellkrone. Die Golduhr hat einen Durchmesser von 39,40 mm und eine Höhe von 11,60 mm. Eine sehr schöne Armbanduhr im Wendegehäuse ist die Tank Basculant von Cartier. Durch einen Scherenmechanismus läßt sich die Uhr umdrehen. *AI 1/93*

Die goldene Pacte Perpétuel von Le Phare Jean d'Eve aus dem Jahr 1991. Die Kreation besteht aus zwei Uhren im aufwendig gestalteten Wendegehäuse. Die obere Uhr besitzt ein Automatikkaliber mit Datumsanzeige, die untere hat zwei Quarzwerke, die beispielsweise für zwei andere Zeitzonen eingesetzt werden können. Das 18karätige Gehäuse wiegt 60 Gramm.

Münzuhren für das Handgelenk aus dem Hause Corum. Für den amerikanischen Markt gelangen vorwiegend Dollarmünzen zur Verarbeitung. (Foto: Corum, La Chaux-de-Fonds)

Münzuhren für das Handgelenk

Münzuhren haben in der Regel nur Luxusuhrenhersteller im Programm und auch diese nur fallweise. Corum schenkt diesem Uhrentyp indes große Beachtung. Die in La Chaux-de-Fonds ansässige Manufaktur von Ries, Bannwart & Co bietet sie permanent in verschiedenen Größen an. Bevorzugtes Material sind die alten 5-, 10- und 20-Dollar-Goldmünzen mit dem US-Sonnenadler. Sie werden zersägt, und zwischen die beiden Scheiben kommt ein ultraflaches Uhrwerk, das ein kannelierter Gehäusemittelteil umschließt.

Beim ersten Corum-Modell wurde die berühmte 20-Dollar-Münze, die zum Unterschied vom „Adler" (10-Dollar-Münze) „Doppeladler" genannt wurde, in eine kostbare Münzuhr für das Handgelenk verwandelt. Mit dieser Kreation startete die junge Firma 1968 ihren ersten Werbefeldzug in den USA.

1974 gab es die Corum-Münzuhr erstmals mit einem Automatikwerk, 1976 folgte die Münzuhr mit Diamantbesatz, und 1979/80 kam die wassergeschützte und ultraflache Münzuhr mit Quarzwerk auf den Markt.

Laut Generalkatalog von 1990 bestand die Münzuhrenkollektion zu dieser Zeit aus 16 Modellen, von denen die Hälfte statt mit einem Quarzwerk auch mit einem mechanischen Kaliber lieferbar war. Beim Handaufzugsmodell handelte es sich um ein Kaliber mit 20,40 mm Durchmesser, beim Automatikmodell um ein 12liniges Piguet-Fabrikat.

Corum: „Die Zeit mit Münzen, Gold und nur Wertvollem, Unverfälschtem zu bekleiden, ist ein typischer Wesenszug der Corum-Art, ein unwandelbarer Wesenszug, der sehr gut in einem weiteren Leitwort der Corum-Werbung zum Ausdruck kommt: A little something for your great-great-grandson (ein kleines Etwas für Ihren Ururenkel). Denn wenn sich auch die Mode wandelt, das Echte bleibt bestehen."

Bei den amerikanischen Münzen darf immer – wegen der flacheren Prägung – die Rückseite mit dem Adler das Zifferblatt bilden, während sich der Mädchenkopf im Profil (Symbol für Freiheit) mit dem Gehäuseboden begnügen muß. Für die Verarbeitung kommen nur makellose Prägungen, also solche ohne Kratzer und Abnutzungsspuren, in Frage. Außer US-Dollars werden von Corum auch andere Münzen zu Zifferblatt und Gehäuseboden umfunktioniert. Laut verschiedener Kataloge existieren Modelle aus einem Schweizer 20-Franken-Stück, einer spanischen 25-Pesetas-Münze, einem italienischen 40-Lire-Stück, dem Krügerand, einem österreichischen 100-Kronen-Stück, einer österreichischen 1000-Schilling-Münze der Zweiten Republik, einem deutschen 20-Mark-Stück usw.

Jaeger-LeCoultre fabrizierte 1964 Münzuhren mit aufklappbarem Deckel. Für die flachen Savonnetts am Arm verwendete die Manufaktur den Golddollar. Ins Gehäuse eingelegt war das hauseigene Kaliber 839.

Goldbarren-Armbanduhr

Dieser Uhrentyp kommt von Corum. Hier hat das übliche Zifferblatt einem Goldbarren Platz gemacht, umrahmt von einem 18karätigen Goldgehäuse.

„Gold, Symbol alchimistischer Vollendung, hat seit seiner Entdeckung die Menschen fasziniert und sie zu schöpferischen Werken angeregt. Aber bisher hatte noch niemand daran gedacht oder es gewagt, Gold ‚authentisch' zu präsentieren, reines Gold, wie es aufgestapelt im Schatten der Banktre-

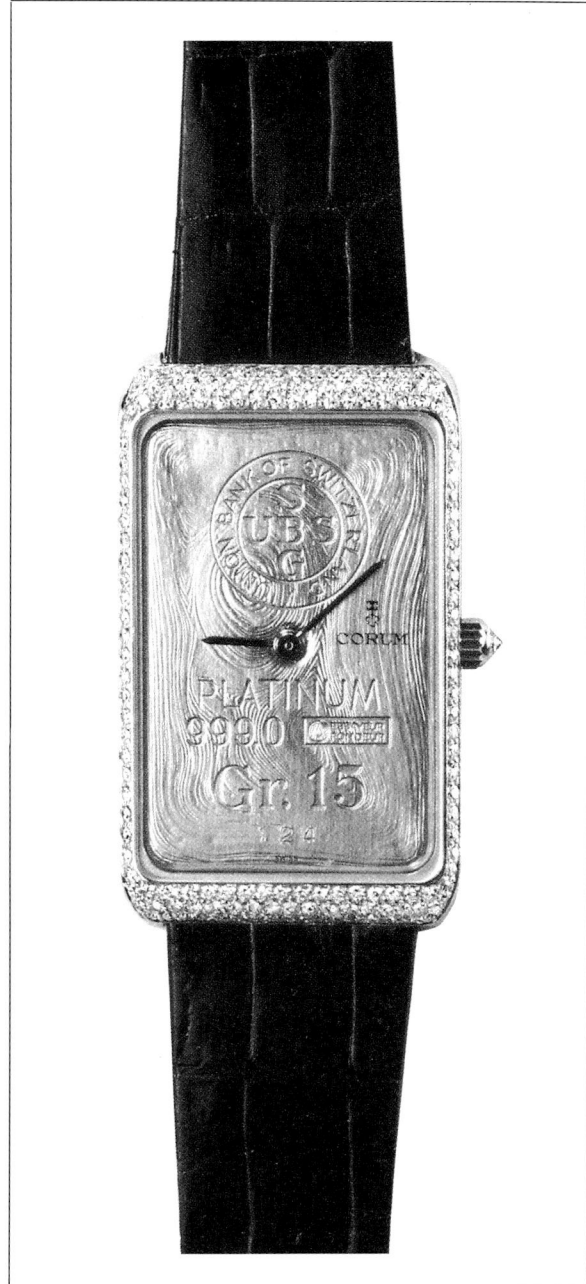

Eine Extravaganz: Platinbarren-Armbanduhr.

sore ruht. Die Uhrmachermeister von Corum fertig-
ten daraus eine Uhr an."

Für die Corum-Armbanduhren werden Fein-
goldbarren (999,9/1000) im Gewicht von 2,5, 5, 10
und 15 Gramm für Damen- und Herrenmodelle
verwendet. Es handelt sich um numerierte Ori-
ginalbarren mit Angabe von Feingehalt und Gewicht sowie dazugehörigem Zertifikat. Sie wurden
allerdings speziell für die Manufaktur mit einem
Loch in der Mitte gegossen, da eine spätere Bohrung für die Zeigerwelle das Gewicht des Barrens
verändert und verringert hätte. Wie die Münzuhr
wird auch die Barrenuhr ohne Sekundenanzeige
gefertigt. Das Format der Uhr ist durch den rechteckigen Barren vorgegeben.

1978 wurde die Goldbarren-Uhrenkollektion
um Modelle in Platin erweitert.

1990 bestand das Angebot aus sechs verschiedenen Goldbarren-Armbanduhren und vier Platin-
barren-Ausführungen. In den tickenden Edelme-
tallbaren sorgen für die Zeitanzeige das Formwerk
846 von Jaeger-LeCoultre, das ab 1975 in die kleine
Reverso eingebaut wurde, und das 9linige 9/12 P 99
mit 18 Steinen.

Skelettierte Armbanduhren

Einem industriell skelettierten Uhrwerk ist
kaum ein Reiz abzugewinnen, es ist eine nüchterne
Angelegenheit, die nur etwas tiefer in die Mechanik
blicken läßt, sobald aber ein Graveur und Künstler
zu sägen und das verbleibende Gerippe in aufwen-
diger Handarbeit mit feinen Ziselierungen zu versehen beginnt, entsteht ein kleines Kunstwerk, das
das Herz jedes Ästheten höherschlagen läßt.

Es entstanden noch nie so viele schöne Ske-
lettuhren wie in den letzten Jahren. In Kerpen bei
Köln begann der Uhrmachermeister B. F. Kurth sein
Lager an Uhrwerken aus den vierziger und fünfzi-

Die Transparence mit ihrem skelettierten und ziselierten Werk im diamantharten Saphirglasgehäuse. Die Uhr der Marke Corum stellt eine Schöpfung der Manufaktur Ries, Bannwart & Co. in La Chaux-de-Fonds dar. (Foto: Corum)

Diese skelettierte Schöpfung von Gérald Genta besitzt sowohl ein Minuten-Repetier-Werk als auch einen ewigen Kalender. Uhrwerk und Zusatzmechanismen sind in einem extraflachen und wasserdichten Gehäuse untergebracht.

ger Jahren auf diese Weise zu verwerten und in kostbare Gehäuse mit beweglichen Bandanstößen zu verpacken. Hinter der auf die Rückseite des Gehäuses gravierten Ref.-Nr. verbirgt sich die Bezeichnung des Kalibers. So weist die rechteckige Ref. 717 auf das ETA-Kaliber 717 hin, ein Werk in Tonnenform mit den Abmessungen 19,90 x 26,40 x 3,65 mm, das sich zum Skelettieren direkt anbot.

Ein bekannter Schweizer Uhrenkünstler auf diesem Gebiet ist Kurt Schaffo in Le Locle. Er arbeitet auch für Nobelmarken. Jährlich verlassen etwa fünf Dutzend phantasievoll verwandelte Uhren den Betrieb, die Verschönerung erfahren die Werke durch Vater und Sohn Schaffo. Das Gewicht verringert sich dabei enorm. Wiegt ein Rohwerk vorher beispielsweise 10 Gramm, hat das filigrane und verzierte Skelett hinterher vielleicht noch ganze

2,5 Gramm. Jedes Stück ist eine wahre Augenweide. Die Arbeiten präsentieren sich lichtdurchflutet, da das Zifferblatt weggelassen wird und der Gehäusedeckel durch einen Saphirglasboden ersetzt ist.

Armbandchronometer

Bei Armbandchronometern handelt es sich um ausgesprochene Qualitätsprodukte und Uhren mit einer zeitaufwendigen Reglage. Sind gutregulierte Gebrauchsuhren in der Regel in zwei unterschiedlichen Lagen feingestellt, weisen Armbandchronometer 5 oder 6 Adjustments und eine zusätzliche Regulierung bei verschiedenen Temperaturen auf. Das genügte allerdings noch nicht, um die Uhr mit der Zifferblattaufschrift CHRONOMETER in den Handel bringen zu können. Es bedurfte einer ausdrücklichen Bestätigung der hohen Ganggenauigkeit durch ein unabhängiges Prüfinstitut, das den Chronometergangschein bzw. das Zertifikat ausstellte, und zwar für jede vorgelegte und geprüfte Uhr einzeln, um sicherzustellen, daß die Gangfehler auch tatsächlich behoben waren.

Natürlich ließ sich nicht jede Uhr so weit feinstellen, daß sie die Voraussetzungen für einen Chronometer erfüllte, vor allem dann nicht, wenn die Regulierorgane von minderer Güte waren. Weiters war nicht jeder Uhrmacher in der Lage, diese diffizile Arbeit zu vollbringen. Deshalb stand jeder gute Regleur in hohem Ansehen. Fritz von Osterhausen in seinem Buch „Armbanduhren/Chronometer":

„Eine perfekte Reglage: das bedeutet einen absolut konstanten Gang. Dies ist nur möglich, wenn die Summe aller störenden Einflüsse gleich null ist. Die Kunst des Regleurs ist es, einen Ausgleich der verschiedenen störenden Einflüsse auf den Gangregler – wie Temperatur- und Luftdruckänderung, Schwerkraft, Magnetismus, Reibung – zu

Das Zenith-Kaliber 135, bei dem die große Unruh das Minutenrad aus seiner klassischen Position verdrängte.

schaffen. Ein Ausgleich, der allerdings niemals vollkommen und auch nicht ebenso dauerhaft sein kann, wie ein präzise hergestelltes metallenes Werkteil dauerhaft ist. Die Chronometereigenschaft ist deshalb etwas Flüchtiges: eine unachtsame Reinigung des nächsten Uhrmachers kann die ganze mühevolle Regulierungsarbeit des Vorgängers zunichte machen, wenn er sich z. B. beim Auseinandernehmen der Uhr die Stellung der Rückerstifte nicht gemerkt hat und sie um eine Winzigkeit verändert."

Ein interessantes Fabrikat war das Zenith-Kaliber 135 aus den frühen fünfziger Jahren. Daten: Ø 30 mm, Bauhöhe 5 mm, 18.000 Halbschwingungen pro Stunde, schwere Schraubenunruh, die durch ihre Größe (ihr Durchmesser war in etwa der Werksradius) dem Minutenrad keinen Platz mehr ließ, Breguet-Spirale, 19 Steine erster Qualität, Incabloc-Stoßsicherung, spezieller Feinregulator, kleine Sekunde, Genfer Streifenschliff, abgeflachter Werksrand.

Diesem Kaliber begegnet man zehn Jahre später in leicht abgewandelter Form im russischen Armbandchronometer Wostok Precision Class (22 Steine, Breguet-Spirale, Zentralsekunde).

Der Vater des Armbandchronometers ist Hans Wilsdorf; sein berühmtestes Modell bildete die Rolex Prince mit dem Formwerk 300 und 310 (Zentralsekunde), das von Aegler in Biel kam und sonst die Bezeichnung Gruen Tecno führte. Ihm folgte der Oyster-Perpetual-Chronometer. Erst in der Constellation von Omega erwuchs letzterem in den fünfziger Jahren ein ebenbürtiger Konkurrent. Sowohl Rolex als auch Omega begannen in gigantischen Stückzahlen zu produzieren und den Markt nachgerade mit dem Armbandchronometer zu überschwemmen. Dieser erwies sich indes immer aufnahmefähiger, der Verkauf erreichte pro Jahr bald 250.000 Stück. Als sich die Quarzuhr breitzumachen begann und die mechanische Uhr für Jahre an den Rand drückte, hörte Rolex dennoch nicht auf, seine Oyster-Perpetual weiter herzustellen. In den achtziger Jahren war die Manufaktur mengenmäßig gleichsam nur noch Alleinanbieter von mechanischen Chronometern. Derzeit ist es große Mode, hochwertigen und komplizierten mechanischen Armbanduhren einen Gangschein beizulegen.

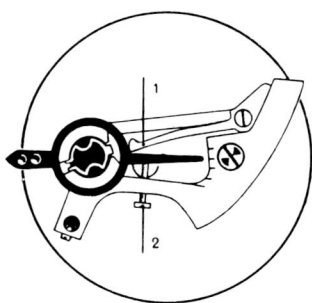

Chronometer-Regulierung von Milus. Der Rückerzeiger wird mittels einer Schraube (2) mit größter Feinheit geschoben und durch die Feder (1) festgehalten.

Von den im Jahr 1992 von den Schweizer Prüf-büros in Biel, Le Locle und Genf ausgestellten 718.600 Gangscheinen für mechanische Armband-chronometer entfielen laut COSC (Controle Officiel Suisse des Chronomètres) auf:

Firma	Stückzahlen
ANDERSEN, Genève	38
BLANCPAIN, Le Brassus	247
BREITLING, Granges	818
CHRONOSWISS, München (D)	1.507
CORUM, La Chaux-de-Fonds	98
EBERHARD & CO, Bienne	1.058
ENIGMA, Neuchâtel	38
ERARD L. & FILS, La Chaux-de-Fonds	202
ETERNA, Granges	4.167
FORGET, Genève	400
HOLBORN, Pforzheim (D)	14
HYSEK, Morges	147
IWC, Schaffhouse	292
JAQUET-BAUME, La Chaux-de-Fonds	105
KRIËGER, Miami	268
LASSALLE, Genève	105
LAUDIER, Pforzheim (D)	24
LESCHOT, La Chaux-de-Fonds	74
MIDO, Bienne	534
MINERVA SPORT, Villeret	178
MOTOCHRON, Tramelan	346
NARDIN U., Le Locle	3
NOUVELLE LÉMANIA, L'Orient	107
OMEGA, Bienne	15.482
ORAMA, Bulle	91
PATEK PHILIPPE, Genève	3
PAUL PICOT, Le Noirmont	1.171
PIERCE, Bienne	11
REYMOND, Tramelan	35
ROCHAT, Bienne	200
ROLEX, Manufacture, Bienne (Herrenmodelle)	372.978
(Damenmodelle)	87.576
ROLEX, Genève (Herrenmodelle)	14.474
(Damenmodelle)	210.184
ROTH Daniel, Le Sentier	27
SCHMIDLIN, La Chaux-de-Fonds	35
SCHWARZ-ETIENNE, La Chaux-de-Fonds	33
SILBERSTEIN, Besançon (F)	98
SINN H., Frankfurt am Main (D)	1.344
TABBAH, Fribourg	4
TAG-HEUER, Marin	3.657
TIFFANY & CO, New York & Morges	131
VORTMANN, Recklinghausen (D)	10
WALTHAM, Marin	3
WILHELM Chs & Cie, La Chaux-de-Fonds	283
ZENITH INTERNATIONAL, Le Locle	649
ECOLE D'HORLOGERIE, Genève	4

Interessant ist in diesem Zusammenhang, daß auch die International Watch Co in Schaffhausen in dieser Aufstellung aufscheint, denn die Manu-faktur hatte bis in die jüngste Zeit grundsätzlich keinen Gebrauch von dieser Einrichtung gemacht. Zur Kontrolle legt IWC seine „Ingenieur" vor. Im Sammelband „Die Uhren von IWC", der 1993 aus Anlaß des 125-Jahr-Bestandsjubiläums der Firma herausgegeben wurde, heißt es diesbezüglich: „Wenn Sie genauer hinschauen, steht ihr der Hang zu außergewöhnlicher Perfektion aufs Zifferblatt geschrieben, nämlich ‚Officially Certified Chrono-meter'. Ein Kapitel für sich, auf das wir hier in wirklich kürzester Form eingehen: Weil es zur Tra-dition von IWC gehört, daß sie es ganz genau wis-sen will, lassen wir das jüngste Mitglied der Inge-nieur-Familie von einer neutralen Prüfstelle, der offiziellen Schweizerischen Chronometerkontrolle, auf Herz und Nieren testen. Hier wird nach mo-dernsten, ausgeklügelten Methoden versucht, die Ganggenauigkeit einer Uhr bei wechselnden Tem-peraturen und in verschiedenen Positionen zu irri-tieren. Und das während 14 Tagen und Nächten."

Kompaß-Armbanduhren

Bei Sonnenschein kann mehr oder minder mit jeder Armbanduhr die Himmelsrichtung bestimmt werden. Man hält den Zeitmesser so, daß der Stundenzeiger zur Sonne weist. Hierauf halbiert man den Winkel, der vom Stundenzeiger und der gedachten Geraden zwischen Zentrum und Stundenmarke 12 gebildet wird, was die Nord-Süd-Richtung ergibt. Mit dem Stundenwinkel arbeiteten auch die Flugpioniere, wenn sie zwischen Himmel und Erde unterwegs waren.

Charles Lindbergh entwarf nach seinem Flug New York–Paris von 1927 ein spezielles Stundenwinkel-Armbanduhrmodell, das von Longines 1931 in Serie hergestellt wurde. Heute gibt es von der „Lindbergh" (Uhr und Stundenwinkelinstrument) eine Replik (Durchmesser 47,50 mm, Höhe 15,90 mm, 17steiniges Handaufzugskaliber L 876.2) im kleinen Holzkoffer, der außer der Uhr ein Verlängerungsband, eine lederne Brieftasche, die Papiere der Uhr, Lindberghs Flugzeug als Holzmodell mit Ständer und ein in Leinen gebundenes bibliophiles Buch zur Armbanduhrenschöpfung enthält.

Unsereiner mag mit einer solchen Stundenwinkeluhr wenig anzufangen wissen, aber man muß sie ja nicht praktisch einsetzen. „Nur soviel sei verraten: Der Stundenzeiger zeigt 15° pro Stunde an, also entspricht eine Drehung um das Zifferblatt (12 Stunden) 180°. Der Minutenzeiger zeigt 1° pro 4' oder 15° pro Stunde an. Jede 15°-Einteilung (auf Lünette) ist in vier Einheiten von 15 Bogenminuten gegliedert. Eine volle Drehung des Sekundenzeigers entspricht 15 Bogenminuten. Das verstellbare innere Zifferblatt ist in 60 Sekunden und 15 Bogenminuten unterteilt." *UM 4/91*

Longines brachte 1937 noch ein kleineres Modell auf den Markt, das derzeit als Nachbildung

Die Original-„Lindbergh" von 1931 in Originalgröße. Die Zentralsekunde war damals noch etwas Besonderes.

gleichfalls wieder zu haben ist. Die Uhr (Durchmesser 33 mm) ist allerdings mit einem Automatikwerk bestückt. Desgleichen wird die große „Lindbergh" im ⁴/₅-Format (Durchmesser 38 mm) und mit Automatikwerk angeboten.

1992 kam bei Longines die Kompaßuhr Christobal C zur Erinnerung an die Entdeckung Amerikas hinzu. Sie macht dem Laien vermutlich nicht weniger Probleme. Aus der firmeneigenen Beschreibung dieser Uhrenschöpfung erfährt man folgendes:

„Das Modell Christobal C hat drei Zeiger. Zwei davon, wie gewohnt, für Stunden und Minuten. Der

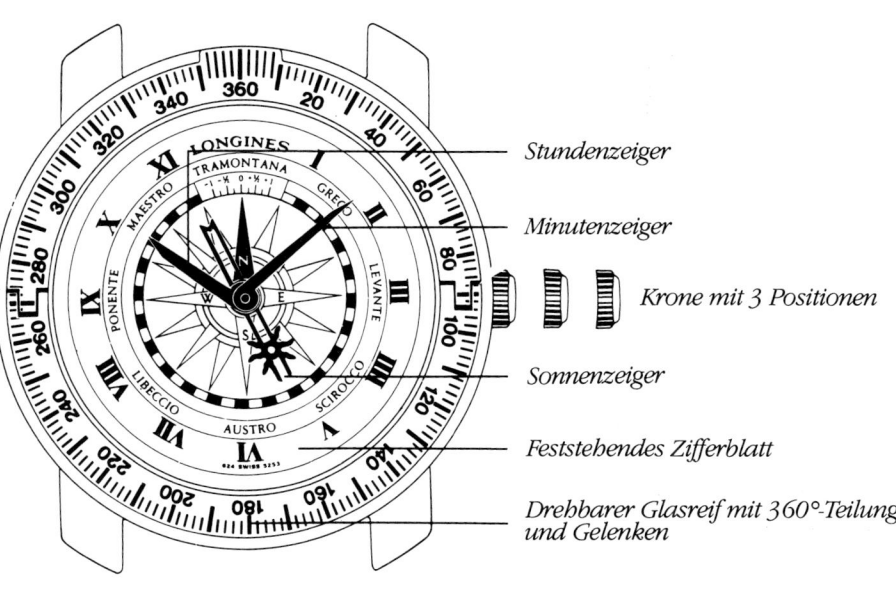

Stundenzeiger

Minutenzeiger

Krone mit 3 Positionen

Sonnenzeiger

Feststehendes Zifferblatt

Drehbarer Glasreif mit 360°-Teilung und Gelenken

Die Christobal C von Longines aus dem Jahr 1992, als sich die Entdeckung Amerikas zum 500. Mal jährte. An das Abenteuer von Christoph Kolumbus erinnert auf dem Gehäuseboden ein Goldmedaillon mit der Karavelle Santa Maria auf smaragdgrünem Meer vor dem azurblauen Himmel. Bestückt ist die Uhr mit einem Automatikwerk.

dritte führt eine Zifferblattumdrehung in 24 Stunden aus und simuliert die Sonnenposition, die die Orientierung gestattet. Das Gehäuse wird von einem drehbaren Glasreif mit 360-Grad-Einteilung umfaßt, dessen eine Hälfte im rechten Winkel hochgestellt werden kann. Richtet man diesen Orientierungszeiger auf die Sonne, so befindet sich Norden in der über 12 Uhr hinaus verlängerten Mittellinie des Zeitmessers. Eine höhere Präzision erzielt man, wenn man die Glasreifhälfte hochstellt und sie auf den Sonnenzeiger positioniert. Dann richte man die Uhr auf die Sonne, bis der Schatten des Halbreifs den Sonnenzeiger völlig bedeckt. Nun

liegt Norden in Richtung Mittag der Uhr. Auf der drehbaren Zifferblattmitte sind die vier Himmelsrichtungen und deren Unterteilungen angegeben. Über die Aufzugskrone kann dieser Bereich um plus/minus 20 Grad verstellt werden, und zwar, um den Übergang von der Sommer- auf die Winterzeit und umgekehrt zu kompensieren sowie die Uhr für optimale Präzision in Funktion der Zeitgleichung oder der tatsächlichen Ortszeit zu justieren, indem man die Zeitzonenverschiebung korrigiert.

Von den Kanarischen Inseln aus gelangte Columbus dank der Passatwinde nach Amerika. Das Zifferblatt der ihn ehrenden Uhr trägt die Namen

Aus derzeitiger Produktion: Automatik-Armbanduhr mit Präzisionskompaß von Numa Jeannin. Das Gehäuse ist aufklappbar; im oberen Teil befindet sich die Uhr, im unteren Teil der Kompaß. (Foto: Numa Jeannin/Rainer Brand)

Die Altiland von Revue Thommen kann im unteren Fach wahlweise einen Kompaß oder einen Höhenmesser aufnehmen. Das Zifferblatt weist auch eine 13–24-Stunden-Anzeige auf. (Foto: Revue Thommen)

Die Landmark von Revue Thommen, eine Armbanduhr mit Sonnenkompaß aus den späten achtziger Jahren. Das robuste Stahlgehäuse besitzt einen aufklappbaren Schutzdeckel mit Drehring.

12-Stunden-Zifferblatt und im Zentrum eine Windrose, die in 24 Stunden eine Umdrehung machte. Am Rande der dunkel gehaltenen Scheibe gab es eine 24-Stunden-Skala. *gz 7/72*

Paul Buhré in Le Locle behalf sich 1951 damit, daß die *Rotodator* mit einem Lederband ausgestattet wurde, das unweit des unteren Bandanstoßes einen kleinen Kompaß aufwies. *JSH 3–4/51*

Andere Hersteller setzten in dieser Zeit die Uhr in ein rundes Wendegehäuse. Kippte man die Uhr nach unten, kam die mit einem Kompaß ausgestattete Unterseite nach oben.

Mortima (Cattin AG. in Morteau, Frankreich) hatte für die sportliche Jugend 1974 ein Modell (Ref. 165296), das in einem Gehäuse drei Instrumente vereinte:

1. exzentrisch angeordnet eine Kalenderuhr mit Zentralsekunde,
2. links oben eine kleine Windrose und
3. links unten ein rundes Thermometer.

es 11–12/74

Das IWC-Modell im modernen Gehäuse – es war die erste Uhr, die der Designer Ferdinand A. Porsche für die Manufaktur gestaltet hatte – bestand aus zwei Teilen: Unter der Uhr, die hochgeklappt werden konnte, befand sich ein Marschkompaß.

Ein ähnliches Modell aus derzeitiger Produktion gibt es bei Numa Jeannin, eine Armbanduhr mit Automatikkaliber ETA 2892-2 und Präzisionskompaß im darunterliegenden Gehäuseteil. Klappt man die Uhr auf, kann man durch den Glasboden auch das 21steinige Uhrwerk betrachten.

von acht dominierenden europäischen Winden, die seit Menschengedenken der Natur zur Orientierung dienen. Das anspruchsvolle Design des Kompaßzeitmessers von Longines ist durch Zeiger geprägt, die an die ersten Astrolabien erinnern, sowie durch den die Sonne symbolisierenden 24-Stunden-Zeiger."

Bei Nacht war dieses System natürlich nicht anwendbar, und so schuf Vulcain 1972 eine Kompaßuhr für das Handgelenk. Das Modell mit Kalender und Sekunde aus der Mitte hatte ein normales

Fliegerarmbanduhren

Sieht man von den Stundenwinkel-Armband-uhren der Marke Longines ab, mußten sich die Pi-loten in den dreißiger Jahren mehr oder weniger mit Armbanduhren zufriedengeben, die zum Teil ein bißchen größer und robuster waren, als übli-cherweise Herrenmodelle es sind, ein Kontrastzif-ferblatt aufwiesen und mit einer Drehlünette mit abstehendem dreieckigem Markierungszeichen ausgestattet waren. Diese Drehlünette, die das Fest-halten eines bestimmten Zeitpunktes, etwa jenen des Abflugs, erlaubte, war vielleicht das herausra-gendste Merkmal der Fliegeruhr. Als praktische Be-sonderheit gab es bei manchen Modellen eine weit abstehende und gut zu greifende Aufzugskrone, wie etwa bei Omega und einer Lanco der Langendorf Watch Co. Es waren immerhin Uhren, die auch über dem Ärmel getragen werden konnten.

Was das Innenleben der Uhr betraf, suchte man das Werk vor störenden Magnetfeldern zu schützen bzw. für das Schwingungssystem antima-gnetische Bauteile heranzuziehen.

Im Zweiten Weltkrieg beherrschten zumindest in Deutschland die großen Beobachtungsuhren am Tragriemen die Szene.

In den fünfziger Jahren wechselten die Sport-flieger und Flugzeugbesatzungen zu den Armband-chronographen. Die sonstigen Zusatzfunktionen erreichten in den siebziger Jahren ihren größten Umfang. Ein gutes Beispiel für die Weiterentwick-lung der Fliegeruhr war 1969 die Flightmaster 910 von Omega (mit zweitem Stundenzeiger für eine andere Zeitzone, 24-Stunden-Anzeiger mit farbiger Unterteilung für AM und PM, drehbarem Glasreif und Chronograph mit 12-Stunden-Zähler). Helmut Sinn in Frankfurt am Main schuf die Pilotenarm-banduhr 142 B, die auch über einen Doppelkalen-der verfügte.

Fliegeruhr von Omega aus dem Jahr 1940. Gehäusedurchmesser 44,5 mm, Werkdurchmesser 37,6 mm.

Fliegeruhr der Marke Helvetia aus der Zeit um 1939.

Aviateur 10 ¹/₂-12
lunette tournante

Kleines Modell einer Fliegeruhr aus der Produktion von
Henex in Tavaunes aus den späten dreißiger Jahren.

Glycine-Airman SST (patentiert). Die ideale Uhr für Piloten,
Flugzeugbeobachter und sonstiges Flugpersonal. Genaue
Zeitangabe in zwei verschiedenen Zeitzonen.
24-Stunden-Mechanismus, Sekundenzeiger-Stopp zum
sekundengenauen Einstellen.

Fliegerchronograph der Marke Universal Genève von 1937
(mit Drehlünette).

Die Pilotenuhr 142 B von Sinn. Der 24-Stunden-Anzeiger
konnte für eine andere Zeitzone benützt werden. Die
Minutenzählung des Chronographen besorgte ein zentraler
Zeiger; er war zuoberst angeordnet und konnte daher von
einem anderen Zeiger nie überdeckt werden.

Beobachtungsuhren
am Tragriemen

Unter B(eobachtungs)-Uhren verstand man ursprünglich große Taschenchronometer mit Auf- und Abwerk (= Gangreserveanzeige). Sie dienten auf Schiffen als Ergänzung des an einem festen Platz befindlichen Schiffschronometers, der die genaue Zeit angab und zur Bestimmung des Standortes auf See diente. Im Zweiten Weltkrieg wanderte die Beobachtungsuhr auch auf den Arm oder den Oberschenkel, wo sie gut im Blickfeld des Flugzeugpiloten lag, sie hatte nun in dieser Variante statt des Auf- und Abwerks und der kleinen dezentralen Sekunde eine anhaltbare Sekunde aus der Mitte zum sekundengenauen Einstellen der Zeit. Da sie mit einem Taschenuhrkaliber bestückt waren, waren sie ungewöhnlich groß (Gehäusedurchmesser 55 mm). Im Einsatz waren diese Uhren insbesondere bei der Deutschen Luftwaffe im Dritten Reich. Sie kamen hauptsächlich von A. Lange & Söhne in Glashütte, Lacher & Co. in Pforzheim sowie Gerh. D. Wempe in Hamburg. Die Schweizer Luftwaffe bezog ein gleiches Modell von IWC in Schaffhausen.

Eine optimale Nachahmung einer solchen B-Armbanduhr gibt es in der gegenwärtigen Produktion von Fortis. Das Gehäuse hat allerdings nur einen Durchmesser von 40 mm. Eingelegt ist das ETA-Kaliber 2824-2 (Zentralsekunde, Datumsanzeige, Selbstaufzug). *UM 3/93*

Beobachtungs- oder Flieger-Armbanduhr mit Lederriemen der sächsischen Manufaktur A. Lange & Söhne in der Stadt Glashütte im östlichen Erzgebirge. Glattes Gehäuse, Durchmesser 55 mm. Schwarzes Lackzifferblatt mit arabischen Leuchtziffern und Leuchtzeigern. Halbplatinenwerk mit Präzisionsankergang, Kompensationsunruh mit Breguetspirale, Schwanenhals-Feinregulierung, indirekte Zentralsekunde (Übertragungsrad über der Platine).

Zeitzonen-Armbanduhren

Globetrotter, Geschäftsleute und andere Reisende konnten sich mit Zeitzonen-Armbanduhren behelfen. Die 24 Zeitzonen waren allerdings auf zwei eingeschränkt. Es handelte sich bei diesen Schöpfungen um zwei Gehwerke mit je einem eigenen Zifferblatt in einem Gehäuse. Die eine Uhr konnte man für die Zeit des Heimatlandes verwenden, die andere auf die Zeit des Gastlandes einstellen, sofern dieses in einer anderen Zeitzone lag. Da jedes Gehwerk getrennt aufgezogen werden mußte, besaß die Zeitzonen-Armbanduhr natürlich zwei Aufzugskronen.

Eine derartige mechanische Zeitzonen-Armbanduhr gab es 1968 im Programm der Genfer Ardath Watch Co. Das rechteckige Gehäuse war ge-

Die deutsche Fliegeruhr von Laco.

Stowa in Pforzheim remontierte das aus Tramelan in der Schweiz kommende Unitas-Kaliber 2812. Es besaß 20 Steine und Schwanenhalsregulierung.

Mechanische Zeitzonen-Armbanduhr mit zwei nebeneinanderliegenden Zifferblättern der Marke Royce der S. Kocher AG in Grenchen. (Foto: S. Kocher)

*Uhren . . . sichtbar gemachte Zeit. Zeitzonen-Armbanduhr
von Ardath. Sie verfügt über zwei mechanische Werke mit
Datum und automatischem Aufzug.*

wölbt, damit es sich dem Handgelenk besser anpassen konnte. Die zwei hintereinander liegenden Uhren mit Automatikkalibern hatten zur besseren Unterscheidung verschiedene Zifferblätter, das eine war mit römischen Zahlen versehen, das andere mit Stundenmarken und arabischen Zahlen. Jede Uhr hatte ihre Datumsanzeige in Höhe der 3.

Die Long-Distance von Ardath war ein rundes Herrenmodell mit automatischem Aufzug. Die Zifferblattfläche war in zwei ovale Indikationen aufgeteilt. Die linke zeigte die home time (mit Kalender bei der 9 und Zentralsekunde), die rechte die local time, also die des Gastlandes. *duz 5/68*

Die Royce der S. Kocher & Co, Grenchen, Schweiz, mit der Ref. 77–176 besaß zwei nebenein-

ander liegende Zifferblätter, die in der Mitte mit den Stundenmarken fast zusammenstießen. Die linke der beiden Analoganzeigen war zusätzlich mit Sekunde aus der Mitte und mit Datumsanzeige ausgestattet.

Im Katalog Nr. 6 von Chopard findet sich unter Ref. U 2087 eine goldene Zeitzonen-Armbanduhr mit rechteckigem Gehäuse. Sie wurde in Längsrichtung getragen, die zwei Zifferblätter lagen hintereinander.

Luxusuhrenhersteller verwendeten eine Konstruktion, die es erlaubte, Zeitzonenmodelle mit einem zweiten Stundenzeiger auszustatten.

Cartier zeigte die zweite Zeit bei seiner Reverso auf der Unterseite der Uhr an.

Enicar baute in den sechziger Jahren ein rundes Modell, bei dem das Zeigerwerk vervielfacht war. Die Uhr besaß noch sechs Hilfszifferblätter mit unterschiedlichen Zeiten. Die Enicar wäre die ideale Uhr für die USA gewesen, die wegen ihrer Ausdehnung in fünf Zeitzonen unterteilt sind.

Weltzeit-Armbanduhren

Weltzeituhren galten einmal als Kuriositäten, im Zeitalter des Satellitenfernsehens, der Düsenflugzeuge und der Überbrückung riesiger Entfernungen mittels Funk und Telefon binnen kürzester Zeit haben sie durchaus einen praktischen Wert für jedermann.

Um dem Wirrwarr der mittleren Ortszeiten zu entrinnen und brauchbare Fahrpläne erstellen zu können, wurde die Erde zunächst in 24 Zeitzonen eingeteilt. Als Ausgangspunkt wählte man 1883 den Nullmeridian von Greenwich, welcher durch die Mitte der ersten Zeitzone hindurchgeht. Von diesem Nullmeridian aus folgen die Sonnendurchgänge einander, von Ost nach West fortschreitend, entsprechend der Erddrehung um je 15 Längengrade um je eine Stunde später, da vier Zeitminuten einem Längengrad entsprechen. (24 Stunden sind 1440 Minuten, dividiert man diese durch 360° des Erdumfanges, ergeben sich vier Zeitminuten pro Längengrad.) Der 15., 30., 45. usw. sind solchermaßen der Meridian der jeweiligen Zonenzeit. Für Mitteleuropa ist es der 15. Meridian östlich von Greenwich. Er stimmt mit der mittleren Ortszeit von Görlitz überein und bestimmt die Mitteleuropäische Zeit (MEZ). Alle innerhalb dieser Zeitzone gelegenen Orte haben daher dieselbe Normalzeit. Im Vergleich zur MEZ ist die Osteuropäische um eine Stunde voraus, die Westeuropäische um eine Stunde zurück. Amerika ist flächenmäßig von einer derartigen Ausdehnung, daß eine einzige Zeitzone nicht hinreicht. Dieser Kontinent – einschließlich Kanada – ist in folgende fünf Zeitzonen unterteilt:

Atlantik Standard Time (A.S.T.)	60° West
Eastern Standard Time (E.S.T.)	75° West
Central Standard Time (C.S.T.)	90° West
Mountain Standard Time (M.S.T.)	105° West
Pacific Standard Time (P.S.T.)	120° West

Die Datumsgrenze liegt nahe dem 180. Längengrad und durchschneidet kein Landgebiet. Der 24-Stunden-Tag dieser Weltzeit, offiziell als Greenwich Mean Time (G.M.T.) bezeichnet, beginnt, wenn die Sonne diesen Meridian passiert; 12 Stunden später ist Weltmittag.

Als Vater der Weltzeituhr für das Handgelenk gilt Louis Cottier. Er entwarf schon 1937 ein Modell mit Weltzeitindikation. Nach seinem System baute Patek Philippe eine Kleinserie von fünf Stück. 1939 folgte bei Patek Philippe ein neues Modell. Um 1940 brachte auch Agassiz nach dem System Cottier eine Weltzeitarmbanduhr auf den Markt. 1951 gab es bei Movado die Polygraf. Bei allen diesen Uhren waren die die 24 Zeitzonen symbolisierenden Städtenamen auf einer scheibenförmigen Außen-

skala kreisförmig angeordnet. Die Navigator von Tissot aus dem Jahr 1951 hatte die Städtenamen sternförmig im Zentrum des Zifferblattes angeschrieben, sie bildeten quasi 24 Stundenzeiger. Diese Art der Gestaltung setzte sich nicht durch, schon die Unitime von Breitling aus dem Jahr 1954 wählte wieder die kreisförmige Anordnung der Städtenamen. Sie verfügte über 25 Steine, automatischen Aufzug, Sekunde aus der Mitte und Kalender. Das Zentrum des Zifferblattes zeigte eine stilisierte Weltkarte. Der 24-Stunden-Ring ist von 18 bis 6 Uhr dunkel gefärbt und versinnbildlicht die Nachtzeit. Dieser Ring steht mit dem Stundenrad in Verbindung und vollführt in 24 Stunden eine Umdrehung in entgegengesetzter Richtung des Uhrzeigers. Ganz außen der Weltzeitskalenring, der mit dem drehbaren und stark geriefelten Glasreif fest verbunden war. *DUM 5/56*

Ein gleiches Modell bot ab 1970 die Era Watch Co, Biel, an. Ihre Edox-*Geoscope* besaß ebenfalls ein automatisches Gehwerk. Es hatte Feinregulierung und eine erhöhte Frequenz von 28.800 Schwingungen pro Stunde. Das Zifferblatt gab im Zentrum die Weltkarte mit den 24 Zeitzonen wieder, daran schlossen sich der 24-Stunden-Ring, die normale Stundenmarkierung und ganz außen der Sekundenziffernring an. Außerdem gab dieses Modell noch den Sonnenstand an.

Die Candino Watch in Herbetswil, Schweiz, nannte ihr Modell *World-Time*. Die Zentrumsscheibe machte auch hier eine Umdrehung in 24 Stunden. Ihre Zahlen entsprachen der Uhrzeit in den verschiedenen Zeitzonen. Automatik, Kalenderwerk und wasserdichtes Stahlgehäuse.

Enicar in Biel nannte die Armbanduhr mit drehbarem 24-Stunden-Zifferblatt und Weltzeitanzeige *Sherpa Guide*. Das Modell 1967 hatte Sekunde aus der Mitte, Kalender und befand sich in einem wasserdichten Seaperl-Gehäuse. *duz 7/67*

Die Tissot-Automatik Navigator, Modell 1952.

Eine Weltzeit-Armbanduhr war weiters die *Datalarm* von Angelus. Diese vielseitige Schöpfung besaß Datumsanzeige, einen Wecker und einen drehbaren Glasreif mit 24-Stunden-Ziffernring zum Feststellen der Uhrzeit in den Weltstädten, deren Namen am Rand des Zifferblattes angeschrieben sind. *duz 5/68*

Arctos in Pforzheim nannte seine Uhren mit Weltzeitindikation *Kosmos-Horometer*. Am Zifferblatt stand ExSto (Inhaber der Urheber- und Erfinderrechte). Das System hatte die Erdkugel nach der Abc-Reihenfolge in Isopartzeiten unterteilt. Dementsprechend trug das Zifferblatt dieser Gebrauchs-Armbanduhr als äußerste Skala bis auf das I das

Die Geoscope von Edox, Modell 1970, eine automatische Weltzeituhr für das Handgelenk. Da die beiden Kronen selten benötigt werden, sind sie auf der linken Gehäuseseite montiert. (Foto: Era Watch, Biel)

gesamte Abc, wobei sich A und Z dasselbe Feld teilten. Die verschiedenen Uhrzeiten waren freilich nur festzustellen, wenn man die Isopartzeiten-Weltkarte zur Hand hatte oder sie auswendig kannte. Die Spezialkonstruktion hatte einen normalen Stundenzeiger, der ganz feine Minutenzeiger sah indes wie ein Chronozeiger aus. Die Scheibe des 24-Stunden-Zifferblattes sprang nach 60 Minuten automatisch nach links weiter. Diese Weltzeit-Armbanduhr von Arctos verfügte über 24 Steine, Incabloc-Stoßsicherung und automatischen Aufzug.

Goldene Weltzeit-Armbanduhr für 42 Städte von Patek Philippe aus dem Jahre 1948, Kaliber 11¾", 18 Steine. (Foto: Antiquorum Auctioneers)

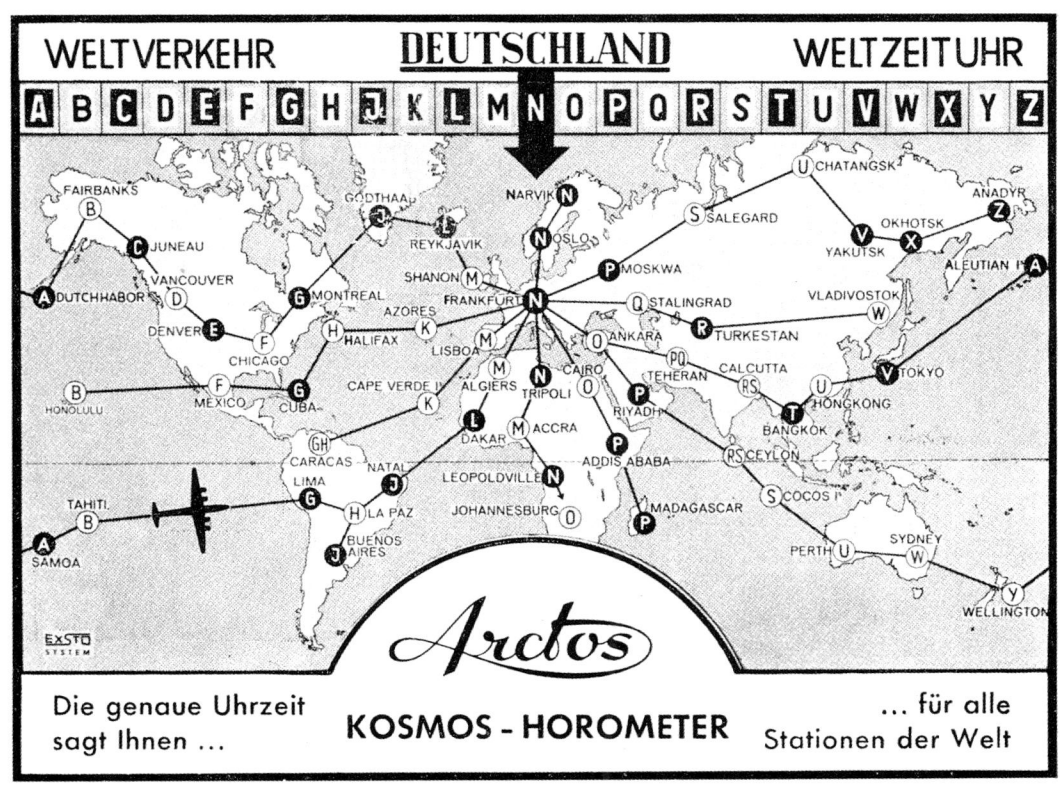

Die Weltkarte für den Kosmos-Horometer von Arctos.

Players-Armbanduhren

Players sind Sportuhren mit mehreren voneinander unabhängigen Zählwerken für das Festhalten von Goals, Holes, Fouls, Corners, Buts, Points, Penalties etc. Die Armbanduhr besitzt als spezielle Zusatzfunktion vier einfache Zählwerke, die mit Hilfe von Drückern einzeln bedient werden können. Die Zählerkreise sind sehr übersichtlich über das Zifferblatt verteilt.

Eine solche Uhr mit vier Drückern im seitlichen Gehäuseteil aus den frühen fünfziger Jahren trug die Zifferblattaufschrift Players und Sport Watch. Die Zählerblätter waren für zwei Fußballmannschaften jeweils mit but und corner gekennzeichnet und erlaubten je bis zu 24 Zählungen von geschossenen Toren und Eckbällen. In der großen Uhr mit 38 mm Durchmesser befand sich ein Handaufzugswerk vom Kaliber FHF 27. Das verfeinerte Werk (Genfer Streifen) hatte einen Durchmesser von 26,60 mm und 17 Steine, war aber noch ohne Stoßsicherung.

Tenor-Dorly (TD) hatte zu Beginn der siebziger Jahre ein ähnliches Zähler-Modell im Angebot. Die vier Anzeigen hoben sich durch ihre Kontrastfarbe gut vom hellen Zifferblatt der Uhr ab. Der Zifferblattaufschrift war zu entnehmen, daß das Handaufzugswerk mit der Incabloc-Stoßsicherung ausgestattet war.

Eine solche Armbanduhr für Sport, Spiel und Arbeit aus heutiger Produktion gibt es bei Oris. Die Counters 1 und 2 gestatten ein Zählen bis 10 mit zweischenkeligem Zeiger, die Counters 3 und 4 ein Zählen bis 24. Ins Gehäuse montiert ist der Rotor-

Die Oris-Players ist eine Armbanduhr mit automatischem Aufzug und einem vom Zeitmesser unabhängigen vierfachen Zählwerk, das über Drücker bedient wird. Für die Einstellung der Startzeit (Spielbeginn) gibt es eine in beide Richtungen drehbare Lünette. (Foto: Oris, Hölstein)

Praktische Armbanduhr für Kapitäne von Fußballmann-
schaften, Schieds- und Linienrichter.

Das Zählwerk der Oris-Players von Seite 210.

automat ETA 2824-2 mit einem mechanischen Zählwerkblock, beide sind durch einen Kupplungsring miteinander verbunden.

Von Revue Thommen stammt die Golfer-Armbanduhr Greenmark mit Quarzwerk für die Uhr und mechanischem Zählwerk mit drei Drückern und Lupenzählern für Hunderter-, Zehner- und Einser-Einheiten.

Stoppuhren
für das Handgelenk

Neben den Armbandchronographen, die eine Kombination von Uhr und Zeitmeßinstrument darstellen, gibt es auch reine Stoppuhren. Kronenstopper im Taschenuhrgehäuse, die nicht mit einem ständigen Laufwerk ausgestattet waren, kennt man seit langem.

Für das Chronometrieren sportlicher Leistungen hatte die Schweizer Firma Excelsior Park in Saint-Imier schon 1930 zahlreiche Stoppuhren für das Handgelenk im Programm. Zur Wahl standen Modelle mit $^1/_5$-Sekunden-Teilung und 30-Minuten-Zähler sowie Ausführungen mit $^1/_{10}$-Sekunden-Teilung und 15-Minuten-Zähler. Zu betätigen waren sie entweder über die Krone (oben) oder einen Riegel (seitlich). Für den Fußball, das Eishockey und das Rugbyspiel gab es eigene Stopper für 45, 40 und 15 Minuten. Im Prospekt hieß es über diese Sportzähler: „Der große Zeiger macht eine Umdrehung in 60 Minuten. Durch eine gewöhnliche Zeigerstellung (vor allem durch Herausziehen der Krone) wird er auf Start gebracht. Das Ingangsetzen und Stoppen geschieht durch einen Riegel, wodurch die genaue Dauer eines Spieles, unter Abzug der Unterbrechungen, abgelesen werden kann. Diese soliden Zähler, mit genauem Gang und leichter Lesbarkeit, geben den zahlreichen Sportverbänden, die sie offiziell eingeführt haben, völlige Befriedigung." Ob das

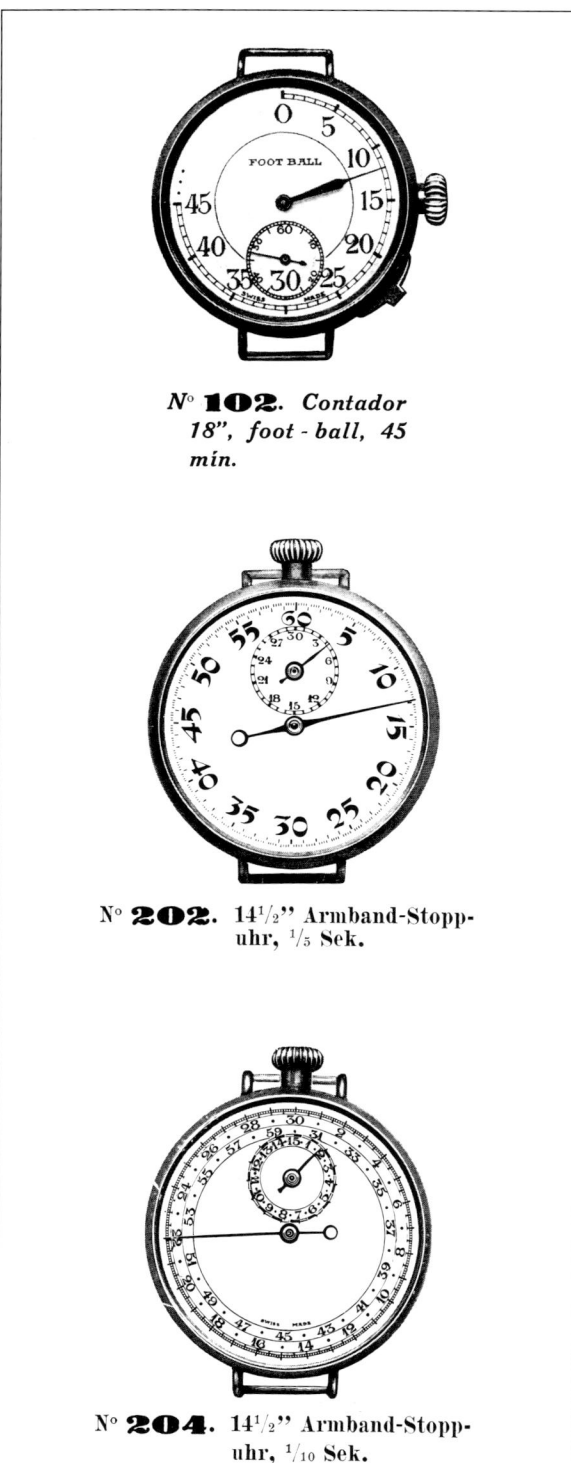

No **102**. *Contador
18", foot - ball, 45
min.*

No **202**. 14½" Armband-Stopp-
uhr, ⅕ Sek.

No **204**. 14½" Armband-Stopp-
uhr, ¹⁄₁₀ Sek.

*Stoppuhren für das Handgelenk der Marke Excelsior Park.
Produktion von 1930.*

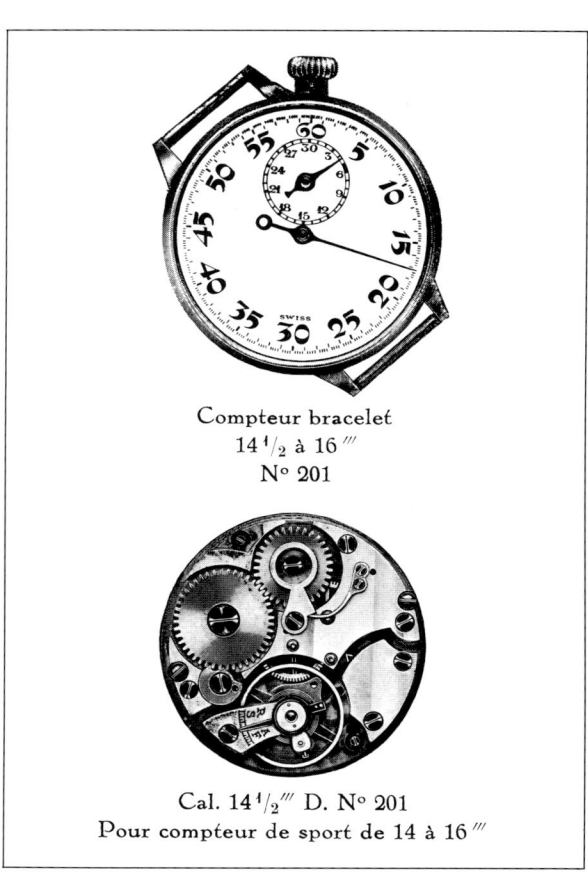

Compteur bracelet
14½ à 16‴
No 201

Cal. 14½‴ D. No 201
Pour compteur de sport de 14 à 16‴

Aus dem Angebot von Excelsior Park im Jahr 1940.

Modelle der Marke Huga von 1930.

Aus dem Leonidas-Programm von 1950.

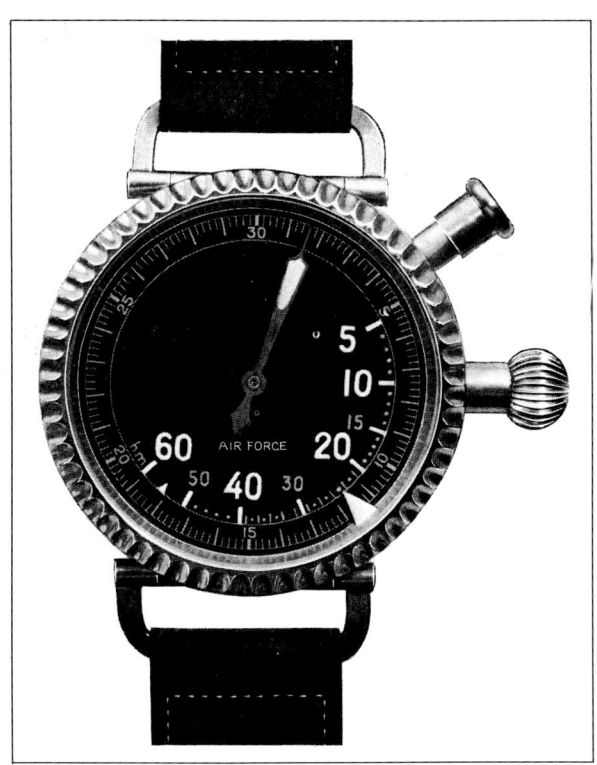

Bombenwerfer von Leonidas, wie er 1950 angeboten wurde.

Zeitmeßinstrument auch tatsächlich in Funktion war, konnte man durch einen Blick auf die kleine Sekunde jederzeit feststellen. Bei diesen Stoppern waren Krone und Riegel meist seitlich angebracht.

Hatten die Stoppuhren von Excelsior Park zu Anfang der dreißiger Jahre noch einfache Drahtbügel, an denen das Armband befestigt werden konnte, wiesen die Huga-Modelle aus dieser Zeit schon die hörnerförmigen Bandanstöße auf. In der Kollektion von Huga in La Chaux-de-Fonds befand sich auch ein Pulszähler in Stopperausführung.

Gegen Ende der dreißiger Jahre brachte Excelsior Park die Bandanstöße nicht mehr oben und unten an, sondern sie waren nach der Seite versetzt, damit der Kronendrücker leichter zugänglich war.

Die Uhrenfabrik Leonidas in Saint-Imier bot 1950 für das Handgelenk zwei Armband-Stoppuhren an, die über einen seitlichen Drücker zu bedienen waren. Die Ref. 411 verfügte über die $^1/_5$-Sekunden-Teilung und einen 30-Minuten-Zähler, die Ref. 412 über die $^1/_{10}$-Sekunden-Teilung, wobei der zentrale große Zeiger eine Umdrehung in 30 Sekunden machte. Diese Ausführung hatte einen 15-Minuten-Totalisator. Bei der $^1/_5$-Sekunde machte das Werk 18.000 Halbschwingungen pro Stunde, bei der $^1/_{10}$-Sekunde 36.000 Halbschwingungen pro Stunde. Der Schnellschwinger bedurfte in wesentlich kürzeren Abständen des Servicedienstes, da auch das Öl schlechter haftete.

Im Leonidas-Katalog von 1950 war für das Handgelenk auch eine militärische Stoppuhr mit Rücklauf für Bombenwerfer zu finden. Dazu gab es folgenden Begleittext: „Chronographwerk $^1/_5$- oder $^1/_{10}$-Sekunde mit drehbarem Glasrand. Betätigung:

Ein Druck auf die Krone setzt den großen Zeiger in Bewegung, der zweite Druck auf die Krone bewirkt den Rücklauf dieses Zeigers, der seitliche Drücker dient dem beliebigen Anhalten."

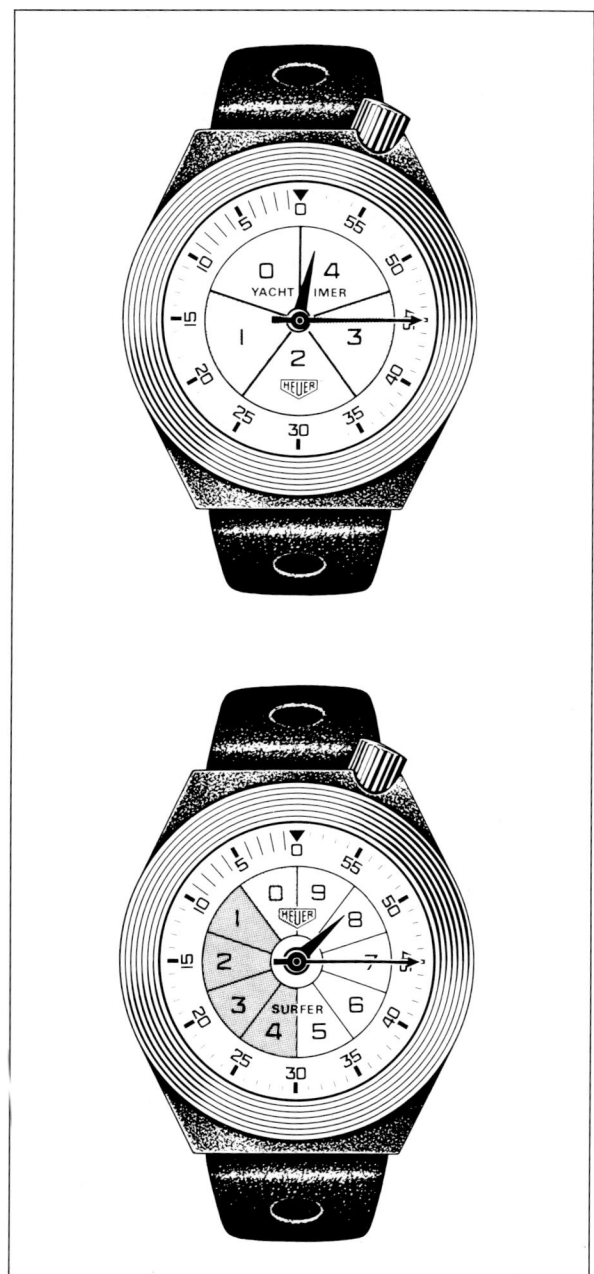

Zwei Kurzzeitmesser der Marke Heuer aus den späten siebziger Jahren, die Yacht Timer und die Surfer.

Armbandchronographen

Bei den Chronographen handelt es sich um vielseitig verwendbare Uhren, mit denen sich die Dauer beliebiger Abläufe und Ereignisse unproblematisch messen läßt.

Einer der Väter des Chronographen war der österreichische Uhrmacher und Breguet-Mitarbeiter Joseph Thaddäus Winnerl (1799–1886). Er präsentierte zunächst 1831 eine Uhr mit anhaltbarem Sekundenzeiger, ohne daß beim Stoppvorgang die Unruh zum Stillstand kam, und später einen Chronographen mit zwei übereinanderliegenden Sekundenzeigern, von denen bei einem Meßvorgang der eine den Start und der andere das Ende markierte. Die praktische Verwendbarkeit war jedoch nicht gegeben. Sie ermöglichte das Nullstellherz des Schweizers Adolphe Nicole. Er meldete seine Erfindung 1844 zum Patent an, es dauerte dann aber noch 18 Jahre, bis ein wirklich brauchbarer Chronograph im Taschenuhrformat auf den Markt kam.

Für das Handgelenk gab es diese Uhr etwa ab dem Jahr 1909. Bis in die dreißiger Jahre verfügte der Armbandchronograph nur über einen Drücker für Start, Stopp und Nullstellung, und es war nicht möglich, den Meßvorgang zu unterbrechen und dann weiter fortzusetzen, ohne den Chronographenzeiger zuvor auf Null zu stellen und neu zu starten. Bei den Uhren mit zwei Drückern war dies dann möglich. In dieser Zeit kam es auch zu einer Verlängerung der Meßdauer: Der Minuten-Totalisator bekam noch einen Stunden-Totalisator (bis zu 12 Stunden).

Vorerst gab es nur den Mechanismus mit Schaltrad. Die Konstruktion und die Funktionsweise hat Bernard Humbert wie folgt beschrieben: „Die Zeiger eines Chronographen werden durch einen Mechanismus betätigt, welcher im allgemeinen auf den Brücken der Uhr festgemacht wird. Der Zeiger

Kleine Auswahl aus dem Chronographenangebot der frühen achtziger Jahre bei Heuer. Die Firma zählte zu den größten Herstellern von Armbandchronographen in der Schweiz. Unten Mitte: Modell Calculator mit Präzisionsrechenschieber.
(Foto: Heuer, Biel)

Chronograph der Marke Universal Genève von 1937 mit Kaliber 287 und $^1/_{10}$-Sekunden-Stoppung.

Leonidas-Chronograph aus dem Jahr 1927.

Großer Breitling-Chronograph aus den dreißiger Jahren. Werkdurchmesser 36 mm.

eines klassischen Chronographen wird durch ein kleines Räderwerk, bestehend aus drei feingezahnten Rädern, angetrieben. Das erste Rad, genannt Mitnehmerrad, ist auf dem verlängerten Zapfen des Sekundenrades aufgesteckt; es greift in ein zweites Rad, welches von der Kupplungswippe getragen wird. Das dritte Rad befindet sich im Zentrum des Werkes. Am Ende seines Zapfens wird der Chronographenzeiger befestigt. Durch Übermittlung des Drückers kann ein Mechanismusrad des Chronographen um einen gewissen Winkel vorgeschoben werden; dieses Rad wird Schalt- oder Kolonnenrad genannt und trägt, wie sein Name verrät, auf seiner Fläche Erhöhungen oder Kolonnen. Je nach ihrer Lage heben diese Kolonnen die Kupplungswippe oder lassen ihr vollständige Freiheit. Wenn die Kupplungswippe nicht betätigt wird, greift das Kupplungsrad in das Chronographenrad, welches den Zeiger trägt. Dieser ist somit in Gang. Wird das durch den Drücker betätigte Schaltrad gedreht, so dreht eine Kolonne die Kupplungswippe; das Kupplungsrad entfernt sich von dem zeigertragenden

Chronozentrumsrad, daher Unterbrechung des Eingriffes zwischen diesen beiden Rädern des Chronographenzeigers. Der Zählerzeiger ist auf dem Ende des Zählerradzapfens befestigt. Dieses Rad greift in das Sternrad ein, welches auf der Sternradwippe dreht. Ein auf dem Chronozentrumsrad befestigter Finger schiebt bei jeder Umdrehung dieses Rades, d. h. jede Minute, das Sternrad und das Zählerrad um eine Zahnteilung weiter. Das Nullstellen des Chronographenzeigers erfolgt durch einen Herzhebel, welcher mit einer Kurvenscheibe in Herzform, befestigt auf dem Chronozentrumsrad, zusammenarbeitet."

Nach dem Zweiten Weltkrieg wurde der Chronograph auch mit Kulissenschaltung angeboten. Die Konstruktion arbeitete ohne Schaltrad. Hergestellt wurden solche Kaliber von der Rohwerkefabrik in Landeron. Schon im Offiziellen Katalog für die Ersatzteile der Schweizer Uhr von 1949 scheinen mehrere Werke dieser Konstruktion auf. Der EB-Generalkatalog von 1950 zählt bereits folgende L-Kaliber mit Kulissenschaltung auf:

Cal. 47   Ø 31 mm, Bauhöhe 6,22 mm, D-Mechanismus ohne Schaltrad, 3 Drücker

Cal. 48   wie Cal. 47, aber mit A-Mechanismus, 2 Drücker

Cal. 50   A-Mechanismus, 3 Drücker

Cal. 148   D-Mechanismus, 2 Drücker

Cal. 54   Ø 31,80 mm, Bauhöhe 6,22 mm, D-Mechanismus ohne Schaltrad, Werkplatte abgeschrägt, 2 Drücker

Cal. 55   A-Mechanismus, 2 Drücker

Cal. 71   Bauhöhe 5,90 mm, A-Mechanismus ohne Schaltrad, 2 Drücker

Cal. 72   D-Mechanismus

Cal. 53   Ø 32,50 mm, Höhe 6,55 mm, A-Mechanismus ohne Schaltrad, 2 Drücker

Cal. 58   Ø 31 mm, Bauhöhe 7,42 mm, D-Mechanismus ohne Schaltrad, Datumwerk mit drehbarem Glasreif

Zwei Hochfrequenz-Chronographen der frühen siebziger Jahre aus dem Hause Zenith. Die Unruh des automatischen El-Primero-Werkes machte 36.000 Halbschwingungen pro Stunde, der Chronographenzeiger Zehntelsekundenschritte. Das Modell Espada verfügte über einen Vollkalender und Mondphasenanzeige. (Foto: Zenith)

Das Universalkaliber 285 mit Schaltradkonstruktion aus der Mitte der dreißiger Jahre der Marke Universal Genève. 1949 hatte dieses Chronographenkaliber einen Durchmesser von 31,70 mm und eine Bauhöhe von 6,05 mm.

Cal. 59   A-Mechanismus

Cal. 80   A-Mechanismus, Datumwerk mit
           Drücker

Cal. 81   wie Cal. 80, aber zusätzlich mit Mond-
           phasenanzeige

Cal. 185   D-Mechanismus, Datumwerk mit
           Drücker

Cal. 186   wie Cal. 185, aber zusätzlich mit
           Mondphasenanzeige

Cal. 56   Ø 31,80 mm, Höhe 7,42 mm, D-Me-
           chanismus, Datumswerk mit direktem
           Glasreif

Cal. 57   A-Mechanismus

Die sogenannte Kulissenschaltung beschrieb Humbert wie folgt:

„In gewissen Kalibern, genannt ohne Schaltrad, geschieht das Ein- und Ausschalten zwischen dem Kupplungsrad und dem Chronozentrumsrad über eine Kurvenscheibe, welche im allgemeinen ein Stück mit dem Herzhebel bildet und eine abwechselnde Winkelbewegung ausführt, gesteuert durch den Drücker. In anderen Chronographen mit Schwingtrieb trägt eine Achse zwei Triebe. Das eine greift ständig in das Sekundenrad ein, während das andere mit feiner Zahnung in das Chronozentrumsrad eingreift, wenn man durch den Drücker den Chronographen einschaltet. Das Schwingtrieb ersetzt das Mitnehmerrad und das Kupplungsrad."

Bei den L-Kalibern aus Landeron war mehrmals von drei Drückern die Rede. Der dritte befand sich in der Aufzugskrone, er war in diesem Fall jedoch nicht für das Anhalten des Schleppzeigers eines Doppelchronographen bestimmt, sondern diente dem Beenden des Meßvorgangs, während dem oberen Drücker die Funktion des Startens und dem unteren die des Nullstellens zukam. Bei der Aus-

Minerva-Uhren aus dem Jahr 1927.

*Feiner Armbandchronograph von Franck Müller in Genf. Auf der Rückseite befinden sich die Telemeter-, Tachymeter-
und Pulsskala.*

führung mit zwei Drückern oblagen dem unteren das Anhalten und das Nullstellen des Chronographenzeigers.

1952 publizierten die Schweizer Uhrenfabrikanten zusammen mit der Ebauches AG „Die hauptsächlichsten Chronograph-Arten nach ihren Zifferblättern". Die Zusammenstellung umfaßte folgende Ausführungen:

1. Der Chronograph mit Minutenzähler

„Der Teilungskranz für den Chronographenzeiger auf dem Zifferblatt erlaubt eine Ablesegenauigkeit von $^1/_5$ Sekunde. Eine Messung kann bis 30 Minuten dauern, bei gewissen Chronographen

bis 45 Minuten. Nach jeder Umdrehung des Chronographenzeigers rückt der Minutenzählzeiger um eine Teilung vor. Die Rückführung in die Nullstellung erfolgt für beide Zeiger gleichzeitig. Die Telefontaxen werden fast allgemein auf Grund einer Gesprächsdauer von 3 Minuten berechnet. Mit Hilfe der speziellen Markierungen bei der 3., 6. und 9. Minute des Minutenzählers kann die Dauer des Gesprächs laufend kontrolliert werden."

2. Der Chronograph mit Stundenzähler

„Messung der Dauer eines Vorganges bis zu 12 Stunden. Während einer Umdrehung des Minuten-Zählzeigers (30 Minuten) durchläuft der Stun-

Die Rückseite des doppelgesichtigen Müller-Chronographen von Seite 220.
(Foto: Franck Müller, Genf)

den-Zählzeiger den einer halben Stunde entsprechenden Intervall. Die Rückführung in die Nullstellung erfolgt für alle drei Zeiger gleichzeitig."

3. Der Chronograph mit Kalenderwerk

Es umfaßt die Angabe des Datums, des Wochentags und des Monats.

4. Der Chronograph mit Kalenderwerk und Mondphase

5. Der Chronograph mit Doppelzeiger

Er erlaubt Kurzzeitmessungen von simultanen Vorgängen.

6. Der Tachometer-Chronograph

für die Geschwindigkeitsmessung.

„Die Tachometer-Skalenteilung auf dem Zifferblatt dient zur Messung der Geschwindigkeit eines sich in Bewegung befindlichen Körpers, zum Beispiel eines Fahrzeuges, auf einer Meßstrecke von bekannter Länge. Diese Meßstrecke von 1000, 200 oder 100 Meter oder auch von einer Meile, auf welcher die Tachometerteilung basiert, ist jeweils auf dem Zifferblatt angegeben, und der Chronograph ist auf einer Meßstrecke von dieser Länge anzuwenden. Im Moment, wo das Fahrzeug zum Beispiel den Anfangspunkt der Meßstrecke durchfährt, wird der Chronograph eingeschaltet und bei der Durchfahrt des Endpunktes der Strecke wieder angehalten. Die Angabe des Zeigers entspricht der Geschwindigkeit in Kilometern per Stunde oder in Meilen per Stunde."

7. Der Schalltelemeter-Chronograph

„Die Telemeterskala auf dem Zifferblatt dient zur schätzungsweisen Messung der Distanz, die zwischen dem Beobachter und dem Ort eines Vorgangs liegt, vorausgesetzt, daß letzterer für den Beobachter sichtbar und hörbar ist. Bei der optischen Wahrnehmung des Vorgangs wird der Chronograph eingeschaltet und bei der Wahrnehmung des gleichzeitig ausgelösten Schalles wieder angehalten. Die Angabe des Zeigers entspricht annähernd der Distanz in Kilometern oder in Meilen, die zwischen dem Ort des Vorgangs und dem Standort des Beobachters liegt. Die Einteilung in dem bezüglichen Kranz des Zifferblattes beruht auf der Schallgeschwindigkeit in der Luft, die ca. 340 Meter pro Sekunde beträgt." Einsatzmöglichkeiten bestanden z. B. bei einem Gewitter.

8. Der Pulszählerchronograph

„Die Pulszählerteilung auf dem Zifferblatt dient zur Feststellung der Pulsfrequenz. Mit Beginn der Zählung wird der Chronograph eingeschaltet und wieder gestoppt beim 30., 20. oder 15. Pulsschlag, je nach der auf dem Zifferblatt angegebenen Grundzahl. Die Angabe des Zeigers entspricht der Anzahl der Pulsschläge in der Minute."

9. Der Atmungszähler-Chronograph

„Bei Beginn der Atmung wird der Chronograph eingeschaltet und nach Beendigung der 15., 20. oder 25. Atmung wieder angehalten. Die Angabe des Zeigers entspricht der Anzahl der Atmungen in der Minute."

10. Der Produktionszähler-Chronograph

„Zu Beginn einer Kontrolle wird der Chronograph eingeschaltet und am Ende derselben wieder angehalten; die auf der Produktionszählerskala durch den Zeiger angezeigte Zahl entspricht dann der Produktion pro Stunde, vorausgesetzt, daß die gemessene Zeit für ein Stück nicht mehr als 60 Sekunden beträgt . . .

Selbstverständlich können auch Produktionszeiten kontrolliert werden, die 60 Sekunden überschreiten. In diesem Fall ist eine Stunde (3600 Sekunden) durch die gemessene Zeit für ein Stück (in Sek.) zu dividieren, und der erhaltene Quotient entspricht der Produktion per Stunde."

11. Der Mementochronograph

„Das Zifferblatt des Chronographen ist mit einer Vorrichtung versehen, mit deren Hilfe der Zeitpunkt einer Begebenheit festgehalten werden kann, der nicht vergessen werden darf. Das Einstellen der Zeiger dieser Vorrichtung geschieht mittels eines speziellen Mechanismus in Verbindung mit der (zweiten) Krone (bei der Stundenmarke 9)."

12. Der Mehrzweckchronograph

Das Zifferblatt verfügt über verschiedene Skalen (Pulszähler, Geschwindigkeitsmesser, Telemeterteilung usw.).

13. Der Gezeitenchronograph mit Segelrennen-Chronometrierung

„Speziell für den Segelsport ist das Minutenzähler-Zifferblatt in 6 farbige Sektoren unterteilt, die je einer Zeitspanne von 5 Minuten entsprechen. Genau 5 Minuten nach dem ersten Startschuß, der den Beginn des Rennens ankündigt, erfolgt ein zweiter, und in diesem Moment müssen die Schiffe die Startlinie überschreiten. Die bis dahin verfügbare Zeit kann auf dem Minutenzähler und am Chronographenzeiger sehr übersichtlich abgelesen werden.

Dieser Chronograph zeigt (weiters) die mittlere Sonnen- oder Normalzeit an, und ein Achsen-

Werbung aus den frühen fünfziger Jahren.

DER EINZIGE CHRONOGRAPH, DER WIRKLICH EINER SCHÖNEN UHR GLEICHT — ALLE ZEIGER WIRKEN AUS DEM ZENTRUM, DAHER RASCHES, SICHERES ZEITABLESEN

Die vollendete Uhr für: Flieger
Aerzte
Ingenieure
Chemiker
Sportler
Physiker
Forscher

Weitere Vorteile:

**100 % WASSERDICHT
STOSSGESICHERT
ANTIMAGNETISCH
PRÄZIS
60 MINUTEN ZÄHLER
17 STEINE**

Keine störenden kleinen Zählerkreise mehr, weil alle Zeiger aus der Mitte gehen. Jede Zeitmessung ist auf einem einzigen Zifferblatt leicht und klar lesbar.

Mido
MULTICENTERCHRONO

Mido A. G., vormals G. Schaeren & Co., Biel (Schweiz)
Mido Watch Company of America, Inc., 665 Fifth Avenue, New-York 22, N.Y.

Ein El-Primero-Chronograph von Zenith aus der Mitte der achtziger Jahre. Die Uhr im 18-Karat-Goldgehäuse mit integriertem Armband besitzt an Zusatzfunktionen einen Vollkalender und Mondphasenanzeige.
Wer mit Chronographen vertraut ist, weiß, daß eine der heikelsten Einstellungen bei der Remontage das Anpassen des Herzhebels ist. Dieser Vorgang erforderte früher das Feilen der Finnen des Herzhebels, und die Qualität der Arbeit hing vom Geschick des Uhrmachers ab. Um diese Schwierigkeit zu umgehen, entwickelte Zenith eine auf dem Herzhebel des Chronographen befestigte Vorrichtung, die sich für den Uhrmacher als besonders bedienungsfreundlich erweist. (Foto: Zenith)

kreuz auf einer Drehscheibe zeigt an einer Stundenteilung täglich die Solunar-Perioden für einen Hafen oder einen Ort von bestimmter geographischer Lage an. Diese Drehscheibe ist überdies in 4 farbige Sektoren eingeteilt, welche den Gezeiten für denselben Ort entsprechen, wobei die blauen Felder die Flut und die gelben die Ebbe darstellen. Mit Hilfe des Drückers (bei der Stundenmarke 9) kann die Drehscheibe auf die örtlichen Gezeiten eingestellt werden. Die Kenntnis der Mondzeit bzw. der Solunar-Perioden kann auch für Fischer, Jäger und Naturforscher nützlich sein. Die seit Anfang der dreißiger Jahre erscheinenden Solunar-Tabellen von J. Alden Kneight geben zum voraus für jeden Tag die Perioden an, in welchen sich die Fische und das Wild auf Nahrungssuche begeben, also die vorteilhaftesten Stunden für den Fischfang und die Jagd, die für jede geographische Lage verschieden sind.“

14. Der Chronograph mit Zählzeiger aus der Mitte

Dieser Chronograph verfügt nicht über ein eigenes kleines Hilfszifferblatt für den Minuten-Totalisator, sondern ein großer zentraler Zeiger benützt die Skala für den Chronographenzeiger am Außenrand des Zifferblattes mit.

15. Der Chronograph mit Orientierungszeiger

Angabe der Nord-Richtung durch einen Pfeilzeiger, Einstellbarkeit des kleinen Sekundenzeigers.

„Dieser Chronograph ist mit einem kleinen roten, pfeilförmigen (zentralen) Zeiger versehen, der den Buchstaben N trägt. Dieser Zeiger macht eine Umdrehung in 24 Stunden, und seine Einstellung erfolgt durch die Krone. Wenn diese Uhr in horizontaler Lage so orientiert wird, daß der übliche Stundenzeiger die Sonne anvisiert, so zeigt der Pfeilzeiger die Nord-Richtung an. Diese Uhr bietet außerdem die Möglichkeit, den kleinen Sekundenzeiger einzustellen. Durch Hineindrücken und Dre-

hen der Krone (bei der 9) . . . kann der Zeiger z. B. in die bestimmte Position eines Zeitsignals gebracht werden.“

Bis in die späten sechziger Jahre hatten die Armbandchronographen ausnahmslos Handaufzug. Der automatische Chronograph war eine Entwicklung der Firmen Breitling, Büren, Hamilton, Heuer, Seiko und Zenith und wurde 1969 zum Patent angemeldet.

Die Citizen Watch Co ging eigene Wege. Ihr Armbandchronograph „ist so ganz anders als die bisher bekannten Modelle“, hieß es im August 1973 in der DUZ, die dem japanischen Automatikfabrikat eine ausführliche Beschreibung widmete. Die Andersartigkeit begann schon bei den extralangen Drückern, sie setzten der Uhr gleichsam Hörner auf, da sie bei den Stundenmarken 11 und 1 plaziert waren, zwischen ihnen die Aufzugs- und Zeigerstellkrone. „Mit dem linken Drücker kann man den Chronographenmechanismus in Gang setzen und anhalten, der rechte betätigt die Nullstellung. Eine Besonderheit besteht darin, daß man mit dem rechten Drücker auch den laufenden Chronographenmechanismus auf Null zurückholen und zur selben Zeit wieder in Gang setzen kann, ohne den linken Drücker betätigen zu müssen.“

Zur Standardausrüstung zählten 12-Stunden-Zähler und Doppelkalender. Der Blick ins Innere der Uhr, die mit 28.800 Halbschwingungen pro Stunde arbeitete und über 23 Steine sowie einen Spezialregulator verfügte, zeigte, daß die Konstruktion des Chronographenmechanismus nicht mit europäischen Fabrikaten vergleichbar war. DUZ: „Der Chronographenmechanismus verbirgt sich unter der Rotorträgerbrücke in Form einer sehr unkonventionellen und mutigen Lösung: Das im direkten Kraftfluß stehende Zentralsekundenrad ist gleichzeitig das Chronozentrumsrad! Die das Sekundenherz tragende Welle des Sekundenrades ist mit dem Rad durch eine Schleifkupplung verbunden; dasselbe Prinzip findet sich auch bei der Minuten- und Stundenanzeige. Hier haben wir also das Kuriosum, daß bei eingeschaltetem Chronographenmechanismus das Uhrwerk unbeeinflußter läuft als bei ausgeschaltetem! Man sollte deshalb den Sekundenzeiger stets mitlaufen lassen, zumal ja die Möglichkeit des gleichzeitigen Nullstellens und Auslösens besteht, der Chronograph also jederzeit einsatzbereit ist."

Eine kleine Sekunde war beim Citizen-Produkt nicht vorhanden.

Der DUZ-Uhrmacher dann weiter:

„Nach anfänglichen Zweifeln an der Funktionstüchtigkeit des unkonventionellen automatischen Chronographen muß man feststellen, daß die Sache doch ausgezeichnet funktioniert, auch wenn sie nicht ganz in unser gewohntes technisches Denkschema paßt. Warum auch sollte es nicht funktionieren, schließlich wird bei herkömmlichen Chronographen das Uhrwerk bei eingeschaltetem Chronographenmechanismus in gleicher Weise belastet wie hier bei ausgeschaltetem, außerdem kann bei Citizen-Chronographen auf die sonst übliche, äußerst feine und empfindliche Zahnung des Chronozentrumsrades verzichtet werden, hier tut es die normale Zahnung des Sekundenrades!"

Und zum Schluß meinte DUZ:

„Das Märchen von den alles nur nachbauenden Japanern stimmt nicht mehr, im Land der aufgehenden Sonne werden Maßstäbe gesetzt, und das eben nicht nur in preislicher Hinsicht!"

Das kleinste mechanische Chronographenkaliber mit Rotorautomatik baute die Schweizer Firma Kelek, es kam 1974 unter der Bezeichnung D.D.K. 1369 auf den Markt. Das runde Werk hatte einen Durchmesser von 26 mm und eine Bauhöhe von 7,60 mm.

In der zweiten Hälfte der siebziger Jahre beanspruchten die Quarzchronographen das Interesse der Uhrenkäufer. Nun erstanden plötzlich auch Personen, denen dieser Zusatzmechanismus bis dahin kaum etwas bedeutet hatte, Chronographen. Heuer bot schon 1975 das erste Solid-State-Modell an. Die „contact news" meldeten in der Nr. 6/1976:

„Erstmals ist in Österreich der einzige Solid-State-Chronograph der Welt mit doppelter Digitalanzeige zu sehen und auch zu haben: LDC-Anzeige für Stunden, Minuten, Sekunden und Datum, beleuchtet.

LED-Anzeige für Kurzzeitmessung: 9 Stunden, 59 Minuten und 59,9 Sekunden einschließlich Splitfunktion.

Zwei unabhängig voneinander funktionierende Schaltkreise, synchronisiert, benützen als Zeitbasis nur einen Quarzkristall."

In der Folge löste ein multifunktionales Produkt das andere ab. 1988 lancierte die ETA das Kaliber 251.251, einen Quarzchronographen mit fünf Motoren, Doppelanzeige, Speicher für elf gemessene Zeiten und analoger Hundertstelsekunde. Es blieb bis heute das weltweit komplexeste Chronographenwerk mit Zeigeranzeige. Der Miktroprozessor verfügt über 35.000 Transistoren.

Die Konstruktion Magicrown (Kaliber ETA 988.331) gestattet mit der Krone oder mit der Sensortechnik die Betätigung von sieben unterschiedlichen Funktionen wie Zeigerstellung, Timer, Wecker, Chronograph usw. Aufs schönste miteinander vereint sind Eleganz und modernste Technologie in der Armbanduhr mit dichroischer Anzeige. Nur auf Abruf werden die gewünschten Angaben auf dem Zifferblatt sichtbar.

Der Schleppzeigerchronograph für das Handgelenk

Er dient der Messung von simultanen Vorgängen. In der Broschüre „Die hauptsächlichsten Chronograph-Arten nach ihren Zifferblättern" von 1952 wird der Schleppzeigerchronograph wie folgt beschrieben: „Der Chronograph mit Doppelzeiger ist ein Kurzzeitmesser, der sich speziell für die Chronometrierung mehrerer Vorgänge mit gleicher Anfangszeit, aber ungleicher Dauer eignet, zum Beispiel ein sportlicher Wettkampf, an welchem gleichzeitig mehrere Teilnehmer konkurrieren. In einem solchen Chronograph ist über dem Chronographenzeiger ein zweiter Zeiger angeordnet. Durch Betätigen des (oberen) Drückers setzen sich die beiden Zeiger in Bewegung und laufen gleichzeitig über das Zifferblatt. Mit Hilfe des in der Krone angeordneten Drückers kann der Doppelzeiger getrennt angehalten werden, während der Chronograph-Zeiger seinen Gang fortsetzt. Nach erfolgtem Ablesen dieser ersten Messung kann der Doppelzeiger durch erneute Betätigung des nämlichen Drückers wieder eingeschaltet werden; derselbe holt den noch immer laufenden Chronograph-Zeiger augenblicklich wieder ein und synchronisiert sich wieder mit ihm, um für die nächste Ablesung erneut blockiert zu werden. Die Rückführung in die Nullstellung erfolgt für alle vier Zeiger (Chronograph-Zeiger, Doppelzeiger, Minutentotalisator, Stundentotalisator) gleichzeitig durch den (unteren) Drücker, insofern der Doppelzeiger nicht blockiert ist; in diesem Fall ist die Betätigung des Kronendrückers nötig, wodurch auch der Doppelzeiger in die Nullstellung springt."

Bekannt ist die Armbanduhr mit Chronograph Rattrapante (frz. Bezeichnung für diesen Zusatzmechanismus) seit den frühen zwanziger Jahren. Die Marke Ralco bot schon 1921 eine solche Uhr

Réf. 2022

CHRONOGRAPHE
RATTRAPANTE
17'''
avec ou sans
lunette tournante

Schleppzeigerchronograph von Minerva aus 1949. Durchmesser 38,35 mm, 2 Drücker und Drehlünette.

an. Luxusuhrenhersteller haben in der Folge immer wieder diese komplizierten Uhren gebaut. Von Patek Philippe ist aus dem Jahr 1926 ein ausgefallener Schleppzeigerchronograph für einen Linkshänder bekannt, das Basiskaliber kam von Victorin Piguet.

Entsprechende Serienrohwerke für Schleppzeigerchronographen kamen erst in den vierziger Jahren auf den Markt. Laut Generalkatalog der Ebauches AG. von 1950 standen damals folgende Venuskaliber zur Wahl:

Cal. 179:   Ø 31 mm, Bauhöhe 7,20 mm, Doppelzeigermechanismus mit Schaltrad und Zangenfeder. Basiskaliber.

Cal. 185:   Ø 31 mm, Bauhöhe 8,55 mm, Stundenzähler, sonst wie Cal. 179.

Cal. 189:   wie Cal. 185, aber zusätzlich mit Datumsanzeige (kleines Zifferblatt).

Cal. 190:   wie Cal. 189, aber zusätzlich mit Mondphasenanzeige.

Sehr schöner Schleppzeigerchronograph aus der derzeitigen Produktion von Franck Müller in Genf. Der Drücker für den Doppelzeiger ist bei dieser Ausführung nicht in der Aufzugs- und Zeigerstellkrone untergebracht, sondern links unten. Die Uhrzeit wird auf einem dezentralen Zifferblatt angezeigt. (Foto: Müller, Genf)

Nach den fünfziger Jahren verschwanden die Schleppzeigerchronographen mehr oder minder wieder vom Markt. Heute stehen sie jedoch erneut im Blickfeld. Sie bilden bei Franck Müller, G.-R. Lang, Paul Picot, Blancpain, IWC usw. willkommene Zusatzmechanismen für höchst komplizierte Armbanduhrenschöpfungen.

Da die Chronographen mit Doppelzeigerwerk und Mechanismus mit zwei Schalträdern doppelt so teuer waren wie normale Chronographen, suchten verschiedene Hersteller nach einer weniger aufwendigen Konstruktion. Georges Dubey und René Schaldenbrand aus La Chaux-de-Fonds fanden eine derartige Lösung und meldeten ihre Erfindung 1946 zum Patent an. Die vereinfachte Konstruktion war dem klassischen Schleppzeigermechanismus praktisch ebenbürtig und für jedermann leicht zu erkennen, da die Schleppfeder in Spiralform über dem Zifferblatt zwischen den zentralen Zeigern sichtbar angeordnet war. Es war ihnen freilich kein Erfolg beschieden, die Serie mußte nach wenigen hundert Stück eingestellt werden. Einen Restposten erwarb 30 Jahre später Dr. Adolf Benz, Inhaber der Comor Watch in La Chaux-de-Fonds. 1982 bot er auf der Basler Mustermesse seinen Schleppzeigerchronographen in zwei Ausführungen Sammlern und Uhrenfreunden an. Die Uhr im 18karätigen Goldgehäuse besaß einen Glasboden, und die Zifferblattbeschriftung trug den Hinweis „Patent Dubey & Schaldenbrand".

Dann gab es noch den Mono-Rattrapante. Hier übernahm der Chronographenzeiger auch die Funktion des Doppelzeigers. Der Chronographenzeiger ließ sich anhalten und holte dann die versäumte Zeit sprungartig wieder ein – in der Messung fand keine Unterbrechung statt. Einen solchen Mono-Rattrapante baute Mitte der vierziger Jahre z. B. Recta, als Rohwerk diente ein Valjoux-Kaliber.

Taucher- armbanduhren

Ein Meilenstein in der Geschichte der wasserdichten Armbanduhr war das Jahr 1953. Als Rolex von der Absicht Auguste Piccards erfuhr, mit der Tauchergondel „Trieste" die größten Tiefen des Mittelmeeres zu erkunden, sah sich die Manufaktur, die schon 1926 mit einer wasserdichten Armbanduhr internationales Aufsehen erregt hatte, zu einem neuen Leistungsbeweis herausgefordert. Die Techniker nahmen sich vor, eine *Oyster* mit auf den Meeresgrund zu schicken. Die Aufgabe, die man sich stellte, war ein Gehäuse, das einem Druck von 600 Atmosphären standzuhalten vermochte, also bis in eine Tiefe von 6000 m hätte tauchen können.

Das Unterfangen begann mit der Fertigung von zwei Stahlgehäusen von Hand. Sie wurden mit einem Spezialglas versehen und mit einer entsprechenden Aufzugskrone ausgestattet. Der erste Versuch scheiterte kläglich, beim zweiten hielt die eine Uhr 400 Atmosphären Druck immerhin einige Stunden stand, ehe Wasser eindrang, bei der anderen wurde das Glas nach innen gedrückt, und zwar mit solcher Wucht, daß die Schrauben und Triebe des Werkes im Gehäuseboden Spuren hinterließen. Der nächste Schritt des Experimentes erfolgte mit leeren Gehäusen in der Hochdruckkammer der Maschinenfabrik Amsler in Schaffhausen. Auch hier stellte sich heraus, daß die Wasserdichtigkeit der Gehäuse noch immer nicht zufriedenstellend war. Als dieser schwache Punkt endlich behoben war, tauchten neue Schwierigkeiten auf – die Isolierung der Aufzugskrone entsprach absolut nicht den an sie gestellten Bedingungen. Aber die Konstrukteure gaben nicht auf, obwohl sie obendrein mit der knappen Zeit, die ihnen bis zum Start der Tauchergondel blieb, einen Wettlauf zu bestehen hatten.

Die wasserdichte Rolex Piccard.

Die mühevollen Anstrengungen lohnten sich letzten Endes doch. Die beiden Versuchs-Armbanduhren, zwei Chronometer, wurden rechtzeitig fertig. Einer durfte die Tauchfahrten an der Außenseite der kugelförmigen Beobachtungskabine unterhalb der Gondel mitmachen. Mensch und Technik drangen bis in eine Tiefe von 3150 m vor. Dort herrschte auf einer Fläche von einem Quadratzentimeter ein Druck von 315 kg. Die Uhr blieb heil und lief einwandfrei – menschlicher Erfindergeist hatte den Sieg davongetragen.

Sieben Jahre danach tauchte eine Spezialausführung der *Oyster* im Pazifischen Ozean in eine Tiefe von 10.912 m und erfüllte gleichfalls die in sie gesetzten Erwartungen.

Omega ließ die *Seamaster 600* im Jahre 1970 praktisch erprobt. Beim Unternehmen Janus im Golf von Ajaccio nahe Korsika trugen die drei Aquanauten je eine dieser speziellen Taucheruhren. Der Arbeitsplatz der Expedition befand sich in 253 m Tiefe. Getaucht wurde mit der Glocke zweimal täglich, und der Aufenthalt auf dem Meeresboden dauerte jeweils zwei Stunden. Das Gehäuse der *Seamaster 600* bestand aus Titan, das Werk arbeitete mit erhöhter Frequenz (28.800 Halbschwingungen), die Krone war durch ein doppeltes Verschlußsystem geschützt. *duz 11/70*

Heute gibt es eine ganze Reihe von Markenmodellen für jedermann zu kaufen, die eine große Tauchtiefe erlauben.

Die Eterna-Matic als Taucheruhr aus dem Jahr 1958.
Sie trug den Namen Kontiki und war bis in eine Tiefe von
200 m wasserdicht.

Taucherchronograph Profondimètre von Nicolet aus dem Jahr 1972. Der Tiefenmesser (bis 200 m) war in das Uhrglas ein-
gelassen und sprach auf den Wasserdruck an.

Armbanduhren mit Höhen- oder Tiefenmesser

Diese speziellen Uhren für Bergsteiger und Taucher fanden nie weite Verbreitung. Nur höchst selten war ein Hersteller für solche Produkte zu begeistern. Der Sammler muß sich mit wenigen Modellen begnügen.

Favre-Leuba in Genf ruft sich mit zwei solchen Uhren aus den sechziger Jahren in Erinnerung. Den Sammlern sind sowohl die Bivouac als auch die Bathy ein Begriff. Die klobigen Armbanduhren hatten einen Durchmesser von 40 mm und waren verhältnismäßig schwer.

Beim Basiswerk für die Bivouac griff die Firma auf das Kaliber Peseux 320 zurück. Es hatte einen Durchmesser von 23,30 mm und eine Höhe von 3,10 mm, 17 Steine und Handaufzug. Auf das Werk wurde eine zusätzliche Brücke mit dem Barometermechanismus aufgebaut. Die Mebrandose war in das Gehäuse eingeschraubt. Die Welle für den Barometerzeiger befand sich in der durchbohrten Minutenradwelle. Das war möglich, weil die Uhr keine Zentralsekunde hatte.

Bei der Bathy 50 erfolgte der Aufbau nach dem gleichen System, nur die Membrandose war derart mit dem durchbohrten Gehäuseboden verschweißt, daß kein Wasser eindringen konnte. Das Vorgängermodell war die Bathy 15.

Aus derzeitiger Produktion sei die Altiland von Revue Thommen in Waldenburg erwähnt. Die Armbanduhr besitzt einen doppelten Boden zur wahlweisen Aufnahme eines mechanischen Höhenmessers oder eines wasserdichten Magnetkompasses. Die Barometerskala reicht von 0 bis 4500 m. Das Modell ist mit einem Automatikwerk mit Zentralsekunde und Datumsanzeige ausgestattet. Das Zifferblatt weist neben dem üblichen Stundenkranz noch einen zweiten mit den Stundenzahlen 13 bis 24 auf.

Die Altimark von 1990 ist hingegen eine Quarzarmbanduhr mit Sonnenkompaß und dem mechanischen Höhenmesser im unteren Teil des aufklappbaren Gehäuses. Die massive Uhr aus Edelstahl hat einen Durchmesser von 40 mm und eine Gesamthöhe von 16 mm.

Armbandwecker

Omega steuerte zur Vielfalt des Angebots 1972 die *Memomatic* bei. Das Läutwerk bediente sich der Automatik als Energiequelle. Das bedingte, daß dem Antrieb des Hammers nur beschränkt Kraft zur Verfügung stand, d. h. der Wecker bloß verhältnismäßig leise und kurz in Aktion trat und dann mindestens eines Intervalles von einer Stunde bedurfte, ehe er wieder einsatzbereit war. *duz 5/72*

Der wasserdichte Armbandwecker von Paul Buhré in Le Locle aus dem Jahre 1955 gab die Weckzeit oder das Ende der eingestellten Parkzeit in einem kronenähnlichen Fenster über dem Zentrum an. Das Werk hatte Zentralsekunde. *JSH 9–10/55*

Über den Junghans-Armbandwecker hieß es 1975: „Zu einem immer pünktlicheren Wecker am Handgelenk werden die Junghans-Automatik-Armbanduhren. Sie erinnern den Träger minutengenau akustisch an seine Termine. Der automatische Aufzug des Armbandweckers und der der Uhr sind hier vollkommen voneinander getrennt."

Favre-Leuba nannte seinen Armbandwecker mit Automatikwerk und Kalender *Memo-Raider*. *gz 7/72*

Das bekannteste Schweizer Weckerwerk für Armbanduhren war das AS 5008, das 1965 in Produktion ging und eine Auflage von 176.000 Stück erreichte. Es handelte sich um ein Automatikkaliber mit 30 mm Durchmesser und 7,25 mm

Die Bivouac von Favre-Leuba. Einzig da-
stehend. Stossgesichert. Barometer und
Höhenmesser. Drehbare Lünette mit Höhenskala.

Leuchtende Stunden- und Minutenzeiger. Roter Zeiger für Höhen- und Luftdruckmessungen. Präzises Favre-Leuba Uhrwerk mit 17 Steinen. Rostfreies Stahlgehäuse.

FAVRE-LEUBA
Horlogers à Genève

Seiten 233–236: Firmeninformation zu den beiden Favre-Leuba-Modellen Bivouac und Bathy 50.

Besteigen Sie mit uns den Eiger, 3950 m

Es ist 4 Uhr morgens. Aufbruch von der Kleinen Scheidegg, die ungefähr auf 2050 m Höhe liegt. Drehen Sie die Lünette C bis die Zahl 20,5 dem roten Zeiger D gegenübersteht. Der mittlere Luftdruck an der Kleinen Scheidegg ist 595 mm Hg, was nicht unbedingt der tatsächlichen Wetterlage entspricht. Um 10 Uhr machen Sie eine Kontrolle. Der rote Zeiger befindet sich nun gegenüber der Zahl 28. Sie sind also auf 2800 m Höhe, und 1170 m bis zum Gipfel sind noch zu überwinden. Für die Wetter-vorhersage drehen Sie die Lünette bis zu ihrem Ausgangspunkt 30, gegenüber dem roten Dreieck A. Auf der Skala B, gegen-über der 28 auf der beweglichen Lünette, lesen Sie nun 780. Dies ist der mittlere Luftdruck auf 2800 m Höhe.

Nehmen wir nun an, der rote Zeiger befinde sich bei 790, 10 über dem mitt-leren Luftdruck, so bedeutet dies schö-neres Wetter, hohen Luftdruck. Steht der Zeiger aber auf 770, so ist der Luft-druck niedrig und schlechtes Wetter zu erwarten. Es empfiehlt sich, diese Kon-trolle zu wiederholen, um die Tendenz zu hohem oder niedrigem Luftdruck ge-nau feststellen zu können.

Bevor Sie wieder aufbrechen, stellen Sie die 28 auf der beweglichen Lünette dem roten Zeiger wieder gegenüber.

Auf dem Gipfel des Eigers wird der rote Zeiger sich zwischen 9,50 und 10 befinden (nämlich zwischen 3000 m + 950 m und 3000 m + 1000 m, da der rote Zeiger einen vollen Umlauf gemacht hat). Sie werden in diesem Augenblick also auf 3970 m Höhe sein. Bei Höhenmes-sungen ist eine Abweichung von ungefähr 25 m zulässig.

Bewegliche Höhenskala C
(drehbare Lünette)

A *Roter Index: 760 mmHg*

D *Roter Zeiger für Höhen- und Luftdruckmessungen*

B *Barometer-Skala*

Tauchen in der Tiefe des Golfs von St. Tropez:

Es ist 10.45 Uhr. Sie haben beschlossen, eine halbe Stunde und bis zu 40 m Tiefe zu tauchen.

Vorsichtshalber ziehen Sie erst das Uhrwerk Ihrer Bathy 50 ganz auf und schrauben die Aufzugskrone wieder fest. Nun drehen Sie die Lünette B bis die Ziffer 30, die die Dauer des Tauchens in Minuten angibt, dem Minutenzeiger gegenübersteht. Sie sind tauchbereit.

In 4 bis 5 Minuten haben Sie 40 m unter dem Meeresspiegel erreicht, was der rote Zeiger C des Tiefenmessers Ihnen anzeigt, der allmählich bis zu 40 gewandert ist.

Auf Ihrer Bathy 50 ist es nun 11.15 Uhr. Der Minutenzeiger steht gegenüber Index A der beweglichen Skala. Sie müssen die Tiefe verlassen und beim Aufsteigen aufmerksam die Bewegung des roten Zeigers beobachten. Sowie er die Zone D erreicht, die ebenfalls rot ist und die erste Dekompressionsstufe anzeigt, verlangsamen Sie Ihr Tempo und machen bei 9 m zu Ihrer Sicherheit einen Halt von einer Minute. (Es handelt sich hier um eine Sicherheitsstufe, da auf der Dekompressionstabelle bei 9 m keine Stufe angegeben ist).

Nachdem Sie diesen ersten Halt gemacht haben, steigen Sie bis zur Zone (E) der zweiten Dekompressionsstufe bei 6 m auf, die Sie mit einem Halt von drei Minuten beachten, der sich nach der grössten erreichten Tiefe und der Länge des Tauchens errechnet. Nach einem nochmaligen Halt von 18 Minuten bei 3 m Tiefe steigen Sie an die Oberfläche.

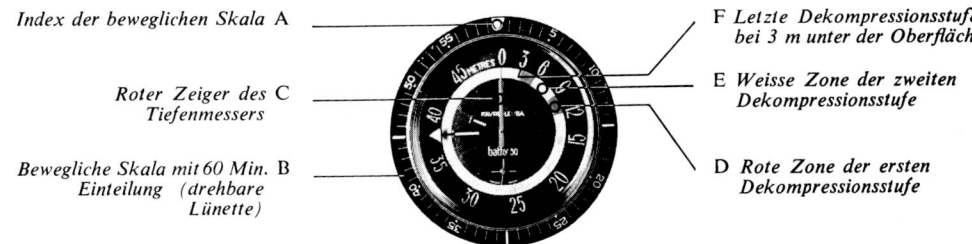

Index der beweglichen Skala A

Roter Zeiger des C *Tiefenmessers*

Bewegliche Skala mit 60 Min. B *Einteilung (drehbare Lünette)*

F *Letzte Dekompressionsstufe bei 3 m unter der Oberfläche*

E *Weisse Zone der zweiten Dekompressionsstufe*

D *Rote Zone der ersten Dekompressionsstufe*

Bathy 50 von Favre-Leuba. Eine Taucheruhr, einzig in ihrer Art. Superwasserdicht, mit eingebautem Tiefenmesser. Gradeinteilung bis zu 50 m. Bewegliche, leuchtende Lünette mit 60 Kerben zum Einstellen des Tauchprogramms. Stark leuchtende Zeiger. Gut lesbare Dekompressionsstufen. Handaufzug. Stossgesichert. Sehr widerstandsfähiges Glas. Rostfreies Gehäuse. Gleiches Modell mit 15 m Gradeinteilung, Bathy 15.

FAVRE-LEUBA

Horlogers à Genève

*Wecker-Armbanduhr von huma, Genf, aus dem Jahre
1950. Kaliber 11¹/₂", 17 Steine.*

*Goldene Wecker-Armbanduhr Memovox von Jaeger-
LeCoultre. Zwölfliniges Werk, 21 Steine.*

Bauhöhe. In einer Drehrichtung zog der Zentralrotor das Uhrwerk, in der andern das Weckerwerk
auf. Die große Unruh machte 28.800 Halbschwingungen pro Stunde. Restbestände wurden und werden von Forget, Maurice Lacroix, Pepuignet, Ulysse
Nardin, van Cleef & Arpels verwertet. *CHRO 4/93,
UM 1/92*

Den ersten Armbandwecker brachte 1914 Eterna auf den Markt, bei Jaeger-LeCoultre gab es ihn
in Kleinserien ab 1929, Junghans hatte den Mini-
vox seit 1951 in der Kollektion.

*Wecker-Armbanduhr cricket von Vulcain. Die Firma wurde
1858 von Maurice Ditisheim in La Chaux-de-Fonds gegründet.*

Armbandwecker von Oris aus derzeitiger Produktion. Be-
stückt ist das Modell mit dem alten Handaufzugskaliber AS
1930. Der Alarmhebel befindet sich neben der Unruh und
schlägt gegen den Resonanzteil des Gehäuses. Die Weckzeit
zeigt ein wellenförmiger Zeiger an. (Foto: Oris, Hölstein)

Armbandwecker der Schweizer Marke Paul Buhré aus
der Mitte der fünfziger Jahre. Die Weckzeit wird in einem
Fenster angezeigt.

Die Cricket GMT aus derzeitiger Produktion von Revue Thommen ist ein Armbandwecker und eine Weltzeituhr. Den Antrieb liefert ein mechanisches Werk mit Handaufzug. Bei dieser Kreation handelt es sich um eine limitierte Auflage.
(Foto: Revue Thommen)

Armbandwecker Lanco-Fon aus dem Jahr 1952.

Armbanduhr mit Musikspielwerk

Musiktaschenuhren sind seit rund 200 Jahren bekannt. Sie kamen zunächst aus Genf und wurden dann einige Jahrzehnte lang auch in Frankreich hergestellt. Diese Uhren besaßen neben dem Uhrwerk noch ein Musikspielwerk, das sich aus einer Melodienwalze, als Kamm gestalteten oder einzeln befestigten Tonzungen, Stiftenscheiben, Laufwerk und eigenem Federhaus zusammensetzte und meist zu einer vollen Stunde anlief, aber auch von Hand ausgelöst werden konnte.

Armbanduhren mit Musikspielwerk waren bisher so gut wie unbekannt, aber es gibt sie offenbar doch, denn das internationale Uhrenauktionshaus Joseph in Mönchengladbach und Düsseldorf hatte bei einer Versteigerung am 23. November 1993 eine Musikarmbanduhr im Angebot. Laut Katalog (Seite 90) ist diese Herrenarmbanduhr mit der Bezeichnung Pedre ein Produkt der Firma Dubois in Le Locle. Das Modell stammt vermutlich aus der Mitte der fünfziger Jahre. In der Mitte ist das rechteckige Plaqué-Gehäuse geknickt, den oberen Teil nimmt die Uhr ein, den unteren das Musikspielwerk. Beim Uhrwerk handelt es sich um ein quergestelltes Formwerk mit 15 Steinen und der Aufzugskrone bei der Stundenmarke 12. Der untere Teil mit dem Mini-Spielwerk und der seitlich angebrachten Aufzugskrone zeigt außen eine farbige florale Darstellung unter Glas. Die Beschreibung der Uhr enthielt keine näheren Angaben über die Melodie des Spielwerks und andere Einzelheiten. Der Ausrufpreis betrug 600 DM.

Armbanduhren mit Schlagwerk

„Ihre Genese läuft in etwa parallel zu den Erfindungen von Göbel und Edison und damit der Verbreitung einer problemlos handhabbaren elektrischen Beleuchtung. So gesehen stellt die Armbanduhr mit Repetitionsschlagwerk an sich einen Anachronismus dar, was auch dadurch zum Ausdruck kommt, daß es, von wenigen Ausnahmen abgesehen, keine eigenständige Entwicklungslinie spezieller Kaliber für die Uhr am Handgelenk gegeben hat. Vielmehr wurden ursprünglich für Damen-Taschenuhren gedachte Repetitionswerke, zunächst auf speziellen Wunsch hin, auch in Armbanduhrgehäuse eingebaut, für Menschen, die Spaß am Besonderen hatten, die sich eine komplizierte Armbanduhr wünschten, der man die herausragenden Fähigkeiten auf den ersten Blick nicht ansieht. Aus diesem Grund blieben Armbanduhren mit Repetitionsschlagwerk bis in die dreißiger Jahre hinein immer Einzelstücke." (Chronoswiss-Katalog 1988)

Nach Betätigen des Repetitionsschiebers schlugen sie die verflossenen Stunden, Viertelstunden und Minuten. Solche Uhren stellten absolute uhrmacherische Meisterleistungen dar. Weniger kompliziert war der Mechanismus für die Viertel- und 5-Minuten-Repetition.

„Das Jahr 1936 brachte die erste genuine Serien-Armbanduhr mit Viertelrepetition, den ‚Driva Repeater', entwickelt und hergestellt von einer in La Chaux-de-Fonds beheimateten Firma. Bis 1944 konnten etwa 1500 rechteckige Armbanduhren dieses Typs verkauft werden." (Chronoswiss)

Es handelte sich um ein preiswertes Modell im Stahlgehäuse. Der Schlag erfolgte mittels Hammer auf eine Feder, für die Auslösung des Schlagwerks gab es einen Hebel bei der Stundenzahl 1. Eingeschalt war ein Formwerk der Größe von $6^{1}/_{2}$ Linien

Jaquemart-Modell von Ulysse Nardin. (Fotos: Ulysse Nardin, Le Locle)

mit 15 Funktionssteinen und ohne Sekundenindikation.

„Zu einem vorläufigen Höhepunkt führte schließlich das Jahr 1948, als die Uhrmacherschule im Vallée de Joux (südwestlicher Ausläufer des Schweizer Jura) ein Uhrwerk mit Minutenrepetition und einem Durchmesser von 6 Linien (13,53 mm) fertigstellen konnte." Und Chronoswiss dann weiter: „Der zweiten autonomen Entwicklungslinie begegnen wir erst in den Jahren 1957/58, als ebenfalls im Schweizer Jura, in Le Locle, 100 Stück einer Armbanduhr mit automatischem Aufzug und Viertelrepetition fertiggestellt und auf den Markt gebracht wurden."

Armbanduhr Jaquemart

Seit dem 18. Jahrhundert wurden immer wieder Taschenuhren gebaut, bei denen auf dem Zifferblatt bewegliche Figuren gegen kleine Glocken zu hämmern schienen, während der Mechanismus des Repetitionswerkes ablief. In Wahrheit kamen die Töne von den angeschlagenen Tonfedern im Innern der Uhr.

Ulysse Nardin stellte 1989 eine miniaturisierte „Glockenspiel"-Uhr für das Handgelenk vor, die San Marco. Das Modell ist eine echte Rarität, die Firma will davon maximal 30 Stück fabrizieren und im Gold- bzw. Platingehäuse anbieten.

Im Jaquemart-Modell von Ulysse Nardin befindet sich ein Repetitionswerk in klassischer Bauart.

Während die Uhr die Stunden, Viertelstunden und Minuten schlägt, sind die Figuren auf dem Zifferblatt in Bewegung, sie erwecken den Eindruck, als würden sie mit Hämmerchen gegen eine Glocke schlagen und diese zum Tönen bringen. Bestückt ist der Figurenautomat von Ulysse Nardin mit einem Kaliber in klassischer Bauweise und mit Handaufzug. Das Zifferblatt aus 18 Karat Gold ist mit tiefblauem Email überzogen. Seine Herstellung ist äußerst zeitaufwendig. Es muß zunächst guillochiert werden, ehe es zum Auftragen des Naturemails mit einem Gänsefederkiel kommt. Dann wird das Blatt bei 840° C gebrannt und anschließend mit Kohle poliert. Dieser Vorgang wird vier-

mal wiederholt. Auch die Zifferblattrückseite muß emailliert werden, damit sich das Blatt nicht wölbt oder verzieht. Pro Arbeitstag schafft der Emailleur nur wenige Zifferblätter.

Astronomische Armbanduhren

Seit etlichen Jahren gibt es Armbanduhren, die neben Datum, Wochentag, Monat, Schaltjahr und Mondphase noch andere Informationen vermitteln. Zu den Zeitmessern für das Handgelenk, die über ausgefallene astronomische Anzeigen verfügen, zählt die Breguet-Kreation mit ewigem Kalender und ewiger Zeitgleichungsindikation. Letztere unterrichtet mit Sektorskala und Zeiger über die tägliche Abweichung des wahren Sonnentages von unserem 24-Stunden-Tag. Durch die elliptische Bahn der Erde um die Sonne ist der Sonnentag unserer Zeit entweder voraus oder ihr gegenüber im Rückstand. Diese Differenz, die als Zeitgleichung bezeichnet wird, variiert von ca. +14 Minuten (um den 12. Februar) bis ca. −16 Minuten (um den 3. November). Nur um den 16. April, den 14. Juni, den 1. September und den 25. Dezember gibt es keine Abweichung, dann ist die Differenz gleich null. Und eben dieser Zeitunterschied kann von der Breguet täglich abgelesen werden.

Ähnliches hat das Sonnen-Ephemeriden-Modell zu bieten, das von Longines 1989 anläßlich des 100. Geburtstages der hauseigenen Bildmarke (stilisierte Sanduhr mit entfalteten Flügeln) auf den Markt gebracht wurde. Dazu die Firmeninformation in einer Jubiläumsschrift:

„Das jüngste Produkt ist eine astronomische Uhr nach exklusivem Patent, die die gesetzliche (oder mittlere) Zeit in Stunden, Minuten, Sekunden anzeigt und ferner auf dem (mit Blockierhebel bei 6 Uhr versehenen) Drehreif die Zeitgleichung, also die wahre Sonnenzeit, angibt. Sie gestattet das Ablesen der Abweichung in Minuten zwischen der Zeit, nach der wir auf Erden hasten und rasten, und der tatsächlichen Sonnenzeit. Technisch gesehen, ist die Uhr eine Ephemeridentafel, die – neben der Stundenwinkeluhr – den Navigatoren der frühen Fliegerei die Standortbestimmung noch vereinfacht hätte. Die neue Sonnen-Ephemeriden von Longines steht ganz im Licht des Sonnenverlaufs. Zwei Fenster bei 12 Uhr geben die Zeiten von Aufgang und Untergang an, synchron zum Datum, das über Fenster bei 3 und 9 erscheint. Bei 6 Uhr wird die Nord- oder Süddeklination der Sonne angezeigt, was zum Beispiel das Ermitteln des Breitengrades erleichtern

oder uns, um es mit Vivaldi zu sagen, harmonisch durch die vier Jahreszeiten führen kann. Das Design des Jubiläumsstücks wurde von einer Fliegeruhr übernommen, die von den Uhrmachern aus Saint-Imier in den dreißiger Jahren gebaut worden war. Im Innern sorgt ein automatisches Werk mit vertraut-traditionellem Ticktack für die erforderliche Präzision.“

Noch komplexere astronomische Vorgänge hat ein Genie unserer Tage – Dr. Ludwig Oechslin – in einer Armbanduhrentrilogie sichtbar und nachvollziehbar gemacht. Er schuf diese Uhren für Ulysse Nardin. Als erstes entstand 1985 das Astrolabium Galileo Galilei. Mit ihm verbeugte sich der Konstrukteur des winzigen astronomischen Präzisionsgetriebes, das auf einem Lager mit 180 Kugeln einmal in 24 Stunden im Gehäuse dreht und für alle Einstellungen nur eine einzige Krone benötigt, vor einem der bedeutendsten Forscher aller Zeiten, dem Italiener Galileo Galilei (1564–1642), der Grundlagen der Mechanik schuf und der Astronomie mit dem Fernrohr neue Möglichkeiten erschloß. Der Begriff Astrolabium steht für ein Instrument zur Messung der Gestirne und Lösung sphärischer Aufgaben.

Auf die Kreation Astrolabium ließ Dr. Oechslin das Planetarium Copernicus folgen. Mit dieser Uhrenschöpfung, deren komplizierter Mechanismus die um die Sonne laufenden Planeten bildlich darstellt, erwies ein Mann unseres Jahrhunderts dem „Reformator“ der Astronomie seine Reverenz. Kopernikus (1473–1543) war es gewesen, der herausfand, daß die Erde wie die anderen Planeten auch um die Sonne kreiste.

Oechslins Armbanduhr verbindet in idealer Weise die alte geozentrische Ordnung des Claudius Ptolemäus, der um 150 in Alexandrien lebte, mit dem heliozentrischen System des Kopernikus.

Die dritte astronomische Armbanduhr aus dem Haus Ulysse Nardin war schließlich das Tellurium

Hochkomplizierte Armbanduhr mit ewigem Kalender, Zeitgleichungs- und Gangreserveanzeiger. Diese interessante Uhrenschöpfung kommt aus dem Haus Breguet. (Foto: Breguet, Le Brassus)

Das Sonnen-Ephemeriden-Modell von Longines aus dem Jahr 1989. Der Zeitgleichungsring besitzt einen sehr markanten Arretierhebel in Höhe der Stundenzahl 6. (Foto: Longines, St. Imier)

Das Astrolabium Galileo Galilei von Ulysse Nardin. Das modifizierte Modell verfügt auch über eine Wochentagsanzeige in Höhe der Stundenmarke VI. (Foto: Ulysse Nardin, Le Locle)

Johannes Kepler, mit dem Dr. Oechslin dem Mathematiker und Astronomen Kepler (1571–1630) ein Denkmal besonderer Art setzte. Im Gegensatz zu den bekannten Tellurien steht bei diesem für das Handgelenk geschaffenen Modell statt der Sonne die Erde im Mittelpunkt, um ihr geographisches Bild voll zur Geltung bringen zu können. Als Basiskaliber diente auch hier der Rotorautomat 2892-2 von ETA. Um die Stoßsicherheit des Telluriumgetriebes zu gewährleisten, wurde die Masse der Räder aus einer speziellen Leichtmetallegierung gefertigt. Durch die zusätzliche Skelettierung der Räder wur-

de eine weitere Gewichtsreduktion um 30 Prozent erreicht. Aber trotz dieser Massenreduktion könnten bei einer starren Getriebeverbindung in Extremfällen zu große Kräfte auftreten, worunter die Zahnräder leiden würden. Um dieser Gefahr gegenzusteuern, wurde ein Rad mit einer Reibungskupplung eingebaut, die so dimensioniert ist, daß bei einer zu starken Winkelbeschleunigung ein Rutschen stattfindet. Der Träger wird dies an einem kleinen Vor- oder Nachgehen der Monatsindikation feststellen, was mit der Kronenposition 2 schnell wieder korrigiert werden kann. Das Uhrwerk wurde mit einer

Als Aggregat dient im Astrolabium und in den anderen astronomischen Armbanduhren von Ulysse Nardin das bewährte und schon legendäre ETA-Kaliber 2892-2. Es präsentiert sich durch den Glasboden in feiner Ziselierung. (Foto: Ulysse Nardin, Le Locle)

Das Tellurium im Kleinformat, eine reizvolle astronomische Armbanduhr. Der Gehäusedurchmesser beträgt 43 mm, der Werkdurchmesser 36 mm, die Werkhöhe findet mit 10,10 mm das Auslangen. (Foto: Ulysse Nardin, Le Locle)

Das Planetarium Copernicus von Ulysse Nardin.

Die Grande Complication für das Handgelenk

Neben Gebrauchsuhren entstanden immer wieder ausgefallene Modelle und Kreationen der Uhrmacherkunst. Es sollte aber mehr als ein ganzes Säkulum verstreichen, ehe die Grande Complication in Armbanduhrgröße vorlag. Sie kam 1990 aus Schaffhausen. In dieser Uhrenschöpfung von IWC beansprucht das Automatikwerk mit seinen hochkomplizierten Zusatzfunktionen und dem Durchmesser von 30 mm nur eine Höhe von 11 mm, obwohl die Mechanismen aus 614 Bestandteilen bestehen. Die gesamte Uhr ist nicht dicker als 16,30 mm. In ihr vereint sind neben der Zeitanzeige ein Chronograph, ein ewiger Kalender, eine ewige Mondphasenanzeige und eine Minutenrepetition.

Das Meisterstück aller Meisterstücke folgte 1993 mit der Destriero Scafusiae. Bei dieser IWC-Kreation kamen zu den komplizierten Minimechanismen noch ein Tourbillon und ein Doppelzeigerchronograph dazu. Und das bei Gehäusemaßen von 42 mm Durchmesser und einer Höhe von 18 mm.

Audemars Piguet wußte in seiner Triple Complication von 1992 in einem Automatikwerk Piguet 2880 von 7,80 mm Höhe 650 Bauteile unterzubringen. Triple steht für ewiger Kalender, Chronograph und Minutenrepetition. Die Uhr mit 42 mm Durchmesser und der Höhe von 11,95 mm zählt mit 475.000 DM zu den teuersten Serienfabrikaten. Im Preis darüber liegt die Ref. G 4013 von Gérald Genta. Sie kostete bereits 1991 653.000 DM. Das Genta-Modell ist – wie die Triple Complication – ohne jedweden Brillantenbesatz, was sie so teuer macht, liegt ausschließlich in der Mikromechanik, die in diesem Fall aus einem Automatikwerk mit Tourbillon, Weltzeitindikation, ewigem Kalender und Minutenschlagwerk besteht.

Korrektureinrichtung für das Telluriumgetriebe versehen, die es erlaubt, die astronomischen Anzeigen unabhängig vom Minuten- und Stundenzeiger zu verstellen. Dies geschieht rund 80mal schneller als beim Zeigerstellen. Es ist somit möglich, nach längerem Nichtbenützen der Uhr die astronomischen Daten ohne großen Zeitaufwand nachzustellen.

Gérald Genta zählt zu den großen Uhrmacherpersönlichkeiten unserer Tage. Wie manch anderer Uhrenkünstler arbeitete auch er lange Zeit bei Schweizer Luxusuhrenherstellern, ehe er seinen ganz persönlichen Weg einschlug und Uhren zu entwerfen und herzustellen begann, die seinen Namen tragen. Er wollte aus der Anonymität heraustreten, denn wer wußte schon, daß die Royal Oak von Audemars Piguet und die Nautilus von Patek Philippe von ihm waren. 1972 erwarb Genta zwei kleine Manufakturen in Genf und Le Brassus. Zunächst arbeitete der Firmeninhaber zwar noch für andere Manufakturen, aber daneben schuf er bereits kostbare Einzelstücke und die Voraussetzungen für die eigene Serienproduktion. Die stilisierten Initialen GG bilden heute die Brücke seiner Tourbillon-Modelle.

Aus dem Haus Blancpain kommt gleichfalls eine Grande Complication. Insgesamt werden es 30 Stück sein, der Preis je eine Million DM. Die Uhr im Platingehäuse verfügt über einen ewigen Kalender, Doppelzeigerchronograph, Tourbillon, Minutenrepetition, Automatikkaliber. *UM 3/91*

Mechanische Armbanduhren mit beleuchtetem Zifferblatt

Die beiden Wünsche, elegantes Zifferblatt und Leuchtziffern, haben sich nie vereinen lassen. Bei der Lösung des Problems der Zeitablesung im Dunkeln verfiel die Uhrenfabrik Ad. Allemann Fils AG, Welschenrohr/Solothurn, auf die Idee, das Zifferblatt des Armbanduhr-Modells Tourist elektrisch zu beleuchten. Die *Everlight* wurde 1957 vorgestellt und war auch als Mini-Taschenlampe verwendbar. Das winzige Lämpchen oberhalb der 12 hatte nicht einmal die Größe eines Stecknadelkopfs und wurde durch eine Batterie im Gehäuseboden gespeist. Der Akkumulator konnte ohne Demontage mit einer

gewöhnlichen 1,5-Volt-Batterie wieder aufgeladen werden. Für eine Teilaufladung genügten etwa fünf Sekunden, eine volle Aufladung erforderte bis zu fünf Stunden. Der Akkumulator hatte theoretisch mindestens eine Lebensdauer von zehn Jahren. Bei Auswechseln der Stromquelle war der ganze Gehäuseboden auszutauschen. Die Batterie war zugleich der Pluspol, den Minuspol bildete der isolierte kleine Drücker in Höhe der 2. Die Brenndauer der Glühbirne wurde mit 10.000 Stunden angegeben. Für die Benützung wurde empfohlen, die Stromquelle nur drei bis vier Sekunden zu belasten und die Lampe erst nach einer kurzen Pause wieder einzuschalten. Bei Ausfall der Birne war ein Plexiglasring mit eingebetteter Lampe zu ersetzen. Die Uhr hatte einen Durchmesser von 34,50 mm, wasserdichtes Gehäuse, ein stoßgesichertes Werk (11½''') mit bruchfester Feder und Zentralsekunde. Die *Everlight* war auch in 18 Karat Gold erhältlich. *DUM 6/57*

Ernest Borel & Cie, Neuenburg, nannte ein Jahr danach sein Modell *Flash*. Bei dieser Armbanduhr wurde eine indirekte und blendfreie Beleuchtung der Minuterie gewählt, bei der auch die Dauphine-Zeiger genügend erhellt waren. Die Wartung der Stromquelle erfolgte auch hier über ein einfaches Aufladegerät, das mitgeliefert wurde. Es war während einiger Stunden auf eine gewöhnliche Stablampe mit einer Batterie von drei Volt oder zwei Batterien zu je 1,5 Volt aufzuschrauben, sodann funktionierte die Beleuchtung der *Flash*-Uhr wieder bis zu 12 Monaten. „Dieser Vorgang" – hieß es – „kann mehrere hundertmal wiederholt werden, ohne daß der Akkumulator irgendwelchen Schaden erleidet oder der Gang der Uhr beeinflußt wird, der von jedem elektrischen Einfluß unabhängig ist."

Die *Flash* von Borel besaß ein wasserdichtes Gehäuse, war mit einem antimagnetischen Werk mit 17 Steinen, unzerbrechlicher Zugfeder, Stoßsi-

Die Tourist Everlight aus dem Jahr 1957.

cherung und Zentralsekunde versehen. Den Drücker hatte sie gleichfalls bei der 2. *DUM 9/58*

Giroxa stellte sich 1968 mit einer Herren-Armbanduhr ein, die ebenfalls über eine autonome Lichtquelle verfügte und ein Beleuchten des Zifferblattes ermöglichte. *duz 5/68*

Mechanische Armbanduhren mit elektronischem Weckton

Auf der Basler Mustermesse 1972 stellte die Nepro Watch, La Chaux-de-Fonds, zwei mechanische Armbanduhren mit Wecker vor, die *Memotron* und die *Elevox*. Das mechanische Läutwerk war durch einen elektronischen Summer ersetzt. Der Energiespender war eine 1,5-Volt-Batterie mit 7,80 mm Durchmesser, 3,60 mm Höhe und einer Lebensdauer von einem Jahr bei normalem Gebrauch. Wurde der Summer nicht vorzeitig abge-

stellt, blieb er fünf Minuten lang mit beachtlicher Schallintensität in Tätigkeit.

Die Memotron war eine mechanische Uhr (ETA-Kaliber *2671*, 28.800 Schwingungen in der Stunde, Gangreserve mindestens 45 Stunden, Automatik, Sekundenstoppvorrichtung, Incabloc-Stoßsicherung, Kalender) mit einer Weckeinrichtung, zu der eine an beiden Enden befestigte Klinge gehörte, die durch einen transistorierten Oszillator in Schwingung versetzt wurde. Die Klinge gab die Vibrationen an eine 0,04 mm starke Membran weiter, die zum akustischen Generator wurde. Der Summer arbeitete unabhängig vom Uhrwerk. Das Gehäuse bestand aus einer Stahllunette, einem Fiberglasmodul und dem Uhrglas, die drei Teile waren eine wasserdichte Einheit. Werk, Summer und Batterie waren in getrennten Kammern untergebracht, wobei die elektrischen Kontakte in das nichtleitende Gehäuse eingelassen waren. Der Summer bestand aus folgenden Elementen: einem Träger mit Kern aus Reineisen, einer Doppelspule, zwei neben der Spule angeordneten Dauermagneten, einer gedruckten Schaltung mit je einem Transistor, Widerstand und Kondensator sowie einer Klinge und der Schallmembran.

Bei der *Elevox* (Kaliber FHF, Handaufzug, 21.600 Schwingungen) bildete das Uhrglas den Resonator. Es erzeugte durch Vibration den Ton.

Die Verbindung zwischen der eingestellten Weckzeit und dem Summer stellte der Rotocontact her. Er setzte sich aus einer Kontaktfeder und einem Plastikzahnrad mit Kontakt zusammen. Über dieses Rad erfolgte die Weckzeiteinstellung durch einen Knopf am Gehäuse. Der Rotocontact war an der Unterseite des Zifferblattes montiert, über das der Strom von der Batterie zum Summer geführt wurde, ohne Drähte verwenden zu müssen.

Das Gehäuse der Elevox war aus Stahl und hatte einen aufgeschraubten Boden. *U-J 10/72*

Das Vorgängermodell dieser Uhren war der Armbandwecker *Zanzara*, der erste mit einem elektronischen Summer überhaupt. Um für ihn Platz zu schaffen, durfte die Uhr nur einen Teil des rechteckigen Gehäuses einnehmen. Wurde der Wecker nicht vorzeitig abgestellt, blieb er zehn Minuten in Betrieb. Auch wenn er mehrmals am Tag gebraucht wurde, reichte die Batterie etwa für ein Jahr. *Zanzara*-Steckbrief: Elektronischer Weckton, transistorisiert, Miniaturbatterie mit 1,5 Volt, Lautstärke 80 dB. Der Preis betrug DM 276,–. *duz 1/71, U-J 10/72*

Elektrische Armbanduhren

Bei der elektrischen Armbanduhr, die 1957 Serienreife erlangt hatte und dann auch vom Uhrenhandel angeboten wurde, ersetzte die kraftspendende Zugfeder eine Knopfbatterie. Obwohl zu dieser Zeit hochwertige Zugfedern und optimale automatische Aufzugssysteme zur Verfügung standen, ka-

men verschiedene Firmen dennoch mit einer solchen Uhr auf den Markt.

Bei der elektrischen Armbanduhr waren zwei große Probleme in den Griff zu bekommen:
1. Unterbrecherkontakte, die der enormen Beanspruchung durch Funkenerosion standhielten, da sie sich jeden Tag 200.000mal zu öffnen und zu schließen hatten, und
2. eine leistungsfähige und sich nicht zu rasch erschöpfende Miniaturbatterie, um die Energieversorgung sicherzustellen.

Von den Pionieren, die die Entwicklung vorantrieben und Serienreife anstrebten, gewann schließlich die amerikanische Hamilton Watch Co. den Wettlauf. Hamilton war stolz auf sein neues Fabrikat. „The name is Hamilton, the watch is Electric", hieß es im Katalog für 1959/60. „The world's first electric watches" wurden in mehr als einem Dutzend neu gestalteter, zum Teil futuristisch anmutender Gehäuse angeboten. Das teuerste Modell war die Ventura 1 im 14-Karat-Goldgehäuse mit weißem oder schwarzem Zifferblatt aus Sterlingsilber. Der Preis betrug 200 US-Dollar. Das Einstiegsmodell Victor kostete 89 US-Dollar. Das Kaliber trug die Bezeichnung 500. Bei ihm handelte es sich um ein 12steiniges Werk mit 28 mm Durchmesser, einer 1,5-Volt-Batterie und 18.000 Halbschwingungen der elektrodynamisch angetriebenen Unruh pro Stunde.

Ein deutsches Modell bildete die Eperlein 100 Electric, sie war in Zusammenarbeit mit Hamilton entstanden.

Das Kaliber R 27 des französischen Herstellers Lip bezog die Energie aus zwei Batterien, die Unruh machte 18.000 Halbschwingungen pro Stunde. Das Formkaliber der Timex Lady Electric (30 x 15 x 10 mm) führte pro Stunde 21.600 Halbschwingungen aus, ebenso der Junghans-Chronometer Dato-Chron, das deutsche PUW-Kaliber war hingegen mit 28.800 ein Schnellschwinger, die Frequenz betrug das Anderthalbfache einer normalen Uhr.

Von der Schweizer Ebauches AG wurde die Rohwerkefabrik in Landeron mit der Herstellung eines solchen Kalibers betraut. Es hieß L 4751. Seine technischen Daten: elektromechanisches Rundkaliber, Ø 25,60 mm, Bauhöhe 4,35 mm, Zentralsekunde, Unruhstoppung. Es kam sicher nicht von ungefähr, daß dieses Produkt im umfangreichen Ebauches-Katalog von 1963 erst im letzten Abschnitt behandelt wurde.

Die elektrische Armbanduhr stellte zwar unter Beweis, daß sie alltagstauglich war, aber sie kam schon deshalb gegen die Automatikmodelle nicht auf, weil bei ihr Energie nicht kostenlos und unbeschränkt zur Verfügung stand. Der Träger einer elektrischen Armbanduhr mußte sich erst daran gewöhnen, daß der Batteriewechsel in verhältnismäßig kurzer Zeit fällig wurde, dieser mit Ausgaben verbunden war und den Weg zum Uhrmacher erforderlich machte. Die Erneuerung des Energieträgers ließ sich nicht hinauszögern wie etwa die Reinigung und Ölung der Uhr, was oft ein Jahrzehnt lang unterblieb.

„Stimmgabel"- Armbanduhren

Technologisch gesehen folgten sie auf die elektrischen Armbanduhren, und sie leiteten dann über zu den Quarzarmbanduhren mit Niederfrequenz. Ihren Namen haben sie vom Schallresonator in Form einer Stimmgabel, die die Funktion der Unruh wahrnahm. Eine elektronische Schaltung versetzte mit Hilfe zweier Elektromagnete die Stimmgabel in Schwingung. Die Frequenz betrug 360 Hertz, das war das 144fache einer normalen Uhr. Das rhythmische Ticken, das einem von jeder Uhr her vertraut war, war einem ständigen Sum-

Das Modell Spaceview der Accutron von Bulova.

men gewichen. An den Gabelenden befanden sich zwei winzige Schaltzungen, die über die Zähne eines Rades rutschten und dieses in Bewegung setzten. Dieses Schaltrad hatte bei Bulova z. B. einen Durchmesser von nicht einmal drei Millimetern, verfügte aber über 300 Zähne.

Das erste Stimmgabelmodell war 1960 die Accutron von Bulova. Sie beherrschte über ein Jahrzehnt lang den Markt und wurde sehr bekannt. Zur Wortmarke kam auf das Zifferblatt und bei Uhren mit Krone auch auf diese ein stilisierter Metallbiegeschwinger als besonderes Erkennungszeichen. Vor allem im Gedächtnis blieb die Spaceview mit skelettiertem Zifferblatt, wodurch man einen freien Blick auf das Werk mit Oszillator und Elektromagneten hatte. Die Stimmgabel mit ihrer Länge von 25 mm bildete hierbei den Blickfang.

*Das Accutron-Kaliber 214 nach der Demontage der
rückseitigen Werkplatte. Gut zu sehen die Stahlstimmgabel
und die beiden Elektromagnete. (Aus Bedienungsanleitung
der Accutron Serie 214)*

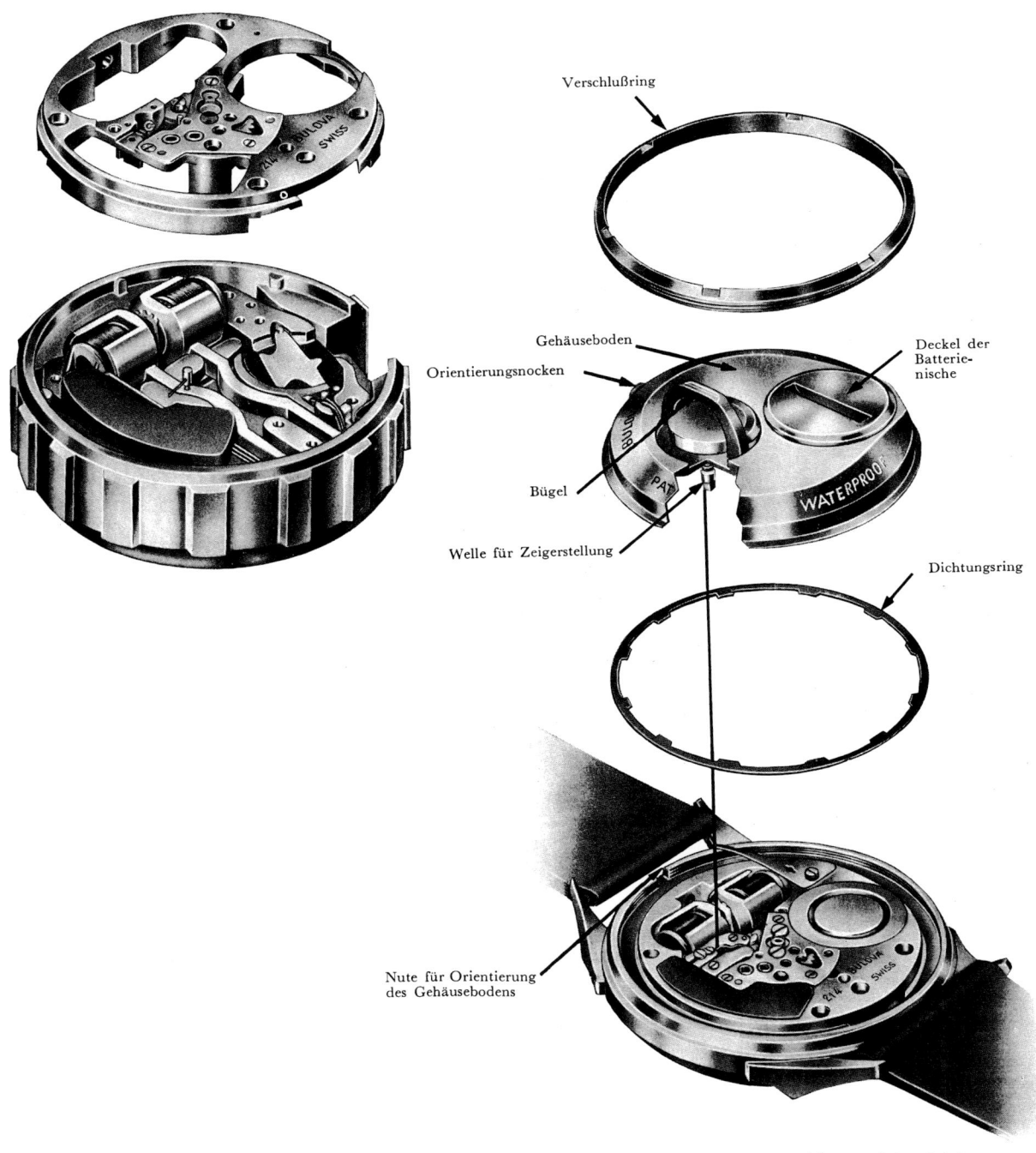

Verschlußring

Gehäuseboden

Orientierungsnocken

Deckel der
Batterie-
nische

Bügel

Welle für Zeigerstellung

Dichtungsring

Nute für Orientierung
des Gehäusebodens

*Die Rückseite der Herren-Accutron mit Kaliber 214. Im Gehäuse-
deckel eingelassen der Batteriedeckel und der Zeigerstellbügel.
(Aus Bedienungsanleitung Bulova Accutron Serie 214)*

Die frühe Accutron gehörte zu den Armbanduhren ohne Aufzugskrone. Zum Zeigerstellen besaß
sie auf dem Gehäuseboden einen aufklappbaren
Bügel. Das Klinkensystem, welches die Bewegungen
der Stimmgabel auf das Räderwerk übertrug, enthielt Teile, die so klein waren, daß sie mit dem
bloßen Auge nicht wahrgenommen werden konnten. Der Uhrmacher mußte daher bei Überprüfung
der Funktion ein Mikroskop zu Hilfe nehmen. Die
Justierung konnte indes mit einer Uhrmacherlupe
bewerkstelligt werden.

Die Gangabweichung betrug im Monat etwa
± 1 Minute.

Die Accutron war eine Erfindung des Wissen-
schaftlers Max Hetzel, Jahrgang 1921. Der Basler
Physiker arbeitete ab 1951 bei Bulova in Biel und
nahm den Prototyp einer Stimmgabeluhr 1954 in
Erprobung. Hetzel übersiedelte noch in den fünfziger Jahren nach den USA zu Bulova in New York, wo
er dann auch für die NASA tätig war.

Ab 1968 gab es von der Accutron Kalendermo-
delle, ab 1969 auch Ausführungen mit Angabe des
Wochentags sowie Modelle für Taucher und Welt-
reisende. 1971 kam die Astronaut Mark II für Leute
auf den Markt, die sich für eine Armbanduhr mit
zwei Zeitzonen interessierten. „Wir haben unsere
Bulova Accutron Herrenuhr-Kollektion vergrößert",
hieß es in der Werbung von 1972, „so daß sie nun
insgesamt 95 verschiedene Modelle umfaßt." Die
Russen bauten unter der Bezeichnung Slava eine
Kopie der Accutron.

Die Werbung von 1972 enthielt auch eine er-
freuliche Mitteilung für die Damenwelt: „Und dann
brachten wir die erste Kollektion von Mini-Stimm-
gabeluhren für Damen; diese gelangen demnächst
ausschließlich bei den Bulova-Konzessionären in
den Verkauf."

Die Damen-Accutron besaß eine Zeigerstellkrone bei der Stundenmarke 4, die auch für die Da-

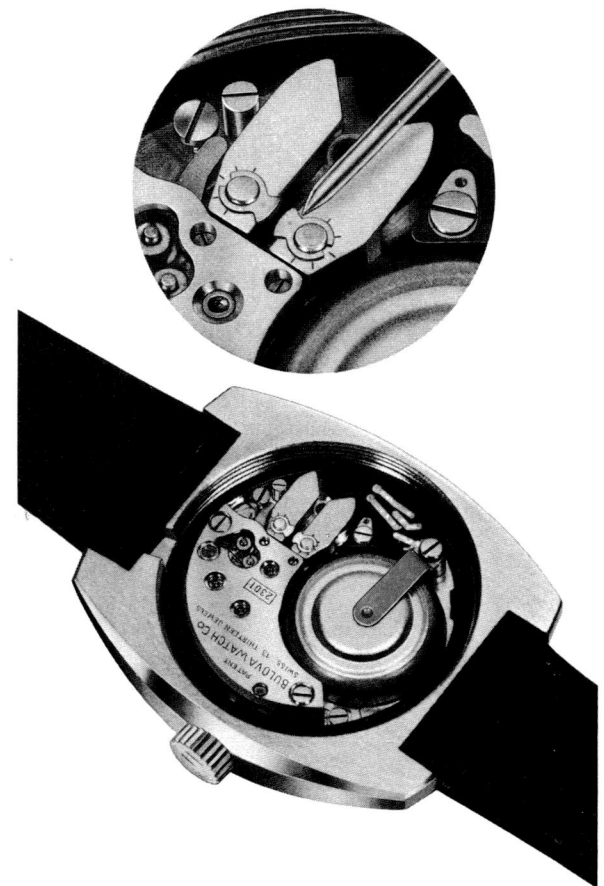

*Blick auf eine Damen-Accutron vom Kaliber 2301 mit dem
Regulierorgan in starker Vergrößerung. Das Verschieben
einer der beiden Reguliermassen um eine Skalenteilung
ergab eine Korrektur von 4 Sekunden. (Bedienungsanleitung Bulova Accutron Serie 230 aus dem Jahr 1972)*

tumschnellschaltung verwendet wurde. Die Kaliberserie hatte die Bezeichnung 230 und bestand
aus zwei Werkgrößen (Ø 19,40 und 23,30 mm). Die
Höhe betrug 5,20 mm; das Werk hatte 13 Funktionssteine, die Frequenz war auf 480 Hertz erhöht
worden. Die Kaliberfamilie setzte sich zusammen
aus den Varianten

2300   (kleinere Ausführung, ohne Sekunde),
2301   (mit Zentralsekunde),
2302   (mit Zentralsekunde und Datumsanzeige),
2303   (zusätzlich Wochentagsanzeige),

2312 (größere Ausführung, Zentralsekunde,
      Datumsanzeige) und
2313 (zusätzlich Wochentagsanzeige).

    In der Entwicklungsgeschichte der elektronischen Armbanduhren spielte die Stimmgabel-Konstruktion noch mehrmals eine Rolle. ESA verwendete in der Swissonic 100 eine kompensierte Metallstimmgabel mit einer Frequenz von 300 Hertz, Transistoren, Rad und Sperrkegel; Junghans setzte 1972 erstmals eine Quarzstimmgabel mit 8192 Hz, integrierter Schaltung und Schrittmotor ein, Seiko später eine Quarzstimmgabel mit 16.384 Hz, integrierter MOST-Schaltung und Schrittmotor. Der japanische Hersteller Ricoh erhöhte die Frequenz seiner Quarzstimmgabel auf 32.768 Hz. Am Ende dieser Entwicklung stand die Accuquarz von Bulova, ein Werk mit Miniquarzstab, 32.768 Hz, integrierter MOST-Schaltung und Steuerung der Zeitanzeige durch Stimmgabel und Sperrkegel. Siehe Schautafel „Elektrische und elektronische Uhren" auf den Seiten 100/101.

Quarzarmbanduhren

    Eine herkömmliche mechanische Armbanduhr setzt sich aus folgenden Baugruppen zusammen:
1. der Energiequelle und dem Übertragungssystem für die Energie,
2. dem Schwingmechanismus zur Zeitaufteilung,
3. dem Mechanismus, der die Verbindung zwischen Zeitaufteilung und Zeitanzeige herstellt, und
4. der Zeitanzeige.

    Die Kraftquelle lieferte die Aufzugsfeder. Diese wurde entweder mittels Hand und Krone oder beim Automatikmodell durch eine Schwingmasse aufgewunden. Diese Feder war zusammengerollt ins Federhaus gebettet. Ihre Energie wurde über drei Räder auf das Ankerrad, den Anker und von dort auf

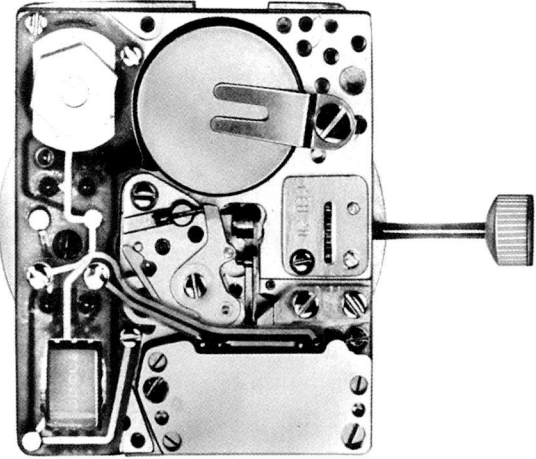

Das erste Quarz-Armband-Uhrwerk aus dem Jahre 1967 des Zentrums für elektronische Uhrenforschung in der Schweiz, das Beta 21.

die Unruh mit Spiralfeder übertragen. Die Folge davon war, daß die Unruh in Schwingungen versetzt wurde. Deren Aufgabe bestand darin, den unkontrollierten raschen Energieverbrauch zu hemmen, ihn in geregelte Bahnen zu lenken, also die Geschwindigkeit der Räder zu regulieren, und die Bewegungsabläufe in gleiche Zeiteinheiten zu teilen. Die Präzisionsarbeit des Schwingmechanismus wurde schließlich auf die Zeiger übertragen und so die Zeit ablesbar gemacht.

Die Quarzarmbanduhr arbeitete zwar nach dem gleichen Prinzip, setzte aber andere Mittel ein. An die Stelle der kostenlosen Energie, gewonnen aus der gespannten Feder, trat als Kraftspender eine Minibatterie, die natürlich nicht unbegrenzt und letzten Endes auch nicht gratis Energie zur Verfügung stellte, da sie bei Erschöpfung der Energiereserven ausgewechselt werden mußte. Die Kraftübertragung ging nun ohne Räder vor sich, und die Zeitaufteilung übernahm ein Quarzresonator. Wurde ein Quarzkristall in einem bestimmten Winkel geschnitten und an eine entsprechende Stromquelle angeschlossen, produzierte er konstante Schwingungen. Nach verschiedenen Entwicklungsstufen entschied man sich allgemein für eine Schwingungszahl von 32.768 pro Sekunde! Diese enorm hohe Frequenz reduzierte die Gangabweichungen auf ein Maß, das bei Räderuhren unvorstellbar gewesen wäre.

Dieser Quarz wurde bald synthetisch hergestellt und befindet sich heute vakuumverpackt in einer zylindrischen Kapsel. Dadurch werden Energieverluste vermieden, und wechselnder Luftdruck kann sich nicht negativ auf die Schwingfrequenz auswirken. Dieser Zylinder hat jetzt nur noch einen Durchmesser von einem bis zwei Millimeter und eine Länge von etwa fünf Millimetern.

Um den irrsinnig schnell schwingenden Quarz praktisch einsetzen zu können, war es nötig, seine Schwingungen so lange zu halbieren, bis es exakt ein Impuls pro Sekunde war. Diese Maßarbeit besorgte der integrierte Schaltkreis (IC). Er besteht heute aus einer unglaublich großen Anzahl elektronischer Komponenten, zusammengefaßt auf wenigen Quadratmillimetern. Der integrierte Schaltkreis bildet das eigentliche Herz der Quarzuhr. Der Sekundenimpuls wird als Stromstoß über ein Magnetfeld auf den Schrittschaltmotor weitergegeben. Im Wege der traditionellen Analoganzeige wird die-

ser elektronische Impuls, den der Schrittschaltmotor in einen mechanischen Bewegungsschritt umwandelt, wieder sichtbar gemacht. Von außen gleicht die elektronische Uhr heute einer mechanischen.

Das Display mit numerischer Anzeige kam rasch aus der Mode, bei Uhren ohne besondere Zusatzfunktionen kehrten die Fabrikanten zum gewohnten Zifferblatt mit den klassischen Zeigern zurück.

Hochfrequenz-Quarzarmbanduhr

Obwohl jede Quarzarmbanduhr in bezug auf Ganggenauigkeit einen Chronometer darstellt, gab sich Omega mit diesem Entwicklungsstand nicht zufrieden und erhöhte die Quarzfrequenz auf 2,400.000 Hertz pro Sekunde. Der Prototyp der Omega-*Megaquartz* wurde anläßlich der Mustermesse Basel 1970 der Öffentlichkeit vorgestellt. Nach Konstruktionsänderungen und Verbesserungen für die Serienfertigung wurde die *Megaquartz 2400* in die Baureihe Omega *Constellation* aufgenommen. Über die Uhr wurde auf einer Pressekonferenz im Februar 1973 in Biel und im November desselben Jahres in Lausanne auf dem 48. Kongreß der Schweizer Chronometrie-Gesellschaft berichtet. Sie wurde 1974 in kleinen Stückzahlen gefertigt und zum Verkauf freigegeben. *NUZ 7/74*

Die Verwendung des Hochfrequenzquarzes erforderte eine elektronische Mikroschaltung, deren Stromverbrauch gering genug war, um mit einer Normalbatterie eine Laufzeit von etwa 15 Monaten zu erreichen. Die Verwendung von Schaltungen aus der 1. Generation der Niederfrequenz-Quarzuhren hätte einen 20- bis 50mal höheren Strombedarf bedeutet. Es mußten deshalb neue Lösungen gefunden werden, wie der Einsatz eines Transformators zur Analogteilung der Quarzschwingungen, und im Bereich der integrierten Schaltungen mit minimalem Stromverbrauch waren fortschrittliche Techniken ebenfalls unvermeidbar. Die Schaltungen wurden mit Intersil-Cupertino entwickelt. Das Omega-Werk wurde nach dem Baukastensystem konstruiert und bestand aus drei Einheiten, dem Quarz-Modul, dem Motor-Modul und dem Zeitanzeige-Modul. Die Abmessungen des Hochfrequenzwerkes betrugen 31 x 25,6 x 6,00 mm. Auf einer Fläche von vier Quadratmillimetern waren 400 Transistoren angeordnet. *NUZ 5/73*

Der Quarz in Form einer linsenförmigen Scheibe arbeitete als Dickenscherungsschwinger. Da der Rand an der Schwingung nicht teilnimmt, war die Halterung kein Problem, und sie blieb ohne Einfluß auf das Schwingungsverhalten. *NUZ 3/74*

Solar-Armbanduhren

Nachdem sich die vollelektronische Armbanduhr durchgesetzt hatte, stellten findige Köpfe Überlegungen an, ob es eine Möglichkeit gab, die Batterie durch eine Energiequelle zu ersetzen, die sich nicht nach einer gewissen Zeit erschöpfte. Ihnen schwebte ein Uhrentyp vor, der sich selbst mit Energie versorgte.

Das Ergebnis war die Solar-Armbanduhr. 1974 hörte man von einem japanischen Prototyp, der mit Sonnenenergie gespeist wurde. Ein Jahr danach überraschte ein amerikanisches Unternehmen mit einem serienreifen Modell. Die Armbanduhr war als Nebenprodukt des NASA-Forschungsprogrammes entstanden. Anstelle des Zifferblattes gab es zwei Felder, über die die Selenzellen durch Tages- oder Kunstlicht mit Energie versorgt wurden. Sie wurde zwei NICAD-Batterien zugeführt, die ihrerseits dafür sorgten, daß der Quarz-Oszillator in eine Schwingung von 32.768 Hertz versetzt und die Uhr

in Gang gehalten wurde. Die Lebensdauer dieser Batterien gab man mit etwa zehn Jahren an. Waren die Batterien dieser Solar-Quarz-Armbanduhr voll aufgeladen, gewährleisteten sie die Funktion des elektronischen Systems bis zu einem halben Jahr. Zur Energiesicherung genügte es, die Selenzellen täglich 10 bis 15 Minuten dem Sonnenlicht auszusetzen oder in den Lichtkegel einer elektrischen Lampe zu legen. Sie werden sich unterdessen gefragt haben, wie man denn die Zeit von der Sonnenenergie-Armbanduhr ablesen konnte, wenn sie oben kein Display besaß. Nun, dafür gab es über dem Bandanstoß der dem Körper zugekehrten Seite ein schmales, längliches Feld. Die Anzeige erfolgte digital, jedoch nicht permanent. In Vertiefungen der Seitenflächen gab es je einen Schubschalter für folgende Funktionen:

Stunden-Schnellschaltung (links),
Sekundenangabe (links),
Stunden- und Minutenangabe (rechts) und
Datumsangabe (rechts).

Die Vorrichtung für die Korrekturschaltung befand sich auf der der Field-Effekt-Anzeige gegenüberliegenden Seite. Das Quarzwerk war in eine Hülle aus Lexan – einem sehr widerstandsfähigen Kunststoff – wasserdicht verpackt. Getragen wurde die Solaruhr mit einem bis 20 Atmosphären Druck standhaltenden Stahlgehäuse und Stahlband. *U-J 5/75*

Citizen, Tokio, brachte im August 1976 eine Solar-Armbanduhr mit Analoganzeige auf den Markt. Die *Quartz Crystron Solar Cell* glich äußerlich einer traditionellen Armbanduhr mit Handaufzug. Für die Datums- und Wochentagsanzeige gab es ein Fenster bei der 3. Für die Energieaufnahme durch Lichteinwirkung war der restliche Teil des Zifferblatts mit seinen vier rechteckigen Feldern bestimmt. Auch diese Uhr wurde im Stahlgehäuse und mit Stahlband angeboten.

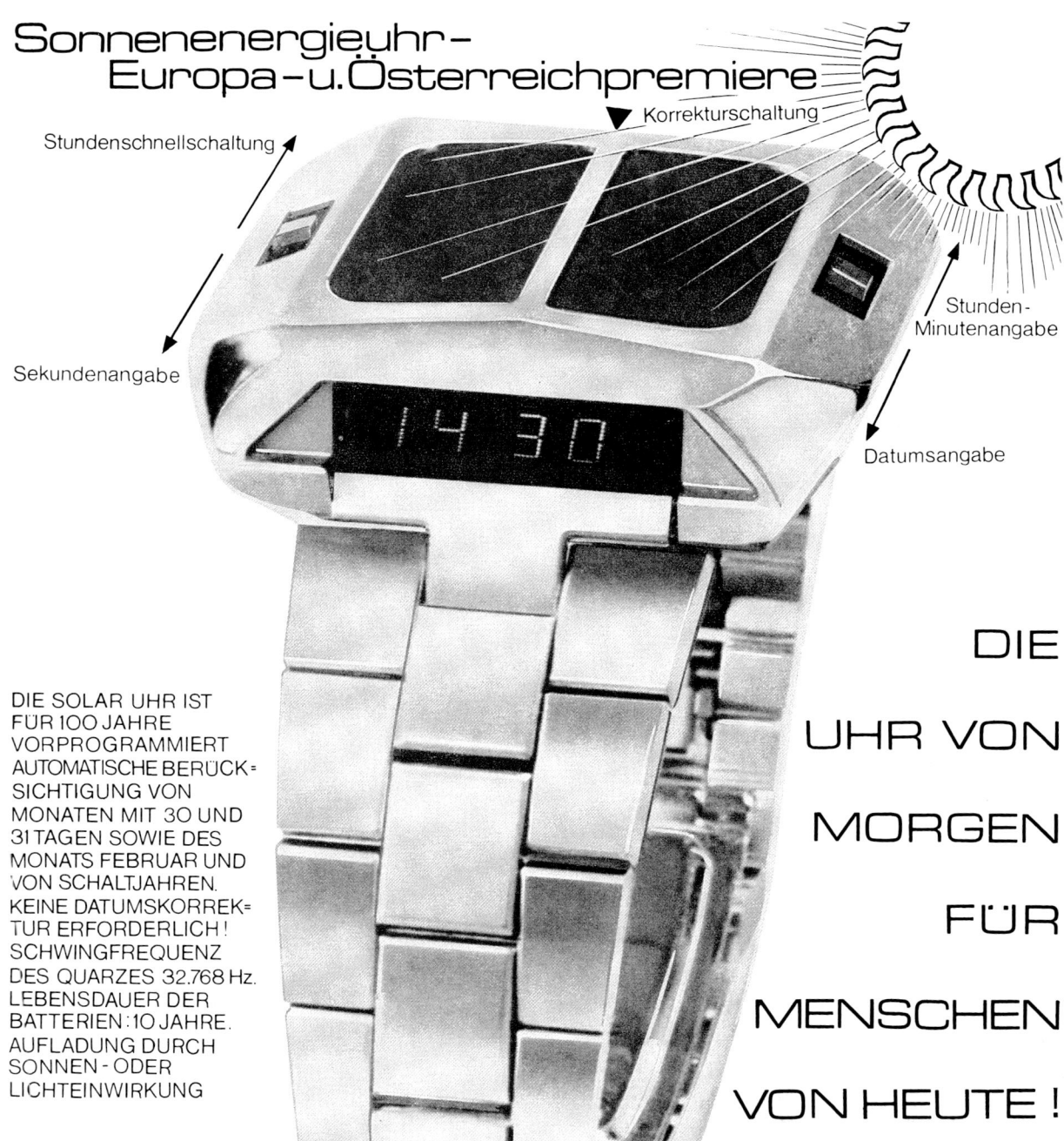

Sonnenenergieuhr –
Europa – u. Österreichpremiere

Korrekturschaltung

Stundenschnellschaltung

Sekundenangabe

14 30

Stunden-
Minutenangabe

Datumsangabe

DIE SOLAR UHR IST
FÜR 100 JAHRE
VORPROGRAMMIERT
AUTOMATISCHE BERÜCK=
SICHTIGUNG VON
MONATEN MIT 30 UND
31 TAGEN SOWIE DES
MONATS FEBRUAR UND
VON SCHALTJAHREN.
KEINE DATUMSKORREK=
TUR ERFORDERLICH !
SCHWINGFREQUENZ
DES QUARZES 32.768 Hz.
LEBENSDAUER DER
BATTERIEN : 10 JAHRE.
AUFLADUNG DURCH
SONNEN - ODER
LICHTEINWIRKUNG

DIE

UHR VON

MORGEN

FÜR

MENSCHEN

VON HEUTE !

Einschaltung in einer Fachzeitschrift im Juni 1975, mit welcher für den neuen Typ Solar-Armbanduhr geworben wurde.

Eine andere Solaruhr für das Handgelenk stammte 1976 von Christalonic Computer, Otto-brunn. *gz 6/76*

Der *Xernus-Solar*-Chronograph der Sunrex Corporation, Taipei, Taiwan, war eine Multifunktionsuhr mit Alarm, Wochentags- und Datumsanzeige sowie Kurzzeitmessung. *es 12/79-1/80*

Ein ähnliches Modell trug die Markenbezeichnung Darwil (Précision Horlogère, Biel). *es 12/79-1/80*

In der Buler-Kollektion von 1982 gab es unter Ref. *3095* eine LCD-Solar-Armbanduhr im Stahlgehäuse, die über Wochentagflagge, Dual Time, Melodie-Alarm und Chronographenfunktionen verfügte.

Armbanduhr mit Thermogenerator

In der zweiten Hälfte der siebziger Jahre begann sich Bulova mit einer Quarzarmbanduhr zu beschäftigen, der die Körperwärme als Energielieferant dienen sollte. 1982 kam die *Thermatron* in den Handel. Der Thermoteil setzt sich aus drei Komponenten zusammen:

1. Warme Quelle: Sie besteht in der Wärmeaufnahme durch den Gehäuseboden im Kontakt mit der Haut des Trägers.

2. Kalte Quelle: Der gegenüber dem Gehäuseboden isolierte obere Teil des Gehäuses liefert durch Wärmeabgabe nach außen die erforderliche Temperaturdifferenz.

3. Wandler: Der thermoelektrische Wandler nutzt den Temperaturunterschied zwischen den beiden Quellen und erzeugt elektrische Energie.

Die in den Thermoelementen erzeugte Spannung wird durch eine aufwendige Elektronik auf die benötigte Betriebsspannung der Uhr gebracht. Hierbei wird die überschüssige Leistung einem Ak-

Die Thermatron von Bulova mit ihrem gefälligen Design. Das Zifferblatt ist sehr klar gestaltet: Minuterie, Stundenmarken und Zeiger vermitteln einen harmonischen Eindruck. Die zarte Sekunde aus der Mitte besitzt ein Gegengewicht.

kumulator zugeführt, der sie speichert. Die Elektronik überwacht den Ladestrom. Die Körpertemperatur des Trägers von etwa 37 Grad vermag der Uhr mehr als 1000 Mikrowatt thermische Leistung zuzuführen. Der Verbrauch der Quarzuhr beträgt ungefähr 2 Mikrowatt. Der von Bulova gebaute Thermogenerator gibt 8 bis 12 Mikrowatt ab, somit ist jeder Energienotstand ausgeschlossen.

Die neue Uhr wurde zunächst auf dem amerikanischen Markt angeboten.

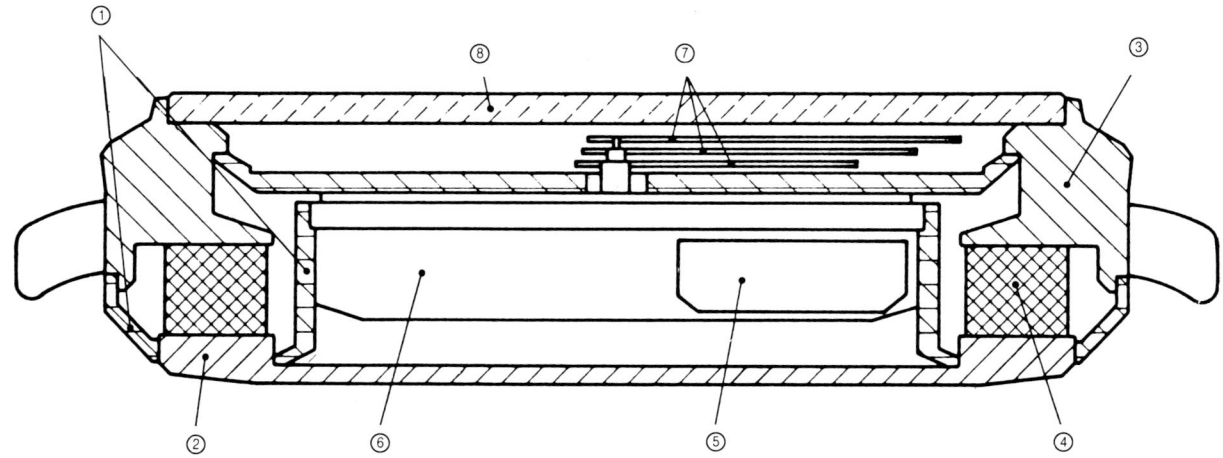

Schnitt durch das Thermogeneratorsystem der Bulova-Armbanduhr, die ihre Energie über die Körperwärme des Trägers bezieht: 1 Thermische Isolation, 2 Warme Quelle, 3 Kalte Quelle, 4 Thermoelektrischer Generator, 5 Akkumulator, 6 Uhrwerk, 7 Zeiger, 8 Glas.

Automatische Quarzarmbanduhren

Diese Uhr stammt aus dem Jahr 1988 und ist ein Schweizer Produkt aus dem Haus Le Phare Jean d'Eve in La Chaux-de-Fonds.

Das Modell mit dem Namen Samara erweckt schon beim ersten Hinsehen die Neugier. Alles ist ein bißchen anders als bei anderen Uhren. Das beginnt bei den zentralen Bandanstößen, die eine Brücke über die „Rodelbahn" schlagen, in der die Schwingmasse der Automatik von vorn sichtbar die Uhr umkreist, dann folgen die Lünette mit der gravierten Stundenindikation und als besonderer Blickfang eine große graue Metallscheibe mit den 31 Monatstagen, auf der ein Zeiger in Spangenform das Datum angibt. Das Zentrum mit den breiten und farbigen Uhrzeigern beherrscht eindeutig ein riesig dimensioniertes Kugellager. Die Samara ist aber nicht nur äußerlich eine höchst auffällige Erscheinung, sondern auch das Innere stellt eine echte Weiterentwicklung dar. Dazu die Firmeninformation:

„Durch die Rotation der funktionellen Schwingmasse, die auf der Oberseite der Uhr zu erkennen ist, wird eine Feder gespannt, die ihrerseits den mehrpoligen Mikrogenerator antreibt. Beim Entspannen der Feder erreicht der Mikrogenerator augenblicklich eine Leistung von 15.000 Schwingungen pro Minute. Bei jeder Umdrehung der Schwingmasse wird die Feder achtmal gespannt bzw. entspannt. Der mehrpolige Mikrogenerator — zurzeit der kleinste der Welt — wird durch das Entspannen der Feder beschleunigt. Die Rotation der Schwingmasse erzeugt somit den für den Antrieb des Uhrwerks nötigen Induktionsstrom. Die vom Mikrogenerator erzeugte Energie ist unabhängig von der Drehgeschwindigkeit der Schwingmasse. Diese Energie wird in einem Kondensator gespeichert. Hierin liegt die wesentliche Neuerung des Generator-Systems, das der Samara eine außerordentliche Gangreserve von zehn Tagen verleiht. Die vorgängig in Gleichstrom umgewandelte, im Kondensator gespeicherte Energie speist eine gedruckte Schaltung mit Quarzoszillator, Untersetzerstufen und den herkömmlichen Lavet-Schrittmotor."

001351 AY/GS

Automatische Quarzarmbanduhr von Le Phare/Jean d'Eve. (Foto: Le Phare/Jean d'Eve)

Mitgeliefert wurde ein Energizer. „Er wird eingesetzt, wenn die Uhr länger als zehn Tage nicht getragen wurde und sie deshalb stillsteht. Zehn Sekunden Druck mit dem Energizer auf die dazu bestimmte Stelle auf dem Gehäuseboden reicht aus, um den Energiebedarf für drei Tage Gangreserve zu erzeugen."

Diese kombinierte Bauweise findet man auch in der Seiko AGS (Automatic Generating System). Seiko versteckte den Rotor jedoch ins Gehäuse, er ist auf das Quarzwerk montiert. Äußerlich weist nichts auf die batterielose Armbanduhr hin. Dafür hat sie aber – im Gegensatz zur Samara – Zentralsekunde. Der Zeiger macht übrigens nur mehr Zwei-Sekunden-Schritte, um Energie zu sparen, wenn die Gangreserve weniger als 12 Stunden beträgt.

Die AGS wurde wegen ihrer neutralen Technik 1989 mit dem Blauen Engel für Umweltschutz ausgezeichnet.

Funkgesteuerte Armbanduhren

Seit 1990 gibt es die funkgesteuerte Uhr auch für das Handgelenk und den privaten Gebrauch. Entwickelt wurde sie von Junghans in Schramberg. Sie ist bedienungsfrei programmiert. Die Mega 1 – so der Name dieser Uhrenschöpfung – kennt keine Gangabweichung, keine Probleme mit dem Kalender, nicht einmal auf Sommer- oder Winterzeit muß der Träger achten, denn sie steht über eine sensible Antenne im Armband in Funkverbindung mit der Normalzeitbasis der deutschen Physikalisch-Technischen Bundesanstalt in Braunschweig, die zwei Cäsium-Atomuhren betreibt. Die Zeittelegramme werden von einem Langwellensender bei Frankfurt am Main übernommen und können im Umkreis von 1500 Kilometern empfangen und ko-

stenlos in Anspruch genommen werden. Selbst wenn die Signale aus dem Äther vorübergehend ausfallen sollten oder die Funkuhr sich außerhalb des Sendebereichs befindet, würde ein 32-kHz-Quarzwerk unabhängig die Zeit wahrnehmen und auf dem Display sichtbar machen. Ein interner Zeitspeicher sorgt dafür, daß die Junghans-Mega auch auf Reisen rund um die Welt ihre Zeit nie verliert. Die Uhr kann natürlich auf die verschiedenen Zonenzeiten eingestellt werden. Wenn der Batteriewechsel rechtzeitig erfolgt, kann man sich auf die Mega bedingungslos verlassen.

Wurde die auffällig gestylte Funkarmbanduhr von Junghans mit ihrer segmentförmigen Ausbuchtung auf der linken Seite zunächst nur mit LCD-Display angeboten, kamen inzwischen auch Modelle mit Zifferblatt und Zeigeranzeige für die Uhrzeit in die Kollektion.

Seit 1993 weiß Junghans auch mit einer Mega Solar aufzuwarten. Mit ihr kehrte der deutsche Uhrenhersteller mehr oder weniger zur klassisch-runden Gehäuseform zurück.

Dunkle Perioden können die Betriebssicherheit nicht beeinträchtigen, die Gangreserve beträgt nämlich mindestens 100 Stunden.

1993 meldete sich auch Citizen mit einer Funkarmbanduhr. Das runde Modell (Durchmesser 41,40 mm, Höhe 13,70 mm) besitzt in der Mitte des Zifferblattes eine Röhre mit der Antenne. Rechts davon liegt ein kleines Zifferblatt mit 12- und 24-Stunden-Anzeige (zwei Stundenzeiger), links davon beherrscht die retrograde Kalenderanzeige das Gesicht dieser Uhr. Ganz unten befindet sich eine ganz kleine Skala mit Zeiger zur Ausrichtung der Antenne, da dieses Modell in England (U. K.), in Japan (JPN) und in Europa (EUR) getragen werden kann. Sollte ein Empfang gestört oder nicht möglich sein, übernimmt das Quarzwerk die Gangkontrolle. *UM 10/93*

Die Mega-Solar von Junghans, die 1993 auf den Markt kam.

Die Mega in Gold mit klassischer Anzeige der Uhrzeit. Nur die Sekunden, Datum und Monat sowie der Wochentag sind von einem Displayfenster abzulesen. Diese Edition ist mit 2500 Stück limitiert.

Zeittafel
Uhrmacher-ABC
Register
Fachzeitschriften

Daten zur Geschichte der Armbanduhr

vor 1880	Vereinzelt Armbänder mit Kapsel zur Aufnahme einer kleinen Uhr oder Schmuckbänder mit fest montiertem Ührchen.
1880	Girard-Perregaux in La Chaux-de-Fonds fertigt für die deutsche Kriegsmarine die erste uns bekannte Kleinserie von goldenen Offiziersuhren mit Kettenarmband.
1886	In Luzern werden in verschiedenen Geschäften Damenarmbanduhren angeboten.
um 1900	Verschiedene Hersteller nehmen die Armbanduhr in die Produktpalette auf.
1905	Hans Wilsdorf, der Gründer der Manufaktur Rolex, zieht in London einen Großhandel mit Armbanduhren auf.
1907	Der brasilianische Flugpionier Alberto Santos Dumont beklagt sich bei Louis Cartier, daß eine Taschenuhr im Flugzeug ein höchst unpraktischer Zeitmesser sei. Daraufhin entwirft der Juwelier für ihn die rechteckige Armbanduhr Santos. Das Modell befindet sich noch heute in der Cartier-Kollektion.
1909	Auftauchen des ersten Armbandchronographen.
1910	Hans Wilsdorf erhält für einen kleinen Armbandchronometer ein Gangzeugnis.
1912	Movado läßt die Polyplan (Formwerk an beiden Enden abgewinkelt) patentieren.
1913	Die Armbanduhr findet in Deutschland Eingang in die Warenhaus-Versandkataloge.

1914	Mit Ausbruch des Ersten Weltkrieges nehmen die Uhrenfabrikanten die Militärarmbanduhr verstärkt ins Programm. Eterna hat einen Armbandwecker im Angebot.
1919	Der französische Physiker Charles Edouard Guillaume (1861–1938) erfindet die Legierung Elinvar. Sie wird für die Spiralfeder verwendet.
1922	Leroy in Paris baut Armbanduhren mit Selbstaufzug (Einzelanfertigungen).
1924	John Harwood erhält auf sein Automatikmodell ein Patent. Die Uhr kommt zwei Jahre später auf den Markt, kann sich aber nicht durchsetzen.
1926	Wilsdorf stellt die wasserdichte Oyster mit verschraubtem Gehäuse und verschraubter Krone vor.
1929	Bei Jaeger-LeCoultre geht ein Baguette-Werk mit den Abmessungen 4,80 x 14 x 3,40 mm in Serienproduktion. Es wird noch heute hergestellt.
1931	Rolex bringt den Rotorautomaten Oyster Perpetual in die Kollektion. Er zieht allerdings nur in einer Drehrichtung auf. Jaeger-LeCoultre lanciert die Reverso, die in den neunziger Jahren noch immer gefertigt wird.
1933	Die erste Incabloc-Stoßsicherung ist serienreif. Die nichtrostende und selbstkompensierende Nivarox-Spirale des Schweizer Technikers Reinhart Straumann (1892–1967) kommt auf den Markt.

Die Big Crown von Oris mit molletiertem Glasreif und Boden, Zentralsekunde und Zeigerkalender. Hommage an eine Flie-gerubr aus dem Zweiten Weltkrieg. (Foto: Oris)

1935   Die Beryllium-Bronze erweist sich als ideale Legierung in der Uhrmacherei und sollte als Glucydurunruh Bedeutung erlangen.

1936   Erste Serie einer Armbanduhr mit Viertelrepetition (Driva Repeater).

1942   Von Michel kommt ein Rotorautomat, der in beiden Drehrichtungen Aufzugsarbeit leistet.

1945   Markteinführung der Rolex Oyster mit Datumsanzeige im Fenster, die später allgemein zur Standardausstattung bei Armbanduhren wurde.

1947   Erste Kleinserie von Armbanduhren mit Tourbillon (Omega).

1952   Bei Automatikuhren wird der Selbstaufzug vollständig vom Handaufzug getrennt.

1954   Die Büren Watch stellt ihr Automatikmodell mit Planetenrotor vor.

1957   Hamilton bringt die erste elektrische Armbanduhr in den Handel.

1960	Bulova bringt die Stimmgabel-Armbanduhr Accutron auf den Markt.
1966	Girard-Perregaux lanciert eine Armbanduhr mit Schnellschwinger (36.000 Halbschwingungen pro Stunde).
1967	Bei Zenith treibt der Rotor der Automatikuhr nicht mehr die Federwelle, sondern das Räderwerk. Das Schweizer Quarzwerk Beta 21 mit integrierter Schaltung ist so weit gediehen, daß mehrere Uhren mit diesem Kaliber zum Chronometrie-Wettbewerb nach Neuenburg geschickt werden. Im Jahr darauf wird die Serienproduktion beschlossen.
1969	Automatische Armbandchronographen kommen auf den Markt.
1970	Von Hamilton geschaffene erste Quarzarmbanduhr mit LED-Anzeige (light-emitting-diodes).
1972	Erste Armbanduhr mit LCD-Permanentanzeige (liquid crystal display).
1978	Integrierte Schaltung mit 32-kHz-Quarz mit sehr geringem Energieverbrauch (in der Größenordnung von 100 bis 200 nA) Jean Lassale in Genf bringt die flachsten mechanischen Werke auf den Markt, die jemals entwickelt wurden.
1980	Die ETA stellt die Delirum IV vor, eine Quarzarmbanduhr mit einer Gesamthöhe von 0,98 mm.
1982	Langlebige Batterien (Lithium) kommen auf den Markt.
1983	Markteinführung der Armbanduhr Swatch (ETA).
1984	Quarzarmbanduhr mit Analoganzeige (Longines). Die Ganggenauigkeit wird durch thermischen Ausgleich erzielt.

Die Comet von Longines. Ein markanter Stundenzeiger beherrscht das Zifferblatt. Die Minute wandert als Punkt die Skala entlang.

1986	Quarzarmbanduhr von Piaget mit Analoganzeige und ewiger Datumscheibe.
1988	Automatische Quarzarmbanduhr von Le Phare Jean d'Eve. Die ETA realisiert das komplexeste Chronographen-Quarzwerk.
1990	Junghans bereichert das Angebot um die funkgesteuerte Armbanduhr. Auslieferung der ersten Exemplare der Grande Complication für das Handgelenk von IWC.

Schmuckuhren der Manufaktur Piaget. Sie zählte in den fünfziger Jahren zu den Firmen mit den flachsten Kalibern (9 P und 12 P). Nach dem Konkurs der Bouchet-Lassale AG in Genf übernahm Piaget 1980 deren flachste mechanische Werke von 1978. Sie erhielten die Bezeichnung 20 P (Durchmesser 20,40 mm, Bauhöhe 1,20 mm, 14 Kugellager, Handaufzug) und 25 P (Durchmesser 20,40 mm, Bauhöhe 2 mm, 18 Kugellager, Rotorautomat). (Foto: Piaget)

Kleines Uhrmacher-Abc

Dieses Glossar mit 100 Fachausdrücken aus der Uhrmachersprache erklärt auf eine allgemeinverständliche Weise die wichtigsten Begriffe, über die ein Sammler Bescheid wissen sollte.

Acht-Tage-Werk
Armbanduhr mit übergroßem Federhaus. Die Antriebskraft der Zugfeder reicht mindestens für eine Woche. Selten.

A/h
Die Halbschwingungen der Unruh bei mechanischen Uhren pro Stunde. Zwei Halbschwingungen bewirken das vertraute Ticktack. Siehe auch Frequenz.

a. m.
ante meridiem (die Zeit von Mitternacht bis Mittag). Siehe auch p. m.

Analoganzeige
Anzeigen mit Zifferblatt und Zeigern.

Anker
Er empfängt vom Ankerrad den Kraftimpuls und gibt ihn an die Unruh weiter.

Beim Schweizer Ankergang liegen die Drehpunkte von Ankerrad, Anker und Unruh in der Regel in einer Geraden. Ist dies einmal nicht der Fall, spricht man von einem lateralen Anker. Ein Beispiel für den im rechten Winkel, also seitlich, plazierten Anker ist das Gruen-Tecno-Formwerk 877 von Aegler, das sich auch im berühmten Armbandchronometer Prince von Rolex findet.

Ankergang
Eine freie Hemmung, die in allen guten Armbanduhren zu finden ist.

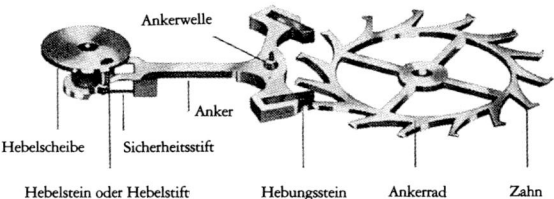

anonym
Anonym ist eine Uhr, wenn ihr Hersteller auf dem Zifferblatt oder im Gehäuse bzw. auf dem Werk nicht genannt ist.

antimagnetisch
Vorwiegend durch antimagnetische Bauteile vor Magnetismus geschützte Uhren. Ein „Ingenieur"-Modell von IWC war gegenüber magnetischen Einflüssen bis 500.000 A/m unempfindlich.

Assortiment
Bezeichnung für die Teile der Hemmung. Stahlassortiment Anker und Ankerrad aus Stahl.

automatischer Aufzug
Über einen speziellen Mechanismus wird die Zugfeder mit Hilfe einer Schwingmasse durch die Armbewegung gespannt.

Baguettewerk
Rechteckiges und besonders schmales Werk für Damen-Schmuckuhren. Zusammengedrängtes Räderwerk, angeordnet auf zwei Ebenen.

Begrenzungsstifte
In älteren Armbanduhren, damit die Ankergabel nicht zu weit ausschwingen kann. In neueren Uhren sind sie Ausfräsungen in der Grundplatine gewichen.

Beobachtungsuhr
Auch B-Uhr. Große Armbandchronometer mit anhaltbarer Zentralsekunde zum genauen Einstellen der Uhrzeit. Wurden im Zweiten Weltkrieg von den Luftstreitkräften Deutschlands und der Schweiz verwendet.

Beryllium

Metall zur Herstellung der Glucydurunruh (selbstkompensierend und verwindungsfrei).

Bimetall-Schraubenunruh

Kompensierte zum Teil die Temperaturschwankungen, die sich ungünstig auf den Gang der Uhr auswirken.

Breguet-Spirale

Spezielle Unruhspirale (mit aufgebogener Endkurve). Lange Zeit ein besonderes Merkmal von Präzisionsuhren.

Brücke

Teil des Rohwerks, dient der Lagerung von Rädern, mit zwei Schrauben fixiert. Aufzugsbrücke, Räderwerkbrücke. Siehe auch Kloben.

Brückenwerk

Die rückseitige Werkplatte besteht aus mehreren Brücken (und Kloben). „Schweizer Brückenwerk".

Cabochon

Rundgeschliffener Zierstein, z. B. in der Aufzugskrone.

cal.

calibre; frz. für Uhrwerk. Meist mit Beifügung des Herstellers und einer Nummer zur Unterscheidung (z. B. ETA 2892-2). Oft auch mit Größenangabe (z. B. 13'''). Man unterscheidet runde Kaliber und Formwerke (ovale, rechteckige oder ähnliche Form). Die Bezeichnung R steht für rectangulaire (rechteckig).

Chaton

Früher bei hochwertigen Armbanduhren oft in Gold gefaßte Rubinlager, bisweilen mit zwei oder drei Schrauben in der Platine befestigt (verschraubte Lager).

Chronograph

Armbanduhr mit Zusatzmechanismus zum Stoppen von Zeiten bis zu 30 oder 45 Minuten, später bis zu 12 Stunden. Der Chronographzeiger ist zentral gelagert, für den Minuten- und Stunden-Totalisator werden kleine Hilfszifferblätter verwendet.

Der Mechanismus besteht aus verschiedenen Hebeln und Rädern. Man unterscheidet die Konstruktion mit Schaltrad und jene ohne Schaltrad (Kulissenschaltung).

Formwerke sind bei Chronographen selten.

Chronometer

Hochwertige, in verschiedenen Lagen und bei unterschiedlichen Temperaturen regulierte Uhr, deren Ganggenauigkeit durch ein offizielles Institut geprüft und mit einem Zertifikat bestätigt wird.

Datumsanzeige

Zunächst mit zentralem Zeiger und Zahlenkranz am Außenrand des Zifferblattes, heute mit Datumsscheibe digital im Fenster (meist bei der Stundenmarke 3).

Deckstein

Ein Deckstein hat die Reibung des Lagers zusätzlich zu verringern. Er begrenzt das Achsenspiel (Höhenluft). Decksteine werden im Unruhlager immer und gelegentlich im Lager des Ankerrades etc. verwendet.

Decksteinplättchen

Messing- oder Stahlplättchen zur Aufnahme des Decksteins, mit einer Schraube oder mit zwei Schrauben fixiert.

Digitalanzeige

Mit Ziffern, ohne Zeiger, im Fenster oder am Display.

Doctor's Watch

Rechteckige Armbanduhren der dreißiger Jahre mit dezentraler Anzeige der Uhrzeit und kleiner Sekunde, die für sich das halbe Zifferblatt beansprucht (Duo-Dial). Auch frühe Armbanduhren mit Zentralsekunde. Wurden von Ärzten und Krankenschwestern zum Pulsmessen verwendet.

Doppelzeiger-Chronograph

Zum Messen von Zwischenzeiten. Chronographzeiger und Doppel- oder Schleppzeiger laufen nach dem Start übereinander. Letzterer kann mittels Drücker zum Ablesen von Zwischenzeiten vorübergehend angehalten werden. Wird der Drücker erneut betätigt, springt der Schleppzeiger wieder in Deckung mit dem Chronographzeiger.

ébauche

Rohwerk. Einst verstand man darunter nur die unbeweglichen Werkteile, jetzt wird das Rohwerk mit Räderwerk und Aufzug (ohne Hemmung, Unruh und Zugfeder) geliefert.

Elinvar-Spirale

Zeichnete sich durch einen besonders kleinen Ausdehnungskoeffizienten aus und löste in den zwanziger Jahren in teureren Armbanduhren die Stahlspirale ab. Die „weiße" Spirale gab es in zwei Qualitätsstufen.

ewiger Kalender

Armbanduhren mit dem höchst komplizierten ewigen Kalender werden nur in Kleinststückzahlen gefertigt. Der Mechanismus schaltet den gesamten Kalender automatisch, angefangen von den verschiedenen Monatslängen über Wochentag und Monat bis zu den Schaltjahren. Meist kommt noch ein Mondphasenanzeiger hinzu. Siehe auch Vollkalenderuhr.

Exzenter-Regulierschraube

Bei manchen Spezialrückern auf dem Unruhkloben bildet der Zeiger eine Gabel. An deren Ende sitzt eine Schraube, ihr Verdrehen erlaubt eine Mikrometerregulierung des Ganges der Uhr.

Federsteg

Ist federnd in den Bohrungen der Bandanstöße des Gehäuses gelagert. Die Verbindung zwischen Uhr und Armband, etwa seit den dreißiger Jahren.

Feinreglage

Sie gleicht die Unterschiede im Gang der Uhr aus. Zu diesem Zweck werden die Uhren von Spezialisten in verschiedenen Lagen und bei verschiedenen Temperaturen feingestellt. Meist verfügen solche Uhren auch über einen Feinregulator, mit dem der Rückerzeiger mikrometerweise verschoben werden kann.

Andere Uhren besitzen Abgleichschrauben auf der Unruh, mit denen die Trägheit des Reglers verändert werden kann.

fliegende Lagerung

Von ihr spricht man, wenn beispielsweise ein Rad nur auf einer Seite gelagert ist, also ein gegenüberliegendes zweites Lager nicht vorhanden ist. Bisweilen bei besonders flachen Konstruktionen.

Formwerk

Uhrwerke, die im Grundriß von der Kreisform abweichen. Mit ihnen stellte die Armbanduhr ihre eigenständige Entwicklung unter Beweis. Mit Einführung der Automatikkaliber kehrte man weitgehend zum runden Werktyp, den man von der Taschenuhr übernommen hatte, zurück. Die Maßangabe bezieht sich auf die Breite des Kalibers, die Angabe der Länge erfolgt nur selten.

Frequenz

War es früher üblich, die Frequenz der Unruh in Halbschwingungen pro Stunde anzugeben, benützt man heute als Einheit das Hertz (1 Hz = 1 Schwingung pro Sekunde, was 7200 Halbschwingungen pro Stunde entsprechen würde). Die häufigsten Frequenzen in mechanischen Armbanduhren:

2,5 Hz = 18.000 Halbschwingungen
2,75 Hz = 19.800 Halbschwingungen
3 Hz = 21.600 Halbschwingungen
4 Hz = 28.800 Halbschwingungen
5 Hz = 36.000 Halbschwingungen

Gangreserveanzeiger

Er stellt eine reizvolle Zusatzindikation dar. Bei Armbanduhren kam sie mit Einführung des Selbstaufzugs zur Anwendung. Der Träger sollte über den Stand der Gangreserve jederzeit informiert sein. Verhältnismäßig selten.

Genfer Siegel

Besonders hochwertige Produkte von Genfer Herstellern haben auf dem Werk als Qualitätssiegel das Genfer Stadtwappen eingeschlagen. Diese Uhren weisen immer Chronometerqualität auf. Ein ähnliches Gütesiegel gibt es auch in Besançon.

GMT

Greenwich Mean Time. Durch den Londoner Stadtteil Greenwich verläuft der Nullmeridian. GMT bildet den Ausgangspunkt für die Einteilung der Erde in 24 Zeitzonen. Mitteleuropäische Zeit = GMT + 1 Stunde, New York = GMT −7 Stunden.

Handaufzug

Geschieht mittels Krone. Beim Wippenaufzug (in einfachen Uhren) erfolgt die Umschaltung zum Zeigerstellen über eine Wippe, beim technisch aufwendigeren Kupplungsaufzug besorgt diese Funktion das Kupplungsrad, das vom Vierkant der Aufzugswelle geführt wird.

Hemmung

Sie besteht aus Anker und Ankerrad und befindet sich zwischen dem Räderwerk und dem Regulierorgan Unruh. Die Hemmung unterbindet den ungeregelten Ablauf des Uhrwerks, indem sie dem Regulierorgan Energie zuführt und das Räderwerk im Takt der Unruh weiterspringen läßt.

Isochronismus

Bei isochroner Schwingung der Unruh ist die Schwingungsdauer unabhängig von der Schwingungsweite. Die Schwingung ist zeitgleich. Das isochrone Schwingen des Gangreglers war früher für die Uhrmacher ein nicht geringes Problem.

Jaquemart

Die beweglichen Figuren auf dem Zifferblatt einer Repetitionsuhr.

Jewels

Die Anzahl der Steine wird auf dem Werk in Englisch angegeben, z. B. SEVENTEEN (17) JEWELS.

Kadratur

Damit bezeichnet der Uhrmacher den Mechanismus für den Chronographen, das Schlagwerk und das Kalendarium.

Kaliber
Siehe cal.

Kleinbodenrad

In der Regel das zweite Rad im Räderwerk, es steht zwischen Minutenrad und Sekundenrad.

Kloben

Teil des Rohwerks; zur Lagerung eines Rades oder der Unruh. Er wird nur von einer Schraube (und Paßstift) gehalten. Siehe auch Brücke.

Komplikation

Zusatzmechanismus, der nur von Spezialisten gefertigt werden kann. Dazu zählen Repetition, ewiger Kalender, aber auch Chronograph.

Körnerlager

Steinlose Löcher im Uhrwerk, in denen die Wellenenden von Zahnrädern bzw. Trieben laufen. In Billigstuhren.

Kronrad

Teil des Kronenaufzugs. Das kleinere Zahnrad auf (seltener unter) der Federhausbrücke. Es steht mit dem Sperrad in Eingriff und stellt die Verbindung zwischen Aufzugswelle und Zugfeder im Federhaus her. Aus Stahl.

Kulissenschaltung

Bei Armbandchronographen wird der Mechanismus über ein Schaltrad oder über einen Schalthebel gesteuert. Die Konstruktion ohne Schaltrad führt die Bezeichnung Kulissenschaltung. Diese einfachere Art kam erst nach dem Zweiten Weltkrieg in Verwendung.

Lagenfehler

Das Gangverhalten einer Armbanduhr ändert sich in den verschiedenen Lagen geringfügig. Die Abweichungen resultieren aus der Lagerreibung, der Unwucht der Unruh und dem Schwerpunkt der Spirale.

Lagersteine

Aus Rubinen, heute synthetisch hergestellt. Sie verringern den Verschleiß der Wellenenden (Zapfen) und vermindern die Reibung. Früher waren sie in Chatons gefaßt, heute sind sie ohne Hülse in die Platine gepreßt (Preßsitz). Sie besitzen eine Vertiefung zur Aufnahme des Schmiermittels (Ölsenkung).

limitierte Auflage

In Kleinstserien oder aus einem bestimmten Anlaß hergestellte komplizierte Armbanduhren werden (immer öfter) fortlaufend auf dem Zifferblatt oder auf dem Gehäuseboden numeriert. Zum Beispiel 150/500 (die 150. Uhr einer mit 500 Stück begrenzten Serie). Heute gibt es viele solcher Editionen, die die Hervorhebung nicht rechtfertigen.

Linie

Längenmaß in der Uhrmacherei. 1 Linie (1‴) = 2,256 mm. Sie wird zur Angabe der Werkgrößen verwendet. Die gebräuchlichsten Größen für Armbanduhrkaliber liegen zwischen 5½‴ und 13‴.
Tabelle auf Seite 278.

Militäruhren

Armbanduhren mit robustem Werk. Ab 1912 mit Radium-Leuchtzeigern und -Stundenzahlen, viele mit einem Schutzgitter über dem Uhrglas und schwarzem Kontrastzifferblatt. Später fallweise mit 13-bis24-Uhr-Anzeige, wie etwa für die amerikanischen Fallschirmjäger, um mißverständliche Zeitinterpretationen auszuschalten.

Die Ref. 645 X von Glycine aus den späten sechziger Jahren: eine typische Militärarmbanduhr (Stahlgehäuse, Kontrastzifferblatt, 24-Stunden-Skala, anhaltbare Sekunde).

Vergleichs-Tabelle zwischen Linien und Millimeter

1'''	2,26 mm	**6'''**	13,53 mm	**11'''**	24,81 mm	**16'''**	36,09 mm
¼	2,82 „	¼	14,10 „	¼	25,38 „	¼	36,66 „
½	3,38 „	½	14,66 „	½	25,94 „	½	37,22 „
¾	3,95 „	¾	15,23 „	¾	26,51 „	¾	37,79 „
2'''	4,51 mm	**7'''**	15,79 mm	**12'''**	27,07 mm	**17'''**	38,35 mm
¼	5,08 „	¼	16,35 „	¼	27,63 „	¼	38,91 „
½	5,64 „	½	16,92 „	½	28,20 „	½	39,48 „
¾	6,20 „	¾	17,48 „	¾	28,76 „	¾	40,04 „
3'''	6,77 mm	**8'''**	18,05 mm	**13'''**	29,33 mm	**18'''**	40,61 mm
¼	7,33 „	¼	18,61 „	¼	29,89 „	¼	41,17 „
½	7,90 „	½	19,17 „	½	30,45 „	½	41,73 „
¾	8,46 „	¾	19,74 „	¾	31,02 „	¾	42,30 „
4'''	9,02 mm	**9'''**	20,30 mm	**14'''**	31,58 mm	**19'''**	42,86 mm
¼	9,59 „	¼	20,87 „	¼	32,15 „	¼	43,43 „
½	10,15 „	½	21,43 „	½	32,71 „	½	43,99 „
¾	10,72 „	¾	21,99 „	¾	33,27 „	¾	44,55 „
5'''	11,28 mm	**10'''**	22,56 mm	**15'''**	33,84 mm	**20'''**	45,12 mm
¼	11,84 „	¼	23,12 „	¼	34,40 „	¼	45,68 „
½	12,41 „	½	23,69 „	½	34,97 „	½	46,25 „
¾	12,97 „	¾	24,25 „	¾	35,53 „	¾	46,81 „

Aus Flume-Buch 1937

Minutenrad

In der Regel das in der Mitte des Werks plazierte Zahnrad, das mit seinem Trieb die Kraft vom Federhaus übernimmt und an das Kleinbodenrad weiterleitet. Wurde früher auch Großbodenrad genannt.

Mondphasenanzeige

Der Mond wandert durch einen Fensterausschnitt mit Nachthimmel. Es wird die Stellung des Mondes während einer Lunation (29½ Tage) angegeben. Unter Mondalter versteht man das Alter des Erdtrabanten in Tagen ab Neumond.

Nivaflex

Ermüdungsfreie und unzerbrechliche Zugfeder aus Speziallegierung (Beryllium, Molybdän, Nickel, Kobalt, Eisen, Wolfram, Titan) mit äußerst günstiger Kraftentladungskurve. Löste nach 1950 die Stahlfeder ab, die eine sehr beschränkte Lebensdauer hatte.

Nivarox-Spirale

Sie ist nichtrostend und nicht magnetisch, elastisch und hart wie Stahl. Wird durch Temperaturschwankungen nicht beeinflußt; machte die alte, aufgeschnittene Kompensationsunruh überflüssig. Sie gibt es in mehreren Güteklassen.

oliviert

Lagerstein, dessen Bohrung nicht zylindrisch ist, sondern nach innen gewölbt; dadurch läuft der Zapfen mit geringer Reibung.

Paletten

Jener Teil des Steinankers, der mit zwei synthetischen Rubinen bestückt ist; sie sind im schrägen Winkel geschliffen, damit auf ihnen die Ankerradzähne entlangrutschen können. Die Rubine auf den Ankerarmen werden bei der Angabe der Steinezahl mitgezählt; von einer Uhr mit 17 Steinen entfallen daher zwei auf die Paletten.

Platine

In der Uhrmachersprache die Bezeichnung für die Werkplatte, auf der das Uhrwerk aufgebaut ist. Die zweite Werkplatte besteht bei Armbanduhren meist aus Brücken und Kloben.

p. m.

post meridiem (die Zeit von 12 Uhr Mittag bis Mitternacht).

Räderwerk

Es übernimmt vom Federhaus die Energie und leitet diese über Triebe und Zahnräder an das Ankerrad weiter. In einer normalen Armbanduhr stellen diese Verbindung Minutenrad, Kleinbodenrad und Sekundenrad her. Meistens sind diese Räder auf die Triebe aufgenietet.

rattrapante

Siehe Doppelzeiger-Chronograph.

Reglage

Erfolgt zur Optimierung des Ganges. Durch Veränderung der wirksamen Länge der Spiralfeder mit Hilfe des Rückers kann dieser beeinflußt und reguliert werden. Gute Uhren sind in zwei verschiedenen Lagen (2 ADJUSTMENTS) reguliert. Siehe auch Feinreglage.

Repliken

Modelle aus den zwanziger und dreißiger Jahren werden in letzter Zeit oft neu aufgelegt. Sie sind jedoch keine guten Kopien, denn es werden bisweilen sogar moderne Automatikwerke eingesetzt. Von den seinerzeitigen Originalen unterscheiden sie sich auch dadurch, daß diese damals noch keine Stoßsicherung der Unruh besaßen.

retrograde Anzeige

Die Zifferblattindikationen für die Uhrzeit sind nicht kreisförmig angeordnet, deshalb muß der Stundenzeiger um 12 Uhr in die Position 0 und der Minutenzeiger nach 60 Minuten wieder in die Ausgangslage zurückspringen.

rhodinieren

Hochwertige Uhrwerke erhalten als Oberflächenschutz und zwecks Verschönerung einen galvanischen Metallüberzug, dem das Rhodium durch den Platingehalt ein glänzendes und silberfarbenes Aussehen verleiht.

Rücker(zeiger)

Er befindet sich auf dem Unruhkloben und ist verstellbar. Mit ihm läßt sich der Gang der Uhr regulieren. Früher hatte der Rücker einen Zeigerfortsatz, damit sich der Rücker leichter verschieben ließ und seine Stellung auf der ±Skala besser zu erkennen war.

Schaltrad

Bei den Chronographenmechanismen unterscheidet man zwei Konstruktionen, eine mit und eine ohne Schaltrad. Dieses ist auch für den Laien leicht zu erkennen, denn es ist aus Stahl und hat 7 bis 9 kräftige Stiftzähne (dreieckige Keile). Es steuert die Start- und Stoppfunktionen und verhindert eine unbeabsichtigte Nullstellung des Chronographzeigers.

Scharniergehäuse

Bei frühen Armbanduhren, fallweise noch bis in die späten dreißiger Jahre. Scharnierlose Gehäuse hatten bis in die Mitte der zwanziger Jahre oft einen Justierstift, der mit dem Loch im Gehäuseboden in Deckung gebracht werden mußte, sonst ließ sich das Gehäuse nicht schließen.

Schnellkorrektor (Datum)

Mit Hilfe der Krone kann jedes beliebige Datum auf schnellem Wege eingestellt werden. Zuvor mußten die Uhrzeiger über 24 Stunden weitergedreht werden, ehe der nächste Kalendertag im Anzeigefenster erschien.

Schwanenhals-Feinregulator

Spezialregulator zum Feinstellen einer Uhr. Durch eine Schwanenhalsfeder und eine feine Schraube steht der Rückerzeiger unter Druck – er kann seine Position nicht verändern.

Sekundenanzeige

Bei mechanischen Armbanduhren macht der Sekundenzeiger pro Sekunde fünf Schritte, bei Quarzarmbanduhren nur einen. Bei der Stoppsekunde (anhaltbare Sekunde) kommen durch Ziehen der Krone Zeiger und Unruh zum Stillstand – die Uhr kann zeitzeichengenau gestellt werden. Bei der mechanischen springenden Sekunde wird nur jeder fünfte Schritt auf den Zeiger übertragen.

Der Chronographzeiger macht in der Regel ebenfalls $1/5$-, selten $1/10$-Sekunden-Schritte.

Die „blitzende" Sekunde (seconde foudroyante) ist eine Anzeige, bei der ein besonderer Sekundenzeiger sich in 4 oder 5 Sprüngen pro Sekunde einmal um seine eigene Achse dreht.

Siehe auch Zentralsekunde.

Sekundenrad

Es gibt die Kraft auf das Trieb des Ankerrades weiter.

Signatur

Informationen zur Uhr auf dem Zifferblatt, dem Werk und auf dem Gehäuseboden (innen oder außen).

Zifferblattbeschriftungen: Handelsmarke, Modellbezeichnung, Produktionsland (SWISS MADE), Hinweise auf Stoßsicherung, Steinzahl, Kalender, Chronometer, Frequenz usw.

Werksignaturen: Firmenname, Kaliberbezeichnung, fortlaufende Fabrikationsnummer, Steinzahl, Regulierungshinweise (z. B. ADJUSTED TO HEAT, COLD, ISOCHRONISM AND FIVE (5) POSITIONS) usw.

Gehäusesignaturen: Firmenname, bei Edelmetallgehäusen Feingehalt und Punze, bisweilen Ref.-Nr., Gehäuse-Nr. oder andere Zahlenkombinationen, Hinweis auf Wasserdichtheit etc.

Spiralfeder

Eine aufgerollte Feder, die an ihrem inneren Ende an der Unruhwelle und an ihrem äußeren Ende am Unruhkloben (Spiralklötzchen) festgemacht ist, zunächst aus Stahl, später aus Elinvar, heute aus Nivarox. Spirale und Schwingkörper Unruh erzeugen die Frequenz.

Sperrad

Teil des Kronenaufzugs und des Gesperrs (Sperrad, Klinke, Sperrfeder). Es sitzt auf (seltener unter) der Federhausbrücke und ist aus Stahl.

Stammbuchauszug

Manufakturen wie Patek Philippe, IWC etc. führen seit dem vorigen Jahrhundert Geschäftsbücher, in denen jede ausgelieferte Uhr mit den wichtigsten Daten vermerkt ist.

Gegen Entrichtung einer Bearbeitungsgebühr wird für jede Uhr ein sogenannter Stammbuchauszug ausgestellt.

Stiftankerhemmung

Eine vereinfachte Ankerhemmung ohne Steinpaletten. Sie findet man in billigen Uhren.

Stoßsicherung

In erster Linie für die Zapfen der Unruhwelle. Am besten bewährt haben sich die elastischen Steinlager, z. B. System Incabloc.

T

Steht für die Leuchtmasse auf Zifferblatt und Zeigern in Form von Tritium (radioaktives Isotop des Wasserstoffs). Meist in Verbindung mit der Ursprungsbezeichnung auf Zifferblattrand (T SWISS MADE T).

Trieb

Es ist aus Stahl und sitzt meist auf der Welle eines Zahnrades (aus Messing). Während Zahnräder zwischen 20 und 100 Zähne aufweisen, haben Triebe nur zwischen 6 und 12.

Unruh

Auch Balance oder Gangregler genannt. Ihr kommt die Aufgabe einer Schwingmasse zu, die Spirale muß sie immer wieder in die Ruhelage zurückführen. Durch Abstimmung der beiden kann die gewünschte Schwingungszahl erreicht werden. Die Unruh wird in Rubinlagern gehalten. Das Wellenende hat eine Stärke von etwa 0,10 mm. Heute sind durch das Verwenden spezieller Materialien störende Einflüsse (Temperaturschwankungen, Schwankungen der Federkraft) weitgehend ausgeschaltet.

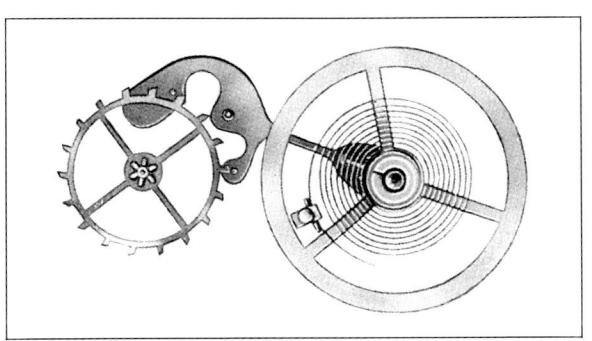

Stiftankerhemmung

Vollkalenderuhr

Armbanduhren mit Anzeige von Datum, Wochentag und Monat bedürfen wegen der verschiedenen Monatslängen bei Monaten mit weniger als 31 Tagen der manuellen Korrektur durch den Träger. Bei manchen Modellen schaltet ebenso die Monatsanzeige nicht automatisch. Viele dieser Uhren sind auch mit einem Mondphasenanzeiger ausgestattet.

Wehrmachtswerk

Häufig gebrauchter Begriff für eine Armbanduhr mit einfachem, aber strapazfähigem Uhrwerk. Ein sehr bekanntes Wehrmachtswerk war das AS 1130 (ø 29 mm, Höhe 3,93 mm, mit Sekunde). Es wurde ab 1940 produziert. Siehe auch Militäruhr.

Weltzeituhr

Armbanduhr mit Skalenscheibe der 24 Zeitzonen, die durch Städtenamen markiert werden. Siehe auch GMT.

Zapfen

Die Enden einer Räder- oder Triebwelle, die in Rubinen (oder steinlos) gelagert sind. Siehe auch Lagersteine.

Zeigerwerk

Es dient der Zeitanzeige. Viertelrohr mit Zahnkranz (auch Minutenrohr genannt), Wechselrad, Stundenrad und Zeigerstellrad bilden das Zeigerwerk. Hiebei wird die Drehbewegung des Minutenrades im Verhältnis 12:1 auf das Stundenrad mit Zeiger übertragen. Um die Zeiger stellen zu können, besteht zwischen Minutenradwelle und Viertelrohr (trägt den Minutenzeiger) eine Reibungsverbindung. Durch Ziehen der Krone wird über die Aufzugswelle das Verstellen der Zeiger ermöglicht.

Zentralsekunde

Zuerst in Billigstuhren, ab Mitte der dreißiger Jahre immer häufiger auch bei guten Armbanduhren. Bei der großen Sekunde sind zwei Systeme zu unterscheiden: 1. die Zentralsekunde im Kraftfluß (direkt Zentralsekunde), 2. die Zentralsekunde mit indirektem Antrieb (zusätzliches Zahnrad über der Räderwerkbrücke). Siehe auch Sekundenanzeige.

Zierschliff

Durch ihn werden die Brückenseite des Uhrwerks und fallweise der Gehäuseboden veredelt. Die bekanntesten Dekorationen auf Brücken, Kloben und Rotoren sind die Genfer Streifen und der großwellige Schliff. Hinterher werden die Platinenteile versilbert, vergoldet oder rhodiniert. Bei manchen Uhren weisen Kronrad und Sperrad des Aufzugs Zierschliffe auf. In Gehäuseschalen findet man vor allem den Sonnenschliff in Form vieler kleiner kreisförmiger Verzierungen.

Vorwiegend bei Skelettuhren werden die Uhrwerke ziseliert, es werden per Hand Ornamente herausgearbeitet.

Zugfeder

(In neueren Uhren unzerbrechliche und nichtrostende) Feder, die die Energie speichert und diese zum Betrieb der Uhr abgibt. Sie treibt das Räderwerk an.

Zylindergang

Ruhende Hemmung.

Beim Zylindergang dient ein kleiner Hohlzylinder in der Unruhwelle als Hemmungsanker mit etwa einem Millimeter Durchmesser. Die Wandstärke beträgt nur etwa 0,1 mm. Da er im wirkenden Teil etwa zur Hälfte abgesetzt ist und die schwere Unruh zu tragen hat, ist er äußerst stoßempfindlich. An den hochgestellten Zähnen des Rades ist die Zylinderhemmung für den Laien leicht zu erkennen.

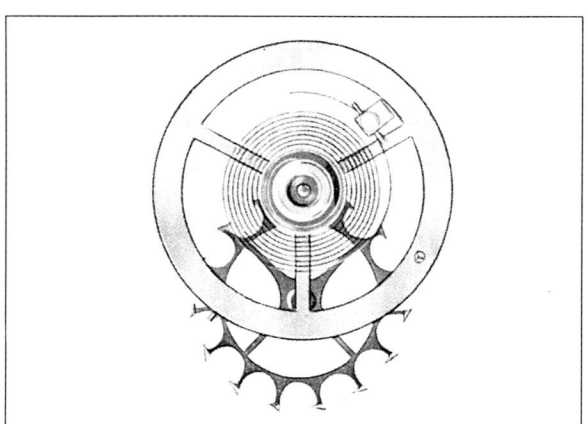

Firmen- und Handelsmarkenregister

Sachregister

Personenregister

Fachzeitschriften

Im vorliegenden Band wurden für die benützten Fachzeitschriften folgende Abkürzungen verwendet:

AI   ARMBANDUHREN INTERNATIONAL. Deutsche Ausgabe des Magazins OROLOGI DA POLSO. Königswinter. Erscheint seit 1993 alle drei Monate.

AU   ALTE UHREN. Zeitmeßgeräte, Wissenschaftliche Instrumente und Automaten. München. Gegründet 1978. Jetzt: UHREN. Journal für Sammler klassischer Zeitmesser. Erscheinungsweise: jeden zweiten Monat.

CHRO   CHRONOS. Magazin für Uhren. Klassik, Innovation, Technik. Ulm. Erscheint jeden zweiten Monat.

DU   DIE UHR. Fachzeitschrift für die Uhren-, Schmuck- und Silberwaren-Wirtschaft. Organ des Zentralverbandes der Uhrmacher, des Bundes der Juweliere und Uhrmacher in der Hauptgemeinschaft des deutschen Einzelhandels, Mitteilungsblatt des Förderungswerkes Königsteiner Schule. Bielefeld. Gegründet 1947. Erscheinungsweise: zweimal monatlich.

DUM   DER UHRMACHER. Österreichische Uhrmacher-Zeitung. Mitteilungsblatt der Innung der Uhrmacher. Graz. Gegründet

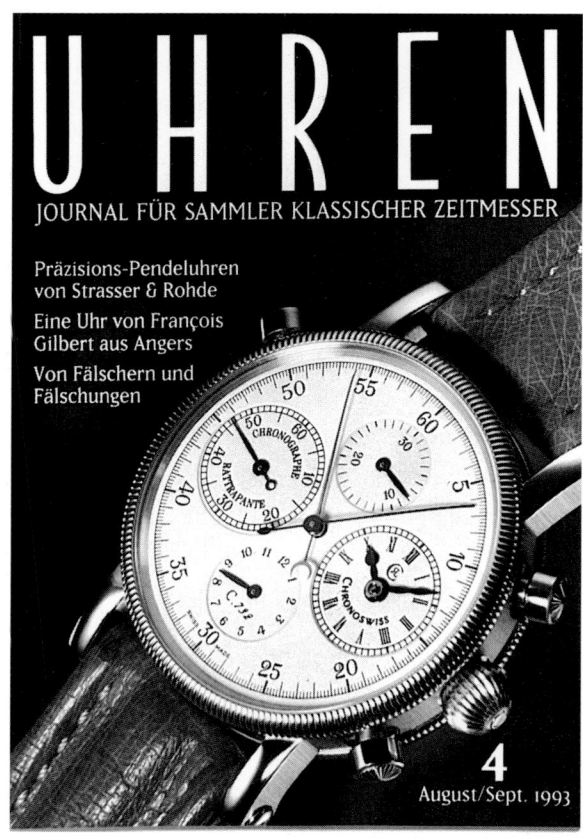

1933. Erscheinungsweise: monatlich. Später: UHRMACHER UND GOLDSCHMIED. Österreichische Uhrmacher- und Goldschmiede-Zeitung. Organ der Landesinnung der Gold- und Silberschmiede, Juweliere und Uhrmacher der Steiermark. Mit den offiziellen Mitteilungen des Bundesgremiums des Handels mit Juwelen, Gold- und Silberwaren, Uhren, Bildern, Antiquitäten und Kunstgegenständen, der Landesinnungen der Gold- und Silberschmiede, Juweliere und Uhrmacher und der Landesgremien des Handels mit Uhren, Juwelen, Gold- und Silberwaren. Graz. Erscheinungsweise: monatlich.

duz DEUTSCHE UHRMACHER ZEITSCHRIFT. Fachzeitschrift für den Uhren-, Schmuck- und Bijouteriewaren-Markt. Mit den Bekanntmachungen der Fachverbände, Uhrmacherinnungen und Vereine. Stuttgart. Gegründet 1897. Ab 1949 vereinigt mit der UHRMACHER-WOCHE. Seit Jänner 1972 vereinigt mit der GOLDSCHMIEDE ZEITUNG. Erscheinungsweise: monatlich.

es EUROPA STAR. Modern Timekeeping Magazine. Edition for Europe.

gz GOLDSCHMIEDE ZEITUNG. European Jeweler. Fachzeitung für Juweliere, Gold- und Silberschmiede, für Schmuck, Uhren- und Zeitmeßtechnik. Offizielles Organ des Zentralverbandes für das Juwelier-, Gold- und Silberschmiede-Handwerk. Mitteilungsblatt der Verbände und Innungen. Offizielles Organ des Bundesverbandes des Schmuckwarengroßhandels. Stuttgart. Gegründet 1903. Erscheinungsweise: monatlich.

HJ HOROLOGICAL JOURNAL. Incorporating the Watch and Clock Maker. Official Organ of The British Horological Institute – The British Clock & Watch Manufacturers. London. Gegründet 1858.

JSH JOURNAL SUISSE D'HORLOGERIE ET DE BIJOUTERIE. Offizielles Bulletin der Schweizerischen Uhrenmesse Basel. Revue der Schweizerischen Gesellschaft für Zeitmeßkunde. Lausanne. Gegründet 1876.

NUZ NEUE UHRMACHERZEITUNG. Fachzeitschrift für das Uhrmachergewerbe. Mitteilungsblatt des Landesinnungsverbandes für das Uhrmacherhandwerk in Baden-Württemberg, des Landesverbandes für das Bayerische Uhrmacherhandwerk mit dem Sitz in München und des Verbandes der Pfälzischen Uhrmacherinnungen. Ulm/Donau. Gegründet 1947 von Wilhelm Kempter. Ab 1967 Fachzeitschrift für das Uhrmachergewerbe, für Schmuck, Gold- und Silberwaren. Erscheinungsweise: zweimal monatlich. Später:

SCHMUCK & UHREN. Neue Uhrmacher-Zeitung. Unabhängige Fachzeitschrift für Handel und Industrie der Schmuck-, Uhren- und Silberwarenbranche. Erscheinungsweise: zweimal monatlich.

U–J UHREN–JUWELEN. (Früher: UHRMACHER UND GOLDSCHMIED, Graz, und UHR UND ECHTER SCHMUCK, Wien.) Offizielle Zeitschrift für die Österreichische Uhren- und Schmuckwirtschaft. Wien. Erscheinungsweise: monatlich.

UJGS FACHZEITSCHRIFT DER UHRMACHER, JU-WELIERE, GOLD- UND SILBERSCHMIEDE ÖSTERREICHS. Offizielles Organ der Bundesinnung und deren angeschlossenen Fachgruppen. Wien. Gegründet 1949. Erscheinungsweise: monatlich.

ujs UHREN JUWELEN SCHMUCK. Organ des Zentralverbandes für Uhren, Schmuck und Zeitmeßtechnik (Bundesinnungsverband des Uhrmacherhandwerks), des Bundesverbandes der Juweliere, Schmuck- und Uhrenfachgeschäfte (in der Hauptgemeinschaft des Deutschen Einzelhandels) und des Förderungswerkes Königstein, Mitteilungsblatt des Bundesverbandes des Schmuck-Großhandels. Begründet als DIE UHR. Erscheinungsweise: zweimal monatlich.

UM UHREN-MAGAZIN. Die Zeitschrift für den Uhren-Liebhaber. Bremen. Erscheint seit 1989, derzeit zehnmal jährlich.

USch UHR UND ECHTER SCHMUCK. (Früher: FACHZEITUNG DER UHRMACHER, JUWELIERE, GOLD- UND SILBERSCHMIEDE ÖSTERREICHS.) Offizielle Fachzeitschrift der Österreichischen Uhren- und Schmuckwirtschaft. Herausgegeben von der Bundesinnung der Gold- und Silberschmiede, Juweliere und Uhrmacher. Wien. Erscheinungsweise: monatlich. Wurde mit der Zeitschrift UHREN–JUWELEN vereinigt.

WR WATCH REVIEW. International Watch and Jewelry Magazine. Solothurn. Erscheinungsweise: viermal pro Jahr.

Inhalt